Wettbewerbsor[illegible]
Breitensport (W[illegible]

Teil I – Regelwerk
Änderungen/Ergänzungen
Punkt 9, 10.1, 11.2, 11.4, 13.1, 14.2, 14.10

9. Richter/Richter Breitensport/Prüfer Breitensport
Richter/**Richter Breitensport**/Prüfer Breitensport werden vom Veranstalter aus der jeweils aktuellen Liste einer LK/eines Anschlussverbandes ausgewählt oder von der LK/einem Anschlussverband vorgegeben.

9.1 Anzahl Richter oder Prüfer Breitensport je WB
Jeder WB muss von mindestens einem Richter **bzw. einem Richter Breitensport** bzw. einem Prüfer Breitensport bewertet werden.

9.2 Einsatzbereich Richter/Richter Breitensport/Prüfer Breitensport

9.2.1 Richter werden entsprechend ihrer Qualifikation bei jedem Richtverfahren eingesetzt.

9.2.2 Prüfer Breitensport werden eingesetzt:

9.2.2.1 zusammen mit einem Richter/**Richter Breitensport:** bei jedem Richtverfahren.

9.2.2.2 alleine oder mit einem zweiten Prüfer Breitensport in WB mit beobachtendem Richtverfahren.

9.2.2.3 alleine oder mit einem **zweiten** Prüfer Breitensport im beurteilendem Richtverfahren in WB des Teils II 1 („Wettbewerbe im Umgang mit dem Pferd") und Teil II 2.1 („Geschicklichkeits-WB") **sowie Teil II 4.1 („Einsteiger- und Geschicklichkeits-Fahr-Wettbewerbe").**

10. Bewertung/Kommentierung

10.1 Bewertung
Die Bewertung der WB ist Aufgabe der Richter/**Richter Breitensport**/Prüfer Breitensport. Grundlage der Bewertung sind die aktuellen Richtlinien für Reiten und Fahren (FN), Band 1 bis 6, für die Bewertung der WB der Anschlussverbände die Richtlinien/Regelungen des jeweiligen Verbandes

Gültig ab 1. Januar 2014

11. Ergebnisse

11.2 Anerkennung des Ergebnisses

Das Richter-/**Richter Breitensport**-/Prüferurteil ist nicht anfechtbar.

11.4 Korrekturen

Ein vom Richter/**Richter Breitensport**/Prüfer Breitensport, Veranstalter oder Veranstaltungshelfer zu vertretendes falsches Ergebnis kann vom betroffenen Teilnehmer bis zu ½ Stunde nach Ende des WB bei dem für den WB zuständigen Richter/**Richter Breitensport**/Prüfer Breitensport beanstandet werden. Es wird überprüft, ggf. korrigiert und ggf. die Platzierungsliste geändert. Die Änderung wird der Meldestelle mitgeteilt und veröffentlicht.

13. Allgemeine Ausschlussgründe

13.1 Rüge, Ausschluss

LK-Beauftragten, Richtern/**Richtern Breitensport**/Prüfern Breitensport ist es vorbehalten Teilnehmern eine Rüge zu erteilen oder direkt vom WB auszuschließen, wenn die körperlichen Voraussetzungen oder das Verhalten des Teilnehmers/des Pferdes in jeglicher Hinsicht eine Teilnahme nicht erlauben.

14. Durchführung Breitensportlicher Veranstaltungen, Wettbewerbe

14.2 Anzahl Richter/Richter Breitensport/Prüfer Breitensport

Entsprechend des Umfanges der BV, Art und Anzahl der WB ist für eine entsprechende Anzahl Richter/**Richter Breitensport**/Prüfer Breitensport zu sorgen.

14.10 Medikations-, Pferde- und Fitnesskontrollen und Verfassungsprüfungen

Richter/**Richter Breitensport**/Prüfer Breitensport können jederzeit nach Vorgabe des LV/der LK Medikations-, Pferde- und Fitnesskontrollen und Verfassungsprüfungen anordnen bzw. durchführen (siehe hierzu u.a. Durchführungsbestimmungen WBO, Seite 365).

Änderung/Ergänzung = **fett gedruckt**

WBO, Teil II – 2.2 Gelände-WB

- **WB 281:** „Dritter Ungehorsam, ~~oder~~ Sturz führt zum Ausschluss"
- **WB 282:** einfügen **„Drittes Verreiten innerhalb der Gruppe, Sturz führen zum Ausschluss"**
- **WB 284:** einfügen **„Dritter Ungehorsam, Sturz führen zum Ausschluss"**
- **WB 285:** einfügen **„Sturz führt zum Ausschluss"**
- **WB 286:** „Der Reiter scheidet aus, wenn er ein Hindernis in der falschen Richtung reitet/springt, das Signal nicht abwartet, wenn er ein Hindernis auslässt, ohne den Versuch unternommen zu haben, es anzureiten, **bei Sturz.**"

WBO, Teil II – 4 Gefahrene Wettbewerbe

Der Teil II 4 ist vollständig überarbeitet und um weitere WB, Musteraufgaben und Musterparcours ergänzt worden.
Neu aufgenommen: WB die inhaltlich den Anforderungen der Klasse E/LPO entsprechen. Neue Unterteilung in 4.1, 4.2. Der neue Teil II 4 ist als Download unter www.fnverlag.de/Downloads/Kostenlose Downloads/WBO-Änderungen/Ergänzungen, gültig ab 1. Januar 2014 erhältlich.

WBO, Teil II – 5 Wettbewerbe für Teams und Mannschaften

„WB 415 Fahrquadrille" gestrichen

WBO, Teil II – 7 Kombinierte Wettbewerbe

Wettbewerb im Orientierungsfahren
TREC – für Ein- und Mehrspänner

WB 703: unter „Zusätzliche Bestimmungen" ändern in **„Mindestalter des Fahrers/Beifahrers: Ist der Fahrer unter 14 Jahre alt, muss ein Beifahrer mindestens 18 Jahre alt und mindestens im Besitz des FA 5 sein. Es ist sicherzustellen, dass der Beifahrer aus Sicherheitsgründen jederzeit Zugriff auf die Leinen hat."**

Hinweis:
Die gesamten Austauschseiten (40 Blätter = 80 Seiten) sind in gedruckter Form zum einfachen Einheften in die WBO beim **FN***verlag* zum Selbstkostenpreis von 7,90 € erhältlich!
FN*verlag*, Postfach 11 03 63, 48205 Warendorf
Tel.: 02581 6362-154/-254, Fax: 02581 6362-212

Änderung/Ergänzung = **fett gedruckt**

Teil II – Wettbewerbe
Änderungen/Ergänzungen

WBO, Vorspann (Seite 10)
Abkürzungen/Zeichenerklärung

Lkl. 0	=	WBO-Teilnehmer ohne Jahresturnierlizenz der FN und Teilnehmer, die den Schnupperausweis für die Teilnahme an LP Kl. E/LPO beantragt haben.
Richter/**Richter Breitensport**/ Prüfer Breitensport	=	FN-Richter, **FN-Richter Breitensport**, FN-Prüfer Breitensport, Richter/Prüfer der Anschlussverbände, die auf den aktuellen Listen der LV/der LK und der FN-Anschlussverbände geführt werden

WBO, Wettbewerbs-Ergänzungen/-Änderungen:
APO 2014:
Die in der WBO in einigen WB aufgeführten Reit-, Longier- und Fahrabzeichen Kl. IV sind umbenannt in:

- Alt: Deutsches Reitabzeichen Kl. IV DRA IV = neu RA 5
- Alt: Deutsches Longierabzeichen Kl. IV DLA IV = neu LA 5
- Alt: Deutsches Fahrabzeichen Kl. IV DFA IV = neu FA 5

WBO, Teil II – 2.2 Dressur-WB

- **Dressur-WB** können mit weiteren, zz. in der WBO nicht gedruckten Aufgaben (E2, E4, E6/1, E6/2, E7/1, E7/2, E8) ausgeschrieben werden. Sie sind für den Teilnehmer und den Veranstalter unter www.fnverlag.de/Downloads/Kostenlose Downloads/WBO-Änderungen/Ergänzungen, gültig ab 1. Januar 2014 erhältlich.
- **WB 241–257:** Mindestalter des Pferde statt bisher „5-jährig ..." geändert in **„4-jährig und älter"**
- **WB 241–265:** einfügen **„Drittes Verreiten, Sturz, Verlassen des Vierecks mit 4 Hufen führen zum Ausschluss"**
- **WB 243:** **„Beinschutz"** streichen

WBO, Teil II – 2.2 Spring-WB

- **WB 261:** vereinfachter Parcoursvorschlag „Springreiter-WB" **ohne Kombination**, siehe www.fnverlag.de/Downloads/Kostenlose Downloads/WBO-Änderungen/Ergänzungen, gültig ab 1. Januar 2014
- **WB 265:** **Zusätzliche Bestimmung „je Pferd 2 TN" erlaubt**

WBO

WettBewerbsOrdnung für den Breitensport

2013

Gültig ab 1. Januar 2013

Grundregeln, Tipps und Hinweise

Deutsche Reiterliche Vereinigung e.V. (FN)

Bibliografische Information der Deutschen Nationalbibliothek
Die Deutsche Nationalbibliothek verzeichnet diese Publikation in der Deutschen Nationalbibliografie; detaillierte bibliografische Daten sind im Internet über http://dnb.d-nb.de abrufbar.

Herausgeber:	Deutsche Reiterliche Vereinigung e.V. (FN), Abteilung Breitensport, Vereine, Betriebe
Text/Inhalt:	Silke Gärtner, Klaus Harms, Annette von Hartmann, Dr. Joachim Markgraf, Thomas Ungruhe, Fahren: Günter Dorst, Karl-Friedrich von Holläuffer, Dr. Ute Krack-Goertz, Jonny Siebens
Lektorat:	Dr. Carla Mattis, **FN***verlag*, Warendorf und Abteilung Breitensport, Vereine und Betriebe der Deutschen Reiterlichen Vereinigung e.V. (FN), Warendorf
Korrektorat:	Korrekturbüro G. und W. Kirchhoff, Büren-Brenken
Gestaltung:	**FN***verlag*, Warendorf
Titelzeichnung:	Jeanne Kloepfer, Lindenfels
Abbildungen:	Reitsport Busse, Lohne Cavallo, Stuttgart Ralf Dermann, Warendorf Dennis Jansen, www.harryhorse.nl Reitsport Kallenbach, Schwarzburg Cornelia Koller, Dierkshausen Krämer Pferdesport, Hockenheim-Talhaus Sabine Lang, Lechbruck Pferdesporthaus Loesdau, Bisingen Ute Schmoll, Bad Schwalbach Hermann Sprenger, Iserlohn Reitsport Waldhausen, Köln Barbara Wolfgramm, Hannover
Druck und Verarbeitung:	MKL-Druck GmbH & Co KG, Ostbevern

ISBN: 978-3-88542-774-2 (komplett mit Ordner)
ISBN: 978-3-88542-775-9 (nur Inhalt)

WBO 2013 – Druck: Oktober 2012

Inhaltsverzeichnis

Präambel: Ziele der WBO 6
Gesamtübersicht der Wettbewerbsordnung (WBO) 7
Legende Hinweise für den Leser 8
WICHTIG! **„Vor dem Lesen lesen"**
Übersicht der in Teil II (Wettbewerbe) verwendeten Sammelbegriffe 9
Abkürzungen, Zeichenerklärung 10

Teil I Regelwerk

A Grundregeln der WBO

1. Veranstaltung 13
   1.1 Veranstalter 13
   1.2 Veranstaltungsformen 13
2. Landesverbands-/Landeskommissions-Beauftragter 13
3. Ausschreibung 14
   3.1 Erstellung und Genehmigung der Ausschreibung 14
   3.2 Verschiedene Wettbewerbsarten 14
   3.3 Einsatz/Gebühren 14
   3.4 Schleifen, Ehrenpreis 14
   3.5 Veröffentlichung der Ausschreibung 14
4. Zeiteinteilung 15
   4.1 Vorläufige Zeiteinteilung, Änderung der vorläufigen Zeiteinteilung 15
   4.2 Endgültige Zeiteinteilung 15
5. Absage Breitensportlicher Veranstaltungen oder Wettbewerbe 15
   5.1 Absage nach Nennungsschluss, vor Veranstaltungsbeginn 15
   5.2 Absage während der Veranstaltung 15
6. Anzahl der Starts/Startzahlbegrenzung 16
   6.1 Anzahl der Starts je Teilnehmer und Pferd 16
   6.2 Startzahlbegrenzung 16
7. Nennung 16
   7.1 Vordruck, Internet 16
   7.2 Rechtswirksamkeit der Nennung 16
   7.3 Nennungsschluss 16
   7.4 Nennung ablehnen 16
   7.5 Nennungshöchstzahl 16
8. Startbereitschaft/Startberechtigung 17
   8.1 Startbereitschaft erklären 17
   8.2 Startberechtigung 17

9. Richter/Prüfer Breitensport 17
9.1 Anzahl Richter oder Prüfer Breitensport je WB 17
9.2 Einsatzbereich Richter/Prüfer Breitensport 17
10. Bewertung/Kommentierung 17
10.1 Bewertung 17
10.2 Kommentierung 18
11. Ergebnisse 18
11.1 Bekanntgabe 18
11.2 Anerkennung des Ergebnisses 18
11.3 Veröffentlichung 18
11.4 Korrekturen 18
11.5 Aufbewahrung, Registrierung 18
12. Platzierung 18
13. Allgemeine Ausschlussgründe 18
13.1 Rüge, Ausschluss 18
13.2 Hausrecht 19
14. Durchführung Breitensportlicher Veranstaltungen, Wettbewerbe 19
14.1 Veranstaltungsleitung 19
14.2 Anzahl Richter/Prüfer Breitensport 19
14.3 Startfolge/Erstellung und Veröffentlichung von Starterlisten 19
14.4 Equidenpass, Impfnachweis 19
14.5 Identifizierung 19
14.6 Wettbewerbsplatz, -strecke 20
14.7 Hindernisaufbau 20
14.8 Vorbereitungsplatz 20
14.9 Medizinische Notfallversorgung, Hufschmied 20
14.10 Medikations-, Pferde- und Fitnesskontrollen und Verfassungsprüfungen 20
15. Ausrüstung des Teilnehmers im Wettbewerb und auf dem Vorbereitungsplatz 20
15.1 Helmpflicht 20
15.2 Schuhwerk 21
15.3 Schutzweste, Sicherheitsausrüstung 21
15.4 Erlaubte Hilfsmittel 21
15.5 Ausrüstung in Wettbewerben der Anschlussverbände oder in Wettbewerben für mehrere Reitweisen 21
15.6 Ausrüstung Helfer (des Teilnehmers) 21
16. Ausrüstung des Pferdes im Wettbewerb und auf dem Vorbereitungsplatz 21
16.1 Erlaubt sind 21
16.2 Ausrüstung im Wettbewerb 21

16.3 Ausrüstung auf dem Vorbereitungsplatz ... 22
16.4 Ausrüstung in Wettbewerben der Anschlussverbände oder in Wettbewerben für mehrere Reitweisen ... 22

B Ehrenkodex
Die Ethischen Grundsätze des Pferdefreundes ... 23
Grundregeln des Verhaltens im Pferdesport (Verhaltenskodex) ... 24
12 Gebote für das Reiten im Gelände ... 26
12 Gebote für das Fahren im Gelände ... 27
Auszug aus dem Tierschutzgesetz ... 28

C Anschlussverbände (A) und Verbände mit besonderer Aufgabenstellung
- Bundesverband für klassisch-barocke Reiterei Deutschland e.V. (A) ... 30
- Deutscher Akademischer Reiterverband e.V. – DAR (A) ... 31
- Erster Trekkingclub Deutschland e.V. – ETCD (A) ... 31
- Erste Westernreiter Union Deutschland e.V. – EWU (A) ... 33
- Internationale Gangpferdevereinigung e.V. – IGV (A) ... 34
- Islandpferde-, Reiter- und Züchterverband e.V. – IPZV (A) ... 34
- Reiten im Damensattel e.V. – RID ... 36
- Verband der Reiterspiele Mounted Games Deutschland e.V. – VRMGD ... 37
- Verein Deutscher Distanzreiter und -fahrer e.V. – VDD (A) ... 38

Teil II Wettbewerbe

1 Wettbewerbe im Umgang mit dem Pferd ... 48
2 Gerittene Wettbewerbe ... 58
2.1 Geschicklichkeits-Wettbewerbe ... 58
2.2 Gerittene erste Einsteiger-Wettbewerbe (Führzügel-, Longenreiter-, Reiter-WB) ... 75
2.3 Einsteiger-Wettbewerbe – Dressur ... 103
2.4 Einsteiger-Wettbewerbe – Springen ... 137
2.5 Einsteiger-Wettbewerbe – Gelände ... 163
3 Voltigier-Wettbewerbe ... 185
4 Gefahrene Wettbewerbe ... 207
5 Wettbewerbe für Teams und Mannschaften ... 233
6 Zucht-Wettbewerbe ... 237
7 Kombinierte Wettbewerbe ... 241
8 Wettbewerbe der Anschlussverbände (A) und der Verbände mit besonderer Aufgabenstellung ... 255

Teil III Tipps und Hinweise

1 Tipps und Hinweise für Veranstalter, Teilnehmer und Richter/Prüfer ... 271
1.1 Tipps und Hinweise für Veranstalter ... 271
1.1.1 Kleine und große Checkliste zur Planung und Durchführung von Breitensportlichen Veranstaltungen (BV) ... 287
A. Kleine Checkliste ... 287
B. Große Checkliste ... 296
1.2 Tipps und Hinweise für Teilnehmer ... 308
1.3 Tipps und Hinweise für Richter/Prüfer ... 311

Teil IV Anhang

1 Muster-Nennungsvordrucke ... 323
1.1 Nennungsformular Reiten – WBO ... 323
1.2 Nennungsformular Voltigieren – WBO ... 325
1.3 Nennungsformular Teams ... 326
1.4 Nennungsformular Quadrillen ... 327
2 Ausrüstung ... 328
2.1 Ausrüstung des Reitpferdes ... 328
2.1.1 Erlaubte Gebisse und Ausrüstungsgegenstände (Abbildungsbeispiele) ... 328
2.1.2 Erlaubte Reithalfter (Abbildungsbeispiele) ... 333
2.1.3 Erlaubte Hilfszügel (und Verschnallungen) ... 334
2.1.4 Sonstige erlaubte Ausrüstung: Nasennetz (Nosecover)/Ohrenfliegenschutz ... 334
2.2 Ausrüstung des Voltigierers und des Voltigierpferdes ... 335
2.2.1 Ausrüstung des Voltigierpferdes (Abbildung) ... 335
2.2.2 Ausrüstung der Voltigierers und des Voltigierpferdes ... 336
2.3 Ausrüstung des Fahrpferdes sowie des Gespannes ... 338
2.3.1 Anspannung und Geschirr ... 338
2.3.2 Zäumung ... 338
2.3.3 Wagen ... 339
2.3.4 Besetzung des Wagens ... 339
2.3.5 Vorbereitungsplatz ... 340
2.3.6 Erlaubte Fahrgebisse und Zubehör (Abbildungsbeispiele) ... 341
2.3.7 Achenbachleine (Abbildung) ... 343

3 **Markierung der Plätze/Abmessungen der Plätze**
Aufbau Dressurviereck, Springplatz, Fahrplatz, Longier- und Voltigierzirkel ... 345
Wettbewerbs- und Vorbereitungsplätze ... 345
4 **Hufschlagfiguren** (Abbildungen) ... 349
5 **Erlaubte und nicht erlaubte Aufbauarten auf dem Vorbereitungsplatz** ... 356
5.1 Beispiele für erlaubte Aufbauarten (Abbildungen) ... 356
5.2 Beispiele für nicht erlaubte Aufbauarten (Abbildungen) ... 357
6 **Empfehlungen zur Beschaffenheit von Hindernismaterial** ... 358
6.1 Für Spring-Wettbewerbe einschließlich Vorbereitungsplatz (Stangen, Auflagen, Ständer, weiteres Material) ... 358
6.2 Für Fahr-Wettbewerbe einschließlich Vorbereitungsplatz ... 360
7 **Hindernisfehler bei Gelände-Wettbewerben** (Abbildungen) ... 362
8 **Durchführungsbestimmungen „Impfschutz"** ... 363
8.1 Medikations-, Pferde- und Fitnesskontrollen und Verfassungsprüfungen ... 364
9 **Transport verletzter Pferde** ... 366
10 **Wettbewerbsstatistik** ... 370
11 **Adressen der Ansprechpartner auf Bundes- und Landesebene** ... 371
11.1 Deutsche Reiterliche Vereinigung e.V. (FN) ... 371
11.2 Mitgliedsverbände ... 371
11.3 Anschlussverbände (A) und Verbände mit besonderer Aufgabenstellung ... 373
12 **Abkürzungen der regionalen Bereiche: LV-/LK-Bereiche** ... 375

Präambel: Ziele der WBO

Die Zahl der Pferdefreunde und Pferdebesitzer hat sich seit vielen Jahren erfreulich entwickelt.

Die große Mehrheit dieser Menschen freut sich über Veranstaltungen, bei denen es darum geht, mit basisnahen und vielfältigen Wettbewerben das, was zu Hause geübt wurde, bei Turnieren bzw. Breitensportlichen Veranstaltungen zu zeigen und sich mit anderen Teilnehmern zu messen.

Im Vordergrund steht neben der eigenen sportlichen Betätigung und Schulung der Grundgedanke, dass diese Pferdefreunde lernen wollen, mit unterschiedlichen Aufgabenstellungen tierschutzgerecht/pferdegerecht und sicher umzugehen. Im Rahmen der Breitensportlichen Veranstaltungen lernen Sie dafür die Maßstäbe kennen und können dort selbst in der Praxis erfahren, inwieweit Ihre Ausbildung und die Ihres Pferdes diesen Maßstäben entspricht.

Das Grundverständnis ist, dass jede Person mit jedem Equiden im Rahmen der jeweiligen Ausschreibung an Wettbewerben der WBO teilnehmen kann. Dabei sind heranwachsende Kinder, Jugendliche und auch unbedingt Erwachsene wichtige Zielgruppen, die erste Wettbewerbserfahrungen mit ihren Pferden/Ponys sammeln wollen.

Die Freude an der Erfüllung der gestellten Aufgaben in der Gemeinschaft von Pferdefreunden muss für alle Beteiligten im Vordergrund stehen. Die WBO zeigt hierfür die notwendigen Regeln auf, die als Grundlage für ein faires sportliches Miteinander erforderlich sind, und sie sind damit die Grundlage für alle Wettbewerbe (WB) und Breitensportliche Veranstaltungen (BV).

Die WBO will Vereinen, Betrieben und Veranstaltern die Planung und Durchführung von Breitensportlichen Veranstaltungen erleichtern und sie motivieren, Wettbewerbsangebote zu schaffen. Sie versteht sich insgesamt als Hilfestellung für die Menschen, die als Teilnehmer in Wettbewerben starten wollen und für Veranstalter, Helfer, Richter/Prüfer/Parcourschefs im Breitensport, die organisatorisch tätig sind.

Gesamtübersicht der Wettbewerbsordnung (WBO)

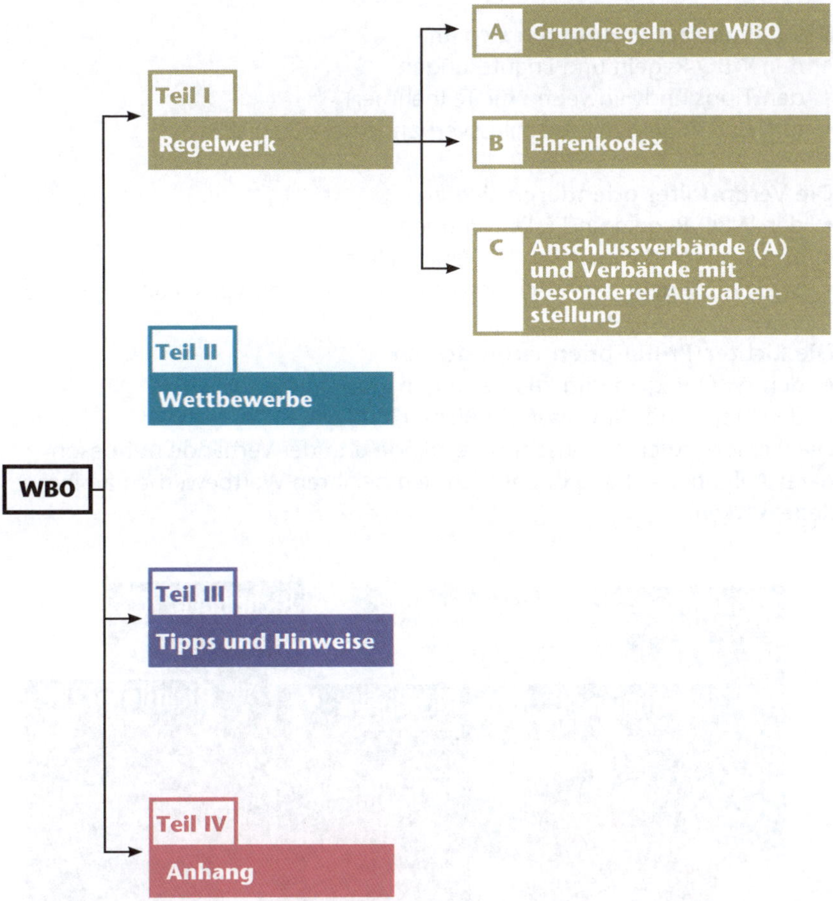

Legende

Hinweise für den Leser

Grundlage aller Wettbewerbe und deren Beurteilung sind die Richtlinien für Reiten, Fahren und Voltigieren, Band 1 bis 6 der Deutschen Reiterlichen Vereinigung (Inhalt: die Ausbildung von Pferd und Pferdesportler nach den Grundsätzen der klassischen Reitkunst) sowie die Regelwerke und Grundsätze der FN-Anschlussverbände mit ihren Reitweisen.

Die Teilnehmer orientieren sich an
- den WBO-Regeln und Erläuterungen
- den Tipps und Hinweisen für Teilnehmer
- ggf. den Regeln der Anschlussverbände bei deren WB

Die Veranstalter orientieren sich an
- den WBO-Regeln und Erläuterungen
- den Tipps und Hinweisen für Veranstalter
- ggf. den Regeln der Anschlussverbände bei deren Veranstaltungen/WB

Die Richter/Prüfer orientieren sich an
- den WBO-Regeln und Erläuterungen
- den Tipps und Hinweisen für Richter/Prüfer

Die Richter/Prüfer der Anschlussverbände und der Verbände mit besonderer Aufgabenstellung orientieren sich bei ihren Wettbewerben an ihren Regelwerken.

Erhältlich beim **FN***verlag*, Warendorf, Freiherr-von-Langen-Str. 13, 48231 Warendorf, Tel.: 02581 6362-154 oder -254, Fax: 6362-212, E-Mail: vertrieb-fnverlag@fn-dokr.de, Internet: www.fnverlag.de

WICHTIG! „Vor dem Lesen lesen"

Übersicht der in Teil II (Wettbewerbe) verwendeten Sammelbegriffe

- Im folgenden Text steht „Teilnehmer" für: männliche und weibliche Teilnehmer.
- Im folgenden Text steht „Pferd" für: Pferde, Ponys und andere Equiden.
- „Teilnehmer" beinhaltet: Reiter, Voltigierer, Fahrer, Longenführer.
- „Beinschutz" beinhaltet: Bandagen, Gamaschen und nach jeweiliger Disziplin (➧ WB-Beschreibung) auch Streichkappen, Kronen-(Fessel-)ringe und Springglocken.
- Im folgenden Text steht „Sporen" für: ein Paar Sporen, zugelassen, sofern sie bei normaler Anwendung nicht geeignet sind, Stich- oder Schnittverletzungen zu verursachen, max. Dornlänge 4,5 cm (inkl. Rädchen). Der Sporn ist so zu verschnallen, dass der Dorn horizontal bzw. nach unten geneigt ausgerichtet ist.
- Im folgenden Text steht „Sporen VS" für:
  - VS Dressur: max. Dornlänge 3,5 cm (ggf. inkl. Rädchen, vertikal beweglich)
  - VS Gelände: max. Dornlänge 3,5 cm, mit glatten Endflächen (ohne Rädchen)
  - VS Springen: max. Dornlänge 4,5 cm (ggf. inkl. Rädchen, vertikal beweglich)

  die bei normaler Anwendung nicht geeignet sind, Stich- oder Schnittverletzungen zu verursachen. Der Sporn ist so zu verschnallen, dass der Dorn horizontal bzw. nach unten geneigt ausgerichtet ist.
- „Trensenzaum" beinhaltet: Zaumzeug mit Reithalfter und Gebiss. Im Voltigieren Zaumzeug mit Reithalfter und/oder Kappzaum und Gebiss.
- „Hilfszügel" beinhaltet: beidseitig verschnallte einfache Ausbinde-, doppelte Ausbinde- (Lauffer-), Dreieckszügel und gleitendes Ringmartingal.
- „Reithelm" (in den Fahr-Wettbewerben: „Helm" genannt) beinhaltet: ein bruch- und splittersicherer Reithelm mit Drei- oder Vierpunktbefestigung (empfohlen: gemäß Europäischer Norm „EN 1384").
- „Schutzweste" beinhaltet: empfohlen gemäß Europäischer Norm „EN 13158", Level 3.
- Fahr-Wettbewerbe: „Wagen", die am Straßenverkehr teilnehmen, müssen der StVZO entsprechen.
- Gebisslose Zäumungen: im Straßenverkehr nicht gestattet.

Abkürzungen/Zeichenerklärung

BV	=	Breitensportliche Veranstaltung
BZ	=	Bestzeit
DFA	=	Deutsches Fahrabzeichen
DLA	=	Deutsches Longierabzeichen
DR	=	Dressur
DRA	=	Deutsches Reitabzeichen
DV	=	Doppelvoltigieren
DVA	=	Deutsches Voltigierabzeichen
EV	=	Einzelvoltigieren
EZ	=	Erlaubte Zeit
F	=	Fahren
FN	=	Deutsche Reiterliche Vereinigung e.V.
HZ	=	Höchstzeit
Lkl. 0	=	Teilnehmer ohne Jahresturnierlizenz der FN Leistungsklasse 0
Lkl. 6 bis 1	=	Teilnehmer mit FN-Jahresturnierlizenz Leistungsklasse 6 bis 1
LPO	=	Leistungs-Prüfungs-Ordnung
LV/LK	=	Landespferdesportverband/Landeskommission
NS	=	Nennungsschluss, letzter Annahmetermin lt. Ausschreibung für Nennungen
PLS	=	Pferdeleistungsschau
PSV	=	Pferdesportverband
Richter/Prüfer Breitensport	=	FN-Richter, FN-Prüfer Breitensport, Richter/Prüfer Anschlussverbände, die auf den aktuellen Listen der LV/der LK und der FN-Anschlussverbände geführt werden
SPR	=	Springen
StVO	=	Straßenverkehrs-Ordnung
StVZO	=	Straßenverkehrs-Zulassungs-Ordnung
TN	=	Teilnehmer
V	=	Voltigieren
VS	=	Vielseitigkeit
WB	=	Wettbewerb
WBO	=	Wettbewerbsordnung für den Breitensport
WN	=	Wertnote
ZE	=	Zeiteinteilung

„➜" WBO Seite ... = „siehe“ WBO Seite ...

Teil I Regelwerk

A Grundregeln der WBO

B Ehrenkodex

C Anschlussverbände (A) und Verbände mit besonderer Aufgabenstellung

Teil I
Regelwerk

A
Grundregeln der WBO

1. Veranstaltung
2. Landesverbands-/Landeskommissions-Beauftragter
3. Ausschreibung
4. Zeiteinteilung
5. Absage Breitensportlicher Veranstaltungen
6. Anzahl der Starts/Startzahlbegrenzung
7. Nennung
8. Startbereitschaft/Startberechtigung
9. Richter/Prüfer Breitensport
10. Bewertung/Kommentierung
11. Ergebnisse
12. Platzierung
13. Allgemeine Ausschlussgründe
14. Durchführung Breitensportlicher Veranstaltungen, Wettbewerbe
15. Ausrüstung des Teilnehmers im Wettbewerb und auf dem Vorbereitungsplatz
16. Ausrüstung des Pferdes im Wettbewerb und auf dem Vorbereitungsplatz

B
Ehrenkodex

- Die Ethischen Grundsätze des Pferdefreundes
- Grundregeln des Verhaltens im Pferdesport (Verhaltenskodex)
- 12 Gebote für das Reiten im Gelände
- 12 Gebote für das Fahren im Gelände
- Auszug aus dem Tierschutzgesetz

C
Anschlussverbände (A) und Verbände mit besonderer Aufgabenstellung

- Bundesverband für klassisch-barocke Reiterei, DAR, ETCD, EWU, IGV, IPZV, RID, VRMGD und VDD

Teil I Regelwerk

A Grundregeln der WBO

Alle im Pferdesport beteiligten Personen sind zu sportlich fairem Verhalten verpflichtet

- gegenüber dem Pferd auf Basis der „Ethischen Grundsätze im Pferdesport"
- gegenüber anderen Pferdesportlern auf Basis der „Grundregeln des Verhaltens im Pferdesport".

Die WBO, deren Regeln und die Richtlinien für Reiten und Fahren (FN) sind verbindlich für alle natürlichen und juristischen Personen, die Wettbewerbe in Breitensportlichen Veranstaltungen (BV) oder Pferdeleistungsschauen (PLS) vorbereiten, durchführen, beaufsichtigen sowie für alle natürlichen und juristischen Personen, die an ihnen teilnehmen. Besonderheiten regeln der LV/die LK in seinen/ihren Bestimmungen.

1. Veranstaltung

1.1 Veranstalter

Veranstalter von Breitensportlichen Veranstaltungen (BV) und von Wettbewerben (WB) bei Pferdeleistungsschauen (PLS) sind FN, Landes-, Kreisverbände, deren Mitgliedsvereine und Mitgliedsbetriebe und Anschlussverbände der FN.

1.2 Veranstaltungsformen

1.2.1 ausschließlich Breitensportliche WB: Die gesamte Veranstaltung gilt als BV.

1.2.2 einer oder mehrere Wettbewerbe (WB) im Rahmen einer PLS mit Leistungsprüfungen (LP): Die gesamte Veranstaltung gilt als PLS.

2. Landesverbands-/Landeskommissions-Beauftragter

Der durch den Landesverband (LV)/die Landeskommission (LK) beauftragte Richter/Prüfer Breitensport wird namentlich in der Ausschreibung und an der Meldestelle veröffentlicht. Dieser

- ist zuständig für die Abnahme der technischen Voraussetzungen,
- ist berechtigt, in Absprache mit der Veranstaltungsleitung notwendige Veränderungen in Ablauf und Aufbau zu veranlassen,
- ist Sachverständiger und hat das endgültige Entscheidungsrecht zur Zulassung der Ausrüstung von Teilnehmern und Pferden,
- hat die Pflicht, in Streitfällen schlichtend einzugreifen,

– nimmt Einsprüche des TN bzgl. vom Veranstalter(-helfer), Richter/Prüfer Breitensport zu vertretender Ereignisse/Gegebenheiten entgegen.

3. Ausschreibung

3.1 Erstellung und Genehmigung der Ausschreibung

3.1.1 Für alle WB in einer BV/PLS erstellt der Veranstalter eine Ausschreibung. Diese wird von dem zuständigen LV/der zuständigen LK genehmigt.
WB der Anschlussverbände in einer BV/PLS werden vom jeweiligen Anschlussverband genehmigt.

3.1.2 In der Ausschreibung sind der von dem LV/der LK benannte LV-/LK-Beauftragte und die Veranstaltungsleitung namentlich bekannt zu geben.

3.2 Verschiedene Wettbewerbsarten

3.2.1 Frei erfundene WB: Kriterien für WB werden innerhalb eines vorgegebenen Rasters (➡ Seite 273) unter den Aspekten sicher und tierschutzgerecht frei formuliert.
Prüfungsnamen der LPO dürfen nicht übernommen und auf LPO-Paragrafen darf nicht verwiesen werden.

3.2.2 Fest geregelte WB sind gemäß Vorgaben WBO Teil II zu organisieren.

3.2.3 WB ab der Kl. E analog LPO können für besonders definierte, von dem LV/der LK genehmigte Teilnehmerkreise (z.B. Studenten, Tierärzte, Pferderassen) ausgeschrieben werden.
Hier gilt: Regelungen und LP-Titel der LPO müssen übernommen werden.

3.2.4 WB der Anschlussverbände werden nach dem jeweiligen Regelwerk des Anschlussverbandes ausgeschrieben.

3.3 Einsatz/Gebühren

Der Veranstalter kann mit der Ausschreibung Einsätze/Gebühren erheben.

3.4 Schleifen, Ehrenpreis

Schleifen für alle Platzierten und ein Ehrenpreis für den Sieger müssen vergeben werden.

3.5 Veröffentlichung der Ausschreibung

Die Ausschreibung ist in gedruckter Form und/oder über das Internet mit der vorläufigen Zeiteinteilung und dem Genehmigungsvermerk des LV/der LK bzw. des Anschlussverbandes zu veröffentlichen.

4. Zeiteinteilung

4.1 Vorläufige Zeiteinteilung

Eine vorläufige Zeiteinteilung wird rechtzeitig vor der Veranstaltung zur Verfügung gestellt/veröffentlicht.

Änderung der vorläufigen Zeiteinteilung:

Bei hohem Nennungsergebnis kann die Veranstaltung um einen Tag erweitert werden. Wettbewerbe für Junioren (bis 18 Jahre) beginnen an Wochentagen (außer in schulfreien Zeiten) frühestens ab 17.00 Uhr. Verschiebt der Veranstalter WB auf einen anderen Tag als in der vorläufigen Zeiteinteilung angegeben, kann der Nenner bis zum Ende der Veranstaltung seinen Einsatz für diese WB vom Veranstalter zurückfordern. Nennt der Veranstalter in der vorläufigen Zeiteinteilung WB, die evtl. verschoben werden, so besteht kein Anspruch auf Rückerstattung des Einsatzes/der Gebühren.

4.2 Endgültige Zeiteinteilung

Eine endgültige Zeiteinteilung ist allen beteiligten Personen der Veranstaltung spätestens 5 Tage vor Veranstaltungsbeginn bekannt zu geben.

5. Absage Breitensportlicher Veranstaltungen oder Wettbewerbe

5.1 Absage nach Nennungsschluss, vor Veranstaltungsbeginn

5.1.1 Absage BV

Der Veranstalter kann eine BV nach Nennungsschluss ganz absagen, wenn für mehr als ein Drittel der WB weniger als die vom Veranstalter festgelegten Mindestzahlen an Nennungen vorliegen. Die Nenner müssen kurzfristig informiert werden. Einsätze/Gebühren werden vom Veranstalter zurückerstattet.

5.1.2 Absage WB

Der Veranstalter kann einen WB nach Nennungsschluss ausfallen lassen, wenn weniger als die vom Veranstalter festgelegte Mindestzahl an Nennungen vorliegt. Die Nenner müssen kurzfristig informiert werden. Einsätze/Gebühren für diesen WB werden vom Veranstalter zurückerstattet.

5.2 Absage während der Veranstaltung

Einzelne WB oder die gesamte Veranstaltung können aufgrund höherer Gewalt im Einvernehmen mit dem Beauftragten des LV/der LK abgesagt werden. Einsätze/Gebühren für WB werden zu 50% vom Veranstalter zurückerstattet.

6. **Anzahl der Starts/Startzahlbegrenzung**

6.1 Anzahl der Starts je Teilnehmer und Pferd

Die Anzahl der Starts regelt die Ausschreibung, sie gibt an:

- die Anzahl Starts je Pferd/Tag/WB in gerittenen/gefahrenen/in Voltigier-WB/in geführten WB/in WB im Umgang mit dem Pferd,
- die Anzahl Starts je Teilnehmer/Tag/WB.

6.2 Startzahlbegrenzung

Die Startzahlbegrenzung regelt die Ausschreibung, sie gibt an:

- das Mindestalter des Pferdes, des Teilnehmers für den WB,
- wie viele Pferde je TN in einem WB zugelassen sind,
- die Anzahl Teilnehmer je Pferd,
- Handicaps zur Begrenzung der TN-Anzahl.

7. **Nennung**

7.1 Vordruck, Internet

Zum Nennen ist das vorgegebene Nennungsformular der WBO (➜ Seite 323)/des LV/der LK oder das FN-Internetportal Nennung Online (NeOn), wenn dieses vom Veranstalter vorgesehen ist, zu verwenden.

7.2 Rechtswirksamkeit der Nennung

Besitzer, Nenner und Teilnehmer sind für die ordnungsgemäße und unterschriebene Nennung verantwortlich und erkennen mit Abgabe der Nennung die WBO an. Für Teilnehmer unter 18 Jahren ist die Unterschrift des Erziehungsberechtigten erforderlich.

7.3 Nennungsschluss

Der in der Ausschreibung festgelegte Nennungsschluss ist maßgeblich. Der Veranstalter kann nach Nennungsschluss Nachnennungen annehmen.

7.4 Nennung ablehnen

Der Veranstalter kann nicht korrekt ausgefüllte, unleserliche, unbezahlte Nennungen und Nennungen nach Nennungsschluss ablehnen.

7.5 Nennungshöchstzahl

Der Veranstalter kann aus organisatorischen Gründen eine Höchstzahl an Nennungen pro WB mit der Ausschreibung festlegen.

8. Startbereitschaft/Startberechtigung

8.1 Startbereitschaft erklären

Der Teilnehmer erklärt gemäß Frist seine Startbereitschaft gegenüber der Meldestelle. Es gilt der in der endgültigen Zeiteinteilung angegebene Meldeschluss. Ein Zurückziehen der Startbereitschaft ist vor Beginn des WB der Meldestelle mitzuteilen.

8.2 Startberechtigung

Startberechtigt ist nur der genannte Teilnehmer mit dem genannten Pferd. Ein Teilnehmerwechsel/Pferdewechsel muss, wenn vom Veranstalter zugelassen, bis zum Meldeschluss des WB in der Meldestelle bekannt gegeben werden.

9. Richter/Prüfer Breitensport

Richter/Prüfer Breitensport werden vom Veranstalter aus der jeweils aktuellen Liste einer LK/eines Anschlussverbandes ausgewählt oder von der LK/einem Anschlussverband vorgegeben.

9.1 Anzahl Richter oder Prüfer Breitensport je WB

Ein WB muss von mindestens einem Richter bzw. einem Prüfer Breitensport bewertet werden.

9.2 Einsatzbereich Richter/Prüfer Breitensport

9.2.1 Richter werden entsprechend ihrer Qualifikation bei jedem Richtverfahren eingesetzt.

9.2.2 Prüfer Breitensport werden eingesetzt:

- 9.2.2.1 zusammen mit einem Richter: bei jedem Richtverfahren.
- 9.2.2.2 alleine oder mit einem zweiten Prüfer Breitensport in WB mit beobachtendem Richtverfahren.
- 9.2.2.3 alleine oder mit einem Prüfer Breitensport im beurteilenden Richtverfahren in WB des Teils II 1 („Wettbewerbe im Umgang mit dem Pferd") und Teil II 2.1 („Geschicklichkeits-WB").

10. Bewertung/Kommentierung

10.1 Bewertung

Die Bewertung der WB ist Aufgabe der Richter/Prüfer Breitensport. Grundlage der Bewertung sind die aktuellen Richtlinien für Reiten und Fahren (FN), Band 1 bis 6, für die Bewertung der WB der Anschlussverbände die Richtlinien/Regelungen des jeweiligen Verbandes.

10.2 Kommentierung (Mündlicher Kommentar, schriftlicher Kommentar)

Der Veranstalter kann eine mündliche Kommentierung zusammen mit der Ergebnisbekanntgabe nach jedem Starter vorsehen. In WB mit beurteilendem Richtverfahren muss in mündlicher und/oder schriftlicher Form ein Kommentar nach jedem Starter erfolgen bzw. verfasst werden.

11. Ergebnisse

11.1 Bekanntgabe

Ergebnisse müssen nach jedem Starter bekannt gegeben werden.

11.2 Anerkennung des Ergebnisses

Das Richter-/Prüferurteil ist nicht anfechtbar.

11.3 Veröffentlichung

Die Ergebnisliste jedes WB ist kurzfristig nach Beendigung des WB an der Meldestelle zu veröffentlichen.

11.4 Korrekturen

Ein vom Richter/Prüfer Breitensport, Veranstalter oder Veranstaltungshelfer zu vertretendes falsches Ergebnis kann vom betroffenen Teilnehmer bis zu ½ Stunde nach Ende des WB bei dem für den WB zuständigen Richter/Prüfer Breitensport beanstandet werden. Es wird überprüft, ggf. korrigiert und ggf. die Platzierungsliste geändert. Die Änderung wird der Meldestelle mitgeteilt und veröffentlicht.

11.5 Aufbewahrung, Registrierung

Über die Aufbewahrung von BV-Unterlagen und eine Registrierung von WB-Ergebnissen entscheidet der LV/die LK.

12. Platzierung

Grundsätzlich ist mindestens ein Viertel der Starter je WB/je Abteilung, jedoch sind mindestens 4 Teilnehmer zu platzieren.

13. Allgemeine Ausschlussgründe

13.1 Rüge, Ausschluss

LK-Beauftragten, Richtern/Prüfern Breitensport ist es vorbehalten Teilnehmern eine Rüge zu erteilen oder direkt vom WB auszuschließen, wenn die körperlichen Voraussetzungen oder das Verhalten des Teilnehmers/des Pferdes in jeglicher Hinsicht eine Teilnahme nicht erlauben.

Weitere Ausschlussgründe können sein, wenn
- die Sicherheit von Personen, Tieren oder Sachen offensichtlich gefährdet ist,
- nach vorausgehender Rüge ein Verhalten nicht abgestellt wird.

13.2 Hausrecht

Der Veranstalter hat auf dem gesamten Veranstaltungsgelände das Hausrecht. Ihm obliegt es, nach seinem Ermessen, Personen bei Fehlverhalten vom Veranstaltungsgelände zu verweisen.

14. Durchführung Breitensportlicher Veranstaltungen, Wettbewerbe

14.1 Veranstaltungsleitung

Die Veranstaltungsleitung ist verantwortlich für die Organisation und den Ablauf der Veranstaltung. Sie kooperiert mit dem LV-/LK-Beauftragten vor, während und nach der Veranstaltung.

14.2 Anzahl Richter/Prüfer Breitensport

Entsprechend des Umfanges der BV, Art und Anzahl der WB ist für eine entsprechende Anzahl Richter/Prüfer Breitensport zu sorgen.

14.3 Startfolge/Erstellung und Veröffentlichung von Starterlisten

Die Startfolge wird mit der Ausschreibung oder spätestens mit der Zeiteinteilung festgelegt und dem Teilnehmer mitgeteilt. Starterlisten werden schnellstmöglich nach Meldeschluss (möglichst 1 Stunde vor WB-Beginn) erstellt und an der Meldestelle veröffentlicht.

14.4 Equidenpass, Impfnachweis

Für jedes Pferd ist der Equidenpass die Voraussetzung zur Teilnahme an einer BV; er ist zu jeder BV mitzunehmen. Für Veranstaltungen, bei denen sowohl LP nach LPO als auch WB nach WBO ausgeschrieben werden, gelten die Impfbestimmungen gemäß Durchführungsbestimmungen LPO (➡ WBO, Seite 363) bzw. die Festlegung des LV/der LK oder die genehmigte Ausschreibung des Veranstalters.

14.5 Identifizierung

Während der gesamten Dauer der Veranstaltung muss jedes Pferd beidseitig mit Programmnummern identifizierbar sein. Der TN erfährt seine Programmnummer vor der Veranstaltung mit der TN-Information oder vor Ort durch die Meldestelle.

14.6 Wettbewerbsplatz, -strecke

Alle WB-Plätze, -Strecken sowie die Vorbereitungsplätze müssen den Anforderungen der WB, den Pferden und der allgemeinen Sicherheit gerecht werden.

14.7 Hindernisaufbau

Der Veranstalter sorgt für einen fachlich korrekten Aufbau von Sprüngen, Hindernissen, Parcours, Trails und Geländestrecken durch eine dafür geeignete fachkompetente Person.

14.8 Vorbereitungsplatz

Der Veranstalter nennt mit der ZE die fachlich geeignete Person, die für den geregelten Ablauf sorgt und für eine sachverständige Beratung zuständig ist.

14.9 Medizinische Notfallversorgung, Hufschmied

Der Veranstalter hat je nach Art, Größe und Umfang der Veranstaltung für die Dauer der BV eine sanitätsdienstliche, ärztliche, hufschmied- und tierärztliche Versorgung sicherzustellen.

14.10 Medikations-, Pferde- und Fitnesskontrollen und Verfassungsprüfungen

Richter/Prüfer Breitensport können jederzeit nach Vorgabe des LV/der LK Medikations-, Pferde- und Fitnesskontrollen und Verfassungsprüfungen anordnen bzw. durchführen (siehe hierzu u.a. Durchführungsbestimmungen WBO, Seite 365).

15. Ausrüstung des Teilnehmers im Wettbewerb und auf dem Vorbereitungsplatz

Die Ausrüstung der TN muss den Grundsätzen des Tierschutzes, der Unfallverhütung, den Regelungen der Straßenverkehrsgesetze sowie den Richtlinien für Reiten, Fahren und Voltigieren (FN), Band 1 bis 6 entsprechen. Sie muss dem WB angemessen, passend und in funktional ordnungsgemäßem Zustand sein. Weiterführende Regelungen zur Ausrüstung der Teilnehmer sind in der Ausschreibung zu definieren.

15.1 Helmpflicht

Ein bruch- und splittersicherer Reithelm mit Drei- oder Vierpunktbefestigung (empfohlen: gemäß Europäischer Norm „EN 1384“) ist grundsätzlich vorgeschrieben.
(Ausnahme: Voltigier-WB, weitere Ausnahmen sind in einzelnen WB geregelt.)

15.2 Schuhwerk
Knöchelhoch schützend mit Absatz (Ausnahme: Voltigier-WB, weitere Ausnahmen sind in den einzelnen WB geregelt.)

15.3 Schutzweste, Sicherheitsausrüstung
In allen WB über feste Sprünge und beim Fahren (mit Zeitwertung/im Gelände) ist eine Schutzweste vorgeschrieben (empfohlen: gemäß Europäischer Norm „EN 13158", Level 3). In allen anderen WB ist sie grundsätzlich zugelassen.
Weitere der Teilnehmersicherheit dienende Ausrüstungsgegenstände sind grundsätzlich immer zugelassen.

15.4 Erlaubte Hilfsmittel
Erlaubte Hilfsmittel sind in Teil II der WBO im jeweiligen WB geregelt. Eine erlaubte Verwendung oder Einschränkung von Hilfsmitteln muss über die Ausschreibung festgelegt werden.

15.5 Ausrüstung in Wettbewerben der Anschlussverbände oder in Wettbewerben für mehrere Reitweisen
Für WB der Anschlussverbände gelten die jeweiligen Regelungen/Regelwerke des Anschlussverbandes. In WB für mehrere Reitweisen regelt der WB-Text die Ausrüstung für TN.

15.6 Ausrüstung Helfer (des Teilnehmers)
Für Helfer des Teilnehmers auf dem Pferd gelten die o.g. Helm- und Schuhwerkregelungen.

16. Ausrüstung des Pferdes im Wettbewerb und auf dem Vorbereitungsplatz

Die Ausrüstung des Pferdes muss den Grundsätzen des Tierschutzes, der Unfallverhütung, den Regelungen der Straßenverkehrsgesetze sowie den Richtlinien für Reiten und Fahren (FN), Band 1 bis 6 entsprechen. Sie muss dem WB angemessen, passend und in funktional ordnungsgemäßem Zustand sein. Weiterführende Regelungen zur Ausrüstung des Pferdes sind in der Ausschreibung zu definieren.

16.1 Erlaubt sind
z.B. Ohrenfliegenschutz, Nasennetz (Nosecover) (➔ Abb. 27/28, Seite 334), Schweifriemen (➔ Abb. 50, Seite 342), Vorderzeug.

16.2 Ausrüstung im Wettbewerb
Maßgeblich sind die Vorgaben der genehmigten Ausschreibung.

Zugelassene Hilfszügel (➡ Abb. 29–32, Seite 334) und sonstige Ausrüstungsgegenstände sind in der WBO, Teil II im jeweiligen WB geregelt. Die Ausschreibung kann die Verwendung von Hilfszügeln und sonstiger Ausrüstung zulassen bzw. einschränken.

16.3 Ausrüstung auf dem Vorbereitungsplatz

Auf dem Vorbereitungsplatz ist nur die Ausrüstung zulässig, die auch während des WB erlaubt ist. Zusätzlich sind Beinschutz und die zugelassenen Hilfszügel (➡ Abb. 29–32, Seite 334) erlaubt. Über Sprünge ist nur das gleitende Ringmartingal zugelassen.

16.4 Ausrüstung in Wettbewerben der Anschlussverbände oder in Wettbewerben für mehrere Reitweisen

Für WB eines Anschlussverbandes gelten die jeweiligen Regelungen/das Regelwerk des Anschlussverbandes. In WB für mehrere Reitweisen regelt der WB-Text die Ausrüstung für Pferde.

B Ehrenkodex

Die Ethischen Grundsätze des Pferdefreundes

1. Wer auch immer sich mit dem Pferd beschäftigt, übernimmt die Verantwortung für das ihm anvertraute Lebewesen.
2. Die Haltung des Pferdes muss seinen natürlichen Bedürfnissen angepasst sein.
3. Der physischen und psychischen Gesundheit des Pferdes ist unabhängig von seiner Nutzung oberste Bedeutung einzuräumen.
4. Der Mensch hat jedes Pferd gleich zu achten, unabhängig von dessen Rasse, Alter und Geschlecht sowie Einsatz in Zucht, Freizeit und Sport.
5. Das Wissen um die Geschichte des Pferdes, um seine Bedürfnisse sowie die Kenntnisse im Umgang mit dem Pferd sind kulturgeschichtliche Güter. Diese gilt es zu wahren und zu vermitteln und nachfolgenden Generationen zu überliefern.
6. Der Umgang mit dem Pferd hat eine persönlichkeitsprägende Bedeutung gerade für junge Menschen. Diese Bedeutung ist stets zu beachten und zu fördern.
7. Der Mensch, der gemeinsam mit dem Pferd Sport betreibt, hat sich und das ihm anvertraute Pferd einer Ausbildung zu unterziehen. Ziel jeder Ausbildung ist die größtmögliche Harmonie zwischen Mensch und Pferd.
8. Die Nutzung des Pferdes im Leistungs- sowie im allgemeinen Reit-, Fahr- und Voltigiersport muss sich an seiner Veranlagung, seinem Leistungsvermögen und seiner Leistungsbereitschaft orientieren. Die Beeinflussung des Leistungsvermögens durch medikamentöse sowie nicht pferdegerechte Einwirkung des Menschen ist abzulehnen und muss geahndet werden.
9. Die Verantwortung des Menschen für das ihm anvertraute Pferd erstreckt sich auch auf das Lebensende des Pferdes. Dieser Verantwortung muss der Mensch stets im Sinne des Pferdes gerecht werden.

Zu diesem Thema können die Broschüre „Ethik im Pferdesport, Teil I: Die Ethischen Grundsätze des Pferdefreundes" (kostenfrei) mit ausführlichen Erläuterungen sowie das farbige Kinderposter „Das 1 x 9 der Pferdefreunde" (0,50 Euro) in kindgerechter Aufmachung bei der Deutschen Reiterlichen Vereinigung e.V. (FN), FN-Service, Warendorf, Telefon +49 (0)2581 6362-222 bezogen werden. Er wird eine Versandkostenpauschale in Höhe von 3,00 Euro erhoben.

Grundregeln des Verhaltens im Pferdesport (Verhaltenskodex)

1. Der Reitbetrieb muss von respektvollem Umgang miteinander geprägt sein. Unabhängig von Ausbildungsstand, sportlichem Erfolg, Reitweise, eingesetzter Pferderasse und materiellen Möglichkeiten verdient jeder Pferdesportler die gleiche Achtung und Wertschätzung.
2. Jeder Pferdesportler ist zu einer fairen und konstruktiven Auseinandersetzung mit einem Reiterkameraden verpflichtet, wenn bei diesem Missstände in Ausbildung und Umgang mit dem Partner Pferd und damit ein Verstoß gegen die „Ethischen Grundsätze des Pferdefreundes" zu erkennen sind.
3. Erfolg oder Misserfolg im Sport hängen ursächlich von reiterlichen Qualitäten ab. Die (selbst)kritische und aufmunternde Auseinandersetzung mit der Leistung des Einzelnen oder einer Gruppe ist wirkungsvoller, als die Fehlerquelle in der Eignung des Pferdes zu suchen.
4. Der Ausbilder muss in pädagogisch einwandfreiem Unterricht fachlich fundiert und motivierend fördern und zugleich Persönlichkeitsentwicklung, eigenverantwortliches Handeln und soziales Verhalten der ihm anvertrauten Schüler fördern. Er soll jederzeit Vorbild sein, ist in höchstem Maße dem Horsemanship verpflichtet und lehnt alle Formen der verbotenen Leistungsbeeinflussung ab.
5. Der Reitschüler bringt dem Reitlehrer denselben Respekt entgegen, den er von ihm erwartet oder bekommt. Ein offenes Gespräch über Ängste und Überforderung hilft mehr als eine emotionale Diskussion in der Reitbahn.
6. Eltern der Reitschüler, Voltigierer und Fahrer sollen motivierend auf ihre Kinder einwirken und die Erwartungen an die sportliche Entwicklung den realen Gegebenheiten anpassen. Übertriebener Ehrgeiz der Eltern fördert Kinder und Jugendliche nicht.
7. Der Pferdesportler vertraut dem Stallbetreiber und dessen Personal sein Pferd an und erwartet eine gute Behandlung sowie eine den Bedürfnissen des Pferdes angepasste Haltung. Die erbrachte Dienstleistung des Betriebes insgesamt wie des einzelnen Mitarbeiters muss anerkannt und honoriert werden. Eventuelle Missstände sind sachlich zu diskutieren und zu beheben.
8. Der Turnierrichter muss eine Leistung vorurteilsfrei und auf der Basis seiner fachlichen Qualifikation bewerten und darf sich nie dem Verdacht der Befangenheit aussetzen.

9. Der Turniersportler hat den Urteilsspruch des Richters im beurteilenden Richtverfahren zu akzeptieren. Bleibt eine Entscheidung unverständlich, ist das klärende Gespräch mit dem Richter das einzig faire Mittel. Polemik in der Öffentlichkeit diskreditiert die Beteiligten und verstößt gegen die Grundregeln des Sports.

10. Der Betreiber eines Handelsstalls bzw. der Pferdeverkäufer muss über die gesetzlichen Vorschriften hinaus im Pferdeverkauf verantwortungsvoll handeln und die Vermittlung eines Pferdes am Ausbildungsstand von Pferd und Käufer sowie an der beabsichtigten Nutzung des Pferdes ausrichten.

11. Der Funktionär im Pferdesport muss sich seiner Vorbildfunktion und besonderen Verantwortung für den Sport- und Freizeitpartner Pferd bewusst sein. Er ist nicht nur für den ordnungsgemäßen Betrieb eines Reitstalls, Verbandes, Turniers o.Ä. zuständig, sondern hat zugleich als Ansprechpartner für Politik, Landwirtschaft und Wirtschaft die Interessen der Pferdesportler und Züchter wahrzunehmen und zu vertreten.

12. Jeder Pferdesportler ist Nutznießer der vorhandenen Strukturen und Möglichkeiten innerhalb seines Sports. All jene, die sich ehren- oder hauptamtlich für die langfristige Sicherung des Pferdesports als Breitensport in Natur und Umwelt sowie als Leistungssport einsetzen, verdienen Anerkennung und Unterstützung.

Anmerkung: *Wenn von „Reiten" gesprochen wird, ist Fahren und Voltigieren mit eingeschlossen.*

Wenn von „Turnierrichter" gesprochen wird, sind Richter und Prüfer Breitensport gemeint.

Zu diesem Thema kann die Broschüre „Ethik im Pferdesport, Teil II: Grundregeln des Verhaltens im Pferdesport (Verhaltenskodex)" (kostenfrei) bei der Deutschen Reiterlichen Vereinigung e.V. (FN), FN-Service, Warendorf, Telefon +49 (0)2581 6362-222 bezogen werden. Es wird eine Versandkostenpauschale in Höhe von 3,00 Euro erhoben.

12 Gebote für das Reiten im Gelände

1. Verschaffe deinem Pferd täglich ausreichend Bewegung unter dem Sattel und möglichst auch auf Weide oder Paddock!

2. Gewöhne dein Pferd behutsam an den Straßenverkehr und das Gelände!

3. Vereinbare alle Ausritte mit Freunden – in der Gruppe macht es mehr Spaß und ist sicherer!

4. Sorge für ausreichenden Versicherungsschutz für dich und das Pferd; verzichte beim Ausritt nie auf den bruch- und splittersicheren Reithelm mit Drei- bzw. Vierpunktbefestigung!

5. Kontrolliere täglich den verkehrssicheren Zustand von Zaumzeug und Sattel!

6. Informiere dich über die gesetzlichen Regelungen für das Reiten in Feld und Wald in deiner Region!

7. Reite nur auf Wegen und Straßen, niemals querbeet, und meide ausgewiesene Fuß-, Wander- und Radwege, Uferböschungen und Biotope!

8. Verzichte auf einen Ausritt oder nimm Umwege in Kauf, wenn Wege durch anhaltende Regenfälle weich geworden sind, und passe dein Tempo dem Gelände an!

9. Begegne Fußgängern, Radfahrern, Reitern, Gespannfahrern und Kraftfahrzeugen immer nur im Schritt und sei freundlich und hilfsbereit zu allen!

10. Melde unaufgefordert Schäden, die einmal entstehen können, und regele entsprechenden Schadenersatz!

11. Sprich mit Reit- und Fahrkollegen, die gegen diese Regeln verstoßen!

12. Du bist Gast in der Natur und dein Pferd bereichert die Landschaft, wenn du dich korrekt verhältst!

12 Gebote für das Fahren im Gelände

1. Verschaffe deinen Pferden täglich ausreichend Bewegung im Gespann oder unter dem Sattel und möglichst auch auf der Weide oder auf dem Paddock!

2. Gewöhne deine Pferde behutsam an den Straßenverkehr und das Gelände!

3. Vereinbare alle Ausfahrten immer mit mindestens einem erfahrenen Pferdefreund als Beifahrer, der es versteht, mit Pferden umzugehen und auf sie einzugehen! Dieses macht die Ausfahrten auch in schwierigen Situationen sicherer und macht auch mehr Spaß.

4. Sorge für ausreichenden Haftpflichtversicherungsschutz für die Pferde und das Gespann!

5. Kontrolliere vor jeder Fahrt den verkehrssicheren Zustand von Zaumzeug, Geschirr, Leinen und Bremse!

6. Informiere dich über die gesetzlichen Regelungen für das Fahren in Feld und Wald in deiner Region!

7. Fahre nur auf Wegen und Straßen, niemals querbeet, und meide ausgewiesene Fuß-, Wander- und Radwege, Grabenböschungen und Biotope!

8. Verzichte auf eine Ausfahrt oder nimm Umwege in Kauf, wenn Wege durch anhaltende Regenfälle weich geworden sind, und passe dein Tempo dem Gelände an!

9. Begegne Fußgängern, Radfahrern, Reitern und Gespannfahrern immer nur im Schritt und sei freundlich und hilfsbereit zu allen!

10. Melde unaufgefordert Schäden, die einmal entstehen können, und regele entsprechenden Schadenersatz!

11. Sprich mit Reit- und Fahrkollegen, die gegen diese Regeln verstoßen!

12. Du bist Gast in der Natur und deine Pferde bereichern die Landschaft, wenn du dich korrekt verhältst!

Auszug aus dem Tierschutzgesetz

in der Fassung der Bekanntmachung vom 18. Mai 2006 (BGBl. I S. 1206, 1313), geändert am 9. Dezember 2010

§ 1

Zweck dieses Gesetzes ist es, aus der Verantwortung des Menschen für das Tier als Mitgeschöpf dessen Leben und Wohlbefinden zu schützen. Niemand darf einem Tier ohne vernünftigen Grund Schmerzen, Leiden oder Schäden zufügen.

§ 2

Wer ein Tier hält, betreut oder zu betreuen hat,

1. muss das Tier seiner Art und seinen Bedürfnissen entsprechend angemessen ernähren, pflegen und verhaltensgerecht unterbringen,
2. darf die Möglichkeit des Tieres zu artgemäßer Bewegung nicht so einschränken, dass ihm Schmerzen oder vermeidbare Leiden oder Schäden zugefügt werden,
3. muss über die für eine angemessene Ernährung, Pflege und verhaltensgerechte Unterbringung des Tieres erforderlichen Kenntnisse und Fähigkeiten verfügen.

§ 3

Es ist verboten,

1. einem Tier außer in Notfällen Leistungen abzuverlangen, denen es wegen seines Zustandes offensichtlich nicht gewachsen ist oder die offensichtlich seine Kräfte übersteigen,
   1a. einem Tier, an dem Eingriffe und Behandlungen vorgenommen worden sind, die einen leistungsmindernden körperlichen Zustand verdecken, Leistungen abzuverlangen, denen es wegen seines körperlichen Zustandes nicht gewachsen ist;
   1b. an einem Tier im Training oder bei sportlichen Wettkämpfen oder ähnlichen Veranstaltungen Maßnahmen, die mit erheblichen Schmerzen, Leiden oder Schäden verbunden sind und die die Leistungsfähigkeit von Tieren beeinflussen können, sowie an einem Tier bei sportlichen Wettkämpfen oder ähnlichen Veranstaltungen Dopingmittel anzuwenden;
2. ein gebrechliches, krankes, abgetriebenes oder altes, im Haus, Betrieb oder sonst in Obhut des Menschen gehaltenes Tier, für das ein Weiterleben mit nicht behebbaren Schmerzen oder Leiden verbunden ist, zu einem anderen Zweck als zur unverzüglichen schmerzlosen Tötung zu veräußern oder zu erwerben;

...

5. ein Tier auszubilden oder zu trainieren, sofern damit erhebliche Schmerzen, Leiden oder Schäden für das Tier verbunden sind.

§ 17

Mit Freiheitsstrafe bis zu 3 Jahren oder mit Geldstrafe wird bestraft, wer

...

2. einem Wirbeltier
   a) aus Rohheit erhebliche Schmerzen oder Leiden oder
   b) länger anhaltende oder sich wiederholende erhebliche Schmerzen oder Leiden zufügt.

§ 18

(1) Ordnungswidrig handelt, wer vorsätzlich oder fahrlässig
   1. einem Wirbeltier, das er hält, betreut oder zu betreuen hat, ohne vernünftigen Grund erhebliche Schmerzen, Leiden oder Schäden zufügt,

   ...

   4. einem Verbot nach § 3 zuwiderhandelt.

...

(4) Die Ordnungswidrigkeit kann ... mit einer Geldbuße bis zu fünfundzwanzigtausend Euro ... geahndet werden.

C Anschlussverbände (A) und Verbände mit besonderer Aufgabenstellung

- Bundesverband für klassisch-barocke Reiterei Deutschland e.V.
- Deutscher Akademischer Reiterverband e.V. – DAR
- Erster Trekkingclub Deutschland e.V. – ETCD
- Erste Westernreiter Union Deutschland e.V. – EWU
- Internationale Gangpferdevereinigung e.V. – IGV
- Islandpferde-, Reiter- und Züchterverband e.V. – IPZV
- Reiten im Damensattel e.V. – RID
- Verband der Reiterspiele Mounted Games Deutschland e.V. – VRMGD
- Verein Deutscher Distanzreiter und -fahrer e.V. – VDD

Beispielhafte Wettbewerbe, die seitens der Anschlussverbände bzw. Verbände mit besonderer Aufgabenstellung ausgeschrieben werden können, sind zum Teil im Teil II der WBO integriert. Aus diesem Grund sind hier ausschließlich die Kontaktdaten aufgeführt.

• Bundesverband für klassisch-barocke Reiterei Deutschland e.V. (A)

Kontaktdaten:
Bundesverband für klassisch-barocke Reiterei Deutschland e.V.
Dorfstraße 46, 30938 Burgwedel, Richard Hinrichs
Tel.: 05135 9249236
E-Mail: richardhinrichs@hotmail.com
Internet: www.bfkbr.de

Die **klassisch-barocke Reiterei** entwickelte sich aus der Blütezeit der klassischen Reitweise – dem Barock (17. bis 18. Jahrhundert). Es werden keine spektakulären Verstärkungen gefordert, sondern eine hohe Versammlung und erhabene Aktionen, wie z.B. der spanische Tritt. Für diese Reitweise besonders geeignete Pferde sind z.B. Lipizzaner, Andalusier, Lusitanos, Berber, Kladruber, Knabstrupper oder Friesen. Die Zahl der Barockpferdereiter in Deutschland steigt stetig an, sodass auch spezielle Barockpferdeturniere ausgerichtet werden. Im Vordergrund stehen mitunter das Quadrillenreiten und Pas-de-Deux.
Aufgrund der stilechten Kostümierung der Reiter und Ausrüstung der Pferde sind die Barockpferdereiter auch in vielen Schauprogrammen anzutreffen.

• Deutscher Akademischer Reiterverband e.V. – DAR (A)

Kontaktdaten:
DAR-Geschäftsstelle, c/o Servicebüro Jennissen
Marion Jennissen, Gitta Boortz
Buschortstr. 17, 33775 Versmold
Tel.: 05423 49371, Fax: 05423 49373
E-Mail: info@servicebuero-jennissen.de
Internet: www.deutscher-akademischer-reiterverband.de

Der **DAR** ist der Dachverband der Studentenreiter in Deutschland, der ideell und materiell die Interessen der Studentenreiterei (wie z.B. die Durchführung von Hochschulvergleichsturnieren und Ausbildungsmaßnahmen im Pferdesport) unterstützt.

• Erster Trekkingclub Deutschland e.V. – ETCD (A)

Kontaktdaten:
Geschäftsstelle ETCD e.V.
Liebfrauenhöhe 2, 72108 Rottenburg-Ergenzingen
Tel.: 07457 5838
E-Mail: office@trekkingclub.de
Internet: www.trekkingclub.de

Sportwartin:
Carola Mahler, Tel.: 07194 8715, E-Mail: office@trekkingclub.de

Trekking-Wettbewerbe
Die sportlichen Wettbewerbe des ETCD dienen als Übungsfeld für rücksichtsvolles und verantwortungsbewusstes Verhalten des Reiters. Trekking-Wettbewerbe sind Vielseitigkeitsprüfungen nach dem Regelwerk der Trekking-Prüfungsordnung (TPO), die einen Start von jungen und alten Menschen, von kleinen und großen Pferden aller Rassen zu gleichen Bedingungen ermöglicht. Alle Wettbewerbskategorien können einzeln oder im Team geritten werden – Jugendliche jedoch nur in Begleitung eines Erwachsenen. Die Veranstaltungen setzen sich aus verschiedenen **Teil-Wettbewerben** mit unterschiedlichen Schwierigkeitsgraden zusammen.
Diese sind:
- Orientierungsritt
- Geländestrecke
- Gehorsam (Trail) mit integrierbarer Gangartenüberprüfung
- Rittigkeit mit integrierbarer Gangartenüberprüfung

Der **Orientierungsritt** auf öffentlichen Wegen nach topografischer Karte und Kompass ist das Kernstück der Trekking-Wettbewerbe. Er ist für jede Veranstaltung Pflicht und macht 50% der Gesamtwertung aus. Die einzelnen Etappen sind in einer vorgegebenen Zeit zu bewältigen. Die anderen Teil-WB sind vom Ausrichter wählbar und werden in der Ausschreibung bekannt gegeben.

Geländestrecke und Trail stellen Pferd und Reiter vor Anforderungen, die beim Reiten im Gelände auf beide zukommen können.

Bei dem **Rittigkeits-WB** sollen Pferd und Reiter zeigen, dass sie in jeder Situation ein Team bilden.

Für neue Trekkingfreunde oder auch als Erfolgskontrolle für den Trainingsaufbau eignet sich der Einstiegsritt (TPO E). Eine Strecke von höchstens 25 km ist in 4 Etappen unterteilt, die Rittgeschwindigkeit liegt bei max. Tempo 8 (7,5 km/h). Zusätzlich ist eine weitere der oben genannten Wettbewerbe zu absolvieren.

Der Trekkingritt der Klasse A (TPO A) führt über eine Strecke von max. 35 km und ist in 5 Etappen unterteilt. Je nach Geländeschwierigkeit liegt die Rittgeschwindigkeit zwischen Tempo 10 (6 km/h) und Tempo 6 (10 km/h). Entsprechend der Ausschreibung werden 2 weitere Teil-Wettbewerbe durchgeführt.

Wettbewerbe der Klasse C (TPO C) erfordern bereits einige Erfahrung und entsprechendes Training von Pferd und Reiter. Nach diesem Reglement wird auch die Deutsche Trekkingmeisterschaft ausgetragen. Eine Strecke von mindestens 40 km und max. 60 km ist in 6 Etappen unterteilt.
Die Tempovorgaben liegen zwischen Tempo 9 (6,7 km/h) und Tempo 5 (12 km/h). Weiterhin sind ein Trail, eine Geländestrecke und ein Rittigkeits-Wettbewerb zu absolvieren.

Trekkingritte können auch nach dem **T.R.E.C.-Reglement** (FITE) (www.TREC.de) durchgeführt werden.

Während der gesamten Wettbewerbsdauer erfolgen mehrmals Überprüfungen des Gesundheitszustandes der Pferde (u.a. Kontrolle der Hufe, Bewegung, Puls) – auf Horsemanship wird besonderer Wert gelegt, ebenso wie auf eine einwandfreie Ausrüstung sowie korrektes reiterliches Verhalten.

Wettbewerbsbeispiel: ➡ Teil II, Seite 255/256

• Erste Westernreiter Union Deutschland e.V. – EWU (A)

Kontaktdaten:
Erste Westernreiter Union Deutschland e.V.
Freiherr-von-Langen-Str. 8a, 48231 Warendorf
Tel.: 02581 92846-0, Fax: 02581 92846-25
E-Mail: info@ewu-bund.de
Internet: www.westernreiter.com

Die **Erste Westernreiter Union Deutschland e.V.**, kurz EWU, ist der größte Westernreitverband in Deutschland und seit 1993 Anschlussverband der FN. Die EWU ist ein rasseoffener Verband. Das heißt, bei den Veranstaltungen der EWU sind Reiter/Teilnehmer mit Pferden/Ponys aller Rassen zugelassen. Die Abstammung und Rasse der Pferde spielen keine Rolle. Alle Pferdesportler und Pferdefreunde sind bei der EWU herzlich willkommen.

Die EWU hat sich folgende Aufgabenschwerpunkte gesetzt:
- Förderung der Jugendarbeit
- Förderung und Weiterentwicklung von Ausbildern, Reitern und Pferden
- Verbesserung des Images und Bekanntheitsgrades des Westernreitsports in der Öffentlichkeit
- Organisation und Betreuung von Westernreitsportveranstaltungen

Westernreitsportveranstaltungen, was ist darunter zu verstehen? Westernreitsportveranstaltungen können einerseits leistungssportlich, aber auch breitensportlich orientierte Veranstaltungen sein. Im Bereich des Leistungssports sind die EWU wie auch die FN straff organisiert und alles ist sehr genau geregelt. Im Freizeit- und Breitensport bietet die EWU den Pferdesportlern und Pferdefreunden ein vielfältiges Angebot an Wettbewerben, die im Regelbuch der EWU, Abschnitt C 90 und C 92, beschrieben werden. Darüber hinaus sind dem Veranstalter bei der Gestaltung von Wettbewerben fast keine Grenzen gesetzt. Die Grundsätze der WBO finden somit hunderprozentigen Zuspruch von der EWU.

Wettbewerbsbeispiel: ➜ Teil II, Seite 257

• Internationale Gangpferdevereinigung e.V. – IGV (A)

Kontaktdaten:
Internationale Gangpferdevereinigung e.V. (IGV)
Frankenstraße 37, 48734 Reken
Tel.: 02864 2434, Fax: 02864 5860
E-Mail: info@igv-online.de
Internet: www.igv-online.de

Die **IGV** ist ein Zusammenschluss von Vereinigungen und Rassevertretern, Züchtern und Pferdefreunden.
In Deutschland gibt es zurzeit 11 verschiedene Gangpferderassen und verschiedene Gangpferdekreuzungen: Aegidienberger, Töltende Traber, Isländer, American Saddlebredhorse, American Spotted Saddle Horse, Tennesse Walker, Missouri Foxtrotter, Paso Peruano, Paso Fino, Mangalarga Marchadors, Arravanis, Töltiberer.
Das Besondere an den Gangpferden sind ihre individuellen Gangarten wie Tölt (Gangart im Viertakt, die den Reiter nahezu erschütterungsfrei bei unterschiedlichem Tempo trägt) und gegebenenfalls Pass (nicht bei allen Rassen erwünscht).

Vertreten ist eine große Vielfalt der Rassen (Aussehen, Veranlagung), des Temperaments, der Reitweisen (Stile), Größe und Eignung. Eine spezielle Ausrüstung im Freizeitbereich gibt es nicht.

• Islandpferde-, Reiter- und Züchterverband e.V. – IPZV (A)

Kontaktdaten:
IPZV – Ressort Breitensport
Astrid Holz, Muhliusstr. 70, 24103 Kiel
Tel.: 0431 5555-28, Fax: 0431 5555-38
E-Mail: freizeit@ipzv.de
Internet: www.ipzv.de/Ressort/Breitensport

Breitensport im IPZV
Das Ressort Breitensport ist in seiner heutigen Form noch sehr jung. Es lebt von der Mitwirkung und den Aktivitäten seiner Mitglieder. Jeder ist hier herzlich willkommen. Das Programm ist vielschichtig und die Akteure sind offen für neue und alte Ideen.

Ziel ist es, die Gangarten und Eigenheiten des Islandpferdes zu erhalten und zu pflegen. Nicht nur die bequeme Spezialgangart Tölt ermöglicht vielen jungen und jung gebliebenen Reitern, das Glück der Erde auf einem Pferderücken wahrhaftig zu erleben. Der IPZV bietet einen bunten Strauß von Möglichkeiten, die kostbare Freizeit im allerbesten Sinne mit einem Islandpferd zu verbringen.

Freizeitreiter-Dritteltreffen
Jedes Jahr werden an drei Standorten Freizeitreiter-Dritteltreffen angeboten. Alle Interessierten erhalten so die Gelegenheit, sich direkt und ganz persönlich im Rahmen eines Workshops aktiv in die Arbeit des Bundesverbandes einzubringen. Gleichzeitig haben die ausrichtenden Höfe, Gestüte und Vereine die Möglichkeit, sich selbst vorzustellen oder Informationen direkt vor Ort abzufragen.

Hestadagar-Wettbewerbe für die Freizeitreiter
Die Interessenvertretung Hestadagar entwickelt und untersucht eine neue Wettbewerbsform für Freizeitreiter in unterschiedlichen Zusammenhängen. Eine Arbeitsgruppe ist dabei, ein Reglement zu entwickeln. Dabei soll eine Prüfungsform gefunden werden, die die Möglichkeit eröffnet, sich spielerisch im Wettbewerb zu messen und dabei zu lernen. Horsemanship, Teamgeist und Balance sind die besonderen Bewertungskriterien. Bei unserer Bundesgeschäftsstelle in Bad Salzdetfurth erhalten Sie das Hestadagar-Konzept 2007 mit Richtzetteln und allem, was dazugehört.

Der Wanderreitercup
Der Wanderreitercup hat ab 2007 ein neues Reglement. Die wichtigste Neuerung ist die verbindliche Ankündigung vorher in der Zeitschrift „DAS ISLANDPFERD" und auf der IPZV-Homepage mit der Angabe der zu reitenden Streckenkilometer. Diese werden nach Karte ermittelt. Sie werden zu Jahresbeginn von den Veranstaltern auf einem eigenen Formular angemeldet und innerhalb von 4 Wochen nach dem Ritt mit der Teilnehmermeldung beim IPZV bestätigt. Den Wanderreitercup gewinnt, wer in einem Jahr die meisten Kilometer erritten hat.

Wanderreiten und Reitwege
In einem dicht besiedelten und industrialisierten Land wie der Bundesrepublik Deutschland ist es nicht immer ganz einfach, fernab der Zivilisation die Natur und damit die Erholung überhaupt zu finden. Daran können wir zwar prinzipiell nicht viel ändern, aber wir wollen Hilfestellung geben, Fragen so gut wie möglich beantworten und helfen, die kleineren Probleme zu lösen.
Informationen zu aktuellen Einzelthemen finden sie laufend bei: www.ipzv.de/Ressort/Breitensport und in der Verbandszeitschrift „DAS ISLANDPFERD".

• Reiten im Damensattel e.V. – RID

Kontaktdaten:
Bettina Keil (1. Vorsitzende), Jakob-Krebs-Str. 153, 47877 Willich
Tel.: 02156 109112, Fax: 02156 109113
E-Mail: kontakt@damensattel-deutschland.de
Internet: www.damensattel-deutschland.de

Reiten im Damensattel
Das Reiten im Damensattel ist eine traditionelle, europäisch geprägte Reitweise, die auf der klassischen Reitlehre beruht. Bis vor dem Ersten Weltkrieg war es normal, dass Frauen nur im Damensattel ritten. Aber auch die männlichen Ausbilder und Männer mit gesundheitlichen Einschränkungen ritten im Seitsitz. Das Prinzip der Hilfengebung ist identisch zum Reiten, wie es in den Richtlinien für Reiten und Fahren (FN), Band 1 und 2 beschrieben wird, der rechte Schenkel wird jedoch durch eine Reitgerte oder einen Reitstock ersetzt. Durch die Asymmetrie im Sitz des Reiters/der Reiterin sind gutes Balancegefühl sowie eine besonders gefühlvolle und feine Hilfengebung gefordert. Dadurch wird das Vertrauen zwischen Reiter und Pferd gefördert und ein harmonisches und elegantes Gesamtbild erreicht. Das Reiten im Damensattel ist eine Zusatzbetätigung zur täglichen Arbeit mit dem Reitpferd. Damensattelpferde werden unter dem englischen Sattel ausgebildet und Korrektur geritten. Jedes gesunde, ausgewachsene, ausbalancierte und grundgymnastizierte Pferd mit einer soliden Grundausbildung lässt sich im Damensattel reiten.
Nur in Einzelfällen, wie z.B. im Behindertenreitsport, finden sich Pferde, die ausschließlich im Damensattel geritten werden. Diese Pferde werden entsprechend ihres Interieurs und Exterieurs (u.a. kräftiger und ausreichend langer Rücken) speziell für diese Aufgabe ausgewählt.

Sitz
Der korrekte Sitz ist der Balancesitz „Schwerpunkt über Schwerpunkt". Das Gewicht des Reiters/der Reiterin verteilt sich über Gesäßknochen und rechtem Oberschenkel. Die Gesäßknochen liegen deutlich hinter der Schwerpunktachse des Pferdes. Durch Vorbringen des Brustbeins verlagert der Reiter/die Reiterin den Schwerpunkt des Oberkörpers deutlich nach vorne und bringt sich in Balance mit dem Pferd. Das ist nur möglich mit einem korrekt angepassten Damensattel moderner Bauweise.
Ausgehend vom linkssitzigen Damensattel, legt der Reiter/die Reiterin sein/ihr rechtes Bein über das obere, feststehende und das linke Bein, mit einer Handbreit Zwischenraum, unter das Einschraub-Horn. Die Reiterschultern sind parallel zu den Schultern des Pferdes. Die Wirbelsäule des Reiters befindet sich mittig über der Wirbelsäule des Pferdes. Die Reiterhüften sind nahezu parallel zur Hüfte des Pferdes.

Der rechte Unterschenkel des Reiters/der Reiterin liegt senkrecht flach an der Pferdeschulter an. Die rechte Fußspitze zeigt tendenziell nach unten. Der rechte Absatz weist zum linken Schienbein. Das linke Bein hängt locker, mit leicht tiefem Absatz herab, ohne Gewicht in den Steigbügel zu bringen. Die Hände werden rechts und links des rechten Knies/Oberschenkels platziert.

Ausrüstung
Der Damensattel moderner Bauweise (➔ RID-Merkblatt: „Der moderne Damensattel") hat 2 Hörner und verfügt über eine flache, waagerechte Sitzfläche, die eine Gewichtsverteilung über Gesäß und rechten Oberschenkel erlaubt (linkssitziger Sattel). Darüber hinaus hat er eine patentierte Sicherheits-Steigbügelaufhängung oder ist mit einem Sicherheits-Steigbügel versehen. Der Balancegurt dient der Stabilisierung des Sattels beim Springen oder im Fall eines Bucklers. Er wird nicht sehr fest angegurtet und muss am Sattelgurt gesichert sein, um ein Wegrutschen nach hinten zu vermeiden.
Zum Dressur- oder Spring-Wettbewerb wird zum Turnierjacket und dunkler Reithose eine Sicherheits-Reitschürze aus schwerem Material (Wollstoff) in gedeckten Farben getragen, die den rechten Fuß bedeckt und den linken Fuß sehen lässt (linkssitziger Sattel). Informationen zu weiteren Ausrüstungsgegenständen für Reiter und Pferd sind im Merkblatt „RID-Ausrüstungsbestimmungen Turnier" zu finden.

Wettbewerbsbeispiel: ➔ Teil II, Seite 261

• Verband der Reiterspiele Mounted Games Deutschland e.V. – VRMGD

Kontaktdaten:
Phillip Preugel, Landhausstraße 6, 15746 Groß Köris
Tel.: 03376 663281
E-Mail: preugel@t-online.de
Internet: www.vrmgd.de

Verband der Reiterspiele Mounted Games Deutschland e.V.
Der seit dem Jahr 2000 bestehende Verband ist über den Pferdesportverband Hannover der Deutschen Reiterlichen Vereinigung angeschlossen. Er bezweckt die Förderung und Verbreitung der Mounted Games (= gerittene Spiele), abwechslungsreicher und dynamischer Mannschaftsspiele auf Ponys oder Pferden. Teams zu 4 bis 5 Reitern, von denen jeweils 4 pro Spiel eingesetzt werden, absolvieren als Staffel auf dem etwa 50 x 100 m großen Spielfeld verschiedenste Spielaufgaben, bei denen mal Geschicklichkeit,

mal Schnelligkeit und Wendigkeit im Vordergrund stehen oder bei denen durch rasches Ab- und Aufspringen Boden gutgemacht werden kann. Fehler müssen sofort korrigiert werden, andernfalls erhält das Team für das Spiel keine Punkte. Auf den Turnieren starten die Teams, z.B. 4 bis 6, im direkten Vergleich gegeneinander. Sporen und Gerte sind nicht erlaubt. Ein Hauptschiedsrichter und 5 Linienrichter überwachen die Regeleinhaltung, zu denen ganz wesentlich das schonende Verhalten gegenüber Pony/Pferd gehört. Der Sieger jedes Spiels erhält so viel Punkte, wie Mannschaften am Spiel teilgenommen haben. Die Gruppe der besten Teams tritt nach zumeist 2 Qualifikationsrunden zu je 8 Spielen zum A-Finale an, die nächstbeste Gruppe zum B-Finale usw. Geritten wird in der Jugendklasse (bis 16 Jahre, ein Mannschaftsmitglied darf älter sein) und in der offenen Klasse ohne Altersbegrenzung. Wird ein Pony geritten, sind Gewichtsgrenzen einzuhalten.
Mounted Games sind eine der wenigen Möglichkeiten, die Freude am Umgang mit dem Pony/Pferd durch die Vorzüge einer Mannschaftssportart (Teamgeist, Kameradschaft, Zusammengehörigkeit) zu ergänzen. Sie begeistern die Zuschauer durch ihre Vielfalt, können mit jedem Pony oder Pferd geritten werden und sind gerade auch für Jungen attraktiv.

Die Regeln für die einzelnen Spiele sind im Internet nachzulesen.

Wettbewerbsbeispiel: ➜ Teil II, Seite 263–268

• Verein Deutscher Distanzreiter und -fahrer e.V. – VDD (A)

Kontaktdaten:
Geschäftsstelle des VDD, Schustehrusstr. 16, 10585 Berlin
Tel.: 030 30649851, Fax: 0321 21142876
E-Mail: geschaeftsstelle@vdd-aktuell.de
Internet: www.vdd-aktuell.de

Verein Deutscher Distanzreiter und -fahrer e.V.
Der VDD wurde 1976 gegründet, 1981 wurde der VDD Anschlussverband der FN.

Distanzritte und -fahrten sind Ausdauerprüfungen für Pferde auf einer Geländestrecke von bestimmter Länge unter besonderer tierärztlicher Kontrolle. Distanzreiten/-fahren ist ein Sport für alle – alle Menschen, ob jung oder alt, und alle Pferde, ob klein oder groß.

Distanzritte und -fahrten werden überall in Deutschland nach dem Reglement des VDD durchgeführt. Dieses ist in die LPO eingebunden. Nur was nicht im VDD-Reglement geregelt ist, regelt die LPO. Die Streckenlängen betragen 25 bis 160 km an einem Tag. Insbesondere Einführungsritte und -fahrten eignen sich auch zur Durchführung in Verbindung mit anderen Wettbewerben nach WBO. Die Entfernung beträgt bei Eintagesveranstaltungen 25 bis 39 km. Daran können alle Pferde 5 Jahre oder älter teilnehmen.

Bei deutschen Distanzritten und -fahrten gibt es keine Richter. Über die Bewertung der Pferde entscheiden die Tierärzte. Ihr Urteil ist unanfechtbar. Vorgeschrieben sind eine Voruntersuchung, Checks auf der Strecke und abschließend eine Nachuntersuchung. Die Ehrung der erfolgreichen Teilnehmer übernehmen die Veranstalter.

Neben den Distanzritten und -fahrten gibt es Breitensportliche Distanz-Wettbewerbe. Ihre Durchführung ist in der Wettbewerbsordnung des VDD geregelt. Darüber hinaus gilt für diese Wettbewerbe die WBO der FN.
Es handelt sich hierbei nicht um Distanzritte und -fahrten, sondern zum Beispiel um Wettbewerbe, wie Temporitt, Streckenorientierungs-WB, Tierarzt-Rallye, Pulsschätzspiel usw. Diese dienen auch der Vorbereitung auf die Teilnahme an Distanzritten/-fahrten.

Die Genehmigung und Kontrolle der Distanz-Wettbewerbe auf Durchführung sportlich fairer Wettbewerbe, Schutz der Pferde und Einhaltung des Reglements erfolgt durch die Beauftragten des VDD (Regionalbeauftragte, Technische Delegierte). Diese nehmen die entsprechenden Funktionen wahr. Auch die Genehmigung der Breitensportlichen Distanz-WB gemäß WBO erfolgt über den Beauftragten des VDD, der die Ausschreibung anschließend an die zuständige LK/den zuständigen LV weiterleitet.

Weitere Informationen wie z.B. die Wettbewerbsordnung für Breitensportliche Distanz-Wettbewerbe gemäß WBO, das gültige Reglement für das Distanzreiten und -fahren, Tipps für Veranstalter, die Ausschreibungsformulare usw. können über die Geschäftsstelle des VDD bezogen werden.

Notizen

Teil II Wettbewerbe

1 Wettbewerbe im Umgang mit dem Pferd

2 Gerittene Wettbewerbe

3 Voltigier-Wettbewerbe

4 Gefahrene Wettbewerbe

5 Wettbewerbe für Teams und Mannschaften

6 Zucht-Wettbewerbe

7 Kombinierte Wettbewerbe

8 Wettbewerbe der Anschlussverbände (A) und der Verbände mit besonderer Aufgabenstellung

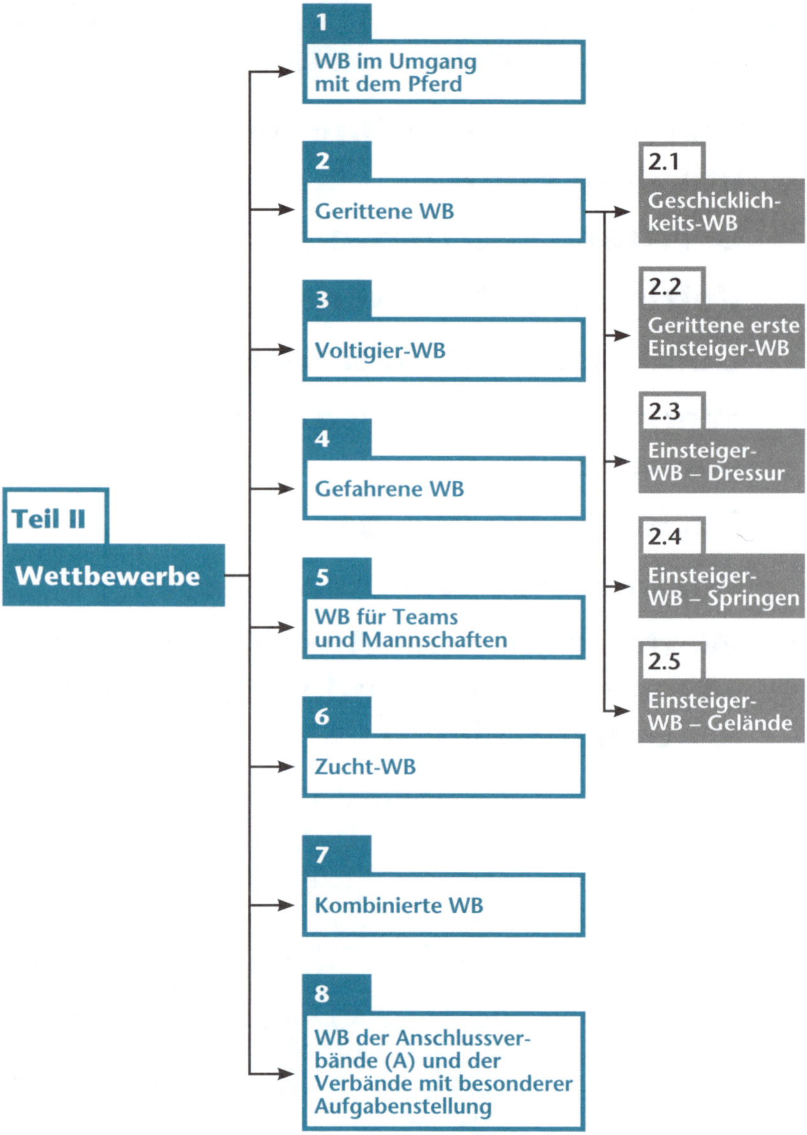
Teil II
Wettbewerbe
1
WB im Umgang mit dem Pferd
2
Gerittene WB
3
Voltigier-WB
4
Gefahrene WB
5
WB für Teams und Mannschaften
6
Zucht-WB
7
Kombinierte WB
8
WB der Anschlussverbände (A) und der Verbände mit besonderer Aufgabenstellung
2.1
Geschicklichkeits-WB
2.2
Gerittene erste Einsteiger-WB
2.3
Einsteiger-WB – Dressur
2.4
Einsteiger-WB – Springen
2.5
Einsteiger-WB – Gelände

Teil II Wettbewerbe

Seite

1 Wettbewerbe im Umgang mit dem Pferd
WB 101 Der richtige Umgang ... 48
WB 102 Zäumen und Satteln ... 50
WB 103 Vormustern auf der Dreiecksbahn ... 51
WB 104 Verladetest ... 53
WB 105 Geführte Gelassenheitsprüfung (GHP) ... 55

2 Gerittene Wettbewerbe
2.1 Geschicklichkeits-Wettbewerbe
WB 201 Geschicklichkeitsreit-WB ... 58
WB 202 Allround-WB Präzisionsparcours ... 59
WB 203 Allround-WB Aktionsparcours ... 60
WB 204 Fun Trail ... 61
WB 205 Natural Trail ... 62
WB 206 Horse & Dog Trail – zum Schnuppern (leichte Aufgaben) ... 63
WB 207 Horse & Dog Trail ... 67
WB 208 Gerittene Gelassenheitsprüfung (GHP) ... 71
WB 209 Handpferdereiten ... 74

2.2 Gerittene erste Einsteiger-Wettbewerbe (Führzügel-, Longenreiter-, Reiter-WB)
WB 221 Führzügel-WB ... 75
WB 222 Führzügel-WB mit Theoriefrage(n) ... 76
WB 223 Führzügel-WB mit Slalom ... 77
WB 224 Führzügel-WB mit Sattelgurtkontrolle ... 78
WB 225 Führzügel-WB Cross-Country ... 79
WB 226 Longenreiter-WB ... 81
WB 227 Longenreiter-Sitzübungen-WB ... 82
WB 228 Longenreiter-Balance-WB ... 83
WB 229 Longenreiter-Balance-WB – Leichter Sitz ... 84
WB 230 Longenreiter-Balance-WB – Auf dem richtigen Fuß ... 85
WB 231 Longenreiter-Balance-WB – total ... 86
WB 232 Longenreiter-WB: Welcher Huf fußt wann auf? ... 87
WB 233 Reiter-WB Schritt – Trab ... 88
WB 234 Reiter-WB Schritt – Trab – Galopp ... 90
WB 235 Reiter-WB mit leichtem Sitz ... 92
WB 236 Reiter-WB mit 2 Sprüngen ... 94
WB 237 Mannschafts-Reiter-WB für 3 bis 5 Reiter ... 96
WB 238 Caprilli-Test-WB ... 98

2.3 **Einsteiger-Wettbewerbe – Dressur**
WB 241 Dressurreiter-WB (RE 1) ... 103
WB 242 Dressurreiter-WB Hufschlagfiguren ... 105
WB 243 Dressurreiter-WB Übergänge ... 107
WB 244 Dressur-WB (E 1, 2 bis 4 Reiter) ... 109
WB 245 Dressur-WB (E 3, 2 bis 4 Reiter) ... 111
WB 246 Dressur-WB (E 5/1, einzeln) ... 113
WB 247 Dressur-WB (E 5/2, zu zweit) ... 115
WB 248 WB „Sicher in der Hilfengebung?“ ... 117
WB 249 Zweite-Chance-Dressur-WB ... 120
WB 250 Schritt-Trab-Dressur-WB für 2er-Teams ... 123
WB 251 Springdressur-WB ... 125
WB 252 Dressuraufgabe für Springreiter ... 127
WB 253 Kombinierter Team-Dressur-WB: Pflichtaufgabe und Kür ... 130
WB 254 Dressur-Kür-WB ... 131
WB 255 Quadrillen-WB ... 133
WB 256 Kostüm-Kür für 4 Reiter ... 135
WB 257 Kostüm-Kür für 2 Reiter ... 136

2.4 **Einsteiger-Wettbewerbe – Springen**
WB 261 Springreiter-WB ... 137
WB 262 Das vielseitige Stangenlabyrinth ... 143
WB 263 Gymnastikreihen mit und ohne Zügel ... 145
WB 264 Die richtige Anzahl Galoppsprünge ... 147
WB 265 Stilspring-WB – mit Erlaubter Zeit (EZ) oder ohne Erlaubte Zeit (EZ) ... 149
WB 266 Standard-Spring-WB ... 158
WB 267 Stafetten-Spring-WB ... 159
WB 268 Mannschaftsspring-WB ... 160
WB 269 Springquadrillen-WB ... 161

2.5 **Einsteiger-Wettbewerbe – Gelände**
WB 281 Geländereiter-WB ... 163
WB 282 Gruppengeländeritt „à la Reitpass“ ... 164
WB 283 Reittest, Kombinierter Strecken-WB ... 165
WB 284 Mini-Ride and Tie ... 167
WB 285 Tempo-Gefühl-WB ... 169
WB 286 Allround-WB Gelände ... 171
WB 287 Stilgeländeritt-WB ... 172
WB 288 Geländeritt-WB – mit Stilwertung ... 173
WB 289 Geländeritt-WB ... 175
WB 290 Gruppengeländeritt-WB ... 177
WB 291 Vielseitigkeits-WB ... 179

3 Voltigier-Wettbewerbe

WB 301 Mein erstes Turnier ... 185
WB 302 Gruppenvoltigier-WB im Schritt ... 186
WB 303 Gruppenvoltigier-WB im Galopp – Schritt – Schritt ... 189
WB 304 Gruppenvoltigier-WB im Galopp – Galopp – Schritt ... 191
WB 305 Gruppenvoltigier-WB im Galopp ... 193
WB 306 Einsteiger-WB im Einzelvoltigieren (Kür im Schritt) ... 195
WB 307 Einsteiger-WB im Doppelvoltigieren ... 197
WB 308 Themenvoltigier-WB mit Kostümen ... 198
WB 309 Pas-de-Deux-WB mit Kostümen ... 199
WB 310 Geschicklichkeitsvoltigier-WB mit Ringen und Reifen ... 200
WB 311 Triathlon für Voltigierstafetten ... 202
WB 312 Catwalk ... 203
WB 313 Longier-WB für Longenführer ... 204
WB 314 Voltigierpferde-Eignungs-WB ... 206

4 Gefahrene Wettbewerbe

WB 401 Freie Präsentation und Ausschirren ... 207
WB 402 Fahrer-WB für Ein- und Zweispänner ... 208
WB 403 Fahrer-WB mit Kegeldurchfahrten ... 211
WB 404 Fahrer-WB Geschicklichkeitsparcours ... 212
WB 405 Dressur-Fahr-WB für Ein-, Zwei-, Vierspänner, Tandemanspannung ... 214
WB 406 Hindernis-Fahr-WB ... 215
WB 407 Stilhindernis-Fahr-WB ... 216
WB 408 Traditions-Fahr-WB ... 217
WB 409 Traditions-WB – Streckenfahrt ... 219
WB 410 Traditions-Hindernis-Fahr-WB – Kegelparcours ... 221
WB 411 Traditions-Fahr-WB – Kombination ... 222
WB 412 Fahr-WB „Fahren vom Boden aus" – Einspänner ... 223
WB 413 Fahr-WB „Boxenstopp" – Ein- oder Zweispänner ... 224
WB 414 Fahr-WB „Fahren einer Acht" – Ein- oder Zweispänner ... 225
WB 415 Fahr-WB Fahrquadrillen ... 227
WB 416 Fahrer-WB Holzrücken ... 228
WB 417 Fahr-WB Wander-Streckenfahren ... 229
WB 418 Doppellongen-WB für Fahrer ... 231
WB 419 Fahrer-WB – Arbeit am Langzügel neben/hinter dem Pferd 232

5 Wettbewerbe für Teams und Mannschaften

WB 237 Mannschafts-Reiter-WB für 3 bis 5 Reiter 96
WB 250 Schritt-Trab-Dressur-WB für 2er-Teams 123
WB 252 Dressuraufgabe für Springreiter 127
WB 253 Kombinierter Team-Dressur-WB: Pflichtaufgabe und Kür 130
WB 255 Quadrillen-WB 133
WB 256 Kostüm-Kür für 4 Reiter 135
WB 257 Kostüm-Kür für 2 Reiter 136
WB 267 Stafetten-Spring-WB 159
WB 268 Mannschaftsspring-WB 160
WB 269 Springquadrillen-WB 161
WB 282 Gruppengeländeritt „à la Reitpass“ 164
WB 284 Mini-Ride and Tie 167
WB 290 Gruppengeländeritt-WB 177
WB 302 Gruppenvoltigier-WB im Schritt 186
WB 303 Gruppenvoltigier-WB im Galopp – Schritt – Schritt 189
WB 304 Gruppenvoltigier-WB im Galopp – Galopp – Schritt 191
WB 305 Gruppenvoltigier-WB im Galopp 193
WB 307 Einsteiger-WB im Doppelvoltigieren 197
WB 308 Themenvoltigier-WB mit Kostümen 198
WB 309 Pas-de-Deux-WB mit Kostümen 199
WB 310 Geschicklichkeitsvoltigier-WB mit Ringen und Reifen 200
WB 311 Triathlon für Voltigierstafetten 202
WB 415 Fahr-WB Fahrquadrillen 227
WB 501 Jump and Run 234
WB 502 Pferdefußball 235

6 Zucht-Wettbewerbe

WB 601 Pferdebeurteilung 237
WB 602 Vormustern 238
WB 603 „Wo und was ist was?“ 240

7 Kombinierte Wettbewerbe

WB 701 PM-Schulpferdecup (Dressur, Theorie, Leichter Sitz, Springen, Vormustern) 241
WB 702 Wettbewerb im Orientierungsreiten – TREC – Einzel- und Mannschafts-WB 248
WB 703 Wettbewerb im Orientierungsfahren – TREC – für Ein- und Mehrspänner 251
WB 704 Vierkampf (Dressur, Springen, Schwimmen, Laufen) 253

8 Wettbewerbe der Anschlussverbände (A) und der Verbände mit besonderer Aufgabenstellung

- **Erster Trekkingclub Deutschland e.V. – ETCD (A)**

  WB-Beispiel 1: Trekking – Kiddi-Trec 255

  WB-Beispiel 2: Orientierungsritt Klasse A 255

- **Erste Westernreiter Union Deutschland e.V. – EWU (A)**

  WB-Beispiel 1: Trail an der Hand 257

  WB-Beispiel 2: Flag Race bzw. Team Flag Race 258

  WB-Beispiel 3: Ribbon Race 259

- **Reiten im Damensattel e.V. – RID**

  WB-Beispiel: Dressur-WB im Damensattel (Nur einzeln) 261

- **Verband der Reiterspiele Mounted Games Deutschland e.V. – VRMGD**

  WB-Beispiel 1:
  Mounted-Games-Mannschaftsspiele – offene Klasse
  Flinke Füße, Hochstaplerspiel, Hoch und Tief (Hilo), Ringestechen 263–266

  WB-Beispiel 2:
  Mounted-Games-Paarwettkampf für Anfänger
  Slalom, Becher versetzen, Socken in den Eimer 267–268

1 Wettbewerbe im Umgang mit dem Pferd

WB 101 Der richtige Umgang

Anforderungen:
Jeder Teilnehmer holt sein Pferd aus der „Box" (simulierter Aufbau).
Ablauf: Er halftert es auf, bindet es an, räumt die Hufe aus und führt sein Pferd auf die Wiese (simulierter Paddock) und löst den Führstrick.

Bewertung:
Anhand eines Bewertungsbogens (➡ nächste Seite) wird die korrekte Durchführung der verschiedenen Maßnahmen (u.a. Ansprechen, Aufhalftern, Anbinden, Hufe ausräumen, Führen) bewertet. Hauptkriterium ist der Sicherheitsaspekt bei allen Handlungen.
Für jede Maßnahme werden Punkte vergeben. Die Teilnehmer werden entsprechend ihrer Punktzahl rangiert.

Ausrüstung:
<u>Ausrüstung des Pferdes:</u> Halfter mit Führstrick
<u>Ausrüstung des Pferdeführenden:</u> festes Schuhwerk, Handschuhe

Zusätzliche Bestimmungen:
Mindestalter des Pferdes: 4 Jahre
Mindestalter des Pferdeführenden: 6 Jahre

Muster-Bewertungsbogen zu WB 101 „Der richtige Umgang"

Wettbewerb Nr. ... – Der richtige Umgang

Pferd:	Progr.-Nr.:	Progr.-Nr.:	Progr.-Nr.:
Ansprechen des Pferdes: 1–5 Punkte (Position des TN, Stimme, Körpersprache)			
Anbinden: 1–10 Punkte (korrekter Knoten, Anbindelänge/-höhe, Anbindestelle)			
Aufhalftern: 1–10 Punkte (umsichtige, sichere Ausführung)			
Hufe ausräumen: 1–10 Punkte (sichere Position, sichere Körperhaltung, Huf aufnehmen/-abstellen, Hufstrahl säubern)			
Führen aus der „Box"/auf die Wiese: 1–10 Punkte (Sicherheitsmaßnahmen für das Pferd/ für den Pferdeführenden)			
Gesamteindruck: 1–5 Punkte (Sicherheit und geschickte Ausführung)			
Summe der Punkte:			
Rangierung:			

WB 102 Zäumen und Satteln

Anforderungen:
Der Teilnehmer führt sein Pferd am Halfter in die markierte Zone. Ein Helfer legt Trense/Zäumung und den Sattel an einer vorher festgelegten Stelle ab. Die Richter/Prüfer Breitensport verändern bewusst falsch die Verschnallung der Trense. Auf ein Startzeichen hin demonstriert der Teilnehmer das korrekte Anpassen und Auftrensen, das Aufsatteln und das richtige Bandagieren (ein Bein) des Pferdes. Der Helfer hält das Pferd fest.

Bewertung:
Bewertet wird die Korrektheit der oben genannten Tätigkeiten mit einer WN von 10 bis 0 (eine Dezimalstelle).

Ausrüstung:
<u>Ausrüstung des Pferdes:</u> Halfter mit Führstrick, Trensenzaum, vollständiger Sattel mit Satteldecke, eine Bandage
<u>Ausrüstung des Teilnehmers:</u> festes Schuhwerk
Nicht erlaubt: Gerte

Zusätzliche Bestimmungen:
Mindestalter des Pferdes: 4 Jahre
Mindestalter des Teilnehmers: 6 Jahre
Ein Helfer ist zum Festhalten des Pferdes erlaubt.

WB 103 Vormustern auf der Dreiecksbahn

Anforderungen:
Der Teilnehmer stellt sein Pferd auf der Dreiecksbahn (Aufbauskizze ➜ nächste Seite) an der Hand vor.

<u>Ablauf:</u>
- „Offene" Aufstellung zu den Richtern/Prüfern Breitensport mit folgenden Informationen: Name des Teilnehmers und des Pferdes, Angaben zum Pferd: Alter, Farbe, echte Abzeichen, (wenn bekannt: Vater, Vater der Mutter und Zuchtverband)
- Anführen auf die linke Seite des Dreiecks zu
- Erste Seite (linke Seite des Dreiecks) Schritt
- Nach der Ecke antraben, zweite Seite Trab, vor der nächsten Ecke Schritt
- dritte Seite Schritt
- Um die Markierung (z.B. Kegel oder Pflanzenkübel) wenden und erneut, nun von der anderen Seite, „offen" zu den Richtern/Prüfern Breitensport aufstellen

Ein Helfer kann mit Peitsche, wenn erforderlich, auf der linken Seite des Pferdes mit genügend Sicherheitsabstand treiben helfen.

Bewertung:
Bewertet wird das korrekte Aufstellen, das Aufnehmen der Zügel/des Führstrickes, das Führen, das Durchparieren, das Wenden und die Informationen mit einer WN von 10 bis 0 (eine Dezimalstelle).

Ausrüstung:
<u>Ausrüstung des Pferdes:</u> Trensenzaum oder Halfter mit Führstrick
<u>Ausrüstung des Pferdeführenden:</u> festes Schuhwerk, Handschuhe
Nicht erlaubt: Gerte

Zusätzliche Bestimmungen:
Mindestalter des Pferdes: 3 Jahre
Mindestalter des Pferdeführenden: 6 Jahre
Ein Helfer mit Peitsche zum Nachtreiben erlaubt.

Aufbauskizze
zu WB 103 „Vormustern auf der Dreiecksbahn"

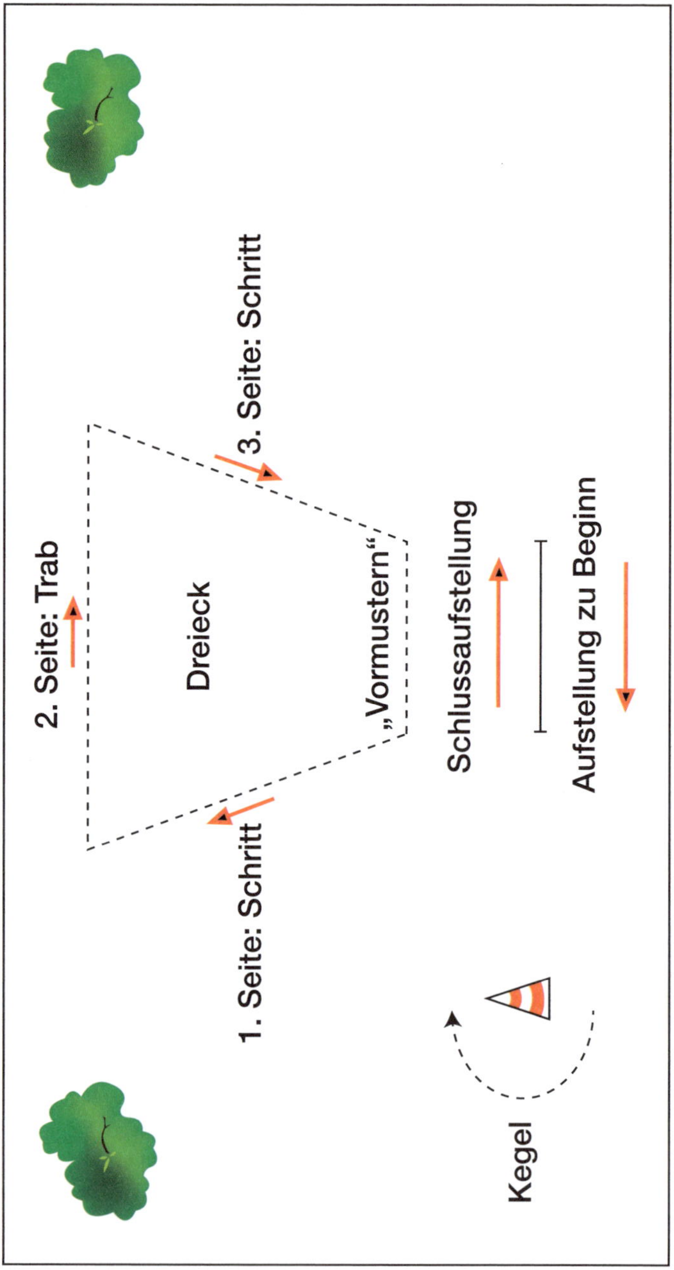

WB 104 Verladetest

Anforderungen:
Der Führerscheininhaber (Pkw und Anhänger) parkt einen Anhänger innerhalb von 3 Minuten rückwärts in eine markierte Zone ein. Ein zweiter Teilnehmer und der Fahrer führen mit ihrem Pferd das korrekte Abladen und Verladen durch: richtiges Führen, Aufladen, Verriegeln, Anbinden.

Bewertung:
Einparken nach Zeit (Messung ab Startlinie bis Ausschalten des Motors als Signal für das Beenden des Einparkens). Jede mehr benötigte Sekunde: 0,1 Abzug
Auf- und Abladen des Pferdes/Ponys ohne Zeitwertung mit einer WN zwischen 10 und 0 (eine Dezimalstelle). Abzüge für unkorrektes Führen, unkorrekte Maßnahmen: 0,1 je Fehler
Das Pferd darf max. 5-mal angeführt werden. Nach 5 Minuten wird das Verladen abgebrochen.
Umrechnung der Zeit in eine WN (gemäß Umrechnungstabelle ➔ nächste Seite), diese wird zu der Verlade-WN hinzuaddiert.

Ausrüstung:
<u>Ausrüstung des Pferdes:</u> Halfter mit Führstrick. Transportgamaschen oder Beinschutz
<u>Ausrüstung des Pferdeführenden:</u> festes Schuhwerk, Handschuhe
Erlaubt: Gerte (max. 120 cm inkl. Schlag)

Zusätzliche Bestimmungen:
Mindestalter des Pferdes: 4 Jahre
Zugelassene Autofahrer: mit gültigem Führerschein bzw. Führerschein der Klasse BE
Mindestalter des weiteren Teilnehmers: 10 Jahre

Umrechnungstabelle zu WB 104 „Verladetest"

Benötigte Zeit in Sek.:	WN:
< 120	9,0
120–122	8,9
122–124	8,8
124–126	8,7
126–128	8,6
128–130	8,5
130–132	8,4
132–134	8,3
134–136	8,2
136–138	8,1
138–139,9	8,0
140–141,9	7,9
142–143,9	7,8
144–145,9	7,7
146–147,9	7,6
148–149,9	7,5
150–151,9	7,4
152–153,9	7,3
154–155,9	7,2
156–157,9	7,1

Benötigte Zeit in Sek.:	WN:
158–159,9	7,0
160–161,9	6,9
162–163,9	6,8
164–165,9	6,7
166–167,9	6,6
168–169,9	6,5
170–171,9	6,4
172–173,9	6,3
174–175,9	6,2
176–177,9	6,1
178–179,9	6,0
180	5,9
181	5,8
182	5,7
183	5,6
184	5,5
185	5,4
186	5,3
187	5,2
> 188	5,1

WB 105 Geführte Gelassenheitsprüfung (GHP)

Geführter WB gemäß Broschüre „Gelassenheitsprüfung für Sport- und Freizeitpferde". Die Broschüre ist als kostenloser Download erhältlich unter: www.pferd-aktuell.de/breitensport/gelassenheitspruefung-ghp oder www.cavallo.de.

Anforderungen:
Das Pferd wird in einer Führaufgabe im Trab und in 9 Führaufgaben im Schritt vorgestellt. Die Aufgaben stellen Alltagssituationen nach. Es werden die 6 Pflicht- und die 4 variablen Aufgaben (aus dem „Aufgaben-Pool") zusammengestellt. Das Pferd muss sicher an der Hand kontrolliert werden können. Musterparcoaursskizze ➡ Seite 57.

Pflichtaufgaben:
- Vorstellen des Teilnehmers und des Pferdes (an der Hand im Schritt und Trab oder Spezialgangart) ist als erste Aufgabe bei jeder GHP fest vorgeschrieben
- aufsteigende Luftballons hinter einer „Hecke"
- Klapperkarre oder Rappelsack
- Regenschirm
- Rückwärtsrichten oder Rückwärtsrichten in einer L-förmigen Gasse
- Sprühflasche

Aufgaben-Pool:
- angerollte Bälle aus einer „Hecke"
- Brücke
- Flatterbandvorhang
- Hufe wässern (Huf in eine kleine Wanne mit Wasser stellen)
- geöffnete Tonne (drumherum führen)
- Plane über Rücken
- Plane oder Wasserplane (darüber führen)
- Stangenfächer
- Stangenkreuz oder Knisterpassage
- Startklar (auf Anhänger führen)
- Stillstehen

Bewertung:
Das Pferd soll dem Pferdeführenden während und zwischen den Aufgaben aufmerksam, aber ruhig und gehorsam mit einer deutlichen Bereitschaft zur Mitarbeit folgen. Darüber hinaus fließt bei dem beurteilenden Richtverfahren das korrekte Führen in die (ganze) WN zwischen 1 und 6 (Schulnotensystem) ein. Max. Dauer: 5 Minuten.

Ausrüstung:

Ausrüstung des Pferdes: Trensenzaum mit oder ohne Reithalfter, einfach oder doppelt gebrochene Wassertrense

Erlaubt: Beinschutz, Springglocken, Kronen- bzw. Fesselringe sowie Streichkappen

Nicht erlaubt: Ohrenfliegenschutz

Ausrüstung des Pferdeführenden: knöchelhoch schützendes Schuhwerk mit Absatz, Handschuhe, Reithelm.

Nicht erlaubt: Gerte

Zusätzliche Bestimmungen:

Mindestalter des Pferdes: 3 Jahre

Mindestalter des Pferdeführenden: 10 Jahre

Pro Pferdeführenden sind max. 3 Pferde je Wettbewerb erlaubt.

Musterparcoursskizze zu WB 105 „Geführte Gelassenheitsprüfung (GHP)“

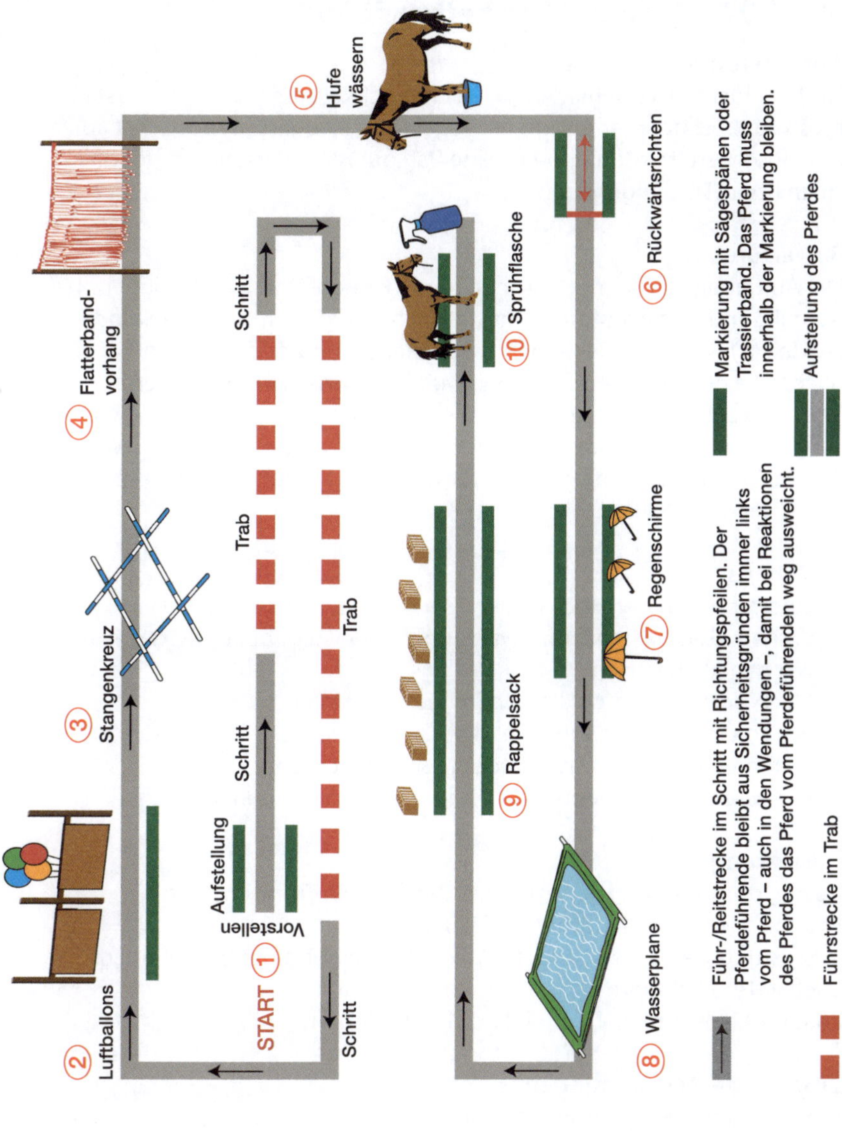

Grafik: Cavallo, Stuttgart

2 Gerittene Wettbewerbe

2.1 Geschicklichkeits-Wettbewerbe

WB 201 Geschicklichkeitsreit-WB

Anforderungen:
Ein Parcours mit verschiedenen Geschicklichkeitsaufgaben wird erstellt und muss vom Teilnehmer in ggf. vorgegebener Gangart in möglichst kurzer Zeit absolviert werden. Es wird eine Parcoursskizze erstellt, in der die Höchstzeit (HZ) angegeben ist.

Bewertung:
Die Aufgaben sind in der vorgegebenen Reihenfolge zu bewältigen. Jede Aufgabe muss mindestens 1-mal versucht werden (max. 15 Sekunden je Hindernis). Nach 15 Sekunden wird geläutet und der Teilnehmer kann das nächste Hindernis anreiten. Es wird die Zeit zwischen dem Überreiten der Start- bis zur Ziellinie gemessen. Die Fehlerpunkte werden addiert. Der Teilnehmer mit der kürzesten Zeit und den wenigsten Fehlern gewinnt.
Fehler: je Aufgabe 4 Strafpunkte für gefallene Stange, umgestoßenen Kegel, gefallenen Ball etc.

<u>Ausschluss:</u>
- Überschreiten der Höchstzeit (HZ)
- Weiterreiten nach Nichtbewältigung einer Aufgabe, ohne das Klingelzeichen abzuwarten
- Nach dem dritten Abklingeln im Gesamtparcours
- Reiten einer falschen Reihenfolge
- Reiten eines Hindernisses in der falschen Richtung
- Auslassen eines Hindernisses ohne mindestens einen Versuch

Ausrüstung:
<u>Ausrüstung des Pferdes:</u> Sattel mit Steigbügeln, Trensenzaum
Erlaubt: gleitendes Ringmartingal, Beinschutz
<u>Ausrüstung des Reiters:</u> angemessene Reitkleidung, Reitstiefel oder Stiefeletten, Reithelm
Erlaubt: Gerte (max. 75 cm inkl. Schlag), Sporen

Zusätzliche Bestimmungen:
Mindestalter des Pferdes: 4 Jahre
Mindestalter des Reiters: 6 Jahre

WB 202 Allround-WB Präzisionsparcours

Anforderungen:
Der Präzisionsparcours (Stufe 1) besteht z.B. aus folgenden 7 Aufgaben: „Labyrinth" (Schritt), „Sackgasse" (Schritt), „Mühle" (Schritt), „Wendehammer" (Schritt), „Hohle Gasse" (Schritt), „Windbruch" (Schritt), „Querschlag" (Trab) auf einer Fläche von ca. 20 x 40 m.
Weitere Details zu den drei Stufen und den Aufgaben können der Broschüre „Allround Wettbewerbe für Halle und Platz" entnommen werden. Erhältlich als kostenpflichtiger Download unter www.fnverlag.de.
Jede Aufgabe muss in max. 15 Sekunden bewältigt werden und muss mindestens 1-mal begonnen werden. Nach Überschreiten der 15 Sekunden wird geläutet und es kann die nächste Aufgabe angeritten werden. Für den Parcours wird eine Höchstzeit (HZ) festgelegt.

Bewertung:
<u>Die Stilnote:</u> Es gibt eine Gesamtwertnote für den Gehorsam des Pferdes und die Harmonie zwischen Reiter und Pferd zwischen 10 bis 0.
<u>Abzüge von der Stilnote:</u>
- Für Abwürfe (egal wie viele an einer Aufgabe) 0,5 Punkte
- 1,0 Abzug für Auslassen einer Aufgabe nach dem Abläuten (nach 15 Sekunden)

<u>Ausschluss:</u>
- Überschreiten der Höchstzeit (HZ)
- Weiterreiten nach Nichtbewältigung einer Aufgabe, ohne das Klingelzeichen abgewartet zu haben
- Nach dem dritten Abklingeln im Gesamtparcours
- Reiten einer falschen Reihenfolge
- Reiten einer Aufgabe in der falschen Richtung
- Auslassen einer Aufgabe ohne mindestens einen Versuch

Ausrüstung:
<u>Ausrüstung des Pferdes:</u> Sattel mit Steigbügeln, Trensenzaum
Erlaubt: gleitendes Ringmartingal, Beinschutz
<u>Ausrüstung des Reiters:</u> angemessene Reitkleidung, Reitstiefel oder Stiefeletten, Reithelm
Erlaubt: Gerte (max. 75 cm inkl. Schlag), Sporen

Zusätzliche Bestimmungen:
Mindestalter des Pferdes: 4 Jahre
Mindestalter des Reiters: 6 Jahre

WB 203 Allround-WB Aktionsparcours

Anforderungen:
Der Aktionsparcours (Stufe 1) besteht z.B. aus folgenden 8 Aufgaben: „Engpass" (Schritt), „Querschlag" (Trab), „Abwehren" (Trab), „Dickicht" (Trab), „Slalom" (Trab), „Rein-Raus" (Galopp), „Sprung" (Galopp), „Querast" (Trab) auf einer Fläche von ca. 20 x 40 m. Es wird eine Parcoursskizze erstellt, in der die Höchstzeit (HZ) angegeben ist.
Weitere Details zu den drei Stufen und den Aufgaben können der Broschüre „Allround Wettbewerbe für Halle und Platz" entnommen werden. Erhältlich als kostenpflichtiger Download unter www.fnverlag.de.

Bewertung:
Die Aufgaben sind in der vorgegebenen Reihenfolge zu bewältigen. Jede Aufgabe muss mindestens 1-mal versucht werden (max. 15 Sekunden je Hindernis). Nach 15 Sekunden wird geläutet und der Teilnehmer kann das nächste Hindernis anreiten. Es wird die Zeit zwischen dem Überreiten der Start- bis zur Ziellinie gemessen. Die Strafpunkte werden addiert. Der Teilnehmer mit der kürzesten Zeit und den wenigsten Strafpunkten gewinnt.

Ausschluss:
- Überschreiten der Höchstzeit (HZ)
- Weiterreiten nach Nichtbewältigung einer Aufgabe, ohne das Klingelzeichen abzuwarten
- Nach dem dritten Abklingeln im Gesamtparcours
- Reiten einer falschen Reihenfolge
- Reiten eines Hindernisses in der falschen Richtung
- Auslassen eines Hindernisses ohne mindestens einen Versuch

Ausrüstung:
Ausrüstung des Pferdes: Sattel mit Steigbügeln, Trensenzaum
Erlaubt: gleitendes Ringmartingal, Beinschutz
Ausrüstung des Reiters: angemessene Reitkleidung, Reitstiefel oder Stiefeletten, Reithelm
Erlaubt: Gerte (max. 75 cm inkl. Schlag), Sporen

Zusätzliche Bestimmungen:
Mindestalter des Pferdes: 4 Jahre
Mindestalter des Reiters: 6 Jahre

WB 204 Fun Trail

Anforderungen:
Der Fun Trail wird in der Reitbahn geritten. Die Aufgabenstellung: Es sind lustige Aufgaben zu bewältigen, z.B. Blumengießen, Schminken oder Verkleiden auf dem Pferd, Transportieren eines Wasserbehälters von A nach B, Wäsche auf eine Leine hängen etc.
Eine Parcoursskizze wird mit Angabe der Höchstzeit (HZ) erstellt und soll spätestens bis Meldeschluss vor Ort verteilt werden.

Bewertung:
Pro Aufgabe gibt es max. 10 (ausgezeichnet) bis mindestens 1 (sehr schlecht) Punkt/e für die harmonische, kontrollierte, vertrauensvolle Bewältigung jeder Aufgabe. Für das sichere Einhalten der vorgegebenen Gangarten werden zusätzlich 5 Punkte vergeben. Die Punkte werden addiert und die höchste Punktsumme gewinnt.

Ausschluss:
- Überschreiten der Höchstzeit (HZ)
- Reiten einer falschen Reihenfolge
- Reiten einer Aufgabe in der falschen Richtung
- Auslassen einer Aufgabe ohne mindestens einen Versuch

Ausrüstung:
Ausrüstung des Pferdes: Sattel mit Steigbügeln, Trensenzaum
Erlaubt: gleitendes Ringmartingal, Beinschutz
Ausrüstung des Reiters: angemessene Reitkleidung, Reitstiefel oder Stiefeletten, Reithelm
Erlaubt: Gerte (max. 75 cm inkl. Schlag), Sporen

Zusätzliche Bestimmungen:
Mindestalter des Pferdes: 4 Jahre
Mindestalter des Reiters: 6 Jahre

WB 205 Natural Trail

Anforderungen:

Der Natural Trail ist ein Parcours mit mindestens 6 Hindernissen, wie sie dem Reiter in der Natur begegnen können: z.B. Durchqueren von Wasser, Überreiten einer Brücke, Öffnen und wieder Schließen eines Weidetores vom Pferd aus.
Eine Parcoursskizze wird, mit der Angabe der Höchstzeit (HZ), erstellt und soll spätestens vor dem WB vor Ort verteilt werden.
Je Aufgabe werden 30 Sekunden gerechnet. Jede Aufgabe muss mindestens 1-mal angeritten werden. Nach Überschreiten der 30 Sekunden an einer Aufgabe wird geläutet und es kann die nächste Aufgabe angeritten werden. Für den Parcours wird eine Höchstzeit (HZ) festgelegt.

Bewertung:

Pro Aufgabe gibt es max. 10 (ausgezeichnet) bis mindestens 1 (sehr schlecht) Punkt/e für die harmonische, kontrollierte, vertrauensvolle Bewältigung jeder Aufgabe. Für das sichere Einhalten der vorgegebenen Gangarten werden zusätzlich 5 Punkte vergeben. Die Punkte werden addiert und die höchste Punktsumme gewinnt.

<u>Ausschluss:</u>

- Überschreiten der Höchstzeit (HZ)
- Weiterreiten nach Nichtbewältigung einer Aufgabe, ohne das Klingelzeichen abgewartet zu haben
- Nach dem dritten Abklingeln im Gesamtparcours
- Reiten einer falschen Reihenfolge
- Reiten einer Aufgabe in der falschen Richtung
- Auslassen einer Aufgabe ohne mindestens einen Versuch

Ausrüstung:

<u>Ausrüstung des Pferdes:</u> Sattel mit Steigbügeln, Trensenzaum
Erlaubt: gleitendes Ringmartingal, Beinschutz
<u>Ausrüstung des Reiters:</u> angemessene Reitkleidung, Reitstiefel oder Stiefeletten, Reithelm
Erlaubt: Gerte (max. 75 cm inkl. Schlag), Sporen

Zusätzliche Bestimmungen:

Mindestalter des Pferdes: 5 Jahre
Mindestalter des Reiters: 6 Jahre

WB 206 Horse & Dog Trail – zum Schnuppern (leichte Aufgaben)

Anforderungen:
Der Reiter absolviert mit Pferd und Hund einen Trail- bzw. Geschicklichkeits- und Gehorsamsparcours mit verschiedenen Aufgaben (Aufgaben/Parcoursskizze ➔ Seiten 65/66). Dabei hat der Hund auch eigene Aufgaben, die er vertrauensvoll, freudig und aufmerksam bewerkstelligen soll. Der Veranstalter gibt spätestens mit Beginn der Veranstaltung den zu absolvierenden Parcours und die Höchstzeit (HZ) per Aushang bekannt.

- Bodenarbeit mit Pferd und Hund (je nach Aufgabe ist der Hund dabei angeleint)
- Ablegen (Platz oder Sitz)
- Abrufen des Hundes
- „Bei Fuß" des Hundes im Schritt und Trab

Zur Unterstützung ist ein Helfer erlaubt.

Bewertung:
Pro Aufgabe werden max. 10 (ausgezeichnet) bis mindestens 1 (sehr schlecht) Punkt/e für die harmonische, kontrollierte, vertrauensvolle Bewältigung durch Pferd und Hund vergeben. Für das sichere Einhalten der vorgegebenen Gangarten werden max. 5 Punkte vergeben. Die Punkte werden addiert und die höchste Punktsumme gewinnt.

<u>Ausschluss:</u>

- Überschreiten der Höchstzeit (HZ)
- Reiten einer falschen Reihenfolge
- Reiten einer Aufgabe in der falschen Richtung
- Auslassen einer Aufgabe ohne mindestens einen Versuch

Ausrüstung:
<u>Ausrüstung des Pferdes:</u> Sattel mit Steigbügeln, Trensenzaum (auch ohne Reithalfter) und einfach oder doppelt gebrochene Wassertrense, Beinschutz
Erlaubt: Springglocken, Kronen- bzw. Fesselringe und Streichkappen
Nicht erlaubt: Hilfszügel
oder: EWU-Regelbuch, Ausrüstungsbestimmung „Westernreiter"
<u>Ausrüstung des Hundes:</u> normales Halsband oder Brustgeschirr. Kettenhalsbänder sind erlaubt, wenn sie nicht auf Zug angeleint sind. Feste Leinen müssen eine angemessene Länge haben. Wird der Hund vom Pferd aus geführt, muss die Leine leicht durchhängen. Leinen mit integriertem Halsband müssen einen Zugstopp haben. Wenn eine Leine (Reitbegleithundeleine mit Stopper) benutzt wird, von dieser der Hund vom Pferd aus

abgeleint werden kann, muss aus Sicherheitsgründen darunter ein Halsband oder Brustgeschirr am Hund bleiben.
Nicht erlaubt: Halsbänder auf Zug oder Stachelhalsbänder, Flexileinen, Erziehungsgeschirr mit Zugeinwirkung, Leinen am Maulkorb (Halti)
Ausrüstung des Reiters: angemessene Reitkleidung, Reitstiefel oder Stiefeletten, Reithelm
Erlaubt: Sporen VS
Nicht erlaubt: Gerte
oder: nach EWU-Regelbuch, Ausrüstungsbestimmung „Westernreiter"

Zusätzliche Bestimmungen:
Mindestalter des Pferdes: 4 Jahre
Zugelassene Hunde: alle Rassen ab 20 Monate
Mindestalter des Reiters: 10 Jahre

Aufgaben zu WB 206 „Horse & Dog Trail – zum Schnuppern (leichte Aufgaben)"

Ein Helfer darf jederzeit unterstützen. Leckerli dürfen gegeben werden!

1. Pferd und Hund (an der Leine) zur Brücke führen, Seite wählbar, Hund ableinen und vor der Brücke ablegen oder Sitz (steht zur Wahl), (Helfer unterstützt), Pferd darüberführen, Hund nachrufen, Hund anleinen.

2. Hund ins Sitz oder seitlich stehen lassen (Hund darf sich für Sicherheitsabstand bewegen, aber nicht direkt hinter oder vor das Pferd gehen), auf Pferd aufsitzen, Helfer unterstützt, Schritt, Hund angeleint bei Fuß, Helfer darf die Leine übernehmen.

3. Im Schritt über Stangen reiten, Hund angeleint bei Fuß, Helfer darf Leine übernehmen.

4. Stopp, Hund ableinen und in Box schicken, ablegen und warten lassen, Helfer darf unterstützen, im Linkszirkel Schritt/Walk, Trab, Linksgalopp, Schritt, Stopp, ohne Hund.

5. Hund abrufen und bei Fuß, Schritt, danach Trab, Helfer unterstützt.

6. Slalom im Schritt, Hund bei Fuß, Helfer unterstützt.

7. Stopp, Hund ablegen oder Sitz (steht zur Wahl) und warten, im Schritt ans Tor reiten, Tor öffnen, durchreiten und schließen. Hund abrufen und untendurch nachkommen lassen (je nach Funktion bzw. Tiefe des Tores, kann auch das Tor nochmals geöffnet und Hund nachgerufen werden), Schritt, Hund bei Fuß.

8. Stopp, Hund vor Cavalletti ablegen oder Sitz (steht zur Wahl) und warten lassen, am Cavalletti vorbeireiten (Richtung je nach gewählter Fußseite des Hundes), Stopp, Hund über Cavalletti nachrufen, Helfer unterstützt.

9. Absitzen, Hund anleinen, Pferd und Hund rausführen.

Parcoursskizze zu WB 206 „Horse & Dog Trail – zum Schnuppern (leichte Aufgaben)"

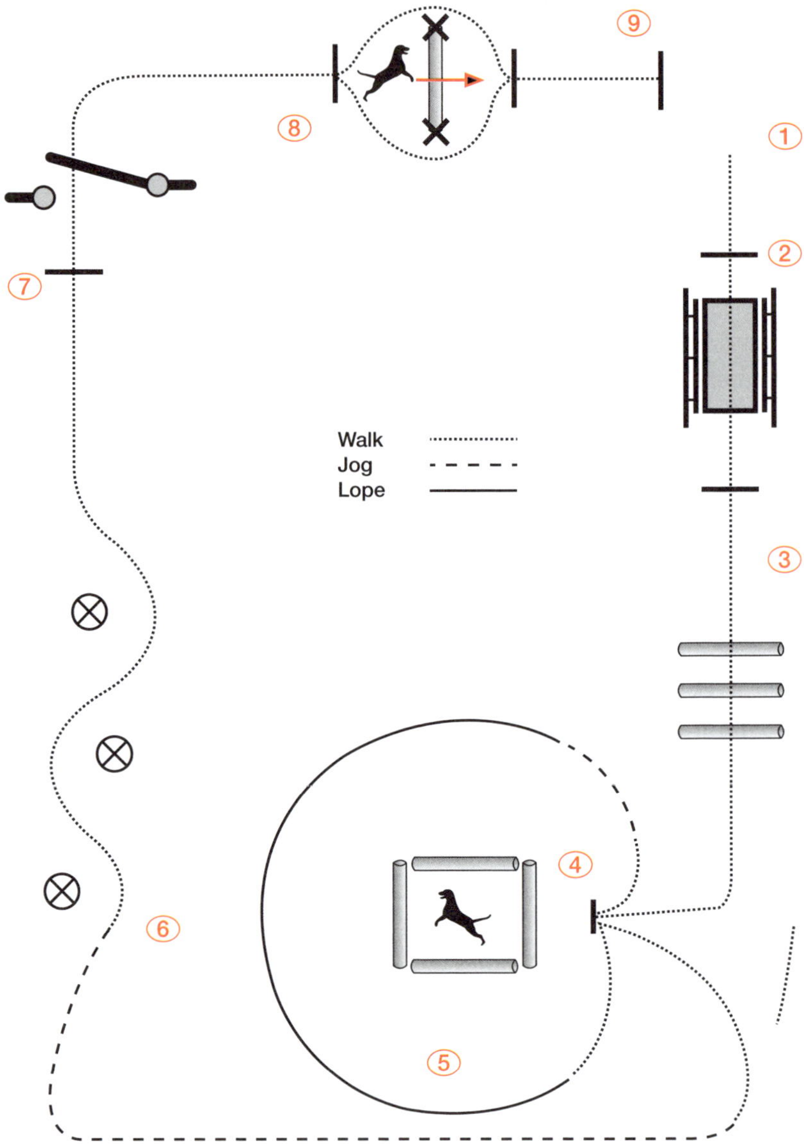

Grafik: Sabine Lang, Lechbruck

WB 207 Horse & Dog Trail

Anforderungen:
Der Reiter absolviert mit Pferd und Hund einen Trail- bzw. Geschicklichkeits- und Gehorsamsparcours mit verschiedenen Aufgaben für Reiter, Pferd und Hund (Aufgabe/Parcoursskizze ➜ Seiten 69/70):
- An- und Ableinen des Hundes vom Pferd aus
- Ablegen des Hundes
- Abrufen des Hundes
- Vorausschicken des Hundes
- „Bei-Fuß-Gehen" des Hundes in allen Gangarten

Bewertung:
Pro Aufgabe werden max. 10 (ausgezeichnet) bis mindestens 1 (sehr schlecht) Punkt/e für die harmonische, kontrollierte, vertrauensvolle Bewältigung durch Pferd und Hund vergeben. Für das sichere Einhalten der vorgegebenen Gangarten werden max. 5 Punkte vergeben. Die Punkte werden addiert und die höchste Punktsumme gewinnt.

<u>Ausschluss:</u>
- Überschreiten der Höchstzeit (HZ)
- Reiten einer falschen Reihenfolge
- Reiten einer Aufgabe in der falschen Richtung
- Auslassen einer Aufgabe ohne mindestens einen Versuch

Ausrüstung:
<u>Ausrüstung des Pferdes:</u> Sattel mit Steigbügeln, Trensenzaum (auch ohne Reithalfter) und einfach oder doppelt gebrochene Wassertrense, Beinschutz
Erlaubt: Springglocken, Kronen- bzw. Fesselringe und Streichkappen
Nicht erlaubt: Hilfszügel
oder: EWU-Regelbuch, Ausrüstungsbestimmung „Westernreiter"
<u>Ausrüstung des Hundes:</u> normales Halsband oder Brustgeschirr. Kettenhalsbänder sind erlaubt, wenn sie nicht auf Zug angeleint sind. Feste Leinen müssen eine angemessene Länge haben. Wird der Hund vom Pferd aus geführt, muss die Leine leicht durchhängen. Leinen mit integriertem Halsband müssen einen Zugstopp haben. Wenn eine Leine (Reitbegleithundeleine mit Stopper) benutzt wird, von dieser der Hund vom Pferd aus abgeleint werden kann, muss aus Sicherheitsgründen darunter ein Halsband oder Brustgeschirr am Hund bleiben.
Nicht erlaubt: Halsbänder auf Zug, Stachelhalsbänder, Flexileinen, Erziehungsgeschirr mit Zugeinwirkung, Leinen am Maulkorb (Halti)

Ausrüstung des Reiters: angemessene Reitkleidung, Reitstiefel oder Stiefeletten, Reithelm
Erlaubt: Sporen VS
Nicht erlaubt: Gerte
oder: nach EWU-Regelbuch, Ausrüstungsbestimmung „Westernreiter"

Zusätzliche Bestimmungen:
Mindestalter des Pferdes: 4 Jahre
Zugelassene Hunde: alle Rassen ab 24 Monate
Mindestalter des Reiters: 10 Jahre

Aufgaben zu WB 207 „Horse & Dog Trail“

1. Hund bei Pylone ableinen, Leine entweder auf den Boden legen oder mitnehmen, Hund bei Fuß.
2. Brücke, Hund ablegen und warten, mit Pferd über Brücke reiten, den Hund nachkommen lassen.
3. Schritt, Trab Slalom, Hund bei Fuß.
4. Linksgalopp, Hund bei Fuß, Trab, Schritt.
5. Hund ablegen und warten, im Schritt weiter.
6. Rückwärtslaufen, Hund abrufen, Walk, Hund bei Fuß.
7. Im Trab über Stangen.
8. Im Schritt über Stangen.
9. Tor, Hund ablegen, Tor durchreiten und schließen, Hund untendurch nachkommen lassen (je nach Funktion bzw. Tiefe des Tores kann auch das Tor nochmals geöffnet und Hund nachgerufen werden), im Schritt, Hund bei Fuß.
10. Absteigen, Hund ableinen, Pferd und Hund herausführen.

Parcoursskizze zu WB 207 „Horse & Dog Trail"

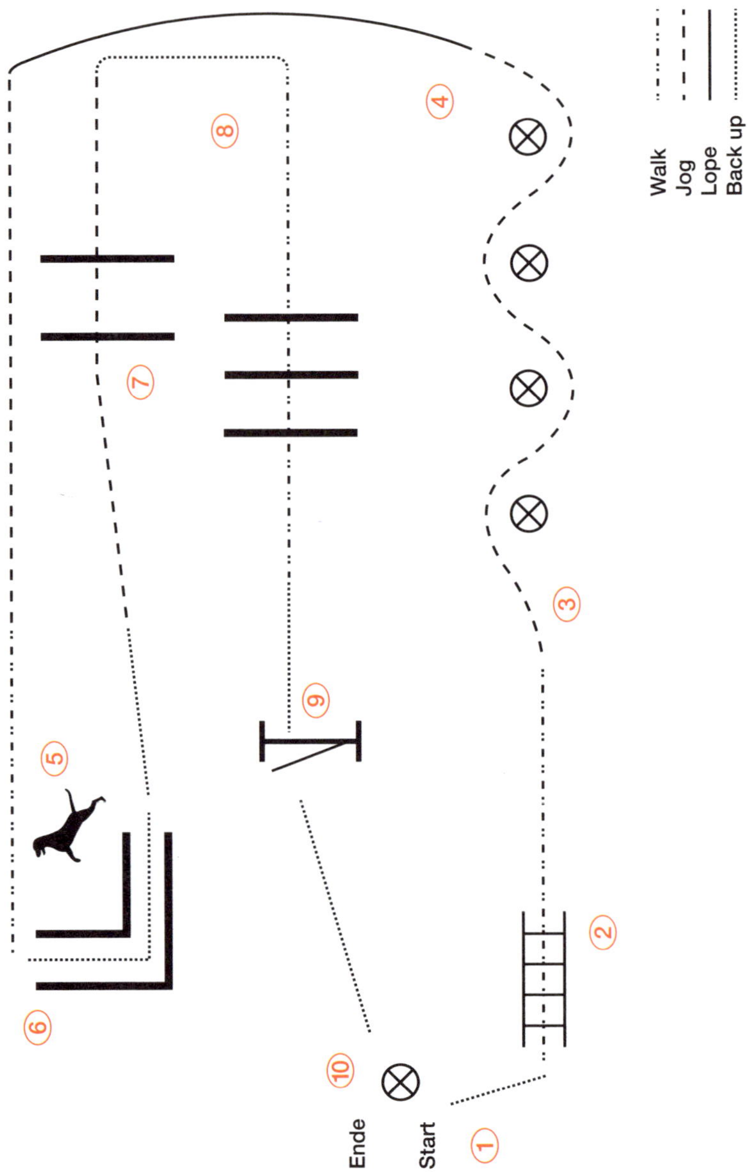

Grafik: Sabine Lang, Lechbruck

WB 208 Gerittene Gelassenheitsprüfung (GHP)

Anforderungen:
Im Schritt gerittener Wettbewerb gemäß Broschüre „Gelassenheitsprüfung für Sport- und Freizeitpferde". Die Broschüre ist als kostenloser Download erhältlich unter: www.pferd-aktuell.de/gelassenheitspruefung-ghp oder www.cavallo.de (Musterparcourskizze ➜ Seite 73).
Der Teilnehmer stellt bei der ersten Aufgabe sein Pferd zunächst im Schritt und Trab an der Hand vor und sitzt dann mit bereitgestellter Aufsitzhilfe auf. Danach reitet er über eine Strecke mit weiteren 9 Alltagssituationen nachempfundene Aufgaben. Die insgesamt 10 Aufgaben setzen sich aus 6 Pflicht- und 4 variablen Aufgaben (aus dem „Aufgaben-Pool") zusammen. Der Teilnehmer muss sein Pferd an der Hand und unter dem Sattel sicher kontrollieren können.

Pflichtaufgaben:
- Vorstellen des Teilnehmers und des Pferdes (an der Hand im Schritt und Trab/Spezialgangart) fest vorgeschrieben als erste Aufgabe bei jeder GHP
- aufsteigende Luftballons hinter einer „Hecke"
- Klapperkarre oder Rappelsack
- Regenschirm
- Rückwärtsrichten oder Rückwärtsrichten in L-förmiger Gasse
- Sprühflasche

Aufgaben-Pool:
- angerollte Bälle aus einer „Hecke"
- Brücke
- Flatterbandvorhang
- geöffnete Tonne (darüber reiten)
- Plane oder Wasserplane
- Stangenfächer
- Stangenkreuz oder Knisterpassage
- Stillstehen
- Regenmantel (auf dem Pferd an- und ausziehen)

Bewertung:
Beurteilendes Richtverfahren mit Schulnotensystem (ganze Noten 1 bis 6). Beurteilt wird das ruhige, aber fleißige und gleichmäßige Schreiten des Pferdes während und zwischen den Aufgaben. Das Pferd soll willig auf die möglichst minimalen Reiterhilfen reagieren und gelassen aber couragiert und aufmerksam die Aufgaben absolvieren. Höchstzeit (HZ) für den Parcours: 6 Minuten.

Ausrüstung:

Ausrüstung des Pferdes: Trensenzaum (auch ohne Reithalfter), einfach oder doppelt gebrochene Wassertrense, Sattel mit Steigbügeln, Beinschutz
Erlaubt: Springglocken, Kronen- bzw. Fesselringe sowie Streichkappen
Nicht erlaubt: Hilfszügel, Ohrenfliegenschutz
Ausrüstung des Reiters: Handschuhe, Reithelm, knöchelhohe schützende Stiefeletten oder Schuhe mit Absatz, Stiefel
Nicht erlaubt: Gerte, Sporen. Empfohlen wird das Tragen einer Schutzweste.

Zusätzliche Bestimmungen:

Mindestalter des Pferdes: 4 Jahre. Zugelassen sind nur Pferde, die mindestens 1-mal eine „Geführte GHP" mit der Note 3 (befriedigend) oder besser absolviert haben.
Mindestalter des Reiters: 10 Jahre
Pro TN sind max. 3 Pferde je WB erlaubt.

Musterparcoursskizze zu WB 208 „Gerittene Gelassenheitsprüfung (GHP)“

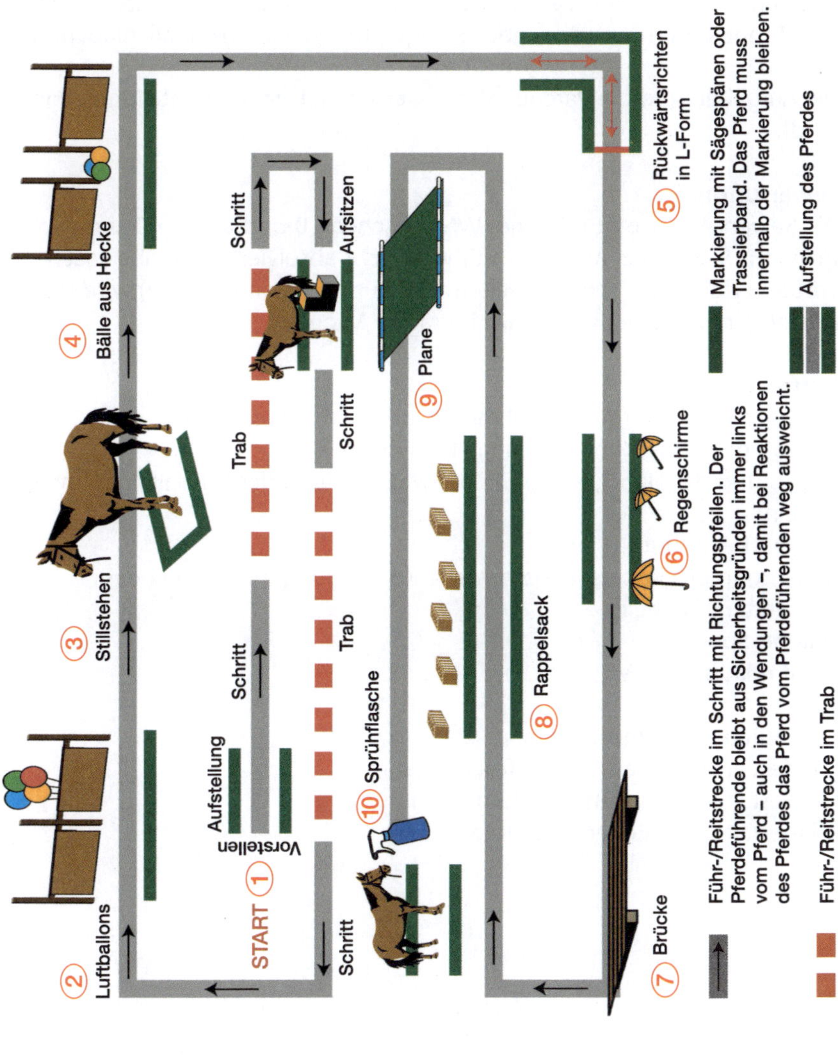

Grafik: Cavallo, Stuttgart

WB 209 Handpferdereiten

Anforderungen:
Der Teilnehmer absolviert eine festgelegte Strecke im Schritt und Trab zu Pferd mit einem Handpferd. Das Handpferd ist auf Trense gezäumt und wird am Zügel geführt. Die Strecke enthält 4 bis 5 Aufgaben (Halten, um eine Tonne herum wenden, über Stangen treten, ein Strohballenlabyrinth, Slalom).
Die Aufgaben und die Parcoursskizze werden mit der Zeiteinteilung zugesandt.

Bewertung:
Die Bewertung erfolgt mit einer WN zwischen 10 und 0 (eine Dezimalstelle) für Sitz und Einwirkung. Für jede nicht absolvierte Aufgabe (nach drittem erfolglosen Versuch weiterreiten zur nächsten Aufgabe) wird 0,5 abgezogen. Die Höchstzeit (HZ) beträgt 5 Minuten.

Ausrüstung:
Ausrüstung des Pferdes: Sattel mit Steigbügeln, Trensenzaum
Erlaubt: gleitendes Ringmartingal, Beinschutz
Ausrüstung des Handpferdes: Trensenzaum mit an der Schnalle geöffneten Zügeln
Erlaubt: Beinschutz
Ausrüstung des Reiters: angemessene Reitkleidung, Reitstiefel oder Stiefeletten, Reithelm
Erlaubt: Sporen
Nicht erlaubt: Gerte

Zusätzliche Bestimmungen:
Mindestalter der gerittenen Pferde: 5 Jahre
Mindestalter des geführten Pferdes: 4 Jahre
Mindestalter des Reiters: 10 Jahre

2.2 Gerittene erste Einsteiger-Wettbewerbe (Führzügel-, Longenreiter-, Reiter-WB)

WB 221 Führzügel-WB

Anforderungen:
Pferd und Reiter werden von einer Person im Schritt und Trab geführt. Das Leichttraben kann verlangt werden. Ebenso können kleine Bewegungsaufgaben gestellt werden. Der Pferdeführende soll dabei mehr begleitend als lenkend führen.
Die Aufgabenstellung erfolgt nach Weisung der Richter/Prüfer Breitensport.

Bewertung:
Beurteilt werden der Sitz des Reiters im Hinblick auf die bereits entwickelte Balance und Losgelassenheit und der Gesamteindruck im Sinne eines harmonischen Eindrucks von Reiter, Pferdeführendem und Pferd.
Es können WN von 10 bis 0 (eine Dezimalstelle) vergeben werden. Es ist aber ebenso möglich, eine Rangierung ohne Vergabe von WN vorzunehmen.

Ausrüstung:
Ausrüstung des Pferdes: Sattel mit Steigbügeln, Trensenzaum, Führstrick am Trensenring befestigt
Erlaubt: Hilfszügel, Beinschutz
Ausrüstung des Reiters: angemessene Reitkleidung, Reitstiefel oder Stiefeletten, Reithelm
Nicht erlaubt: Gerte, Sporen
Ausrüstung des Pferdeführenden: Handschuhe, festes Schuhwerk, Kleidung der Kleidung des Reiters angepasst
Nicht erlaubt: Gerte

Zusätzliche Bestimmungen:
Mindestalter des Pferdes: 4 Jahre
Mindestalter des Reiters: 4 Jahre
Mindestalter des Pferdeführenden: 14 Jahre

WB 222 Führzügel-WB mit Theoriefrage(n)

Anforderungen:
Pferd und Reiter werden von einer Person im Schritt und Trab geführt. Das Leichttraben kann verlangt werden. Ebenso können kleine Bewegungsaufgaben gestellt werden. Der Pferdeführende soll dabei mehr begleitend als lenkend führen. Ergänzend werden dem Reiter 3 bis 5 Fragen gestellt (z.B.: „Wie nennt man ein weißes Pferd?", „Wie nennt man ein schwarzes Pferd?" „Ein ganz junges Pferd nennt man?", „Was hältst du in deinen Händen?", „Wie heißen die langen Haare beim Pferd am Hals?").
Die Aufgabenstellung erfolgt nach Weisung der Richter/Prüfer Breitensport.

Bewertung:
Beurteilt werden der Sitz des Reiters im Hinblick auf die bereits entwickelte Balance und Losgelassenheit und der Gesamteindruck im Sinne eines harmonischen Eindrucks von Reiter, Pferdeführendem und Pferd.
Es werden WN von 10 bis 0 (eine Dezimalstelle) vergeben. Für jede richtige Antwort werden 2,0 zur WN hinzuaddiert.

Ausrüstung:
Ausrüstung des Pferdes: Sattel mit Steigbügeln, Trensenzaum, Führstrick am Trensenring befestigt
Erlaubt: Hilfszügel, Beinschutz
Ausrüstung des Reiters: angemessene Reitkleidung, Reitstiefel oder Stiefeletten, Reithelm
Nicht erlaubt: Gerte, Sporen
Ausrüstung des Pferdeführenden: Handschuhe, festes Schuhwerk, Kleidung der Kleidung des Reiters angepasst
Nicht erlaubt: Gerte

Zusätzliche Bestimmungen:
Mindestalter des Pferdes: 4 Jahre
Mindestalter des Reiters: 4 Jahre
Mindestalter des Pferdeführenden: 14 Jahre

WB 223 Führzügel-WB mit Slalom

Anforderungen:
Pferd und Reiter werden von einer Person im Schritt und Trab geführt. Das Leichttraben kann verlangt werden. Der Pferdeführende soll dabei mehr begleitend als lenkend führen. Es werden mehrere Slalomstrecken im Schritt und Trab absolviert. Im Schritt sollten zwischen den Pylonen ca. 3,5 m, im Trab ca. 7 m liegen. Die Aufgabenstellung erfolgt nach Weisung der Richter/Prüfer Breitensport.

Bewertung:
Beurteilt werden der Sitz des Reiters im Hinblick auf die bereits entwickelte Balance und Losgelassenheit und der Gesamteindruck im Sinne eines harmonischen Eindrucks von Reiter, Pferdeführendem und Pferd.
Es können WN von 10 bis 0 (eine Dezimalstelle) vergeben werden. Es ist aber ebenso möglich, eine Rangierung ohne Vergabe von WN vorzunehmen.

Ausrüstung:
Ausrüstung des Pferdes: Sattel mit Steigbügeln, Trensenzaum, Führstrick am Trensenring befestigt
Erlaubt: Hilfszügel, Beinschutz
Ausrüstung des Reiters: angemessene Reitkleidung, Reitstiefel oder Stiefeletten, Reithelm
Nicht erlaubt: Gerte, Sporen
Ausrüstung des Pferdeführenden: Handschuhe, festes Schuhwerk, Kleidung der Kleidung des Reiters angepasst
Nicht erlaubt: Gerte

Zusätzliche Bestimmungen:
Mindestalter des Pferdes: 4 Jahre
Mindestalter des Reiters: 4 Jahre
Mindestalter des Pferdeführenden: 14 Jahre

WB 224 Führzügel-WB mit Sattelgurtkontrolle

Anforderungen:
Pferd und Reiter werden von einer Person im Schritt und Trab geführt. Das Leichttraben kann verlangt werden. Ebenso werden Bewegungsaufgaben gestellt, u.a. die Kontrolle des Sattelgurtes. Der Pferdeführende soll dabei mehr begleitend als lenkend führen. Die Aufgabenstellung erfolgt nach Weisung der Richter/Prüfer Breitensport.

Bewertung:
Beurteilt werden der Sitz des Reiters im Hinblick auf die bereits entwickelte Balance und Losgelassenheit und der Gesamteindruck im Sinne eines harmonischen Eindrucks von Reiter, Pferdeführendem und Pferd.
Es können WN von 10 bis 0 (eine Dezimalstelle) vergeben werden. Es ist aber ebenso möglich, eine Rangierung ohne Vergabe von WN vorzunehmen.

Ausrüstung:
<u>Ausrüstung des Pferdes:</u> Sattel mit Steigbügeln, Trensenzaum, Führstrick am Trensenring befestigt
Erlaubt: Hilfszügel, Beinschutz
<u>Ausrüstung des Reiters:</u> angemessene Reitkleidung, Reitstiefel oder Stiefeletten, Reithelm
Nicht erlaubt: Gerte, Sporen
<u>Ausrüstung des Pferdeführenden:</u> Handschuhe, festes Schuhwerk, Kleidung der Kleidung des Reiters angepasst
Nicht erlaubt: Gerte

Zusätzliche Bestimmungen:
Mindestalter des Pferdes: 4 Jahre
Mindestalter des Reiters: 4 Jahre
Mindestalter des Pferdeführenden: 14 Jahre

WB 225 Führzügel-WB Cross-Country

Anforderungen:
Das Trio absolviert mit/am Führzügel einen kleinen Geländekurs mit 5 Stationen:

Station 1: Ausrüstungskontrolle (Trensenzaum, Sattel, Bügel, Gurt, Beinschutz)

Station 2: 3 Fragen „rund ums Pferd" mit jeweils 3 Antworten zur Auswahl (Beispiel: „Das Pferd ist ein ..." 1. Einzelgänger, 2. Herdentier, 3. Raubtier; „Das Pferd ernährt sich hauptsächlich von ..." 1. kleinen Tieren, 2. Heu und Hafer, 3. Nüssen und Beeren)

Station 3: Zeigen des Leichten Sitzes im Trab in einer markierten Zone

Station 4: Durchreiten eines Slaloms (mit 3 bis 5 Kegeln, im Trab, Abstand der Kegel ca. 7 m) evtl. mit Zusatzaufgabe

Station 5: im Trab über einen kleinen Baumstamm (liegt an der Erde, max. 30 cm hoch) „hüpfen" und einen kleinen Hügel rauf- und runterführen

Bewertung:
Es wird eine WN von 10 bis 0 (eine Dezimalstelle) vergeben.
Zu beurteilen sind:
Station 1: Vollständigkeit und Korrektheit der Verschnallung
Station 2: zwei Fragen richtig beantwortet
Station 3: Korrektheit in der Ausführung, Balance und Losgelassenheit
Station 4: Balanceverhalten
Station 5: Balance und Mitgehen des Reiters in der Bewegung
Musterauswertungsvordruck ➔ nächste Seite

Ausrüstung:
Ausrüstung des Pferdes: Sattel mit Steigbügeln, Zaumzeug, Führstrick am Trensenring befestigt
Erlaubt: gleitendes Ringmartingal (keine anderen Hilfszügel), Beinschutz
Ausrüstung des Reiters: angemessene Reitkleidung, Reitstiefel oder Stiefeletten, Reithelm
Nicht erlaubt: Gerte, Sporen
Ausrüstung des Pferdeführenden: Handschuhe, festes Schuhwerk, Kleidung der Kleidung des Reiters angepasst
Nicht erlaubt: Gerte

Zusätzliche Bestimmungen:
Mindestalter des Pferdes: 5 Jahre
Mindestalter des Reiters: 5 Jahre
Mindestalter des Pferdeführenden: 16 Jahre

Musterauswertungsvordruck zu WB 225 „Führzügel-WB Cross-Country"

WB-Nr.	Führzügel-WB Cross-Country					
Progr.-Nr.	Progr.-Nr.		Progr.-Nr.		Progr.-Nr.	
	WN	Abzug	WN	Abzug	WN	Abzug
Station 1 Ausrüstungskontrolle						
Station 2 Fragen rund ums Pferd						
Station 3 Entlastungssitz im Trab						
Station 4 Slalom – Leichttraben mit Umsitzen						
Station 5 Kleiner Baumstamm, Hügel bergauf-bergab						
Summe WN/Summe Abzüge:						
Endnote:						
Rangierung:						

Station 1: WN 10,0
Abzüge: für jeden Mangel 0,2 Abzug, wie z.B. Schlaufen nicht eingesteckt oder kaputt, Gurt lose, Führkette nicht in Ordnung, Bügelriemennähte kaputt, Zügelnähte kaputt, Trense falsch verschnallt: zu eng, Gebiss zu tief, zu hoch, falsch bandagiert

Station 2: beide Fragen richtig: WN 10,0, eine Frage richtig: WN 5,0, keine Frage richtig: WN 1,0

Station 3: WN 10,0 bis 0

Station 4: WN 10,0 bis 0, Zusatzaufgabe gelöst: 0,5 dazuaddieren

Station 5: WN 10,0 bis 0 für Balance

WB 226 Longenreiter-WB

Anforderungen:
Der Reiter wird mit Pferd durch einen Longenführer im Schritt, Trab und Galopp an der Longe vorgestellt. Nach Weisung der Richter zeigt der Reiter ohne Zügel verschiedene Übungen (z.B. Leichttraben, Aussitzen, Angaloppieren, abwechselndes Armkreisen rückwärts, rhythmisches „Am-Hals-Klopfen/Am-Hals-Loben" des Pferdes).

Bewertung:
Beurteilt werden der Sitz und die Balance des Reiters und der Gesamteindruck mit einer WN zwischen 10 bis 0 (eine Dezimalstelle). Dabei sollten Grundzüge eines ausbalancierten und losgelassenen Sitzes erkennbar sein.

Ausrüstung:
<u>Ausrüstung des Pferdes:</u> Sattel mit Steigbügeln, Trensenzaum, Longe am Trensenring befestigt, Hilfszügel (aber kein gleitendes Ringmartingal)
Erlaubt: Beinschutz
<u>Ausrüstung des Reiters:</u> angemessene Reitkleidung, Reitstiefel oder Stiefeletten, Reithelm
Nicht erlaubt: Gerte, Sporen
<u>Ausrüstung des Longenführers:</u> festes Schuhwerk, Handschuhe, funktionale Kleidung, Longierpeitsche

Zusätzliche Bestimmungen:
Mindestalter des Pferdes: 5 Jahre
Mindestalter des Reiters: 6 Jahre
Mindestalter des Longenführers: 16 Jahre oder im Besitz des DLA Kl. IV

WB 227 Longenreiter-Sitzübungen-WB

Anforderungen:
Der Reiter zeigt mit kurzen Bügeln im Schritt, Trab und Galopp 3 Sitzübungen. Je Gangart hat er 3 Runden zur Verfügung. Sitzübungen, die nicht beim ersten Mal gelingen, können 1-mal wiederholt werden.
<u>Sitzübungen:</u>

- Füße im Schritt aus den Bügeln herausnehmen und mit den Beinen Fahrrad fahren
- Im Trab im leichten Sitz die Fäuste abwechselnd bis fast an die Pferdeohren vor- und zurückschwingen lassen
- Im Galopp „Bälle“ (2 Stoff- oder Tennisbälle an einer Schnur um den Hals gehängt) jonglieren

Bewertung:
Der Reiter erhält für seinen Balancesitz eine WN von 10 bis 0 (eine Dezimalstelle). Für jede gelungene Übung werden 0,5 vergeben und zur WN addiert.

Ausrüstung:
<u>Ausrüstung des Pferdes:</u> Sattel mit Steigbügeln, Trensenzaum, Longe am Trensenring befestigt, Hilfszügel (aber kein gleitendes Ringmartingal)
Erlaubt: Beinschutz
<u>Ausrüstung des Reiters:</u> angemessene Reitkleidung, Reitstiefel oder Stiefeletten, Reithelm
Nicht erlaubt: Gerte, Sporen
<u>Ausrüstung des Longenführers:</u> festes Schuhwerk, Handschuhe, funktionale Kleidung, Longierpeitsche

Zusätzliche Bestimmungen:
Mindestalter des Pferdes: 5 Jahre
Mindestalter des Reiters: 6 Jahre
Mindestalter des Longenführers: 16 Jahre oder im Besitz des DLA Kl. IV

WB 228 Longenreiter-Balance-WB

Anforderungen:
Der Teilnehmer wird von seinem Teampartner an der Longe vorgestellt. Er absolviert mit passend verschnallten Bügeln 5 Runden in gleichmäßigem Galopp im leichten Sitz, möglichst ohne aus dem Gleichgewicht zu kommen.

Bewertung:
Der korrekte, gleichmäßige leichte Sitz wird mit einer WN zwischen 10 und 0 (eine Dezimalstelle) beurteilt. Für ein deutliches „Aus-dem-Gleichgewicht-Kommen" wird einmalig 0,5 abgezogen oder es fließt direkt in die Bewertung ein.

Ausrüstung:
Ausrüstung des Pferdes: Sattel mit Steigbügeln, Trensenzaum, Longe am Trensenring befestigt, Hilfszügel (aber kein gleitendes Ringmartingal)
Erlaubt: Beinschutz
Ausrüstung des Reiters: angemessene Reitkleidung, Reitstiefel oder Stiefeletten, Reithelm
Nicht erlaubt: Gerte, Sporen
Ausrüstung des Longenführers: festes Schuhwerk, Handschuhe, funktionale Kleidung, Longierpeitsche

Zusätzliche Bestimmungen:
Mindestalter des Pferdes: 5 Jahre
Mindestalter des Reiters: 6 Jahre
Mindestalter des Longenführers: 16 Jahre oder im Besitz des DLA Kl. IV

WB 229 Longenreiter-Balance-WB – Leichter Sitz

Anforderungen:
Der Teilnehmer wird von seinem Teampartner an der Longe vorgestellt. Er absolviert mit passend verschnallten Bügeln 6 Runden durchgängig im leichten Sitz, möglichst ohne aus dem Gleichgewicht zu kommen. Nach der dritten Runde im Trab wird angaloppiert, 3 Runden Galopp, danach eine Runde Trab, dann ½ Runde Schritt, dann Halten.

Bewertung:
Der leichte Sitz wird in seiner Korrektheit sowie das Balanciervermögen in den Übergängen mit einer WN zwischen 10 und 0 (eine Dezimalstelle) oder mit einem Kommentar beurteilt. Für ein deutliches „Aus-dem-Gleichgewicht-Kommen" wird einmalig 0,5 abgezogen oder es fließt direkt in die Bewertung ein.

Ausrüstung:
<u>Ausrüstung des Pferdes:</u> Sattel mit Steigbügeln, Trensenzaum, Longe am Trensenring befestigt, Hilfszügel (aber kein gleitendes Ringmartingal)
Erlaubt: Beinschutz
<u>Ausrüstung des Reiters:</u> angemessene Reitkleidung, Reitstiefel oder Stiefeletten, Reithelm
Nicht erlaubt: Gerte, Sporen
<u>Ausrüstung des Longenführers:</u> festes Schuhwerk, Handschuhe, funktionale Kleidung, Longierpeitsche

Zusätzliche Bestimmungen:
Mindestalter des Pferdes: 5 Jahre
Mindestalter des Reiters: 6 Jahre
Mindestalter des Longenführers: 16 Jahre oder im Besitz des DLA Kl. IV

WB 230 Longenreiter-Balance-WB – Auf dem richtigen Fuß

Anforderungen:
Der Reiter absolviert mit verbundenen Augen an der Longe 6 Runden im Leichttraben mit 2 Übergängen zum Schritt und erneutem Antraben. Der Reiter sollte seine Arme seitlich herabhängen lassen und sich nur notfalls in den Übergängen festhalten.

Bewertung:
Für den balancierten Sitz im Leichttraben erhält der Reiter eine WN zwischen 10 und 0 (eine Dezimalstelle). Für jede Runde mit Leichttraben auf dem richtigen Fuß erhält er 3,0 dazuaddiert, für jede Phase auf dem falschen Fuß erhält er 1,0 Abzug.

Ausrüstung:
Ausrüstung des Pferdes: Sattel mit Steigbügeln, Trensenzaum, Longe am Trensenring befestigt, Hilfszügel (aber kein gleitendes Ringmartingal)
Erlaubt: Beinschutz
Ausrüstung des Reiters: angemessene Reitkleidung, Reitstiefel oder Stiefeletten, Reithelm
Nicht erlaubt: Gerte, Sporen
Ausrüstung des Longenführers: festes Schuhwerk, Handschuhe, funktionale Kleidung, Longierpeitsche

Zusätzliche Bestimmungen:
Mindestalter des Pferdes: 5 Jahre
Mindestalter des Reiters: 6 Jahre
Mindestalter des Longenführers: 16 Jahre oder im Besitz des DLA Kl. IV

WB 231 Longenreiter-Balance-WB – total

Anforderungen:
Der Reiter absolviert an der Longe ohne Zügel im leichten Sitz (die Hände werden frei nebeneinander – in Reithaltung – getragen), im Schritt (1 Runde), im Trab (3 Runden) und im Galopp (3 Runden).

Bewertung:
Der Reiter erhält für die Ausführung des leichtes Sitzes, für die Hilfengebung, für das Antraben und für das Angaloppieren eine WN von 10 bis 0 (eine Dezimalstelle). Für jedes deutliche „Aus-dem-Gleichgewicht-Kommen" erhält er 0,1 Abzug.

Ausrüstung:
Ausrüstung des Pferdes: Sattel mit Steigbügeln, Trensenzaum, Longe am Trensenring befestigt, Hilfszügel (aber kein gleitendes Ringmartingal)
Erlaubt: Beinschutz
Ausrüstung des Reiters: angemessene Reitkleidung, Reitstiefel oder Stiefeletten, Reithelm
Nicht erlaubt: Gerte, Sporen
Ausrüstung des Longenführers: festes Schuhwerk, Handschuhe, funktionale Kleidung, Longierpeitsche

Zusätzliche Bestimmungen:
Mindestalter des Pferdes: 5 Jahre
Mindestalter des Reiters: 6 Jahre
Mindestalter des Longenführers: 16 Jahre oder im Besitz des DLA Kl. IV

WB 232 Longenreiter-WB: Welcher Huf fußt wann auf?

Anforderungen:
Der Reiter wird mit verbundenen Augen 2 Runden im Schritt longiert und gibt mit „Jetzt" (Stimme) an, wann der innere Hinterhuf abfußt. Dann absolviert er 3 Runden im Trab und sagt an, wann der innere Hinterhuf abfußt.

Bewertung:
Für jedes richtige „Jetzt" erhält er 3 Punkte, für jedes falsche „Jetzt" erhält er 1 Punkt abgezogen.

Ausrüstung:
Ausrüstung des Pferdes: Sattel mit Steigbügeln, Trensenzaum, Longe am Trensenring befestigt, Hilfszügel (aber kein gleitendes Ringmartingal)
Erlaubt: Beinschutz
Ausrüstung des Reiters: angemessene Reitkleidung, Reitstiefel oder Stiefeletten, Reithelm
Nicht erlaubt: Gerte, Sporen
Ausrüstung des Longenführers: festes Schuhwerk, Handschuhe, funktionale Kleidung, Longierpeitsche

Zusätzliche Bestimmungen:
Mindestalter des Pferdes: 5 Jahre
Mindestalter des Reiters: 6 Jahre
Mindestalter des Longenführers: 16 Jahre oder im Besitz des DLA Kl. IV

WB 233 Reiter-WB Schritt – Trab

Anforderungen:
In einer Gruppe mit max. 8 Reitern zeigt der Teilnehmer nach Weisung der Richter Schritt und Trab (Leichttraben und Aussitzen). Es kann auch die Beispielaufgabe (➔ nächste Seite) verwendet werden.

Bewertung:
Der Teilnehmer erhält einen (mündlichen) Kommentar zu seinem Sitz, seiner beginnenden Einwirkung und zum Gesamteindruck. Es wird eine WN zwischen 10 und 0 (eine Dezimalstelle) gegeben. Die Teilnehmer werden entsprechend ihrer Leistung rangiert.

Ausrüstung:
Ausrüstung des Pferdes: Sattel mit Steigbügeln, Trensenzaum
Erlaubt: Hilfszügel, Beinschutz
Ausrüstung des Reiters: angemessene Reitkleidung, Reitstiefel oder Stiefeletten, Reithelm
Erlaubt: Gerte (max. 120 cm inkl. Schlag), Sporen (mit glatten Endflächen, ohne Rädchen)

Zusätzliche Bestimmungen:
Mindestalter des Pferdes: 5 Jahre
Mindestalter des Reiters: 6 Jahre

Beispielaufgabe zu WB 233 „Reiter-WB Schritt – Trab"

(Bis 8 TN, Dauer einschließlich mündlichem Kommentar und Platzierung ca. 20 Minuten)

Linke Hand	Auf der linken Hand im Mittelschritt Abteilung bilden. Abteilung im Arbeitstempo – Trab, leichttraben (1-mal herum). Durch die ganze Bahn wechseln.
Rechte Hand	Auf dem Zirkel geritten (1½-mal herum). Aus dem Zirkel wechseln.
Linke Hand	Ganze Bahn, Abteilung – Schritt – Mittelschritt. Abteilung im Arbeitstempo – Trab, aussitzen (1-mal herum). Durch die Länge der Bahn wechseln.
Rechte Hand	Abteilung – Schritt – Mittelschritt. Der erste Reiter im Arbeitstempo antraben, aussitzen und am Ende der Abteilung wieder anschließen, danach einzeln die weiteren Reiter Abteilung im Arbeitstempo – Trab, aussitzen (1-mal herum) Abteilung – Schritt – Mittelschritt. Anfang rechts dreht, links marschiert auf, Anfang – Marsch, Anfang – Halt (von der langen Seite in Richtung zu den Zuschauern).

WB 234 Reiter-WB Schritt – Trab – Galopp

Anforderungen:
In einer Gruppe mit max. 8 Reitern zeigt der Teilnehmer nach Weisung der Richter Schritt, Trab (im Leichttraben und Aussitzen) und Galopp. Bügelüberlegen kann verlangt werden. Es kann auch die Beispielaufgabe (→ nächste Seite) verwendet werden.

Bewertung:
Der Teilnehmer erhält einen (mündlichen) Kommentar zu seinem Sitz, seiner beginnenden Einwirkung und zum Gesamteindruck. Es wird eine WN zwischen 10 und 0 (eine Dezimalstelle) gegeben. Die Teilnehmer werden entsprechend ihrer Leistung rangiert.

Ausrüstung:
Ausrüstung des Pferdes: Sattel mit Steigbügeln, Trensenzaum
Erlaubt: Hilfszügel, Beinschutz
Ausrüstung des Reiters: angemessene Reitkleidung, Reitstiefel oder Stiefeletten, Reithelm
Erlaubt: Gerte (max. 120 cm inkl. Schlag), Sporen (mit glatten Endflächen, ohne Rädchen)

Zusätzliche Bestimmungen:
Mindestalter des Pferdes: 5 Jahre
Mindestalter des Reiters: 6 Jahre

Beispielaufgabe zu WB 234 „Reiter-WB Schritt – Trab – Galopp“
(mit Möglichkeit des Bügelüberlegens)

(Bis 8 TN, Dauer einschließlich mündlichem Kommentar und Platzierung ca. 30 Minuten)

Linke Hand	Auf der linken Hand im Mittelschritt Abteilung bilden. Abteilung im Arbeitstempo – Trab, leichttraben (1-mal herum). Durch die ganze Bahn wechseln.
Rechte Hand	(1-mal herum). Abteilung – Schritt – Mittelschritt. Abteilung im Arbeitstempo – Trab, aussitzen (1-mal herum). Auf dem Zirkel geritten (½-mal herum), aus dem Zirkel wechseln.
Linke Hand	Ganze Bahn (1-mal herum). Abteilung – Schritt – Mittelschritt. Der erste Reiter trabt an, galoppiert in der nächsten Ecke an und schließt sich am Ende der Abteilung wieder an (anschließend alle weiteren Reiter). Abteilung – Halt – alle Reiter Bügel überlegen, Abteilung – Marsch – Mittelschritt. Abteilung im Arbeitstempo – Trab, durch die Länge der Bahn wechseln.
Rechte Hand	(1-mal herum). Abteilung – Schritt – Mittelschritt. Der erste Reiter trabt an, galoppiert in der nächsten Ecke an und schließt sich am Ende der Abteilung wieder an (anschließend alle anderen Reiter). Abteilung im Arbeitstempo – Trab, aussitzen (1-mal herum). Anfang rechts dreht, links marschiert auf, Anfang – Marsch, Anfang – Halt, Bügel wieder aufnehmen (von der langen Seite in Richtung zu den Zuschauern).

WB 235 Reiter-WB mit leichtem Sitz

Anforderungen:
In einer Gruppe mit max. 8 Reitern zeigt der Teilnehmer nach Weisung der Richter Schritt, Trab (im Leichttraben und Aussitzen) und Galopp sowie im Trab und Galopp den leichten Sitz. Es kann auch die Beispielaufgabe (➜ nächste Seite) verwendet werden. Helfer zum Bügelverkürzen sind gestattet.

Bewertung:
Der Teilnehmer erhält einen (mündlichen) Kommentar zu seinem Sitz, seiner beginnenden Einwirkung und zum Gesamteindruck. Es wird eine WN zwischen 10 und 0 (eine Dezimalstelle) gegeben. Die Teilnehmer werden entsprechend ihrer Leistung rangiert.

Ausrüstung:
<u>Ausrüstung des Pferdes:</u> Sattel mit Steigbügeln, Trensenzaum
Erlaubt: Hilfszügel, Beinschutz
<u>Ausrüstung des Reiters:</u> angemessene Reitkleidung, Reitstiefel oder Stiefeletten, Reithelm
Erlaubt: Gerte (max. 75 cm inkl. Schlag), Sporen (mit glatten Endflächen, ohne Rädchen)

Zusätzliche Bestimmungen:
Mindestalter des Pferdes: 5 Jahre
Mindestalter des Reiters: 6 Jahre

Beispielaufgabe zu WB 235 „Reiter-WB mit leichtem Sitz“

(Bis 8 TN, Dauer einschließlich mündlichem Kommentar und Platzierung ca. 30 Minuten)

Rechte Hand	Auf der rechten Hand im Mittelschritt Abteilung bilden. Abteilung im Arbeitstempo – Trab, leichttraben (1-mal herum). Durch die ganze Bahn wechseln.
Linke Hand	(½-mal herum). Abteilung aussitzen (½-mal herum). Durch die halbe Bahn wechseln.
Rechte Hand	(1-mal herum). Abteilung – Schritt – Mittelschritt. Der erste Reiter trabt an, galoppiert in der nächsten Ecke an und schließt sich am Ende der Abteilung wieder an (anschließend alle weiteren Reiter). Abteilung im Arbeitstempo – Trab, aussitzen (1-mal herum). Durch die ganze Bahn wechseln.
Linke Hand	Abteilung Halt, Bügel verkürzen für den leichten Sitz (Hilfe von außen ist zulässig). Abteilung im Arbeitstempo – Trab, leichter Sitz (1-mal herum). Abteilung – Schritt – Mittelschritt. Die ersten 2 Reiter antraben und in der nächsten Ecke angaloppieren, übergehen in den leichten Sitz, am Ende der Abteilung wieder anschließen, danach die nächsten 2 usw. Abteilung im Arbeitstempo – Trab, leichter Sitz. Durch die ganze Bahn wechseln.
Rechte Hand	(1-mal herum). Alle TN aussitzen. Anfang rechts dreht, links marschiert auf, Anfang – Marsch, Anfang – Halt (von der langen Seite in Richtung zu den Zuschauern).

WB 236 Reiter-WB mit 2 Sprüngen

Anforderungen:
In einer Gruppe mit max. 8 Reitern zeigen die Teilnehmer nach Weisung der Richter Schritt, Trab (im Leichttraben und Aussitzen) und Galopp sowie im Trab und Galopp den leichten Sitz. Zusätzlich absolvieren die Reiter 2 kleine Hindernisse, max. 50 cm hoch (ein Hindernis aus dem Trab, ein Hindernis aus dem Galopp). Hilfszügel, außer dem gleitenden Ringmartingal, müssen vor dem Springen entfernt werden. Es kann auch die Beispielaufgabe (➔ nächste Seite) verwendet werden. Helfer zum Bügelverkürzen sind gestattet.

Bewertung:
Der Teilnehmer erhält einen (mündlichen) Kommentar zu seinem Sitz, seiner beginnenden Einwirkung und zum Gesamteindruck. Es wird eine WN zwischen 10 und 0 (eine Dezimalstelle) gegeben. Die Teilnehmer werden entsprechend ihrer Leistung rangiert.

Ausrüstung:
<u>Ausrüstung des Pferdes:</u> Sattel mit Steigbügeln, Trensenzaum
Erlaubt: Hilfszügel (beim Springen nur das gleitende Ringmartingal), Beinschutz
<u>Ausrüstung des Reiters:</u> angemessene Reitkleidung, Reitstiefel oder Stiefeletten, Reithelm
Erlaubt: Gerte (max. 75 cm inkl. Schlag), Sporen (mit glatten Endflächen, ohne Rädchen)

Zusätzliche Bestimmungen:
Mindestalter des Pferdes: 5 Jahre
Mindestalter des Reiters: 8 Jahre

Beispielaufgabe zu WB 236 „Reiter-WB mit 2 Sprüngen"

(Bis 8 TN, Dauer einschließlich mündlichem Kommentar und Platzierung ca. 30 Minuten je 8er-Gruppe)

Rechte Hand	Auf der rechten Hand im Mittelschritt Abteilung bilden. Abteilung im Arbeitstempo – Trab, leichttraben (1-mal herum). Durch die ganze Bahn wechseln.
Linke Hand	(½-mal herum). Abteilung aussitzen (½-mal herum). Durch die halbe Bahn wechseln.
Rechte Hand	(1-mal herum), Abteilung – Schritt – Mittelschritt. Der erste Reiter trabt an, galoppiert in der nächsten Ecke an und schließt sich am Ende der Abteilung wieder an (anschließend alle anderen Reiter). Abteilung im Arbeitstempo – Trab, aussitzen (1-mal herum). Durch die ganze Bahn wechseln.
Linke Hand	Abteilung – Halt, Bügel verkürzen für den leichten Sitz. Abteilung im Arbeitstempo – Trab, leichter Sitz (1-mal herum). Abteilung – Schritt – Mittelschritt. Die ersten 2 Reiter antraben und in der nächsten Ecke angaloppieren, Übergehen in den leichten Sitz, am Ende der Abteilung wieder anschließen, danach die nächsten 2 usw. Danach einzeln die 2 Sprünge absolvieren (ggf. vorher Hilfszügel entfernen) und sich am Ende der Abteilung wieder anschließen. Durch die ganze Bahn wechseln.
Rechte Hand	Anfang rechts dreht, links marschiert auf, Anfang – Marsch, Anfang – Halt (von der langen Seite in Richtung zu den Zuschauern).

WB 237 Mannschaftsreiter-WB für 3 bis 5 Reiter

Anforderungen:
3 bis 5 Reiter bilden ein Team. Das Team reitet nach Kommando eine Kurzaufgabe (➜ nächste Seite). Die Aufgabe beginnt mit dem Abwenden an der kurzen Seite zur ersten Grußaufstellung und endet mit der zweiten Grußaufstellung. Der Teamführer stellt vor Beginn der Aufgabe das Team vor, kommandiert die Aufgabe und beendet die Vorstellung.

Bewertung:
Jeder Reiter erhält eine WN von 10 bis 0 (eine Dezimalstelle) für den Sitz, die beginnende Einwirkung (Übergänge und Hufschlagfiguren) und das Team eine WN für den Gesamteindruck (Herausgebrachtsein, Einheitlichkeit im Reiter-Outfit/Teamführer-Outfit und Präsentation, Abstände). Von den 3 bis 5 Reitern werden die 3 besten Ergebnisse gewertet. Als Endergebnis wird die WN für das Team mit den 3 höchsten WN der Teilnehmer addiert.

Ausrüstung:
<u>Ausrüstung des Pferdes:</u> Sattel mit Steigbügeln, Trensenzaum
Erlaubt: Hilfszügel, Beinschutz
<u>Ausrüstung des Reiters:</u> angemessene Reitkleidung, Reitstiefel oder Stiefeletten, Reithelm
Erlaubt: Gerte (max. 120 cm inkl. Schlag), Sporen (mit glatten Endflächen, ohne Rädchen)
<u>Ausrüstung des Teamführers:</u> Reitkleidung analog zum Team, Reitstiefel, Reithelm

Zusätzliche Bestimmungen:
Mindestalter des Pferdes: 5 Jahre
Mindestalter des Reiters: 6 Jahre
Dekoration Reiter/Pferd: Kleiner Blumenschmuck ist zugelassen.

Beispielaufgabe zu WB 237 „Mannschaftsreiter-WB für 3 bis 5 Reiter"

Auf der rechten Hand im Mittelschritt Abteilung bilden.
Der Wettbewerb beginnt.

(Vor A)	Anfang rechts dreht, links marschiert auf – Marsch.
(X)	Anfang – Halt. Grüßen. Abteilung zu einem Rechts-brecht-Ab – Marsch – Mittelschritt.
(B)	Abteilung im Arbeitstempo – Trab.
(K-X-M)	Durch die ganze Bahn wechseln.
(E)	Aussitzen.
(H-K)	An der nächsten langen Seite eine einfache Schlangenlinie.
(B)	Auf dem Mittelzirkel geritten.
(E)	Abteilung im Arbeitstempo – Galopp – Marsch (2-mal herum).
(E)	Abteilung im Arbeitstempo – Trab.
(B)	Ganze Bahn.
(C)	Abteilung – Schritt – Mittelschritt. Bügel überlegen.
(E)	Abteilung im Arbeitstempo – Trab.
(H-X-F)	Durch die ganze Bahn wechseln.
(M)	Abteilung – Schritt – Mittelschritt. Bügel wieder aufnehmen.
(Vor A)	Anfang rechts dreht, links marschiert auf – Marsch. (Wenn der Anfangsreiter die Verbindungslinie der beiden Punkte E-B erreicht) Anfang – Halt. Grüßen. Im Mittelschritt am langen Zügel die Bahn verlassen.

WB 238 Caprilli-Test-WB

Anforderungen:
Das Reiten eines Parcours mit Dressurlektionen, Trabstangen und kleinen Sprüngen. Der Reiter zeigt mit Springbügelmaß die verschiedenen Entlastungsformen beim dressurmäßigen Reiten sowie beim Springreiten. Der Wettbewerb kann in 3 verschiedenen Schwierigkeitsstufen gemäß Merkblatt „Caprilli-Test" ausgeschrieben werden. Kostenlos im Download unter www.pferd-aktuell.de/breitensport/caprilli/caprilli.

Bewertung:
Bewertet werden die harmonische Vorstellung (das Einhalten der Gangart, Tempo und Rhythmus beim Anreiten und Überwinden der Trabstangen und Hindernisse, das Weiterreiten nach dem Sprung und das Reiten von Wendungen, das Reiten der Übergänge) sowie Sitz und Einwirkung des Reiters mit einer WN von 10 bis 0 (eine Dezimalstelle). Hindernisfehler sowie der erste Ungehorsam oder das erste Verreiten haben keinen Einfluss auf die WN. Für den zweiten Ungehorsam, das zweite Verreiten: jeweils Abzug 0,2. Dritter Ungehorsam, drittes Verreiten und/oder Sturz: Ausschluss. Pro TN max. 3 Pferde.

Ausrüstung:
Ausrüstung des Pferdes: Sattel mit Steigbügeln, Trensenzaum, einfach oder doppelt gebrochene Wassertrense
Erlaubt: gleitendes Ringmartingal, Beinschutz (auch Streichkappen und Springglocken)
Ausrüstung des Reiters: angemessene Reitkleidung, Reitstiefel oder Stiefeletten, Reithelm
Erlaubt: Gerte (max. 75 cm inkl. Schlag), Sporen VS

Zusätzliche Bestimmungen:
Mindestalter des Pferdes: 4 Jahre
Mindestalter des Reiters: 8 Jahre

Beispielaufgabe
zu WB 238 „Caprilli-Test-WB"

Aufgabe 1 b

	Auf der linken Hand antraben, leichttraben, ganze Bahn.
A-C	Schlangenlinien durch die Bahn, 3 Bögen, links beenden, dabei im leichten Sitz über die Stangen traben, danach wieder leichttraben.
C-X-C	Auf dem Zirkel geritten (1-mal herum).
X	Über Kreuz 1 springen, danach im Linksgalopp weiterreiten, leichter Sitz.
C	Ganze Bahn.
A-X-A	Auf dem Zirkel geritten (1-mal herum), vor Kreuz 1 herreiten, dabei zur geschlossenen Seite durchparieren zum Trab, leichttraben.
A	Ganze Bahn.
F	Durch die Bahn wechseln.
C	Durchparieren zum Schritt.
B	Antraben, aussitzen.
Nach A	Auf die Viertellinie abwenden und über Kreuz 2 springen, danach im Rechtsgalopp weiterreiten, leichter Sitz.
C-X-C	Auf dem Zirkel geritten (1-mal herum), hinter Kreuz 2 herreiten.
C	Durchparieren zum Trab, leichttraben und ganze Bahn.
Zwischen B und F	Rechts um, im leichten Sitz über die Stangen traben, danach leichttraben. Bei Erreichen des Hufschlags rechts um.
An der nächsten kurzen Seite	Durchparieren zum Schritt und am langen Zügel zu den Richtern/Prüfern Breitensport reiten.

Parcoursskizze 1 b
zu WB 238 „Caprilli-Test-WB“

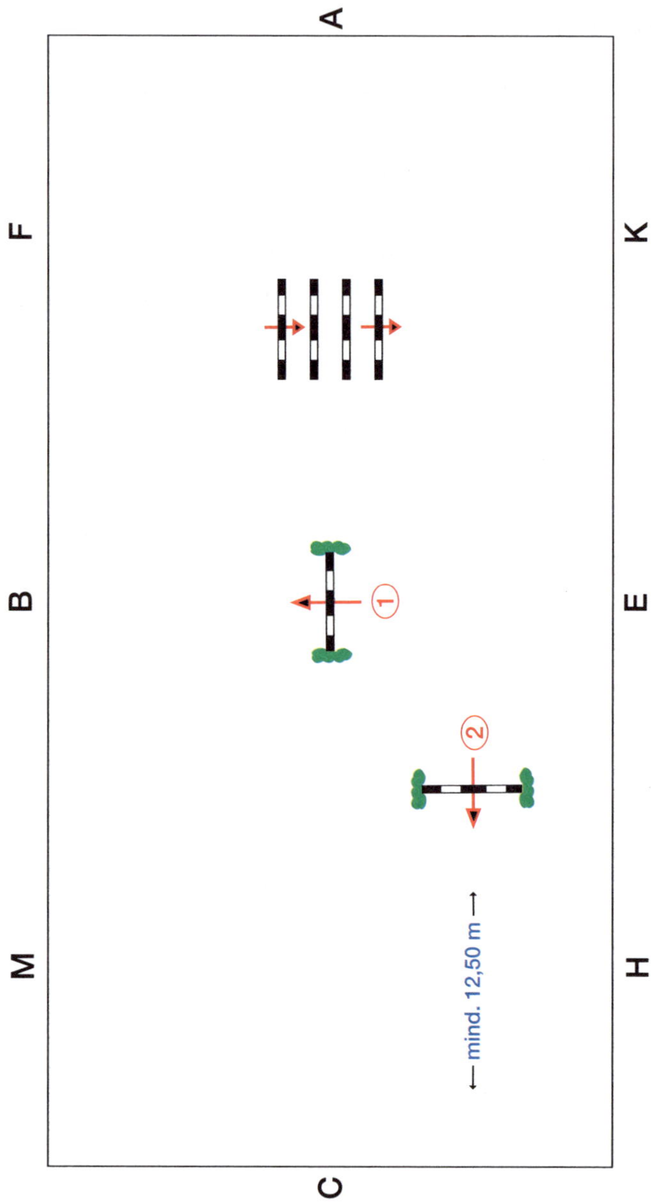

Beispielaufgabe zu WB 238 „Caprilli-Test-WB"

Augfabe 2 a

	Auf der rechten Hand antraben, leichttraben, ganze Bahn.
H	Rechts um und im leichten Sitz über die Stangen traben, danach leichttraben. Bei Erreichen des Hufschlags rechts um.
Nach K	Durch die Bahn wechseln, über Kreuz 1 springen, danach im Linksgalopp weiterreiten, leichter Sitz.
C-X-C	Auf dem Zirkel geritten (1-mal herum).
C	Durchparieren zum Trab, aussitzen, ganze Bahn.
E	Volte (10 m). Bei Erreichen des Hufschlags links angaloppieren, aussitzen.
F	Durch die Bahn wechseln, über Steilsprung 2 springen, danach im Rechtsgalopp weiterreiten, leichter Sitz.
B	Durchparieren zum Trab und aussitzen.
K	Durchparieren zum Schritt.
E	Rechts um.
B	Rechts um und antraben, leichttraben.
A-X-A	Auf dem Zirkel geritten (1-mal herum). Dabei zur geschlossenen Seite rechts angaloppieren, leichter Sitz.
A	Ganze Bahn.
Nach A	Auf die Viertellinie abwenden und über Steilsprung 3 und 4 reiten, danach im Rechtsgalopp weiterreiten, leichter Sitz.
C-X-C	Auf dem Zirkel geritten. Dabei zur geschlossenen Seite durchparieren zum Trab, leichttraben.
C-X-C	Eine weitere Runde auf dem Zirkel geritten, dabei Zügel aus der Hand kauen lassen.
C	Zügel wieder aufnehmen, aussitzen, ganze Bahn.
An der nächsten langen Seite	Durchparieren zum Schritt und am langen Zügel zu den Richtern/Prüfern Breitensport reiten.

Parcoursskizze 2 a
zu WB 238 „Caprilli-Test-WB“

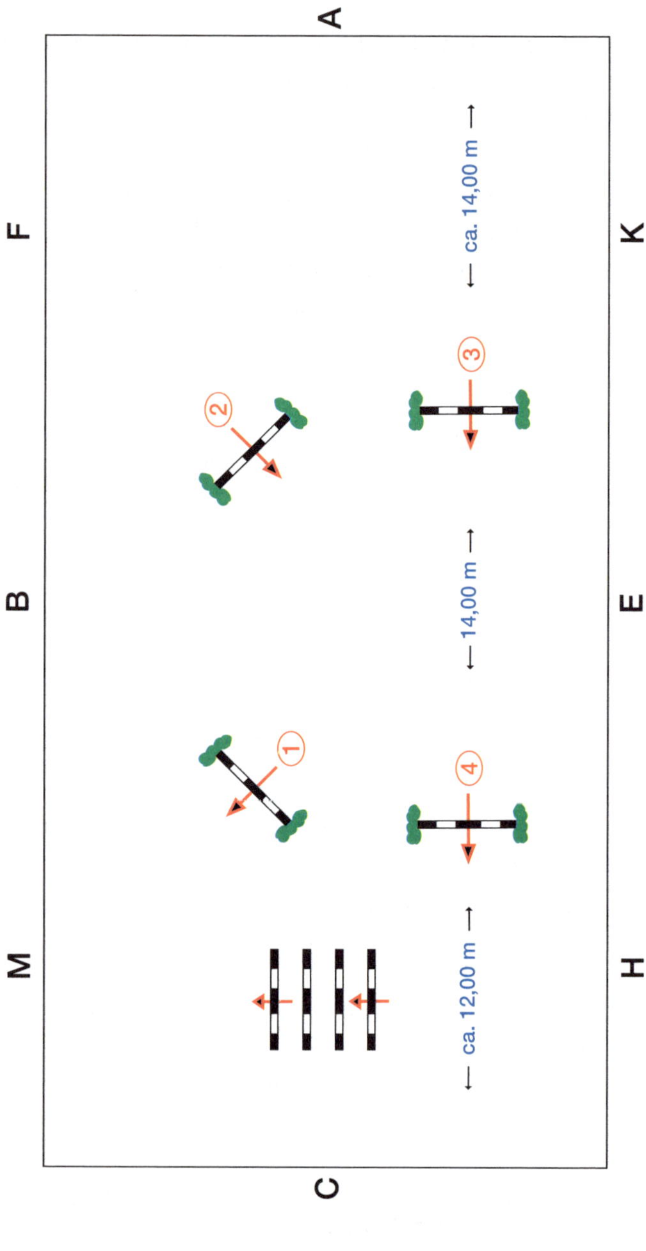

2.3 Einsteiger-Wettbewerbe – Dressur

WB 241 Dressurreiter-WB (RE 1)

Anforderungen:
2 Teilnehmer absolvieren die Aufgabe RE 1 (➜ nächste Seite); die Aufgabe wird vorgelesen. Geritten wird auf einem Viereck 20 x 40 m.

Bewertung:
Beurteilt werden der Sitz (Balance und Losgelassenheit), die gefühlvolle Hilfengebung und die Einwirkung des Reiters in den Lektionen, insbesondere das Einhalten der Hufschlagfiguren sowie der Gesamteindruck (Herausgebrachtsein, reiterliches Verhalten des Teilnehmers) mit einer WN von 10 bis 0 (eine Dezimalstelle). Die Verwendung von Hilfszügeln fließt nicht in die WN ein. Die Richter geben zu der WN einen mündlichen Kommentar, ergänzend kann auch ein schriftliches Protokoll angefertigt werden.

Ausrüstung:
Ausrüstung des Pferdes: Sattel mit Steigbügeln, Trensenzaum
Erlaubt: Hilfszügel (aber kein gleitendes Ringmartingal)
Ausrüstung des Reiters: angemessene Reitkleidung, Reitstiefel oder Stiefeletten, Reithelm
Erlaubt: Gerte (max. 120 cm inkl. Schlag), Sporen

Zusätzliche Bestimmungen:
Mindestalter des Pferdes: 5 Jahre
Mindestalter des Reiters: 6 Jahre

Aufgabe RE 1

(Zu zweit hintereinander)

Viereck 20 x 40 m – Dauer: etwa 3 Minuten

	Auf der rechten Hand im Mittelschritt Abteilung bilden.
(A)	(Von der kurzen Seite auf die Richter zu) Anfang rechts dreht, links marschiert auf – Marsch. (Wenn der Anfangsreiter die Verbindungslinie der beiden Punkte E-B erreicht) Anfang – Halt. Grüßen.
(M-B)	Abteilung zu einem Rechts-brecht-Ab – im Arbeitstempo – Trab.
(B)	Anfang halbe Volte rechts (10 m) – Marsch.
(X)	Im Mittelpunkt eine Pferdelänge geradeaus, danach Anfang halbe Volte links (10 m).
(K-F)	(An der kurzen Seite) Abteilung – Schritt – Mittelschritt.
(F-E)	Im Mittelschritt durch die halbe Bahn wechseln.
(E)	(Bei Erreichen des Hufschlages) Abteilung im Arbeitstempo – Trab.
(C)	Abteilung im Arbeitstempo – Galopp – Marsch.
(B-E-B)	Auf dem Mittelzirkel geritten (1-mal herum).
(B)	Ganze Bahn.
(B-F)	(Vor der kurzen Seite) Abteilung im Arbeitstempo – Trab.
(K-X-M)	Durch die ganze Bahn wechseln.
(C)	Abteilung im Arbeitstempo – Galopp – Marsch.
(C-X-C)	Auf dem Zirkel geritten (1-mal herum), dabei an der offenen Zirkelseite mit der inneren Hand überstreichen.
(C)	Abteilung im Arbeitstempo – Trab und ganze Bahn – leicht-traben.
(E)	Anfang halbe Volte links (10 m) – Marsch.
(X)	Im Mittelpunkt eine Pferdelänge geradeaus, danach Anfang halbe Volte rechts (10 m).
(F)	Aussitzen.
(A)	(Von der kurzen Seite auf die Richter zu) Anfang rechts dreht, links marschiert auf – Marsch. (Wenn der Anfangsreiter die Verbindungslinie der beiden Punkte E-B erreicht) Anfang – Halt. Grüßen.
	Im Mittelschritt am langen Zügel die Bahn verlassen.

WB 242 Dressurreiter-WB Hufschlagfiguren

Anforderungen:
Ein oder mehrere Teilnehmer (max. 4) absolvieren nach Weisung der Richter Hufschlagfiguren (z.B. ganze Bahn, Zirkel, einfache Schlangenlinie, Handwechsel in der Bewegung auf großen Linien) im Einzel- oder auch Abteilungsreiten in den drei Grundgangarten oder eine vorgegebene Aufgabe (➡ nächste Seite). Geritten wird auf einem Viereck 20 x 40 m.

Bewertung:
Beurteilt werden der Sitz (Balance und Losgelassenheit), die gefühlvolle Hilfengebung und die Einwirkung des Reiters in den Lektionen, insbesondere in diesem WB das Einhalten der Hufschlagfiguren sowie der Gesamteindruck (Herausgebrachtsein, reiterliches Verhalten des Teilnehmers) mit einer WN von 10 bis 0 (eine Dezimalstelle). Die Verwendung von Hilfszügeln fließt nicht in die WN ein. Die Richter geben zu der WN einen mündlichen Kommentar, ergänzend kann auch ein schriftliches Protokoll angefertigt werden.

Ausrüstung:
<u>Ausrüstung des Pferdes:</u> Sattel mit Steigbügeln, Trensenzaum
Erlaubt: Hilfszügel (aber kein gleitendes Ringmartingal)
<u>Ausrüstung des Reiters:</u> angemessene Reitkleidung, Reitstiefel oder Stiefeletten, Reithelm
Erlaubt: Gerte (max. 120 cm inkl. Schlag), Sporen

Zusätzliche Bestimmungen:
Mindestalter des Pferdes: 5 Jahre
Mindestalter des Reiters: 6 Jahre

Beispielaufgabe zu WB 242 „Dressurreiter-WB Hufschlagfiguren"

(Abteilung 2 bis 4 Reiter)

Viereck 20 x 40 m – Dauer: ca. 3½ Minuten

(R-H)	Auf der rechten Hand im Mittelschritt Abteilung bilden. Abteilung im Arbeitstempo – Trab, ganze Bahn (½-mal herum).
(K-H)	Einfache Schlangenlinie.
(M-X-K)	Durch die ganze Bahn wechseln.
(A)	Leichttraben.
(C-A)	Schlangenlinie durch die Bahn 3 Bögen mit Fußwechsel beim Überreiten der Mittellinie.
(A)	Aussitzen.
(B-E-B)	Auf dem Mittelzirkel geritten (1-mal herum).
(B)	Ganze Bahn.
(C-X)	Auf dem Zirkel geritten.
(X-C-X)	(Zur geschlossenen Zirkelseite) Abteilung im Arbeitstempo – Galopp – Marsch (1-mal herum).
(X-C)	Abteilung im Arbeitstempo – Trab.
(C)	Ganze Bahn.
(H-K)	Einfache Schlangenlinie.
(A-C)	Durch die Länge der Bahn wechseln.
(B-E)	Auf dem Mittelzirkel geritten.
(E-B)	Abteilung im Arbeitstempo – Galopp – Marsch.
(B)	Ganze Bahn.
(K-H)	Abteilung im Arbeitstempo – Trab.
(A)	Anfang rechts dreht, links marschiert auf – Marsch. (Wenn der Anfangsreiter die Verbindungslinie der beiden Punkte E-B erreicht) Anfang – Halt. Grüßen. Im Mittelschritt anreiten, am langen Zügel die Bahn verlassen.

WB 243 Dressurreiter-WB Übergänge

Anforderungen:
Ein oder mehrere Teilnehmer (max. 4) absolvieren nach Weisung der Richter Hufschlagfiguren (z.B. ganze Bahn, Zirkel, einfache Schlangenlinie, Handwechsel in der Bewegung auf großen Linien) im Einzel- oder auch Abteilungsreiten in den 3 Grundgangarten oder eine vorgegebene Aufgabe (➜ nächste Seite). Geritten wird auf einem Viereck 20 x 40 m.

Bewertung:
Beurteilt werden der Sitz (Balance und Losgelassenheit), die gefühlvolle Hilfengebung und die Einwirkung des Reiters in den Lektionen, insbesondere in diesem WB das Reiten der Übergänge zwischen den Gangarten sowie der Gesamteindruck (Herausgebrachtsein, reiterliches Verhalten des Teilnehmers) mit einer WN von 10 bis 0 (eine Dezimalstelle). Die Verwendung von Hilfszügeln fließt nicht in die WN ein. Die Richter geben zu der WN einen mündlichen Kommentar, ergänzend kann auch ein schriftliches Protokoll angefertigt werden.

Ausrüstung:
<u>Ausrüstung des Pferdes:</u> Sattel mit Steigbügeln, Trensenzaum
Erlaubt: Hilfszügel (aber kein gleitendes Ringmartingal), Beinschutz
<u>Ausrüstung des Reiters:</u> angemessene Reitkleidung, Reitstiefel oder Stiefeletten, Reithelm
Erlaubt: Gerte (max. 120 cm inkl. Schlag), Sporen

Zusätzliche Bestimmungen:
Mindestalter des Pferdes: 5 Jahre
Mindestalter des Reiters: 6 Jahre

Beispielaufgabe
zu WB 243 „Dressurreiter-WB Übergänge"

(Abteilung 2 bis 4 Reiter)

Viereck 20 x 40 m – Dauer: ca. 3½ Minuten

(R-H)	Auf der rechten Hand im Mittelschritt Abteilung bilden, Abteilung im Arbeitstempo – Trab, ganze Bahn (½-mal herum).
(A)	Leichttraben.
(K-X-M)	Durch die ganze Bahn wechseln.
(C-X)	Auf dem Zirkel geritten.
(X-A)	Aus dem Zirkel wechseln.
(A)	Ganze Bahn, aussitzen.
(K-H)	Abteilung – Schritt – Mittelschritt.
(M-E)	Durch die halbe Bahn wechseln.
(A-X)	Abteilung im Arbeitstempo – Trab, auf dem Zirkel geritten.
(X-A-X)	(Zur geschlossenen Zirkelseite) Abteilung im Arbeitstempo – Galopp – Marsch (1-mal herum).
(X-A)	Abteilung im Arbeitstempo – Trab, ganze Bahn.
(F-E)	Durch die halbe Bahn wechseln.
(C-X)	Auf dem Zirkel geritten.
(X-C-X-C)	(Zur geschlossenen Zirkelseite) Abteilung im Arbeitstempo – Galopp – Marsch (1½-mal herum).
(C)	Ganze Bahn.
(B)	Abteilung im Arbeitstempo – Trab.
(M-F)	Abteilung – Schritt – Mittelschritt.
(A)	Anfang rechts dreht, links marschiert auf – Marsch. (Wenn der Anfangsreiter die Verbindungslinie der beiden Punkte E-B erreicht) Anfang – Halt. Grüßen. Im Mittelschritt anreiten und am langen Zügel die Bahn verlassen.

WB 244 Dressur-WB
(E 1, 2 bis 4 Reiter)

Anforderungen:
Die Teilnehmer absolvieren eine vom Veranstalter vorgegebene Aufgabe (→ nächste Seite). Die Aufgaben: Das Reiten der 3 Grundgangarten, einfache Hufschlagfiguren wie Schlangenlinie, Zirkel, ganze Bahn, Handwechsel, Halten. Es kann Einzel- oder Abteilungsreiten verlangt werden. Geritten wird auf einem Viereck 20 x 40 m.

Bewertung:
Die harmonische Vorstellung des Paares Reiter – Pferd, das korrekte Reiten der Hufschlagfiguren und das Gelingen geschmeidiger Übergänge, der korrekte Sitz und die gefühlvolle Hilfengebung fließen in eine WN von 10 bis 0 (eine Dezimalstelle) ein. Die Aufgabe beginnt mit dem Abwenden in der geforderten Gangart bei A und endet mit der Grußaufstellung.

<u>Eventuelle Abzüge:</u>
Erstes Verreiten: 0,2 Abzug
Zweites Verreiten: 0,4 Abzug
Ausschluss: Drittes Verreiten, Sturz, Verlassen des Vierecks mit 4 Hufen

Ausrüstung:
<u>Ausrüstung des Pferdes:</u> Sattel mit Steigbügeln, Trensenzaum
Erlaubt: Hilfszügel (kein gleitendes Ringmartingal) nur, wenn die Ausschreibung es zulässt.
<u>Ausrüstung des Reiters:</u> angemessene Reitkleidung, Reitstiefel oder Stiefeletten, Reithelm
Erlaubt: Gerte (max. 120 cm inkl. Schlag), Sporen

Zusätzliche Bestimmungen:
Mindestalter des Pferdes: 5 Jahre
Mindestalter des Reiters: 6 Jahre

Aufgabe E 1

(Abteilungsreiten für 2 bis 4 Reiter)

Viereck 20 x 40 m – Dauer: etwa 3½ Minuten

	Auf der rechten Hand im Mittelschritt Abteilung bilden.
(A)	(Von der kurzen Seite auf die Richter zu) Anfang rechts dreht, links marschiert auf – Marsch. (Wenn der Anfangsreiter die Verbindungslinie der beiden Punkte E-B erreicht) Anfang – Halt. Grüßen.
(M-F)	Abteilung zu einem Rechts-brecht-Ab – im Arbeitstempo – Trab.
(A-X-C)	Auf dem Zirkel geritten und aus dem Zirkel wechseln.
(C-X)	(½-mal herum).
(X-C-X-C)	Abteilung im Arbeitstempo – Galopp – Marsch (1½ -mal herum).
(C)	Abteilung im Arbeitstempo – Trab – ganze Bahn.
(K-F)	(An der kurzen Seite) Abteilung – Schritt – Mittelschritt.
(F-X-H)	Durch die ganze Bahn wechseln.
(H-M)	(An der kurzen Seite) Abteilung im Arbeitstempo – Trab (½-mal herum).
(A-X)	Auf dem Zirkel geritten (½-mal herum).
(X-A)	Abteilung im Arbeitstempo – Galopp – Marsch (½-mal herum).
(A)	Ganze Bahn.
(H-M)	(An der kurzen Seite) Abteilung im Arbeitstempo – Trab.
(A)	(Von der kurzen Seite auf die Richter zu) Anfang rechts dreht, links marschiert auf – Marsch.
	(Wenn der Anfangsreiter die Verbindungslinie der beiden Punkte E-B erreicht) Anfang – Halt. Grüßen.
	Im Mittelschritt am langen Zügel die Bahn verlassen.

WB 245 Dressur-WB
(E 3, 2 bis 4 Reiter)

Anforderungen:
Die Teilnehmer absolvieren eine vom Veranstalter vorgegebene Aufgabe (➔ nächste Seite). Die Anforderungen: das Reiten der 3 Grundgangarten, einfache Hufschlagfiguren wie Schlangenlinie, Zirkel, ganze Bahn, Handwechsel, Halten. Geritten wird auf einem Viereck 20 x 40 m.

Bewertung:
Die harmonische Vorstellung des Paares Reiter – Pferd, das korrekte Reiten der Hufschlagfiguren und das Gelingen geschmeidiger Übergänge, der korrekte Sitz und die gefühlvolle Hilfengebung fließen in eine WN von 10 bis 0 (eine Dezimalstelle) ein. Die Aufgabe beginnt mit dem Abwenden in der geforderten Gangart bei A und endet mit der Grußaufstellung.

<u>Eventuelle Abzüge:</u>
Erstes Verreiten: 0,2 Abzug
Zweites Verreiten: 0,4 Abzug
Ausschluss: Drittes Verreiten, Sturz, Verlassen des Vierecks mit 4 Hufen

Ausrüstung:
<u>Ausrüstung des Pferdes:</u> Sattel mit Steigbügeln, Trensenzaum
Erlaubt: Hilfszügel (aber kein gleitendes Ringmartingal), nur wenn die Ausschreibung es zulässt.
<u>Ausrüstung des Reiters:</u> angemessene Reitkleidung, Reitstiefel oder Stiefeletten, Reithelm
Erlaubt: Gerte (max. 120 cm inkl. Schlag), Sporen

Zusätzliche Bestimmungen:
Mindestalter des Pferdes: 5 Jahre
Mindestalter des Reiters: 6 Jahre

Aufgabe E 3

(Abteilungsreiten für 2 bis 4 Reiter)
Besonders als Mannschafts-Dressuraufgabe geeignet

Viereck 20 x 40 m – Dauer: etwa 3½ Minuten

	Auf der rechten Hand im Mittelschritt Abteilung bilden.
(A)	(Von der kurzen Seite auf die Richter zu) Anfang rechts dreht, links marschiert auf – Marsch. (Wenn der Anfangsreiter die Verbindungslinie der beiden Punkte E-B erreicht) Anfang – Halt. Grüßen.
(M-F)	Abteilung zu einem Rechts-brecht-Ab – im Arbeitstempo – Trab.
(A-C)	Durch die Länge der Bahn wechseln.
(E-B)	Auf dem Mittelzirkel geritten (½-mal herum).
(B-E-B-E)	Abteilung im Arbeitstempo – Galopp – Marsch (1½-mal herum).
(E)	Abteilung im Arbeitstempo – Trab – ganze Bahn.
(F-M)	(An der langen Seite) Abteilung links um – Marsch.
(K-H)	(Bei Erreichen des Hufschlags) Abteilung rechts um – Marsch.
(B-E)	Auf dem Mittelzirkel geritten (½-mal herum).
(E-B-E)	Abteilung im Arbeitstempo – Galopp – Marsch (1-mal herum).
(E)	Ganze Bahn.
(H-M)	(An der kurzen Seite) Abteilung im Arbeitstempo – Trab.
(F-K)	(An der kurzen Seite) Abteilung – Schritt – Mittelschritt.
(K-X-M)	Durch die ganze Bahn wechseln.
(M-H)	(An der kurzen Seite) Abteilung im Arbeitstempo – Trab.
(E)	Anfang links um – Marsch.
(B)	Anfang rechts um – Marsch.
(A)	(Von der kurzen Seite auf die Richter zu) Anfang rechts dreht, links marschiert auf – Marsch. (Wenn der Anfangsreiter die Verbindungslinie der beiden Punkte E-B erreicht) Anfang – Halt. Grüßen. Im Mittelschritt am langen Zügel die Bahn verlassen.

WB 246 Dressur-WB
(E 5/1, einzeln)

Anforderungen:
Der Teilnehmer absolviert eine vom Veranstalter vorgegebene Aufgabe (➡ nächste Seite). Die Anforderungen: das Reiten der 3 Grundgangarten, einfache Hufschlagfiguren wie Schlangenlinie, Zirkel, ganze Bahn, Handwechsel, Halten. Geritten wird auf einem Viereck 20 x 40 m.

Bewertung:
Die harmonische Vorstellung des Paares Reiter – Pferd, das korrekte Reiten der Hufschlagfiguren und das Gelingen geschmeidiger Übergänge, der korrekte Sitz und die gefühlvolle Hilfengebung fließen in eine WN von 10 bis 0 (eine Dezimalstelle) ein. Die Aufgabe beginnt mit dem Abwenden in der geforderten Gangart bei A und endet mit der Grußaufstellung.

Eventuelle Abzüge:
Erstes Verreiten: 0,2 Abzug
Zweites Verreiten: 0,4 Abzug
Ausschluss: Drittes Verreiten, Sturz, Verlassen des Vierecks mit 4 Hufen

Ausrüstung:
Ausrüstung des Pferdes: Sattel mit Steigbügeln, Trensenzaum
Erlaubt: Hilfszügel (kein gleitendes Ringmartingal) nur, wenn die Ausschreibung es zulässt.
Ausrüstung des Reiters: angemessene Reitkleidung, Reitstiefel oder Stiefeletten, Reithelm
Erlaubt: Gerte (max. 120 cm inkl. Schlag), Sporen

Zusätzliche Bestimmungen:
Mindestalter des Pferdes: 5 Jahre
Mindestalter des Reiters: 6 Jahre

Aufgabe E 5/1

(Nur einzeln)

Viereck 20 x 40 m – Dauer: etwa 3½ Minuten

A-X	Einreiten im Mittelschritt.
X	Im Mittelpunkt halten. Grüßen. Im Arbeitstempo antraben, leichttraben.
C	Rechte Hand.
K-X-M	Durch die ganze Bahn wechseln.
C-X-C	(Mitte der kurzen Seite) aussitzen und auf dem Zirkel geritten (1-mal herum).
C-X-A	Aus dem Zirkel wechseln.
A-X	(½-mal herum).
X-A-X-A	(Zur geschlossenen Zirkelseite) im Arbeitstempo rechts angaloppieren (1½-mal herum).
A	(Mitte der kurzen Seite) Arbeitstrab, ganze Bahn (½-mal herum).
C	(Mitte der kurzen Seite) Mittelschritt.
M-X-K	Durch die ganze Bahn wechseln.
K	(Vor der kurzen Seite) im Arbeitstempo antraben.
A-X	Auf dem Zirkel geritten (½-mal herum).
X-A	Im Mittelpunkt im Arbeitstempo links angaloppieren (½-mal herum).
A	Ganze Bahn (½-mal herum).
C	(Mitte der kurzen Seite) Arbeitstrab.
E	Links um.
B	Rechte Hand.
A	Auf die Mittellinie abwenden.
X	Im Mittelpunkt halten. Grüßen. Im Mittelschritt am langen Zügel die Bahn verlassen.

WB 247 Dressur-WB (E 5/2, zu zweit)

Anforderungen:
Die Teilnehmer absolvieren eine vom Veranstalter vorgegebene Aufgabe (➜ nächste Seite). Die Anforderungen: das Reiten der 3 Grundgangarten, einfache Hufschlagfiguren wie Schlangenlinie, Zirkel, ganze Bahn, Handwechsel, Halten. Geritten wird auf einem Viereck 20 x 40 m.

Bewertung:
Die harmonische Vorstellung des Paares Reiter – Pferd, das korrekte Reiten der Hufschlagfiguren und das Gelingen geschmeidiger Übergänge, der korrekte Sitz und die gefühlvolle Hilfengebung fließen in eine WN von 10 bis 0 (eine Dezimalstelle) ein. Die Aufgabe beginnt mit dem Abwenden in der geforderten Gangart bei A und endet mit der Grußaufstellung.

<u>Eventuelle Abzüge:</u>
Erstes Verreiten: 0,2 Abzug
Zweites Verreiten: 0,4 Abzug
Ausschluss: Drittes Verreiten, Sturz, Verlassen des Vierecks mit 4 Hufen

Ausrüstung:
<u>Ausrüstung des Pferdes:</u> Sattel mit Steigbügeln, Trensenzaum
Erlaubt: Hilfszügel (kein gleitendes Ringmartingal) nur, wenn die Ausschreibung es zulässt.
<u>Ausrüstung des Reiters:</u> angemessene Reitkleidung, Reitstiefel oder Stiefeletten, Reithelm
Erlaubt: Gerte (max. 120 cm inkl. Schlag), Sporen

Zusätzliche Bestimmungen:
Mindestalter des Pferdes: 5 Jahre
Mindestalter des Reiters: 6 Jahre

Aufgabe E 5/2

(Zu zweit hintereinander)

Viereck 20 x 40 m – Dauer: etwa 3½ Minuten

	Auf der rechten Hand im Mittelschritt Abteilung bilden.
(A)	(Von der kurzen Seite auf die Richter zu) Anfang rechts dreht, links marschiert auf – Marsch. (Wenn der Anfangsreiter die Verbindungslinie der beiden Punkte E-B erreicht) Anfang – Halt. Grüßen.
(M-F)	Abteilung zu einem Rechts-brecht-Ab – im Arbeitstempo – Trab – leichttraben.
(K-X-M)	Durch die ganze Bahn wechseln.
(C)	(Mitte der kurzen Seite) aussitzen und auf dem Zirkel geritten (1-mal herum).
(C-X-A)	Aus dem Zirkel wechseln.
(A-X)	(½-mal herum).
(X-A-X-A)	(Zur geschlossenen Zirkelseite) Abteilung im Arbeitstempo – Galopp – Marsch (1½-mal herum).
(A)	(Mitte der kurzen Seite) Abteilung im Arbeitstempo – Trab – ganze Bahn (½-mal herum).
(H-M)	(An der kurzen Seite) Abteilung – Schritt – Mittelschritt.
(M-X-K)	Durch die ganze Bahn wechseln.
(K-A)	(An der kurzen Seite) Abteilung im Arbeitstempo – Trab.
(A-X)	Auf dem Zirkel geritten (½-mal herum).
(X-A)	(Zur geschlossenen Zirkelseite) Abteilung im Arbeitstempo – Galopp – Marsch (½-mal herum).
(A)	Ganze Bahn (½-mal herum).
(M-H)	(An der kurzen Seite) Abteilung im Arbeitstempo – Trab.
(E)	(Mitte der langen Seite) Anfang links um – Marsch.
(B)	(Bei Erreichen des Hufschlags) Anfang rechts um – Marsch.
(A)	(Von der kurzen Seite auf die Richter zu) Anfang rechts dreht, links marschiert auf – Marsch. (Wenn der Anfangsreiter die Verbindungslinie der beiden Punkte E-B erreicht) Anfang – Halt. Grüßen. Im Mittelschritt am langen Zügel die Bahn verlassen.

WB 248 WB „Sicher in der Hilfengebung?"

Anforderungen:
Der Reiter reitet einzeln eine Kurzaufgabe (→ nächste Seite) mit 4 Stationen: Es wird die korrekte Hilfengebung in den Lektionen überprüft. Geritten wird auf einem Viereck 20 x 40 m.

Bewertung:
Für jede Aufgabe werden Punkte nach Modus 1 (detaillierte Bewertung) oder Modus 2 (einfache Bewertung) (Auswertungsvordruck → Seite 119), vergeben.
Die Aufgabe beginnt mit dem Abwenden in der geforderten Gangart bei A und endet mit der Grußaufstellung.

Eventuelle Abzüge:
Erstes Verreiten: 2 Punkte
Zweites Verreiten: 4 Punkte
Ausschluss: Drittes Verreiten, Sturz, Verlassen des Vierecks mit 4 Hufen

Ausrüstung:
Ausrüstung des Pferdes: Sattel mit Steigbügeln, Trensenzaum
Erlaubt: Hilfszügel (kein gleitendes Ringmartingal), nur wenn die Ausschreibung es zulässt.
Ausrüstung des Reiters: angemessene Reitkleidung, Reitstiefel oder Stiefeletten, Reithelm
Erlaubt: Gerte (max. 120 cm inkl. Schlag), Sporen

Zusätzliche Bestimmungen:
Mindestalter des Pferdes: 5 Jahre
Mindestalter des Reiters: 6 Jahre

Musteraufgabe zu WB 248 „Sicher in der Hilfengebung?“

(Nur einzeln)

Viereck 20 x 40 m

A-X	**Einreiten im Mittelschritt, bei X halten. Grüßen.** (= Aufgabe Nr. 1 „Ganze Parade aus dem Schritt auf der Mittellinie“)
X-C	Im Arbeitstempo antraben.
C	Rechte Hand.
B	Auf dem Mittelzirkel geritten (½-mal herum).
Vor E	**Im Arbeitstempo angaloppieren.** (= Aufgabe Nr. 2 „Angaloppieren aus dem Trab“).
E-B-E	(1-mal herum).
E	Durchparieren zum Arbeitstrab, ganze Bahn.
M-F	**Einfache Schlangenlinie an der langen Seite.** (= Aufgabe Nr. 3 „Schlangenlinie“)
K-X-M	Durch die ganze Bahn wechseln.
C-X-C	**Auf dem Zirkel geritten, (1-mal herum), dabei Zügel aus der Hand kauen lassen.** (= Aufgabe Nr. 4 „Zügel aus der Hand kauen lassen“)
C	Ganze Bahn.
A-X	Auf die Mittelline abwenden.
X	Halten. Grüßen.
	Im Mittelschritt am langen Zügel die Bahn verlassen.

Auswertungsvordruck zu WB 248 „Sicher in der Hilfengebung?"

	(Modus 1) Punkte	(Modus 2) Punkte	Prg.-Nr. Erreichte Punkte	Prg. -Nr. Erreichte Punkte
Aufgabe Nr. 1 „Ganze Parade aus dem Schritt"				
mittig und gerade sitzender Reiter, gleich lange Bügel	0–5	0–10		
Vorbereitung der Lektion	0–5			
Qualität der durchhaltenden Zügelhilfe und Nachgeben	0–5			
Halten auf 4 Hufen, geschlossen	0–5			
Aufgabe Nr. 2 „Angaloppieren aus dem Trab"				
Vorbereitung der Lektion	0–5	0–10		
• korrekte Gewichtshilfen	0–5			
• korrekte Schenkelhilfen	0–5			
• korrekte Zügelhilfen	0–5			
Richtiger Zeitpunkt, Zusammenspiel der drei Hilfen	0–5			
Aufgabe Nr. 3 „Einfache Schlangenlinie"				
Einleitung, Richtungswechsel, Ausleitung der Schlangenlinie:		0–10		
• korrekte Gewichtshilfen	0–5			
• korrekte Schenkelhilfen	0–5			
• korrektes Umstellen mit Anpassung Zügelmaß	0–5			
Korrekte Hufschlaglinie	0–5			
Aufgabe Nr. 4 „Zügel aus der Hand kauen lassen"				
• treibende Hilfen	0–5	0–10		
• korrektes Verlängern der Zügel	0–5			
• Anlehnung bleibt erhalten	0–5			
Abzüge				
Gesamtpunktzahl	**max. 80**	**max. 40**		

WB 249 Zweite-Chance-Dressur-WB

Anforderungen:
Der Reiter absolviert einzeln eine vorgegebene kurze Aufgabe (➜ nächste Seite). Zweite Chance heißt, jede Lektion (einschließlich der Grußaufstellung) wird sofort 2-mal nacheinander geritten. Die Aufgabe beginnt mit dem Abwenden bei A in der geforderten Gangart und Halten bei X, antraben rechte Hand und dann noch 1-mal aufmarschieren, dann z.B. einfache Schlangenlinie an der langen Seite und an der nächsten langen Seite die zweite Schlangenlinie, auf dem Zirkel angaloppieren, durchparieren und noch 1-mal angaloppieren usw. Geritten wird auf einem Viereck 20 x 40 m.

Bewertung:
Für die jeweils bessere Version (1. oder 2. Version) der (fett gedruckten) Lektionen werden Punkte von 10 bis 0 gegeben. Dazu kommen Punkte von 10 bis 0 für Sitz und Einwirkung. Die Punktsumme ist das Ergebnis. Die Bewertung beginnt mit dem Abwenden in der geforderten Gangart bei A und endet mit der Grußaufstellung.

<u>Eventuelle Abzüge:</u>
Erstes Verreiten: 2 Punkte
Zweites Verreiten: 4 Punkte
Ausschluss: Drittes Verreiten, Sturz, Verlassen des Vierecks mit vier Hufen

Ausrüstung:
<u>Ausrüstung des Pferdes:</u> Sattel mit Steigbügeln, Trensenzaum
Erlaubt: Hilfszügel (aber kein gleitendes Ringmartingal), nur wenn die Ausschreibung es zulässt.
<u>Ausrüstung des Reiters:</u> angemessene Reitkleidung, Reitstiefel oder Stiefeletten, Reithelm
Erlaubt: Gerte (max. 120 cm inkl. Schlag), Sporen

Zusätzliche Bestimmungen:
Mindestalter des Pferdes: 5 Jahre
Mindestalter des Reiters: 6 Jahre

Musteraufgabe zu WB 249 „Zweite-Chance-Dressur-WB"

(Es wird einzeln geritten. Die Lektionenblöcke A bis G werden gewertet.)
Viereck 20 x 40 m

A1)	**A-X**	**Einreiten im Arbeitstrab.**
	X	**Halten. Grüßen.**
	X-C	**Im Arbeitstempo antraben.**
	C	**Rechte Hand.**
A2)	*A-X*	*Einreiten im Arbeitstrab.*
	X	*Halten. Grüßen.*
	X-C	*Im Arbeitstempo antraben.*
	C	*Rechte Hand.*
B1)	**B**	**Volte (10 m).**
B2)	*B*	*Volte (10 m).*
C1)	**A**	**Durch die Länge der Bahn wechseln.**
C2)	*A*	*Durch die Länge der Bahn wechseln.*
D1)	**M-X-K**	**Durch die ganze Bahn wechseln, dabei Tritte verlängern.**
D2)	*F-X-H*	*Durch die ganze Bahn wechseln, dabei Tritte verlängern.*
	C	Auf dem Zirkel geritten.
E1)	**X**	**Im Arbeitstempo angaloppieren.**
	X	**Durchparieren zum Arbeitstrab.**
E2)	*C*	*Im Arbeitstempo angaloppieren.*
	X	*Durchparieren zum Arbeitstrab.*
	H	Ganze Bahn.
F1)	**C**	**Halten, danach im Arbeitstempo antraben.**
	B	Rechts um.
	E	Rechts um.
F2)	*C*	*Halten, danach im Arbeitstempo antraben.*
G1)	**M- F**	**Eine einfache Schlangenlinie.**
G2	*K-H*	*Eine einfache Schlangenlinie.*
	M-E	Durch die halbe Bahn wechseln.
	A	Auf die Mittellinie abwenden.
	X	Halten. Grüßen.
		Im Mittelschritt am langen Zügel die Bahn verlassen.

Musterbewertungsbogen zu WB 249 „Zweite-Chance-Dressur-WB“

Progr.-Nr./ Pferd	5/Fury							
Ausführung	WN 1	WN 2	WN 1	WN 2	WN 1	WN 2	WN 1	WN 2
Lektionen A	~~8,1~~	8,5						
Lektionen B								
Lektionen C								
Lektionen D								
Lektionen E								
Lektionen F								
Lektionen G								
ggf. Abzüge								
Endergebnis								

(Die nicht gewertete WN streichen, gewertete WN einkreisen und addieren, Abzüge abziehen)

WB 250 Schritt-Trab-Dressur-WB für 2er-Teams

Anforderungen:
Je 2 Reiter reiten gemeinsam (auswendig oder mit eigenem Kommandogeber) eine Kurzaufgabe (➔ nächste Seite) im Schritt und Trab auf dem Viereck 20 x 40 m.

Bewertung:
Es werden Sitz und Einwirkung sowie die Ausführung der Hufschlagfiguren mit einer WN von 10 bis 0 (eine Dezimalstelle) beurteilt. Das Reiterduo bekommt eine End-WN (2 WN addieren, durch 2 dividieren).
Eine WN für den Gesamteindruck (Herausgebrachtsein, Abstände, Hufschlagfiguren) kann hinzuaddiert werden.

Ausrüstung:
<u>Ausrüstung des Pferdes:</u> Sattel mit Steigbügeln, Trensenzaum
Erlaubt: Hilfszügel (aber kein gleitendes Ringmartingal). Beinschutz nur, wenn die Ausschreibung es zulässt.
<u>Ausrüstung des Reiters:</u> angemessene Reitkleidung, Reitstiefel oder Stiefeletten, Reithelm
Erlaubt: Gerte (max. 120 cm inkl. Schlag), Sporen

Zusätzliche Bestimmungen:
Mindestalter des Pferdes: 5 Jahre
Mindestalter des Reiters: 6 Jahre

Musteraufgabe zu WB 250 „Schritt-Trab-Dressur-WB für 2er-Teams“

Viereck 20 x 40 m

	Auf der rechten Hand im Mittelschritt Abteilung bilden, ganze Bahn.
(Bei C)	Mitte der kurzen Seite auf den Zirkel abwenden, im Arbeitstempo antraben, leichttraben. „Überhol-Manöver“: Der zweite Reiter überholt den ersten Reiter mit großem Seitenabstand innen, dann überholt wieder der (neue) zweite Reiter den ersten Reiter. Beide Reiter führen diese Übung 2-mal aus.
(Ab C)	Ganze Bahn.
(M-F)	Eine lange Seite zulegen, leichttraben, vor der Ecke das Tempo zurückführen und aussitzen.
(A)	Mitte der kurzen Seite Mittelschritt.
(K-B)	Durch die halbe Bahn wechseln, sobald der zweite Reiter auf dem Hufschlag ist, im Arbeitstempo antraben, aussitzen. Mitte der langen Seite auf dem Mittelzirkel geritten und nebeneinander aufschließen (der zweite Reiter reitet innen).
(E-B-E)	Eine Runde auf dem Zirkel geritten.
(E)	Der äußere Reiter ganze Bahn, der innere Reiter bleibt eine weitere Runde auf dem Mittelzirkel und reitet erst dann ganze Bahn.
(Bei A bzw. bei C)	Beide Reiter wenden auf 2 Zirkel ab.
(Vor X)	Beide Reiter parieren vor X durch zum Schritt, wechseln aus dem Zirkel und traben wieder an.
(A-X-A bzw. C-X-C)	Eine Runde auf dem Zirkel geritten, dabei leichttraben und Zügel aus der Hand kauen lassen.
(A bzw. C)	Zügel wieder aufnehmen, aussitzen, ganze Bahn.
(E bzw. B)	Jeweils Mitte der langen Seite durchparieren zum Schritt und nach 2 Pferdelängen zum Halten (5 Sekunden). Im Mittelschritt anreiten und am langen Zügel die Bahn verlassen.

WB 251 Springdressur-WB

Anforderungen:

Ein Reiter absolviert mit kurzen Bügeln im Leichttraben und im leichten Sitz im Galopp die vorgegebene Aufgabe (➡ nächste Seite). Die Distanz ist durch Spänelinien und seitliche Kegel dargestellt (für den Aufbau: der Galoppsprung ist mit ca. 3,00 bis 3,50 m zu berechnen), das In-and-Out max. 50 cm hoch (mit Vorlegestange). Geritten wird auf einem Viereck 20 x 40 m.

Bewertung:

Beurteilt werden das harmonische Reiten von Übergängen „Trab – Galopp – Trab" und „Trab – Halten – Trab", das Einhalten der Linie, das Einhalten der vorgegebenen Galoppsprungzahl, der balancierte Sitz im In-and-Out mit einer WN zwischen 10 bis 0 (eine Dezimalstelle). Wird die Distanz nicht mit 5 Galoppsprüngen erfüllt: Abzug 0,5 von der WN.

Ausrüstung:

Ausrüstung des Pferdes: Sattel mit Steigbügeln, Trensenzaum, gleitendes Ringmartingal, Beinschutz
Ausrüstung des Reiters: angemessene Reitkleidung, Reitstiefel oder Stiefeletten, Reithelm
Erlaubt: Gerte (max. 75 cm inkl. Schlag), Sporen

Zusätzliche Bestimmungen:

Mindestalter des Pferdes: 5 Jahre
Mindestalter des Reiters: 8 Jahre

Musteraufgabe zu WB 251 „Springdressur-WB"

Viereck 20 x 40 m

A-X	Einreiten im Arbeitstrab, leichttraben.
Vor X	Aussitzen.
X	Halten. Grüßen.
X-C	Im Arbeitstempo antraben, leichttraben.
C	Rechte Hand. Auf dem Zirkel geritten, zur geschlossenen Seite hin angaloppieren, danach 1½ Zirkelrunden leichter Sitz.
Bei C	Ganze Bahn.
M-K	Durch die ganze Bahn wechseln.
K	Arbeitstrab, leichttraben.
F	Aussitzen (dabei Sitz entlasten).
B	Halten (5 Sekunden).
B-H	Antraben, leichttraben.
H-B	Durch die halbe Bahn wechseln, über das In-and-Out daraus weitergaloppieren oder vor E angaloppieren.
B-A	Leichter Sitz.
Nach A	Abwenden auf die gegenüberliegende kurze Seite zu.
Ab Kegel A bis Kegel B	5 Galoppsprünge auf 17,50 m (laut zählen) bis zur Markierung reiten.
Kurze Seite	Rechte Hand.
K	Durchparieren zum Arbeitstrab.
E-B-E	Auf dem Mittelzirkel geritten, Zügel aus der Hand kauen lassen.
E	Durchparieren zum Schritt. Im Mittelschritt am langen Zügel die Bahn verlassen.

WB 252 Dressuraufgabe für Springreiter

Anforderungen:
Ein oder mehrere Reiter absolvieren mit kurzen Bügeln im Leichttraben und im leichten Sitz im Galopp eine vorgegebene Aufgabe (➔ nächste Seite). Darin enthalten sind Übergänge in Trab und Galopp, Verlängerung der Galoppsprünge, Verkürzen der Galoppsprünge, Reiten von (an das Tempo angepassten) Wendungen. Geritten wird auf einem Viereck 20 x 40 m.

Bewertung:
Beurteilt werden der leichte Sitz, die Hilfengebung, die korrekten Linien und die Harmonie mit einer WN zwischen 10 bis 0 (eine Dezimalstelle).

Ausrüstung:
<u>Ausrüstung des Pferdes:</u> Sattel mit Steigbügeln, Trensenzaum, gleitendes Ringmartingal, Beinschutz
<u>Ausrüstung des Reiters:</u> angemessene Reitkleidung, Reitstiefel oder Stiefeletten, Reithelm
Erlaubt: Gerte (max. 75 cm inkl. Schlag), Sporen

Zusätzliche Bestimmungen:
Mindestalter des Pferdes: 5 Jahre
Mindestalter des Reiters: 6 Jahre

Musteraufgabe zu WB 252 „Dressuraufgabe für Springreiter“

Viereck 20 x 40 m

A-X	Einreiten im Arbeitstrab, leichttraben.
Vor X	Aussitzen.
X	Halten. Grüßen.
X-C	Im Arbeitstempo antraben, leichttraben.
C	Rechte Hand.
Vor B	Rechts um, im entlastenden Sitz über 4 Trabstangen geritten.
E	Linke Hand, leichttraben.
B-E-B	Auf den Mittelzirkel abwenden, dabei im Arbeitstempo angaloppieren, leichter Sitz (1-mal herum).
B	Ganze Bahn.
H-X-F	Durch die ganze Bahn wechseln, bei X durchparieren zum Trab und im Rechtsgalopp angaloppieren.
K-H	Galoppsprünge verlängern.
Zwischen H und M	Das Tempo bis zum Arbeitstempo zurückführen (Ecken abrunden!).
B-E-B	Auf den Mittelzirkel abwenden, Galoppsprünge verlängern (eine Runde).
B-E	Tempo bis zum Arbeitstempo zurückführen (halbe Runde).
E	Ganze Bahn.
H	Durchparieren zum Trab, entlastend sitzen.
M-X-F	Eine einfache Schlangenlinie an der langen Seite.
F-B	Aus der Ecke kehrt (10 m bis zur Mittellinie).
B	Leichttraben.
H-K	Auf dem dritten Hufschlag geritten und Tritte verlängern.
K	Tempo zurückführen, aussitzen.
B-E-B	Auf dem Zirkel geritten, die Zügel aus der Hand kauen lassen.
E	Durchparieren zum Schritt. Am hingegebenen Zügel die Bahn verlassen.

Dressur-Kür, Mannschafts- und Quadrillenreiten

Vorbemerkungen

Diese Prüfungsformen stellen eine Alternative zum Mannschaftsreiten mit festgelegten Aufgaben dar. Die zur Einzel-Dressur-Kür gemachten Aussagen gelten analog auch für Mannschafts-Dressur, Kür-WB und Quadrillenreiten. Geritten wird auf einem Viereck 20 x 40 m.

Leitfaden Mannschaftsdressur

Bewertung:

- In der A-Note werden die Ausführung und in der B-Note die künstlerische Gestaltung bewertet.
- Der Schwierigkeitsgrad muss im Einklang mit dem Leistungsvermögen und dem Ausbildungsgrad von Pferd und Reiter stehen.
- Der Rahmen der Vorstellung ist durch die Anforderungen in den einzelnen Klassen genau bezeichnet; ein Überziehen wirkt sich wertnotenmindernd aus.
- Für die Bewertung der Ausführung gelten dieselben Grundsätze wie für das Richten in Dressur-WB. Das gilt ebenso für einen Teil der B-Note.
- Bei der künstlerischen Gestaltung wird neben einer interessanten Choreografie mit leistungsangepasstem Schwierigkeitsgrad besonders der harmonische Gesamteindruck mit dem Schwerpunkt auf eine in jeder Phase den Bewegungen des Pferdes angepasste Musik beurteilt. Besonders wertvoll ist es, wenn diese interpretiert wird.

WB 253 Kombinierter Team-Dressur-WB: Pflichtaufgabe und Kür

Anforderungen:

2 Reiter bilden ein Paar.

Teil A: Zuerst wird eine kurze erfundene Pflichtaufgabe oder die RE 1 geritten.

Teil B: Direkt im Anschluss (ohne erneutes Grüßen) folgt eine Kür von 3 Minuten (Musik ist möglich) auf dem Anforderungsniveau der Pflichtaufgabe.

Geritten wird auf einem Viereck 20 x 40 m.

Bewertung:

Teil A: Die harmonische Vorstellung, das korrekte Reiten der Hufschlagfiguren und das Gelingen geschmeidiger Übergänge, der korrekte Sitz und die gefühlvolle Hilfengebung der Reiter fließen in eine WN von 10 bis 0 (eine Dezimalstelle) ein.

Teil B: 1 WN wie in Teil A), zusätzlich wird die Choreografie mit einer WN von 10 bis 0 (eine Dezimalstelle) bewertet. Die Addition der 3 WN ergibt das Gesamtergebnis.

Gegebenenfalls Abzüge von der 3. WN:

– Über-/Unterschreiten der Zeit um mehr als 20 Sekunden	0,5
– Das Reiten höherer Lektionen	0,5

Ausrüstung:

Ausrüstung des Pferdes: Sattel mit Steigbügeln, Trensenzaum, Bandagen

Erlaubt: Hilfszügel (kein gleitendes Ringmartingal) nur, wenn die Ausschreibung es zulässt.

Ausrüstung des Reiters: angemessene Reitkleidung, Reitstiefel oder Stiefeletten, Reithelm

Erlaubt: Gerte (max. 120 cm inkl. Schlag), Sporen

Zusätzliche Bestimmungen:

Mindestalter des Pferdes: 5 Jahre

Mindestalter des Reiters: 6 Jahre

WB 254 Dressur-Kür-WB

Anforderungen:
Der Reiter absolviert eine frei erfundene Kür mit den Basisanforderungen: das Reiten der 3 Grundgangarten, einfache Hufschlagfiguren wie Schlangenlinie, Zirkel, ganze Bahn, Handwechsel, Halten oder Vorgaben gemäß Ausschreibung. Höhere Lektionen nur gemäß Ausschreibung. Musik (CD) ist mitzubringen. Dauer der Kür: 5 Minuten. Geritten wird auf einem Viereck 20 x 40 m.

Bewertung:
Die harmonische Vorstellung des Paares, das korrekte Reiten der Hufschlagfiguren und das Gelingen geschmeidiger Übergänge, der korrekte Sitz und die gefühlvolle Hilfengebung des Reiters fließen in eine WN von 10 bis 0 (eine Dezimalstelle) ein. Eine 2. WN wird für die Choreografie und das Passen der Musik zur Pferdebewegung und zu den Lektionen/Formationen gegeben. Das Über-/Unterschreiten der Zeit um mehr als 20 Sekunden und das Reiten höherer Lektionen wird jeweils mit einem Abzug von 0,5 von der 2. WN bewertet. Die beiden WN werden addiert. „Leitfaden Dressur-WB – Kür“ ➔ nächste Seite.

Ausrüstung:
Ausrüstung des Pferdes: Sattel mit Steigbügeln, Trensenzaum, Bandagen
Erlaubt: Hilfszügel (kein gleitendes Ringmartingal) nur, wenn die Ausschreibung es zulässt.
Ausrüstung des Reiters: angemessene Reitkleidung, Reitstiefel oder Stiefeletten, Reithelm
Erlaubt: Gerte (max. 120 cm inkl. Schlag), Sporen

Zusätzliche Bestimmungen:
Mindestalter des Pferdes: 5 Jahre
Mindestalter des Reiters: 6 Jahre

Leitfaden Dressur-WB – Kür

Viereck 20 x 40 m – Dauer: 5 Minuten

Veranstaltungsort: Datum: WB-Nr.: Richter: Programm-Nr.: Pferd: Reiter:

A-Note (Ausführung)	
Pflichtlektionen	Bemerkungen
Mittelschritt (mind. 40 m zusammenhängend)	
Arbeitstrab ganze Bahn	
Arbeitstrab auf der Zirkellinie	
Arbeitsgalopp ganze Bahn	
Arbeitsgalopp Zirkellinie	
Übergänge Trab – Galopp, Galopp – Trab	

Ausführung **A-Note** ______

B-Note (künstlerische Gestaltung)	
Allgemeiner Eindruck	Bemerkungen
Gehorsam, Losgelassenheit und Durchlässigkeit des Pferdes	
Sitz und Einwirkung des Reiters, Harmonie von Reiter und Pferd	
Choreografie (Inhaltlicher Ideenreichtum, Einteilung des Vierecks, Linienführung)	
Übereinstimmung der Bewegungsabläufe mit der Musik	
Gesamteindruck (Musikalische Darbietung, dressurmäßige Leistung)	

Künstlerische Gestaltung **B-Note** ______

Abzüge von 0,5 Punkten von der Note

- für Auslassen von Gangarten/Auslassen von Lektionen ______
- für Zeigen einer Lektion einer höheren Klasse ______
- für Über- oder Unterschreiten des jeweiligen Zeitlimits um 20 Sekunden ______

B-Note nach Abzügen ______

	A-Note	______
+	B-Note	______
=		______
: 2 =	**Endergebnis:**	______

______
Unterschrift Richter

WB 255 Quadrillen-WB

Eine durch 4 teilbare Anzahl von Reitern zeigt eine frei erfundene Quadrille.

Anforderungen:
Das Zeigen der drei Grundgangarten, 40 m Schritt am Stück sowie Volten links und rechts (10 m groß) müssen von allen Reitern geritten werden. Die Quadrille wird von einem Teamführer vorgestellt, Pfeifsignale oder Kommandos sind erlaubt.
Die Musik sollte entweder passend zu den Gangarten der Pferde gewählt werden oder unter ein Thema/Motto gestellt sein. Formationen können hintereinander, nebeneinander und getrennt geritten werden. Geritten wird auf einem Viereck 20 x 40 m.

Bewertung:
Mit einer A- und einer B-Note gemäß Leitfaden „Mannschaftsdressur-Kür, Paar-/Dreierklasse, Quadrillenreiten" (➜ nächste Seite)
Dauer: 6 bis 8 Minuten

Ausrüstung:
Ausrüstung des Pferdes: Sattel mit Steigbügeln, Trensenzaum
Erlaubt: Hilfszügel (kein gleitendes Ringmartingal), Bandagen nur, wenn die Ausschreibung es zulässt.
Ausrüstung des Reiters: angemessene Reitkleidung, Reitstiefel oder Stiefeletten, Reithelm.
Erlaubt: Kostüme, Gerte (max. 120 cm inkl. Schlag), Sporen

Zusätzliche Bestimmungen:
Mindestalter des Pferdes: 5 Jahre
Mindestalter des Reiters: 6 Jahre
Dekoration Reiter/Pferd: Blumenschmuck ist zugelassen.
Eigene Musik (beschriftete CD) ist mitzubringen.

Leitfaden Mannschaftsdressur-Kür, Paar-/Dreierklasse, Quadrillenreiten

Viereck 20 x 40 m – Dauer: 5 Minuten, Dressurquadrillen 6 bis 10 Minuten (siehe Ausschreibung)

Veranstaltungsort: Datum: WB-Nr.: Richter: Mannschaft/Programm-Nr.: Pferde: Reiter:

A-Note
Ausführung (ankreuzen)

Grundgangarten gezeigt	S O	T O	G O

Kommentar im Fließtext zu:
Sitz und Hilfengebung aller Reiter, Gerittensein der Pferde (Takt, Losgelassenheit, Anlehnung, Durchlässigkeit, Gehorsam), Qualität der Grundgangarten und Ausführung der Pflichtlektionen.

Ausführung A-Note

B-Note
(künstlerische Gestaltung)

Allgemeiner Eindruck	Bemerkungen
Gehorsam, Losgelassenheit und Durchlässigkeit der Pferde	
Sitz und Einwirkung der Reiter, Harmonie von Reiter und Pferd	
Herausgebrachtsein und Zusammenpassen der Pferde und Reiter	
Choreografie (Inhaltlicher Ideenreichtum, Einteilung des Vierecks, Linienführung)	
Übereinstimmung der Bewegungsabläufe mit der Musik	
Gesamteindruck (Musikalische Darbietung, dressurmäßige Leistung)	

Künstlerische Gestaltung B-Note

Abzüge von 0,5 Punkten von der Note
- für Auslassen von Gangarten
- für Zeigen einer Lektion einer höheren Klasse
- für Über- oder Unterschreiten des jeweiligen Zeitlimits

B-Note nach Abzügen

A-Note	
+ B-Note	
=	
: 2 = Endergebnis	

Unterschrift Richter

WB 256 Kostüm-Kür für 4 Reiter

Anforderungen:
Ein Team absolviert eine frei gestaltete Kür mit den Basisanforderungen: das Reiten der 3 Grundgangarten, einfache Hufschlagfiguren wie Schlangenlinie, Zirkel, ganze Bahn, Handwechsel, Halten. Andere Reitweisen und Spezialrassen sind zugelassen. Der Trab und Galopp dürfen durch eine Spezialgangart ersetzt werden. Kostüme und Musik können nach freiem Ermessen gewählt werden. Pfeifsignale oder Kommandos sind erlaubt. Geritten wird auf einem Viereck 20 x 40 m.

Bewertung:
Mit einer A- und einer B-Note gemäß „Leitfaden Mannschaftsdressur-Kür, Paar-/Dreierklasse, Quadrillenreiten" (➔ Seite 134)
Dauer: 6 bis 8 Minuten

Ausrüstung:
<u>Ausrüstung des Pferdes:</u> Sattel mit Steigbügeln, Trensenzaum
Erlaubt: Hilfszügel (kein gleitendes Ringmartingal), Bandagen nur, wenn die Ausschreibung es zulässt.
<u>Ausrüstung des Reiters:</u> angemessene Reitkleidung, Reitstiefel oder Stiefeletten, Reithelm, Kostüme
Erlaubt: Gerte (max. 120 cm inkl. Schlag), Sporen

Zusätzliche Bestimmungen:
Mindestalter des Pferdes: 5 Jahre
Mindestalter des Reiters: 6 Jahre
Dekoration Reiter/Pferd: Blumenschmuck ist zugelassen.
Eigene Musik (beschriftete CD) ist mitzubringen.

WB 257 Kostüm-Kür für 2 Reiter

Anforderungen:
Je 2 Teilnehmer zeigen zusammen eine Kür nach freiem Ermessen (alle Gangarten und Reitweisen sind erlaubt). Das Kostüm und die Ausrüstung sind der Reitweise bzw. dem Stil anzupassen. Die Gestaltung ist beliebig, mindestens 3 Gangarten müssen gezeigt werden. Formationen können hintereinander, nebeneinander und getrennt geritten werden. Geritten wird auf einem Viereck 20 x 40 m.

Bewertung:
Mit einer WN von 10 bis 0 (eine Dezimalstelle) für die Ausführung und den Inhalt gemäß „Leitfaden Mannschaftsdressur-Kür, Paar-/Dreierklasse, Quadrillenreiten" (➔ Seite 134)
Dauer: 3 bis 4 Minuten

Ausrüstung:
Ausrüstung des Pferdes: zur Reitweise passende Ausrüstung, Bandagen, Hilfszügel (aber kein gleitendes Ringmartingal)
Weitere Statisten ohne Pferd bzw. Zubehör (z.B. Pilaren, Garrocha etc.) sind erlaubt.
Ausrüstung des Reiters: angemessene Reitkleidung/Kostüm zur Reitweise passend, Reitstiefel oder Stiefeletten, Reithelm
Erlaubt: Gerte (max. 120 cm inkl. Schlag), Sporen

Zusätzliche Bestimmungen:
Mindestalter des Pferdes: 5 Jahre
Mindestalter des Reiters: 6 Jahre
Dekoration Reiter/Pferd: Blumenschmuck ist zugelassen.
Eigene Musik (beschriftete CD) ist mitzubringen.

2.4 Einsteiger-Wettbewerbe – Springen

WB 261 Springreiter-WB

Anforderungen:
Nach Weisung der Richter werden in Gruppen bis zu 4 Reitern Hindernisfolgen und/oder Parcoursausschnitte, verbunden mit einfachen, die Einwirkung überprüfenden Aufgaben, geritten. Komplette Parcours entsprechen nicht dem Wettbewerbszweck!

Bewertung:
Beurteilt werden der leichte Sitz (Balance, geschmeidiges Vorneigen des Oberkörpers aus der Hüfte heraus), die Einwirkung des Reiters (Kontrolle über das Pferd), insbesondere die harmonische Bewältigung der gestellten Aufgaben (Einhalten von Gangart und Tempo, Reiten der Hindernisse) und der Gesamteindruck (Harmonie der Vorstellung, reiterliches Verhalten des Teilnehmers) während des Wettbewerbes.
Hindernisfehler oder Ungehorsam werden nicht bewertet, fließen jedoch in die Wertnotenfindung ein, wenn sie durch den Reiter verursacht wurden.
Der dritte Ungehorsam und/oder ein Sturz führen zum Ausschluss.
Die Bewertung erfolgt durch eine WN zwischen 10 bis 0 (eine Dezimalstelle).

Ausrüstung:
Ausrüstung des Pferdes: Sattel mit Steigbügeln, Trensenzaum
Erlaubt: gleitendes Ringmartingal, Beinschutz
Ausrüstung des Reiters: angemessene Reitkleidung, Reitstiefel oder Stiefeletten, Reithelm
Erlaubt: Gerte (max. 75 cm inkl. Schlag), Sporen

Zusätzliche Bestimmungen:
Mindestalter des Pferdes: 5 Jahre
Mindestalter des Reiters: 8 Jahre

Musteraufgabe zu WB 261 „Springreiter-WB"

(2 bis 4 Reiter – Dauer: etwa 10 Minuten)

	Auf der rechten Hand im Mittelschritt Abteilung bilden.
Rechte Hand	Abteilung im Arbeitstempo – Trab – leichttraben (1-mal herum). Auf dem Zirkel geritten; zur geschlossenen Seite des Zirkels angaloppieren – den leichten Sitz einnehmen. Ganze Bahn (1-mal herum). Durchparieren zum Trab. Durch die ganze Bahn/halbe Bahn/Länge der Bahn wechseln (je nach Parcoursaufbau).
Linke Hand	Auf dem Zirkel geritten. Zur geschlossenen Seite des Zirkels angaloppieren. Den leichten Sitz einnehmen – ganze Bahn (1-mal herum). Durchparieren zum Trab, dann zum Schritt. Einzeln den Parcours absolvieren.

4 Parcoursvorschläge zu WB 261 „Springreiter-WB"

Parcours 1

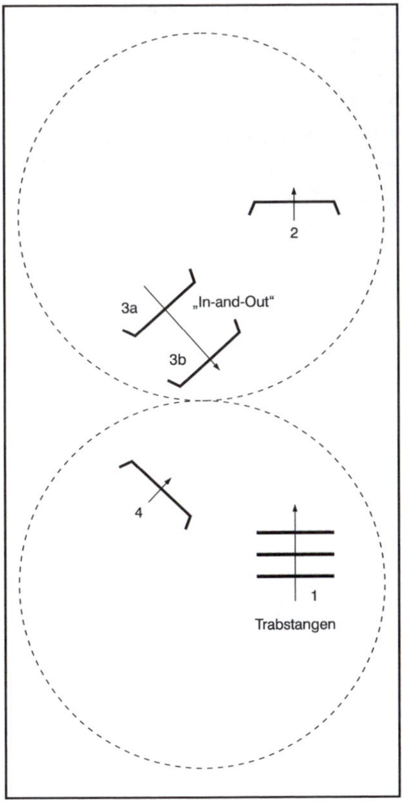

Beide Zirkellinien frei für Reiten im leichten Sitz, Trab und Galopp.

Einzelaufgabe:
Trab linke Hand über Stangen, weiter Sprung aus dem Trab, Diagonale Sprung 3 („In-and-Out") aus dem Trab (Einsprung als Kreuz gebaut), weiter im Galopp über 4, linke Hand beenden.

Parcours 2

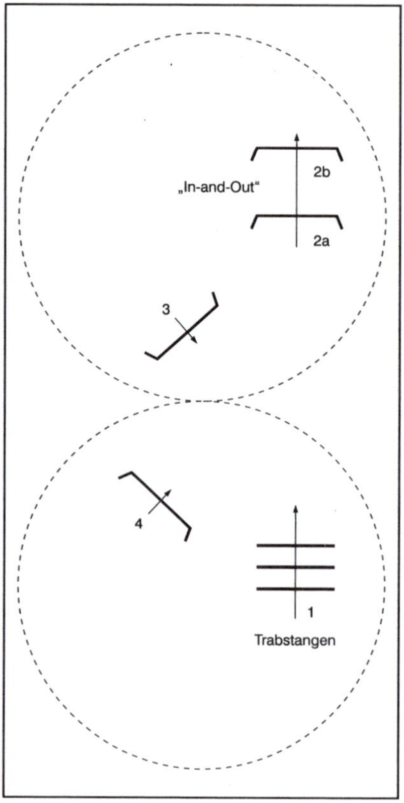

Beide Zirkellinien frei für Reiten im leichten Sitz.

Einzelaufgabe:
Trab linke Hand über Stangen, weiter „In-and-Out“ aus dem Trab, danach Galopp Sprung 3 und 4, links beenden.

Parcours 3

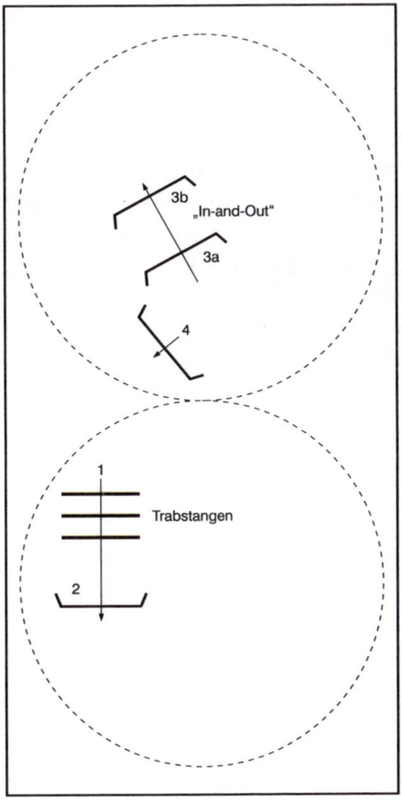

Beide Zirkellinien frei für Reiten im leichten Sitz.

Einzelaufgabe:
Trab über Stangen – Sprung über 2, weiter im Galopp zu 3 („In-and-Out"), weiter im Galopp über 4, links beenden.

Parcours 4

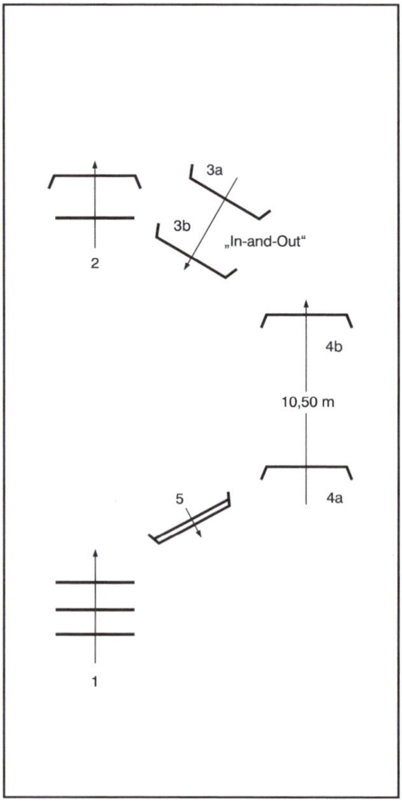

<u>Aufgabe:</u>
Trab über 1, Sprung über 2 (mit vorgelegter Stange), Trab weiter zu 3 („In-and-Out“), weiter im Galopp über 4a, 4b und 5 (kleiner Oxer), rechts beenden.
Alle Hindernisse können auch einzeln von jedem Reiter nacheinander gefordert werden.

WB 262 Das vielseitige Stangenlabyrinth

Anforderungen:
Mit Hindernisstangen wird ein Labyrinth in L-Form gelegt. Das Labyrinth wird mit Trabstangen ergänzt. An das „L“ ist ein kleines Hindernis angebaut, das mit dem Labyrinth kombiniert geritten wird (Musteraufbauskizze ➧ nächste Seite).
Folgende Aufgaben werden geritten:
1. Über 4 Trabstangen traben, danach linke Hand um den Wendekegel.
2. Über Trabstangen traben mit kleinem Steilsprung dahinter, linke Hand.
3. Im Trab in das Labyrinth reiten, am „Knick“ des „L“ halten, im Schritt anreiten, dann antraben, rechte Hand.
4. Zwischen der Markierung rechts angaloppieren, leichter Sitz.
5. Rechte Hand über den kleinen Oxer, Mitte der kurzen Seite durchparieren zum Trab, dann zum Schritt – Aufgabe beendet.

Bewertung:
Es wird eine WN zwischen 10 bis 0 (eine Dezimalstelle) gegeben für die harmonische Linienführung, gleichmäßiges Tempo, den geschmeidigen, ausbalancierten Sitz und die Hilfengebung des Reiters sowie den Gesamteindruck.
Hindernisfehler oder Ungehorsam werden nicht bewertet, fließen jedoch in die Notenfindung ein, wenn sie durch den Reiter verursacht wurden. Der dritte Ungehorsam bzw. ein Sturz führen zum Ausschluss.

Ausrüstung:
Ausrüstung des Pferdes: Sattel mit Steigbügeln, Trensenzaum
Erlaubt: gleitendes Ringmartingal, Beinschutz
Ausrüstung des Reiters: angemessene Reitkleidung, Reitstiefel oder Stiefeletten, Reithelm
Erlaubt: Gerte (max. 75 cm inkl. Schlag), Sporen

Zusätzliche Bestimmungen:
Mindestalter des Pferdes: 5 Jahre
Mindestalter des Reiters: 8 Jahre

Musteraufbauskizze
zu WB 262 „Das vielseitige Stangenlabyrinth“

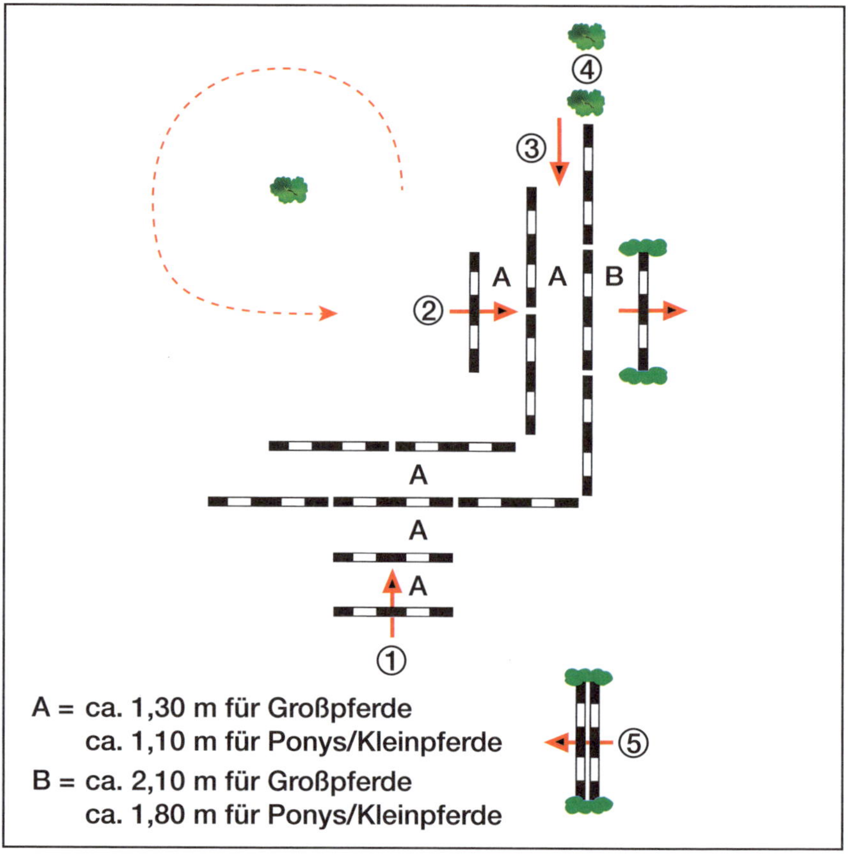

WB 263 Gymnastikreihen mit und ohne Zügel (nur für Hallenveranstaltungen)

Anforderungen:
Der Reiter absolviert im leichten Sitz eine Springgymnastikreihe zunächst mit Zügeln, dann ohne Zügel (werden auf dem Hals verknotet, die Zügelfäuste frei neben dem Hals getragen). Die Reihe ist mit festem Material sicher abzutrennen (kein Flatterband, keine Kordel) Musteraufbauskizze ➠ nächste Seite.

Die Springreihe wird über 3 Stufen gesteigert:
1. Stufe: Trabstangen und kleines Kreuz
2. Stufe: Trabstangen, kleines In-and-Out, kleiner Steilsprung (max. 0,75 m)
3. Stufe: Trabstangen, kleines In-and-Out, kleiner Steilsprung, kleiner Oxer (max. 0,85 m)

Bewertung:
Der Teilnehmer erhält eine WN von 10 bis 0 (eine Dezimalstelle) für den leichten Sitz und sein Balancier- und Reaktionsverhalten in der Reihe. Jede Stufe wird 2-mal absolviert, 1-mal mit, 1-mal ohne Zügel.
Hindernisfehler oder Ungehorsam werden nicht bewertet, fließen jedoch in die Notenfindung ein, wenn sie durch den Reiter verursacht wurden. Der dritte Ungehorsam bzw. ein Sturz führt zum Ausschluss.

Ausrüstung:
Ausrüstung des Pferdes: Sattel mit Steigbügeln, Trensenzaum
Erlaubt: Beinschutz
Ausrüstung des Reiters: angemessene Reitkleidung, Reitstiefel oder Stiefeletten, Reithelm
Erlaubt: Sporen
Nicht erlaubt: Gerte

Zusätzliche Bestimmungen:
Mindestalter des Pferdes: 5 Jahre
Mindestalter des Reiters: 8 Jahre

Musteraufbauskizze zu WB 263 „Gymnastikreihen mit und ohne Zügel (nur für Hallenveranstaltungen)“

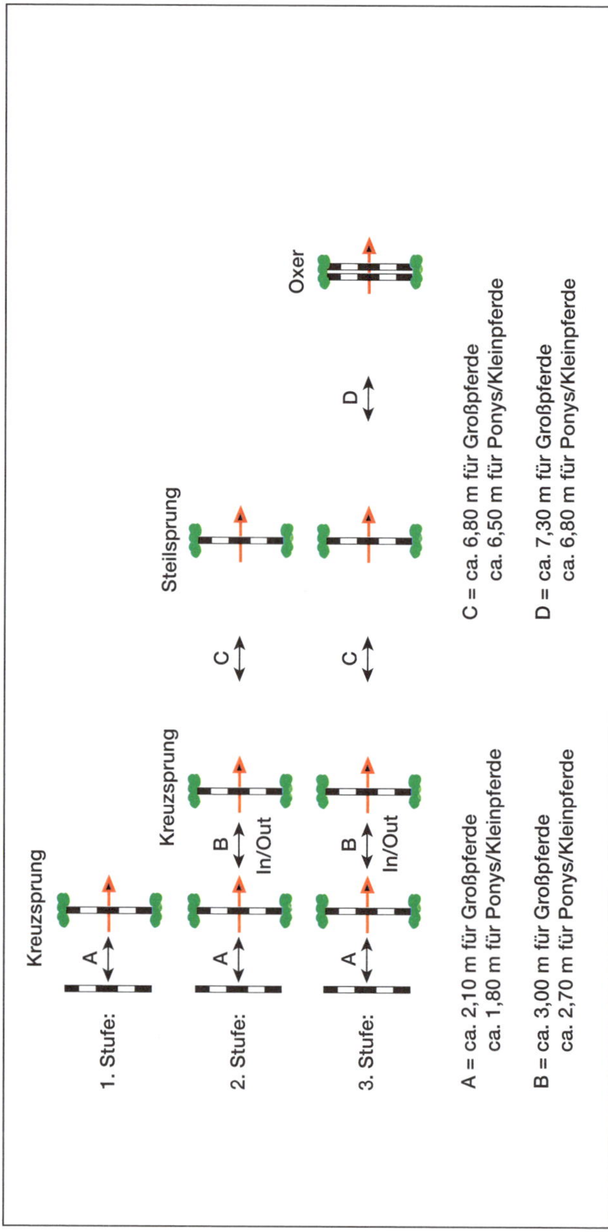

WB 264 Die richtige Anzahl Galoppsprünge

Anforderungen:
Nach Weisung der Richter/Prüfer Breitensport stellt der Teilnehmer den leichten Sitz auf dem Zirkel vor. Auf dem Platz sind 2 bis 4 Distanzen mit verschiedenen Galoppsprungzahlen zu reiten. 2 Distanzen sind im ruhigeren Tempo zu reiten, 2 in höherem Tempo, je eine auf gerader Linie, eine auf großer gebogener Linie. Die Distanzen können durch Markierungen (Sägespäne, Pylonen) markiert sein oder aber auch mit kleinen Sprüngen (max. 70 cm) gebaut werden (Musteraufbauskizze ➔ nächste Seite).

Bewertung:
Der leichte Sitz wird mit einer WN zwischen 10 bis 0 (eine Dezimalstelle) bewertet, für jede passend gerittene Distanz erhält der Teilnehmer 4,0, diese werden zur WN addiert. Für jede nicht passende Distanz 1,0 Abzug. Hindernisfehler oder Ungehorsam werden nicht bewertet, fließen jedoch in die Notenfindung ein, wenn sie durch den Reiter verursacht wurden. Der dritte Ungehorsam und/oder ein Sturz führen zum Ausschluss.

Ausrüstung:
Ausrüstung des Pferdes: Sattel mit Steigbügeln, Trensenzaum
Erlaubt: gleitendes Ringmartingal, Beinschutz
Ausrüstung des Reiters: angemessene Reitkleidung, Reitstiefel oder Stiefeletten, Reithelm
Erlaubt: Gerte (max. 75 cm inkl. Schlag), Sporen

Zusätzliche Bestimmungen:
Mindestalter des Pferdes: 5 Jahre
Mindestalter des Reiters: 8 Jahre

Musteraufbauskizze
zu WB 264 „Die richtige Anzahl Galoppsprünge"

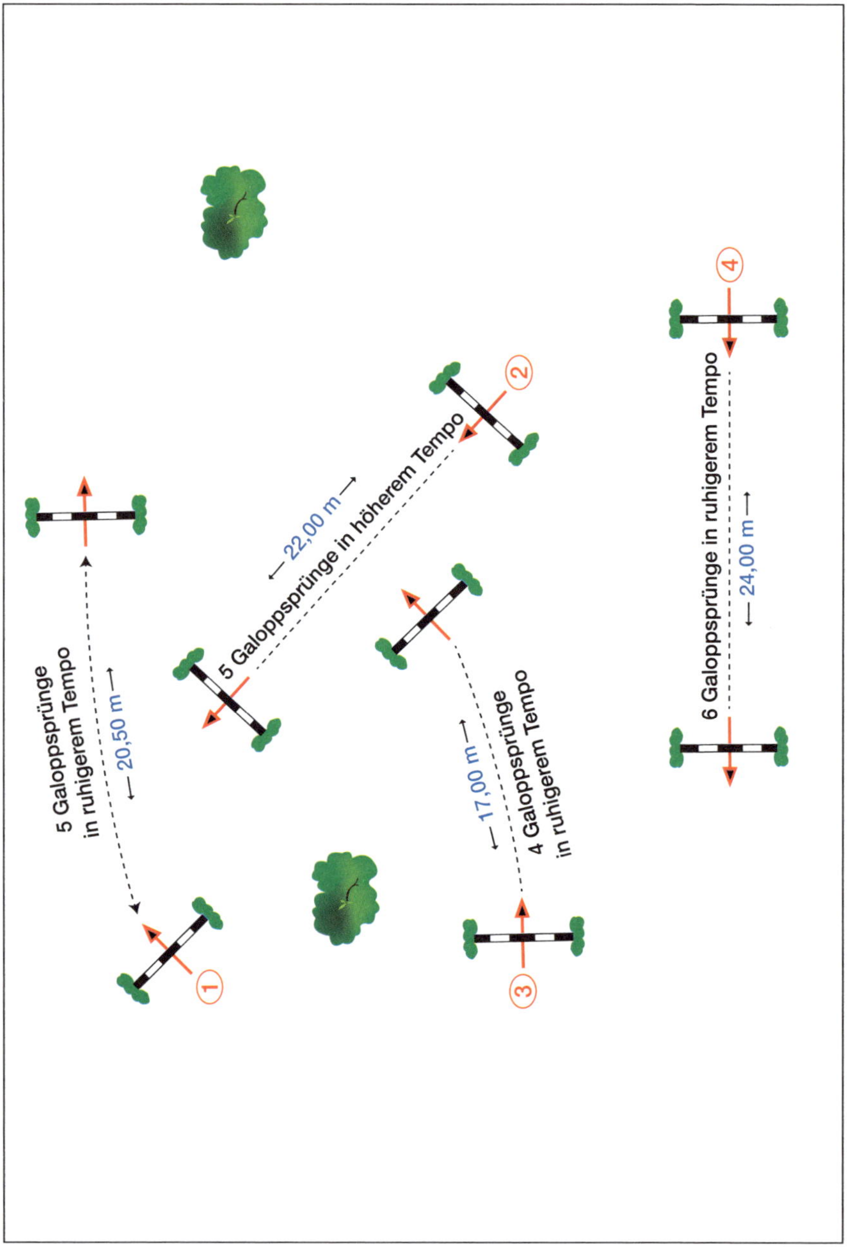

WB 265 Stilspring-WB – mit Erlaubter Zeit (EZ) oder ohne Erlaubte Zeit (EZ)

Anforderungen:
Es wird ein Parcours mit mindestens 6 Hindernissen geritten (mit einer max. Hindernishöhe und -weite von 80 cm). Der Parcours enthält einzelne Hindernisse wie Hoch- und Hochweitsprünge, ggf. kann auch eine zweifache Kombination vorkommen. In der Ausschreibung muss ausdrücklich festgelegt sein, ob mit oder ohne Erlaubte Zeit (EZ) gewertet wird. Es können die Standardparcours verwendet werden (➔ Seiten 150–157).

Bewertung:
Beurteilt werden der leichte Sitz (Balance, geschmeidiges Vorneigen des Oberkörpers aus der Hüfte heraus), die Einwirkung des Reiters (Kontrolle über das Pferd), insbesondere die harmonische Bewältigung der gestellten Aufgaben (Einhalten von Gangart und Tempo, Reiten der Hindernisse) und der Gesamteindruck (Harmonie der Vorstellung, reiterliches Verhalten des Teilnehmers) während des Wettbewerbes.
Die Bewertung erfolgt durch eine WN zwischen 10 bis 0 (eine Dezimalstelle).
Von der WN werden ggf. abgezogen:

• Je Hindernisfehler	0,5
• Erster Ungehorsam	0,5
• Zweiter Ungehorsam an einem anderen Hindernis	1,0
• Zweiter Ungehorsam am gleichen Hindernis	2,0
• Dritter Ungehorsam bzw. ein Sturz	Ausschluss
• Bei Überschreiten der Erlaubten Zeit (EZ)	0,1 je angefangene Sekunde

Ausrüstung:
Ausrüstung des Pferdes: Sattel mit Steigbügeln, Trensenzaum
Erlaubt: gleitendes Ringmartingal, Beinschutz
Ausrüstung des Reiters: angemessene Reitkleidung, Reitstiefel oder Stiefeletten, Reithelm
Erlaubt: Gerte (max. 75 cm inkl. Schlag), Sporen

Zusätzliche Bestimmungen:
Mindestalter des Pferdes: 5 Jahre
Mindestalter des Reiters: 8 Jahre

Standardparcours zu WB 265 „Stilspring-WB – mit Erlaubter Zeit (EZ) oder ohne Erlaubte Zeit (EZ)"

Standardparcours E 1 (20 x 40 m)

Stilspring-WB mit Standardanforderungen

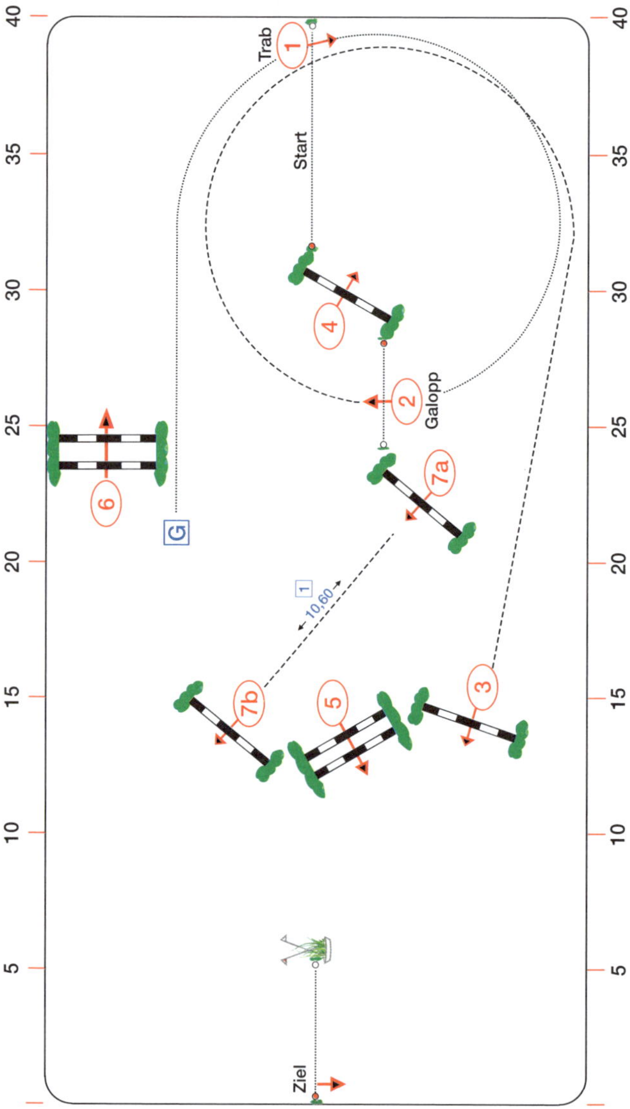

Halle 20 x 40 m (Mindestmaß)

Dauer: ca. 70 Sekunden (ohne Ein- und Ausreiten)

Standardanforderungen
Der Parcours ist auf der vorgegebenen Linie zu reiten. Einreiten und an der vorgegebenen Stelle G halten und grüßen. An vorgegebener Stelle bei Nummer 1 Trab, bei Nummer 2 Übergang in Galopp, Parcours über Hindernis 3 fortsetzen.

Maße für reine Pony-WB
1 Für G-Ponys ca. 10,10 m

Anforderungsprofile bei individueller Parcoursgestaltung:

1. Einreiten und an vorgegebener Stelle halten und grüßen.

2. Anreiten im Trab (leichttraben).

3. An vorgegebener Stelle auf dem Zirkel geritten und dabei aussitzen. Nach einer ½ Runde angaloppieren. Ausgehend von der Grundposition des „Springsitzes"* reitet der Reiter die Hindernisse in entsprechender Reihenfolge an. Der Sitz des Reiters variiert vor, über, nach und zwischen den Sprüngen, um sich den ständig verändernden Situationen anzupassen.
   Danach geradeaus zum Hindernis.

4. Springen von Hindernissen, davon eine Kombination (Steil – Steil, 2 Galoppsprünge)

* In der Grundposition des „Springsitzes" hat der Reiter mit seinem Gesäß Kontakt zum Sattel. Die Steigbügel sind so verschnallt, dass er mit elastisch nach unten federnden Absätzen Halt findet und einen Teil des Gewichts darin abfedern kann. Das ermöglicht dem Reiter, einerseits nah am Pferd zu bleiben und andererseits beweglich und anpassungsfähig zu sein. Die Unterschenkel liegen sicher am Gurt. Der Reiter geht mit leicht nach vorn geneigtem Oberkörper angemessen in die Vorwärtsbewegung des Pferdes ein. Er hat das Pferd jedoch immer vor sich und bleibt stets im Gleichgewicht.

Standardparcours E 1 (20 x 60 m)

Stilspring-WB mit Standardanforderungen

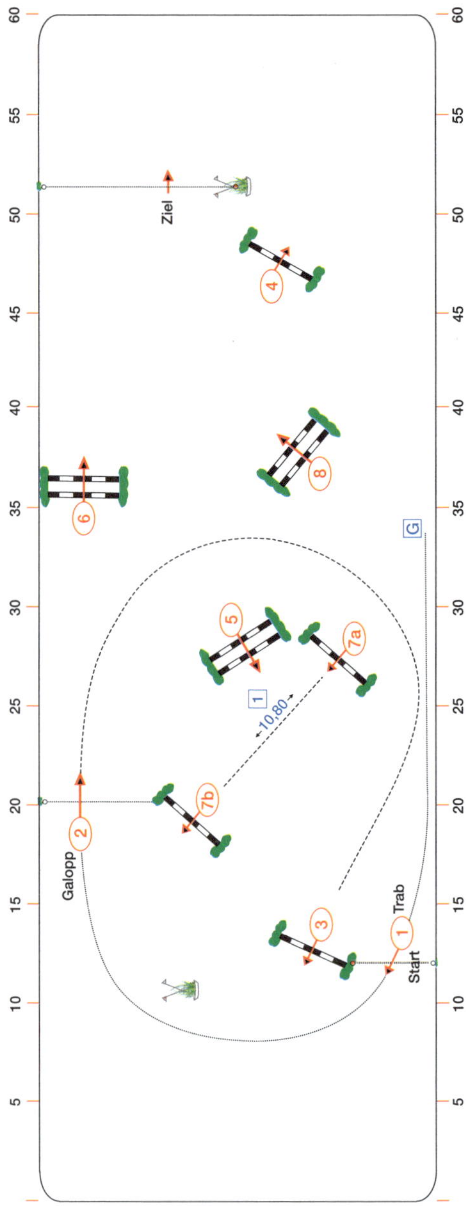

Halle 20 x 60 m (Mindestmaß)

Dauer: ca. 90 Sekunden (ohne Ein- und Ausreiten)

Standardanforderungen
Der Parcours ist auf der vorgegebenen Linie zu reiten. Einreiten und an der vorgegebenen Stelle G halten und grüßen. An vorgegebener Stelle bei Nummer **1** Trab, bei Nummer **2** Übergang in Galopp, Parcours über Hindernis **3** fortsetzen.

Maße für reine Pony-WB
1 Für G-Ponys ca. 10,20 m

Anforderungsprofile bei individueller Parcoursgestaltung:

1. Einreiten und an vorgegebener Stelle halten und grüßen.

2. Anreiten im Trab (leichttraben).

3. An vorgegebener Stelle auf dem Zirkel geritten und dabei aussitzen. Nach einer ½ Runde angaloppieren. Ausgehend von der Grundposition des „Springsitzes" (* Seite 151) reitet der Reiter die Hindernisse in entsprechender Reihenfolge an. Der Sitz des Reiters variiert vor, über, nach und zwischen den Sprüngen, um sich den ständig verändernden Situationen anzupassen.
   Danach geradeaus zum Hindernis.

4. Springen von Hindernissen, davon eine Kombination (Steil – Steil, 2 Galoppsprünge)
   mindestens 2 Hochweitsprünge
   2 Handwechsel

Standardparcours E 2 (20 x 40 m)

Stilspring-WB mit Standardanforderungen

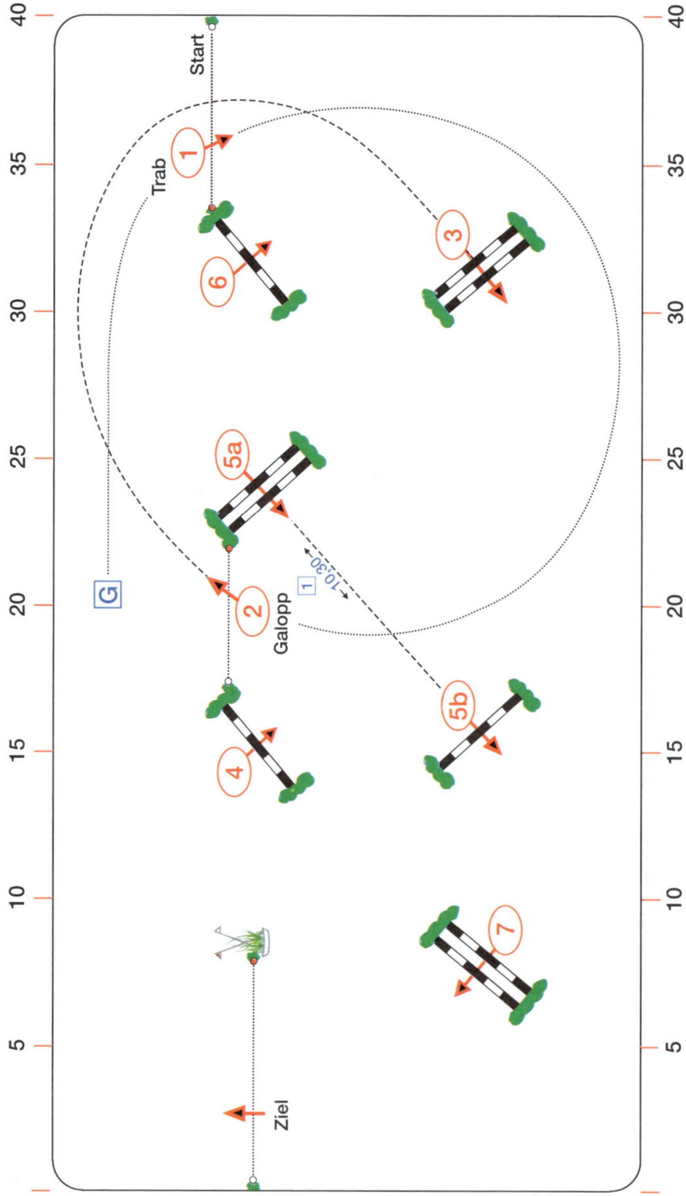

Halle 20 x 40 m (Mindestmaß)

Dauer: ca. 70 Sekunden (ohne Ein- und Ausreiten)

Standardanforderungen
Der Parcours ist auf der vorgegebenen Linie zu reiten. Einreiten und an der vorgegebenen Stelle G halten, grüßen, danach antraben (leichttraben). An vorgegebener Stelle bei Nummer 1 aussitzen, bei Nummer 2 Übergang in Galopp, Parcours über Hindernis 3 fortsetzen.

Hindernis 5a, 3
Doppelrick 70 cm

Maße für reine Pony-WB
1 Für G-Ponys ca. 9,90 m

Anforderungsprofile bei individueller Parcoursgestaltung:

1. Einreiten und an vorgegebener Stelle halten und grüßen.

2. Anreiten im Trab (leichttraben).

3. An vorgegebener Stelle auf dem Zirkel geritten und dabei aussitzen. Nach einer ½ Runde angaloppieren. Ausgehend von der Grundposition des „Springsitzes" (* Seite 151) reitet der Reiter die Hindernisse in entsprechender Reihenfolge an. Der Sitz des Reiters variiert vor, über, nach und zwischen den Sprüngen, um sich den ständig verändernden Situationen anzupassen.

4. Springen von Hindernissen, davon eine Kombination (2 Galoppsprünge)

Standardparcours E 2 (20 x 60 m)

Stilspring-WB mit Standardanforderungen

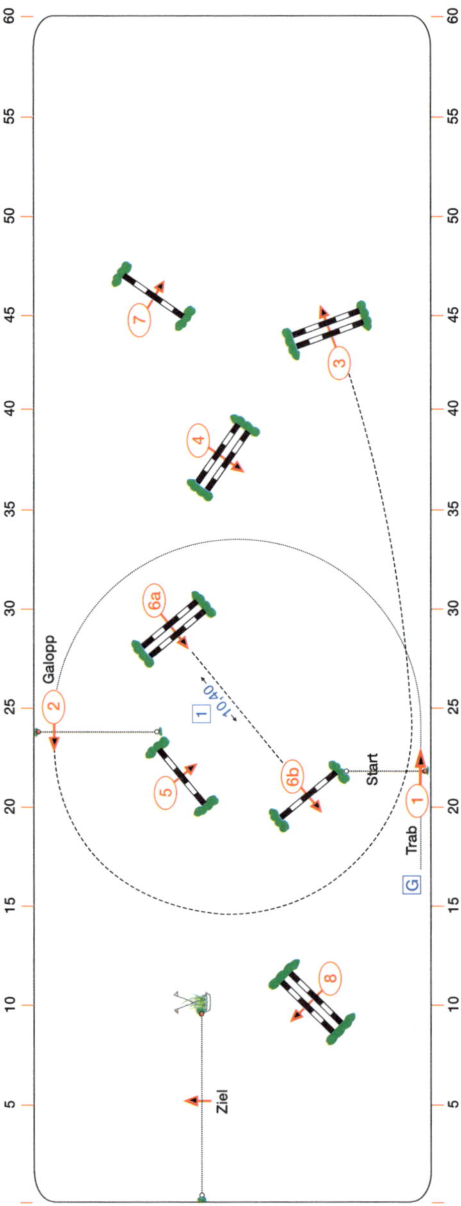

Halle 20 x 60 m (Mindestmaß)

Dauer: ca. 85 Sekunden (ohne Ein- und Ausreiten)

Standardanforderungen
Der Parcours ist auf der vorgegebenen Linie zu reiten. Einreiten und an der vorgegebenen Stelle G halten, grüßen, danach antraben (leichttraben). An vorgegebener Stelle bei Nummer **1** aussitzen, bei Nummer **2** Übergang in Galopp, Parcours über Hindernis **3** fortsetzen.

Hindernis 6a
Doppelrick 70 cm

Maße für reine Pony-WB
1 Für G-Ponys ca. 10,00 m

Anforderungsprofile bei individueller Parcoursgestaltung:

1. Einreiten und an vorgegebener Stelle halten und grüßen.

2. Anreiten im Trab (leichttraben).

3. An vorgegebener Stelle auf dem Zirkel geritten und dabei aussitzen. Nach einer ½ Runde angaloppieren. Ausgehend von der Grundposition des „Springsitzes" (* Seite 151) reitet der Reiter die Hindernisse in entsprechender Reihenfolge an. Der Sitz des Reiters variiert vor, über, nach und zwischen den Sprüngen, um sich den ständig verändernden Situationen anzupassen.

4. Springen von Hindernissen, davon eine Kombination (2 Galoppsprünge)
   mindestens 2 Hochweitsprünge
   2 Handwechsel

WB 266 Standard-Spring-WB

Anforderungen:
Es wird ein Parcours mit mindestens 6 Hindernissen geritten (mit einer max. Hindernishöhe und -weite von 80 cm). Der Parcours enthält einzelne Hindernisse wie Hoch- und Hochweitsprünge, ggf. kann auch eine zweifache Kombination vorkommen. Es wird eine erlaubte Zeit (EZ) vorgegeben.

Bewertung:
Nach Strafpunkten und gebrauchter Zeit.
Folgende Strafpunkte werden ggf. addiert:

• Je Hindernisfehler	4 Strafpunkte
• Erster Ungehorsam	4 Strafpunkte
• Zweiter Ungehorsam	8 Strafpunkte
• Dritter Ungehorsam bzw. ein Sturz	Ausschluss
• Bei Überschreiten der Erlaubten Zeit (EZ)	¼ Strafpunkt je angefangene Sekunde

Ausrüstung:
Ausrüstung des Pferdes: Sattel mit Steigbügeln, Trensenzaum
Erlaubt: gleitendes Ringmartingal, Beinschutz
Ausrüstung des Reiters: angemessene Reitkleidung, Reitstiefel oder Stiefeletten, Reithelm
Erlaubt: Gerte (max. 75 cm inkl. Schlag), Sporen

Zusätzliche Bestimmungen:
Mindestalter des Pferdes: 5 Jahre
Mindestalter des Reiters: 8 Jahre

WB 267 Stafetten-Spring-WB

Anforderungen:
Dieser WB wird je nach Ausschreibung von Gruppen mit je 2 oder 3 Teilnehmern geritten. Der Ein- und Ausritt jeder Gruppe erfolgt gemeinsam. Als Staffelstab dient die Gerte, die jeweils nach Überwinden des letzten Hindernisses dem nächstfolgenden Teilnehmer übergeben wird. Lässt ein Teilnehmer während seines Parcours oder bei der Übergabe die Gerte fallen, muss er absitzen, die Gerte aufheben, aufsitzen und kann erst danach weiterreiten bzw. die Gerte übergeben. Die Bewertung der Gruppe erfolgt vom Durchreiten der Startlinie durch den ersten Teilnehmer bis zum Durchreiten der Ziellinie durch den letzten Teilnehmer der Gruppe. Sturz eines Teilnehmers bzw. 3-maliger Ungehorsam innerhalb der Gruppe während der Bewertung bedeuten Ausschluss der Gruppe.
Es wird ein Parcours mit mindestens 6 Hindernissen geritten (mit einer max. Hindernishöhe und -weite von 80 cm). Der Parcours enthält einzelne Hindernisse wie Hoch- und Hochweitsprünge, ggf. kann auch eine zweifache Kombination vorkommen.

Bewertung:
Nach Hindernisfehlern und gebrauchter Zeit. Hindernisfehler werden in Zeitfehler umgerechnet und der benötigten Zeit hinzuaddiert.
Ungehorsam bestraft sich durch die Zeit selbst.

• je Hindernisfehler	4 Strafsekunden
• Dritter Ungehorsam bzw. ein Sturz	Ausschluss

Ausrüstung:
<u>Ausrüstung des Pferdes:</u> Sattel mit Steigbügeln, Trensenzaum
Erlaubt: gleitendes Ringmartingal, Beinschutz
<u>Ausrüstung des Reiters:</u> angemessene Reitkleidung, Reitstiefel oder Stiefeletten, Reithelm
Erlaubt: Gerte (max. 75 cm inkl. Schlag), Sporen

Zusätzliche Bestimmungen:
Mindestalter des Pferdes: 5 Jahre
Mindestalter des Reiters: 8 Jahre

WB 268 Mannschaftsspring-WB

Anforderungen:
Dieser WB wird von 3 oder 4 Teilnehmern/Pferden je Mannschaft geritten. Die Reihenfolge der Mannschaften wird durch Los bestimmt, die Reihenfolge der einzelnen Teilnehmer bestimmt der Mannschaftsführer. Die Platzierung der Mannschaften errechnet sich aus der Gesamtsumme der Strafpunkte sowie der gebrauchten Zeit der 3 besten Mannschaftsmitglieder. Erreichen nicht mindestens 3 Mannschaftsmitglieder die Ziellinie, ist die Mannschaft ausgeschieden.
Es wird ein Parcours mit mindestens 6 Hindernissen geritten (mit einer max. Hindernishöhe und -weite von 80 cm). Der Parcours enthält einzelne Hindernisse wie Hoch- und Hochweitsprünge, ggf. kann auch eine zweifache Kombination vorkommen. Es wird eine erlaubte Zeit (EZ) vorgegeben.

Bewertung:
Nach Strafpunkten und gebrauchter Zeit.
Folgende Strafpunkte werden ggf. addiert:

• Je Hindernisfehler	4 Strafpunkte
• Erster Ungehorsam	4 Strafpunkte
• Zweiter Ungehorsam	8 Strafpunkte
• Bei Überschreiten der Erlaubten Zeit (EZ)	¼ Strafpunkt je angefangene Sekunde

<u>Ausschluss:</u>

• Dritter Ungehorsam bzw. ein Sturz innerhalb des Teams	Ausschluss

Ausrüstung:
<u>Ausrüstung des Pferdes:</u> Sattel mit Steigbügeln, Trensenzaum
Erlaubt: gleitendes Ringmartingal, Beinschutz
<u>Ausrüstung des Reiters:</u> angemessene Reitkleidung, Reitstiefel oder Stiefeletten, Reithelm
Erlaubt: Gerte (max. 75 cm inkl. Schlag), Sporen

Zusätzliche Bestimmungen:
Mindestalter des Pferdes: 5 Jahre
Mindestalter des Reiters: 8 Jahre

WB 269 Springquadrillen-WB

Anforderungen:
Eine Anzahl von 4, 6 oder 8 Reitern zeigt im leichten Sitz Fantasieformationen über ein in der Mitte der Bahn stehendes Springkreuz und/oder über mehrere Einzelhindernisse, die in der Bahn verteilt sind. Es kann im Trab und/oder Galopp geritten werden. Die optisch gut wahrnehmbaren Hindernisse haben eine Höhe von 60 bis 70 cm. Der Platz sollte mindestens 20 x 40 m groß oder größer sein (in der Ausschreibung angeben).

Bewertung:
Bewertung gemäß „Leitfaden zum Richten eines Springquadrillen-WB"
(➜ nächste Seite)
Dauer: 3 bis 4 Minuten
Dritter Ungehorsam und/oder ein Sturz innerhalb des Teams führen zum Ausschluss der gesamten Quadrille.

Ausrüstung:
Ausrüstung des Pferdes: Sattel mit Steigbügeln, Trensenzaum
Erlaubt: gleitendes Ringmartingal, Beinschutz
Ausrüstung des Reiters: angemessene Reitkleidung, Reitstiefel oder Stiefeletten, Reithelm
Erlaubt: Gerte (max. 75 cm inkl. Schlag), Sporen

Zusätzliche Bestimmungen:
Mindestalter des Pferdes: 5 Jahre
Mindestalter des Reiters: 10 Jahre

Leitfaden zum Richten eines Springquadrillen-WB Viereck mind. 20 x 40 m – Dauer: 3 bis 4 Minuten

Veranstaltungsort: Datum: WB-Nr.: Richter: Start-Nr.: Pferde: Reiter:

A-Note (Ausführung)

Pflichtlektionen	Bemerkungen
Rhythmus und angepasstes Grundtempo der Pferde	
Korrektheit der gewählten Figuren	
Verhalten am Sprung	
Losgelassenheit und Anlehnung der Pferde	
Springsitz	

Total für Ausführung **A-Note** ______

B-Note (künstlerische Gestaltung)

Allgemeiner Eindruck	Bemerkungen
Gehorsam, Losgelassenheit und Durchlässigkeit der Pferde/Ponys	
Sitz und Einwirkung der Reiter, Harmonie der Reiter und Pferde	
Herausgebrachtsein und Zusammenpassen der Pferde und Reiter	
Choreografie (Inhaltlicher Ideenreichtum, Verteilung im Viereck, Linienführung)	
Übereinstimmung der Bewegungsabläufe mit der Musik	
Gesamteindruck (Musikalische Darbietung, Abstimmung)	

Note für künstlerische Gestaltung ______

Abzüge von jeweils 0,2 von der B-Note

– für Über- oder Unterschreiten des jeweiligen Zeitlimits ______

B-Note nach Abzug ______

		A-Note	___ , ___
	+	**B-Note**	___ , ___
	=		___ , ___
: 2	=	**Endergebnis:**	______

Unterschrift Richter

2.5 Einsteiger-Wettbewerbe – Gelände

WB 281 Geländereiter-WB

Anforderungen:
Geritten wird eine Strecke von ca. 500 bis 1000 m Länge mit ca. 7 Geländehindernissen (50 bis 70 cm hoch, Hochweitsprünge nicht über 1,00 m weit) und Geländehindernisfolgen nach Weisung der Richter oder gemäß Skizze mit Aufgabenbeschreibung, in angemessenem Tempo.

Bewertung:
Beurteilt werden der leichte Sitz zwischen und über den Hindernissen, das Mitgehen mit der Bewegung des Pferdes, die Einwirkung des Reiters, insbesondere die harmonische, selbstverständliche Bewältigung der gestellten Aufgaben (Einhalten eines angemessenen Tempos sowie das rhythmische Anreiten der Hindernisse) und der Gesamteindruck (Herausgebrachtsein, insbesondere sachgemäße und fachgerechte Ausrüstung im Sinne der Richtlinien und des Unfallschutzes sowie die harmonische Vorstellung und das reiterliche Verhalten des Teilnehmers) mit einer WN von 10 bis 0 (eine Dezimalstelle).
Ungehorsam fließt ohne direkten Abzug in die WN ein, wenn er durch den Reiter verursacht wird. Dritter Ungehorsam oder Sturz führt zum Ausschluss.

Ausrüstung:
Ausrüstung des Pferdes: Sattel mit Steigbügeln, Trensenzaum
Erlaubt: gleitendes Ringmartingal, Beinschutz (keine Bandagen)
Ausrüstung des Reiters: angemessene Reitkleidung, Reitstiefel oder Stiefeletten, Reithelm, Schutzweste
Erlaubt: Gerte (max. 75 cm inkl. Schlag), Sporen VS

Zusätzliche Bestimmungen:
Mindestalter des Pferdes: 5 Jahre
Mindestalter des Reiters: 8 Jahre

WB 282 Gruppengeländeritt „à la Reitpass"

Anforderungen:
3 Reiter absolvieren gemeinsam mit 3 bis 4 Pferdelängen Abstand eine Kurz-Geländestrecke mit Hindernissen (max. 60 cm Höhe) und Alltagsaufgaben wie beim Ausreiten im Gelände (à la Reitpass) mit unterschiedlichen Schwierigkeitsgraden. Jeder Reiter muss mindestens 2 Hindernisse überwunden haben; jedes Hindernis muss mindestens von einem Reiter der Gruppe überwunden werden.

Bewertung:
Die Gruppe erhält eine WN von 10 bis 0 (eine Dezimalstelle) für: Einhalten der Abstände, Tempokontrolle, Übersicht und Gehorsam. Verweigert ein Pferd, so kann neben dem Hindernis weitergeritten werden, um die Gruppe zu erhalten.

Abzüge:
- wenn Reiter weniger als 2 Hindernisse überwinden: einmalig 0,2
- wird ein Hindernis von keinem der Reiter überwunden: einmalig 0,5

Ausrüstung:
Ausrüstung des Pferdes: Sattel mit Steigbügeln, Trensenzaum
Erlaubt: gleitendes Ringmartingal, Beinschutz (keine Bandagen)
Ausrüstung des Reiters: angemessene Reitkleidung, Reitstiefel oder Stiefeletten, Reithelm, Schutzweste
Erlaubt: Gerte (max. 75 cm inkl. Schlag), Sporen VS

Zusätzliche Bestimmungen:
Mindestalter des Pferdes: 5 Jahre
Mindestalter des Reiters: 8 Jahre

Auswertungshilfe (Beispiel):

Gruppe 1			
Hindernis	**Reiter 1**	**Reiter 2**	**Reiter 3**
1	x	x	x
2	–	x	x
3	x	–	x
4	x	x	x
5	x	x	x
Gruppe 2			
Hindernis	**Reiter 1**	**Reiter 2**	**Reiter 3**
...			
...			
...			

x = ist gesprungen worden

WB 283 Reittest, Kombinierter Strecken-WB

In diesem Wettbewerb sollen die Teilnehmer zeigen, dass sie eine solide vielseitige Grundausbildung hatten und schon eine erkennbare Sicherheit in den 5 Teilen dieses Wettbewerbs erreicht haben.

Anforderungen:
Teil 1:
Überprüfung der Ausrüstung auf Sicherheit für das Reiten im Gelände
Die Teilnehmer stellen sich und die Pferde den Richtern zur Begutachtung ihrer Ausrüstung (Kopfschutz, Reitkleidung, Handschuhe, Trense, Zügel, Zustand der Hufe).
Bewertung WN x 10 = Punkte (z.B. 7,2 x 10 = 72 Punkte).

Teil 2:
Überprüfung der Fertigkeit im Dressur- und Springreiten
Die Teilnehmer reiten einzeln oder in der Gruppe die 3 Grundgangarten auf beiden Händen. Hierzu sollte eine Fläche von mindestens ca. 30 x 30 m umgrenzt werden. Innerhalb dieser Fläche werden 3 leichte Hindernisse ca. 60 cm hoch gesprungen.
Bewertet werden der Grundsitz in den Gangarten und das Verhalten beim Überwinden der 3 Hindernisse in einer Gesamtnote von 10 bis 0 (eine Dezimalstelle).
Bewertung WN x 10 = Punkte (z.B. 6,4 x 10 = 64 Punkte).

Teil 3:
Absolvieren einer Schrittstrecke als Anlaufstrecke zur Geländestrecke
Die Teilnehmer reiten im Schritt bis zum Startpunkt der Geländestrecke. Im Schritt darf keine Zeitmessung erfolgen, daher werden auf dieser Strecke mindestens 3 Geschicklichkeitsübungen eingebaut, bei denen die Teilnehmer Fehler machen können.
Bewertung je Geschicklichkeitsübung: Ohne Fehler = 100 Punkte. Je Fehler/ Abwurf 5 Punkte Abzug.
Beispiel: 6 Fehler = 30 Punkte Abzug. Ergebnis 70 Punkte verbleiben.

Teil 4:
Absolvieren einer festgelegten Trabstrecke von 150 bis 300 m Länge
Die Teilnehmer absolvieren eine Trabstrecke über Feldwege o.Ä. im Tempo 250 m/Minute.
Die Länge der Strecke wird gemessen und aus der Länge und dem vorgegebenen Tempo wird die Idealzeit errechnet. Die Idealzeit wird den Teilnehmern nicht bekannt gegeben.

Die Teilnehmer reiten aus ihrem Tempogefühl die Strecke ab. Für jede Sekunde Abweichung von der Idealzeit werden 2 Punkte abgezogen.
Beispiel: Idealzeit = 100 Punkte. Der Teilnehmer weicht 12 Sekunden ab, Abzug von 24 Punkten, Ergebnis 76 Punkte.

Teil 5:
Absolvieren einer Galoppstrecke von 200 bis 800 m Länge
Die Teilnehmer absolvieren eine Galoppstrecke über Felder, Wiesen oder geeignete Wege im Tempo 400 m/Minute. Die Länge der Strecke wird gemessen und daraus wird die Idealzeit errechnet. Etwa 100 m vor dem Ziel soll eine Engstelle von ca. 2 m Breite gebaut werden, die im Galopp zu durchreiten ist (Schafstall o.Ä.). Für jede Sekunde Abweichung von der Idealzeit werden 2 Punkte abgezogen.
Beispiel: Idealzeit = 100 Punkte. Der Teilnehmer weicht 9 Sekunden ab, Abzug von 18 Punkten. Ergebnis 82 Punkte.

Gesamtwertung:
A: Die 5 Teile dieses WB können einzeln gewertet und platziert werden.
B: Die 5 Teile werden zu einer kombinierten Wertung addiert. Der Teilnehmer mit der höchsten Punktzahl wird Einzel-Sieger.
C: 4 bis 6 Teilnehmer schließen sich vorher zu einer Mannschaft zusammen. Die Ergebnisse dieser Teilnehmer werden addiert. Die Gruppe mit der höchsten Punktzahl wird Mannschaftssieger.

Ausrüstung:
<u>Ausrüstung des Pferdes:</u> Sattel mit Steigbügeln, Trensenzaum
Erlaubt: gleitendes Ringmartingal, Beinschutz (keine Bandagen)
<u>Ausrüstung des Reiters:</u> angemessene Reitkleidung, Handschuhe, Reitstiefel oder Stiefeletten, Reithelm, Schutzweste
Erlaubt: Gerte (max. 75 cm inkl. Schlag), Sporen VS

Zusätzliche Bestimmungen:
Mindestalter der Pferde: 5 Jahre
Mindestalter der Reiter: 12 Jahre

WB 284 Mini-Ride and Tie

Anforderungen:
Ein Team besteht aus 2 Teilnehmern, ein Teilnehmer absolviert eine Laufstrecke von 500 m, übernimmt am Ende der Strecke in einer Wartezone das Pferd von seinem Teampartner und reitet eine Geländestrecke mit 6 verschiedenen Geländehindernissen (max. 60 cm, z.B. Stroh, Baumstämme u.Ä.). Der zweite Teilnehmer absolviert erst die Geländestrecke, übergibt sein Pferd an den Teampartner und läuft die Laufstrecke. Die Zeitmessung endet, wenn der letzte Teilnehmer/Läufer das Ziel erreicht.

Bewertung:
Die Reiter erhalten für die Hindernisstrecke eine WN von 10 bis 0 (eine Dezimalstelle) für den leichten Sitz, die Tempokontrolle und das Springen. Die gelaufene Zeit auf der Laufstrecke wird in eine WN umgerechnet (Umrechnungstabelle ➜ nächste Seite). Die Addition der 4 WN ergibt das Ergebnis des Teams.

Ausrüstung
Ausrüstung des Pferdes: Sattel mit Steigbügeln, Trensenzaum
Erlaubt: gleitendes Ringmartingal, Beinschutz (keine Bandagen)
Ausrüstung des Reiters: angemessene Reitkleidung, Reitstiefel oder Stiefeletten, Reithelm, Schutzweste
Erlaubt: Gerte (max. 75 cm inkl. Schlag), Sporen VS

Zusätzliche Bestimmungen:
Mindestalter des Pferdes: 5 Jahre
Mindestalter des Reiters: 8 Jahre

Umrechnungstabelle zu WB 284 „Mini-Ride-and-Tie" (500 m laufen)

Benötigte Zeit in Sek.:	WN:
< 130	9,0
130–131,9	8,9
132–133,9	8,8
134–135,9	8,7
136–137,9	8,6
138–139,9	8,5
140–141,9	8,4
142–143,9	8,3
144–145,9	8,2
146–147,9	8,1
148–149,9	8,0
150–151,9	7,9
152–153,9	7,8
154–155,9	7,7
156–157,9	7,6
158–159,9	7,5
160–161,9	7,4
162–163,9	7,3
164–165,9	7,2
166–167,9	7,1
168–169,9	7,0

Benötigte Zeit in Sek.:	WN:
170–171,9	6,9
172–173,9	6,8
174–175,9	6,7
176–177,9	6,6
178–179,9	6,5
180–181,9	6,4
182–183,9	6,3
184–185,9	6,2
186–187,9	6,1
188–189,9	6,0
190–191,9	5,9
192–193,9	5,8
194–195,9	5,7
196–197,9	5,6
198–199,9	5,5
200–201,9	5,4
202–203,9	5,3
204–205,9	5,2
206–207,9	5,1
208–209,9	5,0
> 210	4,9

WB 285 Tempo-Gefühl-WB

Anforderungen:
Die Teilnehmer reiten eine festgelegte Strecke. Diese ist unterteilt in 2 Galoppstrecken mit 2 unterschiedlichen Tempovorgaben und eine Trabstrecke mit Tempovorgabe mit einer großen und einer engen Wendung (durch Tore markiert). Für die einzelnen Abschnitte werden Idealzeiten festgelegt.

Bewertung:
Die beste Leistung ergibt sich aus dem dichtesten Abstand zur Idealzeit bzw. dem Erreichen der Idealzeit (Auswertungsmuster ➜ nächste Seite).

Ausrüstung:
Ausrüstung des Pferdes: Sattel mit Steigbügeln, Trensenzaum
Erlaubt: gleitendes Ringmartingal, Beinschutz (keine Bandagen)
Ausrüstung des Reiters: angemessene Reitkleidung, Reitstiefel oder Stiefeletten, Reithelm, Schutzweste. Es darf keine Uhr/Zeitmesstechnik mitgenommen werden!
Erlaubt: Gerte (max. 75 cm inkl. Schlag), Sporen VS

Zusätzliche Bestimmungen:
Mindestalter des Pferdes: 5 Jahre
Mindestalter des Reiters: 8 Jahre

Auswertungsmuster zu WB 285 „Tempo-Gefühl-WB"

	Zeit Trab (220 m/Minute) Streckenlänge: 110 m Idealzeit: 30 Sekunden	Galopp + Wendung (350 m/Minute) Streckenlänge: 100 m Idealzeit: 17 Sekunden	Galopp (400 m/Minute) Streckenlänge: 200 m Idealzeit: 30 Sekunden	Idealzeit: 77 Sekunden Abweichungen: je niedriger, je besser	
Progr.-Nr.	Gerittene Zeit/ Abweichung in Sekunden	Gerittene Zeit/ Abweichung in Sekunden	Gerittene Zeit/ Abweichung in Sekunden	Summe der Abweichung in Sekunden	Platz
	/	/	/		
	/	/	/		
	/	/	/		

WB 286 Allround-WB Gelände

Anforderungen:
Die Geländestrecke mit ca. 1 bis 1,5 km Länge führt über max. 10 gebaute und/oder natürliche Geländehindernisse (z.B. natürlicher Bachlauf und Steilhang). Beispiel-Aufgaben aus der Broschüre Allround-WB (Kostenpflichtiger Download auf www.fnverlag.de): Nr. 2) „Abwehren", 3) „Brücke", 4) „Dickicht", 11) „Mitnehmen", 18) „Rein-Raus", 21) „Slalom", 24) „Umsetzen", 30) „Windbruch".

Bewertung:
Nach Strafpunkten und Zeit.
Tempovorgabe: 350 m/Minute, eine Höchstzeit (HZ) wird in der Parcoursskizze angegeben. Die Aufgaben werden im Schritt geritten.
Fallende Elemente an Hindernissen werden mit je 20 Strafpunkten gewertet.
Verweigerung: Die Erlaubte Zeit (EZ) pro Hindernis beträgt 20 Sekunden. Bei Nichtbewältigung des Hindernisses gibt der Hindernisrichter nach Ablauf der 20 Sekunden das Signal zum Weiterreiten zum nächsten Hindernis. Es werden 30 Strafpunkte angerechnet.
Der Reiter scheidet aus, wenn er ein Hindernis in der falschen Richtung nimmt/springt, das Signal nicht abwartet oder wenn er ein Hindernis auslässt, ohne den Versuch unternommen zu haben, es anzureiten, oder wenn er stürzt.

Ausrüstung:
<u>Ausrüstung des Pferdes:</u> Sattel mit Steigbügeln, Trensenzaum
Erlaubt: gleitendes Ringmartingal, Beinschutz (keine Bandagen)
<u>Ausrüstung des Reiters:</u> angemessene Reitkleidung, Reitstiefel oder Stiefeletten, Reithelm, Schutzweste
Erlaubt: Gerte (max. 75 cm inkl. Schlag), Sporen VS

Zusätzliche Bestimmungen:
Mindestalter des Pferdes: 5 Jahre
Mindestalter des Reiters: 8 Jahre

WB 287 Stilgeländeritt-WB

Anforderungen:
Die Geländestrecke mit ca. 1 bis 1,5 km Länge führt über max. 15 Geländehindernisse (max. Höhe: 0,90 m, max. Weite im oberen Teil/an der Basis: 1,00/1,50 m, max. Grabenweite: 0,80 m, Tiefsprung max. 1 m, Hecke max. 1,20 m hoch) Tempovorgabe: 350 bis 400 m/Minute.

Bewertung:
Beurteilt werden leichter Sitz und Einwirkung des Teilnehmers, insbesondere das rhythmische, flüssige Überwinden einer Geländestrecke sowie der Gesamteindruck. Es wird eine WN zwischen 10 und 0 (eine Dezimalstelle) vergeben. Von dieser werden ggf. Abzüge für Fehler vorgenommen. Die Ausschreibung legt fest, ob mit oder ohne Bestzeit (BZ) gewertet wird.
Für das Errechnen der (BZ) gilt folgende Formel:

$$\frac{\text{(Streckenlänge in Metern) x 60}}{\text{Tempo in Metern/Minute}} = \text{Zeit in Sekunden}$$

Abzüge für Hindernis-/Zeitfehler/Ausschluss:
nur im Zusammenhang mit versuchtem oder tatsächlichem Überwinden eines nummerierten Hindernisses:

• Erster Ungehorsam	0,5
• Zweiter Ungehorsam an einem anderen Hindernis	1,0
• Zweiter Ungehorsam am selben Hindernis	2,0
• Überschreiten der Bestzeit (BZ) je angefangene Sekunde	0,1
• Dritter Ungehorsam	Ausschluss
• Sturz des Teilnehmers und/oder Pferdes	Ausschluss
• Überschreiten der Höchstzeit (HZ) (HZ = doppelte BZ)	Ausschluss

Ausrüstung:
Ausrüstung des Pferdes: Sattel mit Steigbügeln, Trensenzaum
Erlaubt: gleitendes Ringmartingal, Beinschutz (keine Bandagen)
Ausrüstung des Reiters: angemessene Reitkleidung, Reitstiefel oder Stiefeletten, Reithelm, Schutzweste
Erlaubt: Gerte (max. 75 cm inkl. Schlag), Sporen VS

Zusätzliche Bestimmungen:
Mindestalter des Pferdes: 5 Jahre
Mindestalter des Reiters: 8 Jahre

WB 288 Geländeritt-WB – mit Stilwertung

Anforderungen:
Die Geländestrecke mit ca. 1 bis 2 km Länge führt über max. 12 bis 15 Geländehindernisse (max. Höhe: 0,90 m, max. Weite im oberen Teil/an der Basis: 1,00/1,50 m, max. Grabenweite: 0,80 m, Tiefsprung max. 1 m, Hecke max. 12,0 m hoch), Tempovorgabe: 450 m/Minute. Auf mindestens einer Teilstrecke der Geländestrecke (jeweils mindestens 3 Hindernisse/ca. 500 m) wird eine Stil-Wertnote vergeben.

Bewertung:
Es wird die Leistung von Teilnehmer und Pferd zwischen Start- und Ziellinie nach Strafpunkten und Zeit bewertet. Auf mindestens einer Teilstrecke der Geländestrecke (jeweils mindestens 3 Hindernisse/ca. 500 m) wird eine Stil-WN von 10 bis 0 (eine Dezimalstelle) vergeben. Bei Strafpunktgleichheit (nach Strafpunkten/Zeit: ➡ WB 289 Geländeritt-WB) entscheidet die bessere Stil-WN über die Platzierung.
Aus dem vorgeschriebenen Tempo und der Streckenlänge ergibt sich die Bestzeit (BZ). Für das Errechnen der (BZ) gilt folgende Formel:

$$\frac{\text{(Streckenlänge in Metern) x 60}}{\text{Tempo in Metern/Minute}} = \text{Zeit in Sekunden}$$

Höchstzeit (HZ) = doppelte Bestzeit (BZ)
Ein Unterschreiten der BZ bleibt unberücksichtigt.

<u>Abzüge für Hindernis-/Zeitfehler/Ausschluss:</u>
nur im Zusammenhang mit versuchtem oder tatsächlichem Überwinden eines nummerierten Hindernisses:

• Erster/Zweiter Ungehorsam im Verlauf der Geländestrecke	je 20 Strafpunkte
• Zweiter Ungehorsam am selben Sprung/Hindernis	40 Strafpunkte
• Überschreiten der Bestzeit (BZ) je angefangene Sekunde	0,4 Strafpunkte
• Gefährliches Reiten* ➡ Seite 174	25 Strafpunkte oder Ausschluss
• Dritter Ungehorsam am selben Sprung/Hindernis oder im Verlauf der Gesamtstrecke	Ausschluss
• Überschreiten der Höchstzeit (HZ)	Ausschluss
• Sturz des Teilnehmers und/oder Pferdes im Verlauf der Strecke	Ausschluss

• Auslassen eines Hindernisses/Sprunges, Pflichttores	Ausschluss
• Springen eines bereits überwundenen Hindernisses	Ausschluss
• Springen eines Hindernisses/Sprunges in falscher Reihenfolge oder von der falschen Seite	Ausschluss

* Richter können vor oder im Verlauf des Wettbewerbes aufgrund gefährlichen Reitens auf 25 Strafpunkte oder Ausschluss entscheiden, wenn
- vom Teilnehmer Gefahr für sich, sein Pferd und/oder Dritte ausgeht
- der Teilnehmner mangelnde Kontrolle über sein Pferd hat
- Teilnehmer und/oder Pferd den Anforderungen offensichtlich nicht gewachsen sind.

Ausrüstung:
Ausrüstung des Pferdes: Sattel mit Steigbügeln, Trensenzaum
Erlaubt: gleitendes Ringmartingal, Beinschutz (keine Bandagen)
Ausrüstung des Reiters: angemessene Reitkleidung, Reitstiefel oder Stiefeletten, Reithelm, Schutzweste
Erlaubt: Gerte (max. 75 cm inkl. Schlag), Sporen VS

Zusätzliche Bestimmungen:
Mindestalter des Pferdes: 5 Jahre
Mindestalter des Reiters: 8 Jahre

WB 289 Geländeritt-WB

Anforderungen:
Die Geländestrecke mit ca. 1 bis 2 km Länge führt über max. 15 Geländehindernisse (max. Höhe: 0,90 m, max. Weite im oberen Teil/an der Basis: 1,00/1,50 m, max. Grabenweite: 0,80 m, Tiefsprung max. 1 m, Hecke max. 1,20 m hoch), Tempovorgabe: 450 m/Minute.

Bewertung:
Es wird die Leistung von Teilnehmer und Pferd zwischen Start- und Ziellinie nach Strafpunkten und Zeit bewertet. Aus dem vorgeschriebenen Tempo und der Streckenlänge ergibt sich die Bestzeit (BZ). Für das Errechnen der BZ gilt folgende Formel:

$$\frac{\text{(Streckenlänge in Metern) x 60}}{\text{Tempo in Metern/Minute}} = \text{Zeit in Sekunden}$$

Höchstzeit (HZ) = doppelte Bestzeit (BZ)
Ein Unterschreiten der Bestzeit (BZ) bleibt unberücksichtigt.

<u>Abzüge für Hindernis-/Zeitfehler/Ausschluss:</u>
nur im Zusammenhang mit versuchtem oder tatsächlichem Überwinden eines nummerierten Hindernisses:

• Erster/Zweiter Ungehorsam im Verlauf der Geländestrecke	je 20 Strafpunkte
• Zweiter Ungehorsam am selben Sprung/Hindernis	40 Strafpunkte
• Überschreiten der Bestzeit (BZ)	0,4 Strafpunkte je angefangene Sekunde
• Überschreiten der Höchstzeit (HZ)	Ausschluss
• Dritter Ungehorsam am selben Sprung/Hindernis oder im Verlauf der Gesamtstrecke	Ausschluss
• Sturz des Teilnehmers und/oder Pferdes	Ausschluss
• Auslassen eines Hindernisses/Sprunges, Pflichttores	Ausschluss
• Springen eines bereits überwundenen Hindernisses	Ausschluss
• Springen eines Hindernisses/Sprunges in falscher Reihenfolge oder von der falschen Seite	Ausschluss

Ausrüstung:
Ausrüstung des Pferdes: Sattel mit Steigbügeln, Trensenzaum
Erlaubt: gleitendes Ringmartingal, Beinschutz (keine Bandagen)
Ausrüstung des Reiters: angemessene Reitkleidung, Reitstiefel oder Stiefeletten, Reithelm, Schutzweste
Erlaubt: Gerte (max. 75 cm inkl. Schlag), Sporen VS

Zusätzliche Bestimmungen:
Mindestalter des Pferdes: 5 Jahre
Mindestalter des Reiters: 8 Jahre

WB 290 Gruppengeländeritt-WB

Anforderungen:
Es wird je nach Ausschreibung in einer Gruppe von 2 bis 4 Reitern geritten. Die Geländestrecke mit ca. 1,5 bis 2 km Länge führt über ca. 10 ausreichend breite Geländehindernisse (max. Höhe: 0,80 m, max. Weite im oberen Teil/an der Basis: 1,00/1,50 m), Tempovorgabe: 450 m/Minute. Jedes Mitglied der Gruppe muss alle Hindernisse in der angegebenen Reihenfolge überwinden. Mehrfaches Überwinden eines Hindernisses sowie Positions- bzw. Pferdewechsel innerhalb der Gruppe sind zulässig.

Bewertung:
Die Zeit wird gemessen vom Start des ersten bis zum Zieldurchritt des letzten Teilnehmers der Gruppe. Aus dem vorgeschriebenen Tempo und der Streckenlänge ergibt sich die Bestzeit (BZ). Für das Errechnen der BZ gilt folgende Formel:

$$\frac{\text{(Streckenlänge in Metern) x 60}}{\text{Tempo in Metern/Minute}} = \text{Zeit in Sekunden}$$

Höchstzeit (HZ) = doppelte Bestzeit (BZ)
Ein Unterschreiten der Bestzeit (BZ) bleibt unberücksichtigt.

<u>Abzüge für Hindernis-/Zeitfehler/Ausschluss/je Reiter:</u>
nur im Zusammenhang mit versuchtem oder tatsächlichem Überwinden eines nummerierten Hindernisses:

• Erster/Zweiter Ungehorsam im Verlauf der Geländestrecke	je 20 Strafpunkte
• Zweiter Ungehorsam am selben Sprung/Hindernis	40 Strafpunkte
• Überschreiten der Bestzeit (BZ) je angefangene Sekunde	0,4 Strafpunkte
• Gefährliches Reiten* ➔ Seite 174	25 Strafpunkte oder Ausschluss
• Überschreiten der Höchstzeit (HZ)	Ausschluss
• Dritter Ungehorsam	Ausschluss
• Sturz des Teilnehmers und/oder Pferdes	Ausschluss
• Überschreiten der Höchstzeit (HZ)	Ausschluss

a) Scheidet ein Reiter der Gruppe aus, wird die gesamte Gruppe ausgeschlossen oder
b) von 4 TN einer Gruppe müssen mindestens 3 TN in der Wertung sein (bzw. von 3 TN 2 TN, von 2 TN 1 TN in der Wertung sein)

Ausrüstung:

Ausrüstung des Pferdes: Sattel mit Steigbügeln, Trensenzaum
Erlaubt: gleitendes Ringmartingal, Beinschutz (keine Bandagen)
Ausrüstung des Reiters: angemessene Reitkleidung, Reitstiefel oder Stiefeletten, Reithelm, Schutzweste
Erlaubt: Gerte (max. 75 cm inkl. Schlag), Sporen VS

Zusätzliche Bestimmungen:

Mindestalter des Pferdes: 5 Jahre
Mindestalter des Reiters: 8 Jahre

WB 291 Vielseitigkeits-WB

Anforderungen:
Der Vielseitigkeits-WB besteht aus 3 Teil-WB: Dressur-WB, Gelände-WB und Spring-WB.
Dressur: Beispiele für Dressuraufgaben: VE 1, VE 2/1, VE 2/2 (zu zweit)
➜ Seiten 182–184
Gelände: Die Geländestrecke mit ca. 1 bis 2 km Länge führt über max. 15 Geländehindernisse (max. Höhe: 0,90 m, max. Weite im oberen Teil/an der Basis: 1,00/1,50 m, max. Grabenweite: 0,80 m, Tiefsprung max. 1 m, Hecke max. 1,20 m hoch), Tempovorgabe: 450 m/Minute.
Springen: Der Spring-Wettbewerb besteht aus 8 bis 10 Sprüngen. Maximale Höhe/Weite 0,85 m, max. Weite an der Basis 1,20 m. Tempovorgabe: 350 m/Minute.

Bewertung Dressur:
In der Dressur wird für die gezeigte Leistung eine WN von 10 bis 0 (eine Dezimalstelle) vergeben. Diese WN, ggf. nach Abzügen, wird mit 10 multipliziert und ergibt so die erreichten Prozentpunkte. Zur Errechnung der Strafpunkte werden nun die erreichten Prozentpunkte von 100 abgezogen, mit 1,5 multipliziert und auf eine Dezimalstelle auf- (ab 0,5 und mehr) oder abgerundet (ab 0,4 und weniger).

Beispiel:

Dressur-WN 6,5 x 10 = 65 Prozentpunkte
100 minus 65 = 35 Strafpunkte
35 Strafpunkte x 1,5 = 52,5
(Auf das Dressur-Ergebnis 52,5 werden alle weiteren Hindernis- und/oder Zeitfehler aufaddiert.)

Bewertung Gelände:
Im Gelände wird die Leistung von Teilnehmer und Pferd zwischen Start- und Ziellinie nach Strafpunkten und Zeit bewertet. Aus dem vorgeschriebenen Tempo und der Streckenlänge ergibt sich die Bestzeit (BZ). Für das Errechnen der BZ gilt folgende Formel:

$$\frac{\text{(Streckenlänge in Metern)} \times 60}{\text{Tempo in Metern/Minute}} = \text{Zeit in Sekunden}$$

Höchstzeit (HZ) = doppelte Bestzeit (BZ)
Ein Unterschreiten der Bestzeit (BZ) bleibt unberücksichtigt.

Abzüge für Hindernis-/Zeitfehler/Ausschluss:
nur im Zusammenhang mit versuchtem oder tatsächlichem Überwinden eines nummerierten Hindernisses:

• Erster/Zweiter Ungehorsam im Verlauf der Geländestrecke je	20 Strafpunkte
• Zweiter Ungehorsam am selben Sprung/Hindernis	40 Strafpunkte
• Überschreiten der Bestzeit (BZ) je angefangene Sekunde	0,4 Strafpunkte
• Gefährliches Reiten* ➔ Seite 174	25 Strafpunkte oder Ausschluss
• Überschreiten der Höchstzeit (HZ)	Ausschluss
• Dritter Ungehorsam am selben Sprung/Hindernis oder im Verlauf der Geländestrecke	Ausschluss
• Sturz des Teilnehmers und/oder Pferdes im Verlauf der Geländestrecke	Ausschluss
• Auslassen eines Hindernisses/Sprunges, Pflichttores	Ausschluss
• Springen eines bereits überwundenen Hindernisses	Ausschluss
• Springen eines Hindernisses/Sprunges in falscher Reihenfolge oder von der falschen Seite	Ausschluss

Bewertung Springen:
Der Springparcours wird nach Strafpunkten und Zeit gewertet.

• je Hindernisfehler	4 Strafpunkte
• Erster Ungehorsam	4 Strafpunkte
• Zweiter Ungehorsam an einem anderen Hindernis	8 Strafpunkte
• Überschreiten der Erlaubten Zeit (EZ) je angefangene Sekunde	1 Strafpunkt
• Dritter Ungehorsam	Ausschluss
• Sturz des Teilnehmers und/oder Pferdes	Ausschluss
• Überschreiten der Höchstzeit (HZ)	Ausschluss
• Überschreiten von 45 Sekunden nach Passieren der Startlinie oder dem Beginn der Zeitmessung	Ausschluss

Ausrüstung:
<u>Ausrüstung des Pferdes:</u> Sattel mit Steigbügeln, Trensenzaum
Erlaubt: gleitendes Ringmartingal, Beinschutz (keine Bandagen)
<u>Ausrüstung des Reiters:</u> angemessene Reitkleidung, Reitstiefel oder Stiefeletten, Reithelm, Schutzweste
Erlaubt: Gerte (max. 75 cm inkl. Schlag), Sporen VS

Zusätzliche Bestimmungen:
Mindestalter des Pferdes: 5 Jahre
Mindestalter des Reiters: 8 Jahre

Aufgabe VE 1

(Nur einzeln)

Viereck 20 x 40 m – Dauer: etwa 2 Minuten

(A-X)	Einreiten im Mittelschritt.
(X)	Halten. Grüßen. Im Mittelschritt anreiten.
(G)	Im Arbeitstempo antraben.
(C)	Rechte Hand.
(K-X-M)	Durch die ganze Bahn wechseln.
(C-X-C)	Mitte der kurzen Seite im Arbeitstempo links angaloppieren und auf dem Zirkel geritten (1-mal herum).
(C)	Mitte der kurzen Seite Arbeitstrab.
(C-X-A)	Aus dem Zirkel wechseln.
(A)	Mitte der kurzen Seite im Arbeitstempo rechts angaloppieren, ganze Bahn (½-mal herum).
(C)	Mitte der kurzen Seite Arbeitstrab.
(M)	Nach der kurzen Seite Mittelschritt.
(B)	Mitte der langen Seite rechts um.
(X)	Im Mittelpunkt rechts um.
(G)	Vor den Richtern halten. Grüßen. Im Mittelschritt am langen Zügel die Bahn verlassen.

Aufgabe VE 2/1

(Nur einzeln)

Viereck 20 x 40 m – Dauer: etwa 3½ Minuten

(A-X)	Einreiten im Mittelschritt.
(X)	Halten. Grüßen. Im Mittelschritt anreiten.
(C)	Rechte Hand.
(B)	Mitte der langen Seite im Arbeitstempo antraben, leichttraben.
(K-X-M)	Durch die ganze Bahn wechseln.
(C)	Mitte der kurzen Seite aussitzen und auf dem Zirkel geritten.
(C-X-A)	Aus dem Zirkel wechseln.
(A-X)	(½-mal herum)
(X-A-X-A)	(Zur geschlossenen Zirkelseite) Im Arbeitstempo rechts angaloppieren (1½-mal herum).
(A)	Mitte der kurzen Seite Arbeitstrab, ganze Bahn (½-mal herum).
(C)	Mitte der kurzen Seite Mittelschritt.
(M-X-K)	Durch die ganze Bahn wechseln.
(K)	Vor der kurzen Seite im Arbeitstempo antraben.
(A-X)	Auf dem Zirkel geritten (½-mal herum).
(X-A)	Im Mittelpunkt im Arbeitstempo links angaloppieren (½-mal herum).
(A)	Ganze Bahn (½-mal herum).
(C)	Mitte der kurzen Seite Arbeitstrab.
(E)	Links um.
(B)	Rechte Hand.
(A)	Auf die Mittellinie abwenden.
(X)	Im Mittelpunkt halten. Grüßen. Im Mittelschritt am langen Zügel die Bahn verlassen.

Aufgabe VE 2/2

(Zu zweit hintereinander)

Viereck 20 x 40 m – Dauer: etwa 3½ Minuten

	Auf der rechten Hand im Mittelschritt Abteilung bilden.
	(Von der kurzen Seite auf die Richter zu) Anfang rechts dreht, links marschiert auf – Marsch. (Wenn der Anfangsreiter die Verbindungslinie der beiden Punkte E-B erreicht) Anfang – Halt. Grüßen. Abteilung zu einem Rechts-brecht-Ab – Marsch – Mittelschritt.
(M-F)	(An der langen Seite) Abteilung im Arbeitstempo – Trab, leichttraben.
(K-X-M)	Durch die ganze Bahn wechseln.
(C)	(Mitte der kurzen Seite) Aussitzen und auf dem Zirkel geritten.
(C-X-A)	Aus dem Zirkel wechseln.
(A-X)	(½-mal herum)
(X-A-X-A)	(Zur geschlossenen Zirkelseite) Abteilung im Arbeitstempo – Galopp – Marsch (1½-mal herum).
(A)	(Mitte der kurzen Seite) Abteilung im Arbeitstempo – Trab, ganze Bahn (½-mal herum).
(C)	(Mitte der kurzen Seite) Abteilung – Schritt – Mittelschritt.
(M-X-K)	Durch die ganze Bahn wechseln.
(K-A)	(An der kurzen Seite) Abteilung im Arbeitstempo – Trab.
(A-X)	Auf dem Zirkel geritten (½-mal herum).
(X-A)	(Zur geschlossenen Seite) Abteilung im Arbeitstempo – Galopp – Marsch (½-mal herum).
(A)	Ganze Bahn (½-mal herum).
(C)	(Mitte der kurzen Seite) Abteilung im Arbeitstempo – Trab.
(E)	(Mitte der langen Seite) Anfang links um – Marsch.
(B)	(Bei Erreichen des Hufschlags) Anfang rechts um – Marsch.
(A)	(Von der kurzen Seite auf die Richter zu) Anfang rechts dreht, links marschiert auf – Marsch. (Wenn der Anfangsreiter die Verbindungslinie der beiden Punkte E-B erreicht) Anfang – Halt. Grüßen. Im Mittelschritt am langen Zügel die Bahn verlassen.

3 Voltigier-Wettbewerbe

WB 301 Mein erstes Turnier

Anforderungen:
Jeder Voltigierer zeigt zunächst 2 Einzelübungen nach Wahl und ist anschließend in mindestens einer Partnerübung eingebunden. Die Gangart ist frei wählbar.
Zeit: max. 10 Minuten

Bewertung:
Für die Einzelübungen bekommt jeder Voltigierer eine WN von 10 bis 0 (eine Dezimalstelle). Für die Partnerübungen gibt es je eine WN für die Ausführung und für die Gestaltung. Die WN werden zusammenaddiert (WN = Punktzahl). Die Gruppe mit der höchsten Punktzahl gewinnt.

Ausrüstung:
Ausrüstung des Pferdes: Trensenzaum mit Gebiss und Reithalfter oder Kappzaum, Voltigiergurt mit 2 Griffen, 2 Fußschlaufen, einer Halteschlaufe und einer Unterlage, Gelkissen, Pad (max. 100 x 90 x 3 cm), 2 Ausbindezügel mit oder ohne Gummiringe oder Laufferzügel als seitliches Dreieck (max. 15 cm Abstand), Longe am inneren Trensenring oder am mittleren Ring des Kappzaums befestigt, Beinschutz, Fliegenschutz.
Ausrüstung des Voltigierers: sportgerechte und zweckmäßige Kleidung, (Arm-)Nummern
Ausrüstung des Longenführers: Kleidung auf die Gruppe abgestimmt, Longierpeitsche

Zusätzliche Bestimmungen:
Mindestalter des Pferdes: 6 Jahre
Alter des Teilnehmers: max. 9 Jahre
Gruppenstärke: 4 bis 10 Teilnehmer
Mindestalter des Longenführers: 16 Jahre oder im Besitz des DLA Kl. IV

WB 302 Gruppenvoltigier-WB im Schritt

Anforderungen:

Pflicht:

Möglichkeit 1: 4 Übungen der nachfolgenden Pflicht: Aufsprung mit Hilfestellung, freier Grundsitz, Bank – Fahne, Liegestütz mit Abgang nach außen, Quersitz, Knien, Stütz-Abhocken nach innen und Landung

Möglichkeit 2: 4 Übungen des Motivationsabzeichens (Hufeisen): Aufsprung mit Hilfestellung, Abgang nach innen mit Landung und Auslaufen in Bewegungsrichtung. Grundsitz vw angefasst/frei, Bank vl/rl, Bank vl innere Hand auf dem Rücken des Voltigierers, Seitsitz innen/außen angefasst, Quersitz innen/außen eine Hand frei, Rückwärtssitz angefasst/frei, freies Knien vw/rw, Liegestütz vw, Lieger vw/sw, Sitzen vor dem Gurt vw/rw, Schneidersitz vw/rw angefasst/frei, Standwaage auf dem Pferderücken/in der Schlaufe vw/rw/sw angefasst/frei, Umsteiger im Sitzen

Möglichkeit 3: Die gesamte Pflicht (A-Pflicht) in 2 Blöcken:
1. Block: Aufsprung mit Hilfestellung, freier Grundsitz, Bank – Fahne, Liegestütz mit Abgang nach außen,
2. Block: Quersitz, Knien, Stütz-Abhocken nach innen und Landung

Kür:

Möglichkeit 1: 10 der folgenden Kürelemente (A-Pflichtkür gemäß Aufgabenheft Voltigieren) müssen in der Pflichtkür enthalten sein, um die Höchstpunktzahl 5,0 für den Wert der Schwierigkeit zu erreichen:

- Aufsprung in den Innen- oder Außensitz
- Aufsprung ins Knien mit Partnerhilfe von oben
- Kürabgang aus der unteren Ebene über den Stütz
- Kürabgang aus der mittleren Ebene (als Partnerübung)
- Positionswechsel im Sitzen
- Rollbewegung
- Sitzen rw vor dem Gurt
- Querlieger
- Übung in der Schlaufe
- Schulterstand mit Partnerhilfe
- Bank rl auf der Kruppe mit Abspreizen eines Beines
- Prinzensitz frei in beliebiger Richtung

Möglichkeit 2: Partnerübungen aus den Anforderungen des Motivationsabzeichens (z.B. Kleines Hufeisen)
Es dürfen nicht mehr als 2 Voltigierer gleichzeitig auf dem Pferd sein.
Zeit für die Kür: 6 Minuten (kann auch kürzer ausgeschrieben werden)
Der Veranstalter entscheidet sich für jeweils eine der Möglichkeiten in der Pflicht und in der Kür. Die Vorführung beginnt auf beliebiger Hand. Ein Handwechsel kann vorgeschrieben sein. Er erfolgt zwischen Pflicht und Kür.

Bewertung:
Für die Einzelübungen bekommt jeder Voltigierer eine WN von 10 bis 0 (eine Dezimalstelle). Für die Partnerübungen gibt es eine WN für die Ausführung und je nach Ausschreibung für die Schwierigkeit. Darüber hinaus können WN für die Gestaltung der Kür und für das Longieren des Pferdes vergeben werden. Die WN werden zusammenaddiert (WN = Punktzahl). Die Gruppe mit der höchsten Punktzahl gewinnt (Bewertungsbogen ➜ nächste Seite).

Ausrüstung:
Ausrüstung des Pferdes: Trensenzaum mit Gebiss und Reithalfter oder Kappzaum, Voltigiergurt mit 2 Griffen, 2 Fußschlaufen, einer Halteschlaufe und einer Unterlage, Gelkissen, Pad (max. 100 x 90 x 3 cm), 2 Ausbindezügel mit oder ohne Gummiringe oder Laufferzügel als seitliches Dreieck (max. 15 cm Abstand), Longe am inneren Trensenring oder am mittleren Ring des Kappzaums befestigt, Beinschutz, Fliegenschutz
Ausrüstung des Voltigierers: sportgerechte und zweckmäßige Kleidung, (Arm-)Nummern
Ausrüstung des Longenführers: Kleidung auf die Gruppe abgestimmt, Longierpeitsche

Zusätzliche Bestimmungen:
Mindestalter des Pferdes: 6 Jahre
Alter des Teilnehmers: siehe evtl. Altersbegrenzung in der Ausschreibung
Gruppenstärke: 6 bis 10 Teilnehmer
Mindestalter des Longenführers: 16 Jahre oder im Besitz des DLA Kl. IV

Bewertungsbogen für A-Gruppen

Veranstalter: .... am: ....

Gruppe: ....

Longenführer/in: .... Pferd: ....

Gesamtzeit für Pflicht und Kür – 11:00 Minuten

Nr.	Name, Vorname	Jahrgang	Aufsprung	Freier Grundsitz	Bank-Fahne	Liegestütz	Quersitz	Knien	Stütz-Abhocken nach innen	Landung	Summe
1											
2											
3											
4											
5											
6											
7											
8											
E9											
Summe											

Protokoll:

- ☐ 1. Aufsprung in den Innen- oder Außensitz
- ☐ 2. Aufsprung ins Knien mit Partnerhilfe von oben
- ☐ 3. Kürabgang aus der unteren Ebene über den Stütz
- ☐ 4. Kürabgang aus der mittleren Ebene (als Partnerübung)
- ☐ 5. Positionswechsel im Sitzen
- ☐ 6. Rollbewegung
- ☐ 7. Sitzen rw vor dem Gurt
- ☐ 8. Querlieger
- ☐ 9. Übung in der Schlaufe
- ☐ 10. Schulterstand mit Partnerhilfe
- ☐ 11. Bank rl auf der Kruppe mit Abspreizen eines Beines
- ☐ 12. Prinzensitz frei in beliebiger Richtung

Notensumme Pflicht	: 8 =		x 1,5 =	
Kür-Schwierigkeit (max. 5,0)			x 1,5 =	
Kür-Gestaltung (max. 5,0)			x 1,5 =	
Kür-Ausführung (max. 10,0)			x 3 =	
Gesamteindruck			x 1 =	
Pferdenote			x 1 =	
Notensumme Pflicht, Kür und Pferdenote			=	
Endnote			: 20 =	
Platzierung				

Richter A ☐ **B ☐** **C ☐** (bitte ankreuzen!)

....
(Unterschrift)

Kürzel

T = Taktfehler
G = fehlender Galoppsprung
K = fehlendes Knien
H = Hand
W = Wiederholen
B = Bodenberührung/Fallen
Z = Zusammenbrechen einer Übung
L = harte Landung auf dem Pferd

WB 303 Gruppenvoltigier-WB im Galopp – Schritt – Schritt

Anforderungen:

Pflicht:

A-Pflicht in 2 Blöcken, 1. Block im Galopp, 2. Block im Schritt:

<u>1. Block:</u> Aufsprung (mit Hilfestellung), freier Grundsitz, Bank – Fahne, Liegestütz mit Abgang nach außen

<u>2. Block:</u> Quersitz, Knien, Stütz-Abhocken nach innen und Landung

Kür:

10 der folgenden Kürelemente (A-Pflichtkür gemäß Aufgabenheft Voltigieren) müssen in der Pflichtkür enthalten sein, um die Höchstpunktzahl 5,0 für den Wert der Schwierigkeit zu erreichen:

- Aufsprung in den Innen- oder Außensitz
- Aufsprung ins Knien mit Partnerhilfe von oben
- Kürabgang aus der unteren Ebene über den Stütz
- Kürabgang aus der mittleren Ebene (als Partnerübung)
- Positionswechsel im Sitzen
- Rollbewegung
- Sitzen rw vor dem Gurt
- Querlieger
- Übung in der Schlaufe
- Schulterstand mit Partnerhilfe
- Bank rl auf der Kruppe mit Abspreizen eines Beines
- Prinzensitz frei in beliebiger Richtung

Es dürfen nicht mehr als 2 Voltigierer gleichzeitig auf dem Pferd sein.
Zeit für die Kür: 5 Minuten
Die Vorführung beginnt auf beliebiger Hand. Ein Handwechsel kann vorgeschrieben sein. Er erfolgt zwischen Pflicht und Kür.

Bewertung:

Die Bewertung erfolgt analog des Bewertungsbogens für A-Gruppen (➔ Seite 188).

Ausrüstung:

<u>Ausrüstung des Pferdes:</u> Trensenzaum mit Gebiss und Reithalfter oder Kappzaum, Voltigiergurt mit 2 Griffen, 2 Fußschlaufen, einer Halteschlaufe und einer Unterlage, Gelkissen, Pad (max. 100 x 90 x 3 cm), 2 Ausbindezügel mit oder ohne Gummiringe oder Laufferzügel als seitliches Dreieck (max. 15 cm Abstand), Longe am inneren Trensenring oder am mittleren Ring des Kappzaums befestigt, Beinschutz, Fliegenschutz

<u>Ausrüstung des Voltigierers:</u> sportgerechte und zweckmäßige Kleidung, (Arm-)Nummern
<u>Ausrüstung des Longenführers:</u> Kleidung auf die Gruppe abgestimmt, Longierpeitsche

Zusätzliche Bestimmungen:
Mindestalter des Pferdes: 6 Jahre
Gruppenstärke: 6 bis 10 Teilnehmer (evtl. Altersgrenze in Ausschreibung festlegen)
Mindestalter des Longenführers: 16 Jahre oder im Besitz des DLA Kl. IV

WB 304 Gruppenvoltigier-WB im Galopp – Galopp – Schritt

Anforderungen:
Pflicht:
A-Pflicht in 2 Blöcken im Galopp

1. Block: Aufsprung (mit Hilfestellung), freier Grundsitz, Bank – Fahne, Liegestütz mit Abgang nach außen
2. Block: Quersitz, Knien, Stütz-Abhocken nach innen und Landung

Kür:
10 der folgenden Kürelemente (A-Pflichtkür gemäß Aufgabenheft Voltigieren) müssen in der Pflichtkür enthalten sein, um die Höchstpunktzahl 5,0 für den Wert der Schwierigkeit zu erreichen:

- Aufsprung in den Innen- oder Außensitz
- Aufsprung ins Knien mit Partnerhilfe von oben
- Kürabgang aus der unteren Ebene über den Stütz
- Kürabgang aus der mittleren Ebene (als Partnerübung)
- Positionswechsel im Sitzen
- Rollbewegung
- Sitzen rw vor dem Gurt
- Querlieger
- Übung in der Schlaufe
- Schulterstand mit Partnerhilfe
- Bank rl auf der Kruppe mit Abspreizen eines Beines
- Prinzensitz frei in beliebiger Richtung

Es dürfen nicht mehr als 2 Voltigierer gleichzeitig auf dem Pferd sein.
Zeit für die Kür: 5 Minuten
Die Vorführung beginnt auf beliebiger Hand. Ein Handwechsel kann vorgeschrieben sein. Er erfolgt zwischen Pflicht und Kür.

Bewertung:
Die Bewertung erfolgt analog des Bewertungsbogens für A-Gruppen (➔ Seite 188).

Ausrüstung:
Ausrüstung des Pferdes: Trensenzaum mit Gebiss und Reithalfter oder Kappzaum, Voltigiergurt mit 2 Griffen, 2 Fußschlaufen, einer Halteschlaufe und einer Unterlage, Gelkissen, Pad (max. 100 x 90 x 3 cm), 2 Ausbindezügel mit oder ohne Gummiringe oder Laufferzügel als seitliches Dreieck (max. 15 cm Abstand), Longe am inneren Trensenring oder am mittleren Ring des Kappzaums befestigt, Beinschutz, Fliegenschutz

<u>Ausrüstung des Voltigierers:</u> sportgerechte und zweckmäßige Kleidung, (Arm-)Nummern
<u>Ausrüstung des Longenführers:</u> Kleidung auf die Gruppe abgestimmt, Longierpeitsche

Zusätzliche Bestimmungen:
Mindestalter des Pferdes: 6 Jahre
Gruppenstärke: 6 bis 10 Teilnehmer (evtl. Altersgrenze in Ausschreibung festlegen)
Mindestalter des Longenführers: 16 Jahre oder im Besitz des DLA Kl. IV

WB 305 Gruppenvoltigier-WB im Galopp

Anforderungen:
Pflicht:
A-Pflicht in 2 Blöcken im Galopp

1. Block: Aufsprung mit Hilfestellung, freier Grundsitz, Bank – Fahne, Liegestütz mit Abgang nach außen
2. Block: Quersitz, Knien, Stütz-Abhocken nach innen und Landung

Kür im Galopp:
10 der folgenden Kürelemente (A-Pflichtkür gemäß Aufgabenheft Voltigieren) müssen in der Pflichtkür enthalten sein, um die Höchstpunktzahl 5,0 für den Wert der Schwierigkeit zu erreichen:

- Aufsprung in den Innen- oder Außensitz
- Aufsprung ins Knien mit Partnerhilfe von oben
- Kürabgang aus der unteren Ebene über den Stütz
- Kürabgang aus der mittleren Ebene (als Partnerübung)
- Positionswechsel im Sitzen
- Rollbewegung
- Sitzen rw vor dem Gurt
- Querlieger
- Übung in der Schlaufe
- Schulterstand mit Partnerhilfe
- Bank rl auf der Kruppe mit Abspreizen eines Beines
- Prinzensitz frei in beliebiger Richtung

Es dürfen nicht mehr als 2 Voltigierer gleichzeitig auf dem Pferd sein.
Zeit für die Kür: 5 Minuten
Die Vorführung beginnt auf beliebiger Hand. Ein Handwechsel kann vorgeschrieben sein. Er erfolgt zwischen Pflicht und Kür.

Bewertung:
Die Bewertung erfolgt analog des Bewertungsbogens für A-Gruppen (➔ Seite 188).

Ausrüstung:
Ausrüstung des Pferdes: Trensenzaum mit Gebiss und Reithalfter oder Kappzaum, Voltigiergurt mit 2 Griffen, 2 Fußschlaufen, einer Halteschlaufe und einer Unterlage, Gelkissen, Pad (max. 100 x 90 x 3 cm), 2 Ausbindezügel mit oder ohne Gummiringe oder Laufferzügel als seitliches Dreieck (max. 15 cm Abstand), Longe am inneren Trensenring oder am mittleren Ring des Kappzaums befestigt, Beinschutz, Fliegenschutz

Ausrüstung des Voltigierers: sportgerechte und zweckmäßige Kleidung, (Arm-)Nummern
Ausrüstung des Longenführers: Kleidung auf die Gruppe abgestimmt, Longierpeitsche

Zusätzliche Bestimmungen:
Mindestalter des Pferdes: 6 Jahre
Gruppenstärke: 6 bis 10 Teilnehmer (evtl. Altersgrenze in Ausschreibung festlegen)
Mindestalter des Longenführers: 16 Jahre oder im Besitz des DLA Kl. IV

WB 306 Einsteiger-WB im Einzelvoltigieren (Kür im Schritt)

Anforderungen:

Pflicht:
A-Pflicht in 2 Blöcken im Galopp
1. Block: Aufsprung mit Hilfestellung, freier Grundsitz, Bank – Fahne, Liegestütz mit Abgang nach außen
2. Block: Quersitz, Knien, Stütz-Abhocken nach innen und Landung
Als Pflicht kann auch die L-Pflicht gefordert werden. Die Ausschreibung legt das fest.

Kür:
Der Voltigierer zeigt eine frei zusammengestellte Kür im Schritt.
Zeit für die Kür: 1 Minute

Bewertung:
Die Bewertung erfolgt analog des Bewertungsbogens für Einzelvoltigieren (➔ nächste Seite).

Ausrüstung:
Ausrüstung des Pferdes: Trensenzaum mit Gebiss und Reithalfter oder Kappzaum, Voltigiergurt mit 2 Griffen, 2 Fußschlaufen, einer Halteschlaufe und einer Unterlage, Gelkissen, Pad (max. 100 x 90 x 3 cm), 2 Ausbindezügel mit oder ohne Gummiringe oder Laufferzügel als seitliches Dreieck (max. 15 cm Abstand), Longe am inneren Trensenring oder am mittleren Ring der Kappzaums befestigt, Beinschutz, Fliegenschutz
Ausrüstung des Voltigierers: sportgerechte und zweckmäßige Kleidung, (Arm-)Nummern
Ausrüstung des Longenführers: funktionale, angemessene Kleidung, Longierpeitsche

Zusätzliche Bestimmungen:
Mindestalter des Pferdes: 6 Jahre
Mindestalter des Voltigierers: 12 Jahre
Mindestalter des Longenführers: 16 Jahre oder im Besitz des DLA Kl. IV

Bewertungsbogen für Einzelvoltigieren

Veranstalter: ....

am: .... Durchgang: ....

Name: .... Jahrgang: ....

Verein: .... Pferd: ....

Start-Nr.: .... Longenführer/in: ....

Zeit für die Kür – 1:00 Minute

Pflicht:

Aufsprung	Freier Grundsitz	Fahne	Stehen	Stützschwung vorlings	Halbe Mühle	Stützschwung rl, Abgang aus dem Rückwärtssitz nach innen

Kür:

Schwierigkeit (max. 10,0)		x 1 =		Notensumme Pflicht =	
Gestaltung (max. 10,0)		x 2 =		Notensumme Kür =	
Ausführung (max. 10,0)		x 3 =		Pferdenote =	
				Notensumme Pflicht, Kür und Pferdenote =	
				: 14 = vorläufige Endnote =	
				Abzüge von der vorläufigen Endnote =	
				Endnote =	
				Platzierung =	

Protokoll:

☐ 1. Standspagat vw

☐ 2. Prinzensitz sw frei

☐ 3. Stütz auf der Kruppe

☐ 4. Rollbewegung

☐ 5. Aufsprung in den Außensitz als Bodensprung

Richter A ☐ B ☐ C ☐ (bitte ankreuzen!)

....

(Unterschrift)

Schwierigkeit: Jedes gezeigte Pflichtkürelement wird mit 1,0 bewertet. Zuzüglich zählen nur die weiteren 5 schwierigsten Übungsteile mit
S x 1,0 M x 0,5

Kürzel

T = Taktfehler
G = fehlender Galoppsprung
K = fehlendes Knien
H = Hand
W = Wiederholen
B = Bodenberührung/Fallen
Z = Zusammenbrechen einer Übung
L = harte Landung auf dem Pferd

WB 307 Einsteiger-WB im Doppelvoltigieren

Anforderungen:
2 Voltigierer zeigen eine frei zusammengestellte Kür im Schritt oder Galopp (je nach Ausschreibung). Die Gesamtzeit der Vorführung beträgt max. 2 Minuten.

Bewertung:
Die Vorführung wird mit 2 WN (A- und B-Note) von 10 bis 0 (eine Dezimalstelle) bewertet. A-Note für die Ausführung der Kürübungen und ihre Ausführung und B-Note für die künstlerische Gestaltung (Musik). Diese beiden Noten entsprechen einer Punktzahl und werden addiert. Das Paar mit der höchsten Punktzahl gewinnt.

Ausrüstung:
Ausrüstung des Pferdes: Trensenzaum mit Gebiss und Reithalfter oder Kappzaum, Voltigiergurt mit 2 Griffen, 2 Fußschlaufen, einer Halteschlaufe und einer Unterlage, Gelkissen, Pad (max. 100 x 90 x 3 cm), 2 Ausbindezügel mit oder ohne Gummiringe oder Laufferzügel als seitliches Dreieck (max. 15 cm Abstand), Longe am inneren Trensenring oder am mittleren Ring des Kappzaums befestigt, Beinschutz, Fliegenschutz
Ausrüstung des Voltigierers: sportgerechte und zweckmäßige Kleidung
Ausrüstung des Longenführers: funktionale angemessene Kleidung, Longierpeitsche

Zusätzliche Bestimmungen:
Mindestalter des Pferdes: 6 Jahre
Gruppenstärke: 2 Teilnehmer (evtl. Altersgrenze in Ausschreibung festlegen)
Mindestalter des Longenführers: 16 Jahre oder im Besitz des DLA Kl. IV

WB 308 Themenvoltigier-WB mit Kostümen

Anforderungen:
Die Voltigierer zeigen eine frei zusammengestellte Vorführung im Schritt zu einem bestimmten Motto. Maximal 2 Voltigierer sind gleichzeitig auf dem Pferd. Die Kostüme und die Musik sind an das Thema angepasst. Vokalmusik ist erlaubt. Die Vorführung darf auf beliebiger Hand erfolgen. Ein Handwechsel ist erlaubt.

Bewertung:
Die Vorführung wird mit 2 WN (A- und B-Note) von 10 bis 0 (eine Dezimalstelle) bewertet. A-Note für die Ausführung der Kürübungen und ihre Ausführung und B-Note für die künstlerische Gestaltung (Musik und Kostüme). Diese beiden Noten entsprechen einer Punktzahl und werden addiert. Die Gruppe mit der höchsten Punktzahl gewinnt.
Die Gesamtzeit der Vorführung beträgt 6 bis 10 Minuten.

Ausrüstung:
Ausrüstung des Pferdes: Trensenzaum mit Gebiss und Reithalfter oder Kappzaum, Voltigiergurt mit 2 Griffen, 2 Fußschlaufen, einer Halteschlaufe und einer Unterlage, Gelkissen, Pad (max. 100 x 90 x 3 cm), 2 Ausbindezügel mit oder ohne Gummiringe oder Laufferzügel als seitliches Dreieck (max. 15 cm Abstand), Longe am inneren Trensenring oder am mittleren Ring des Kappzaums befestigt, Beinschutz, Fliegenschutz
Ausrüstung des Voltigierers: sportgerechte und zweckmäßige Kleidung, Kostüm
Ausrüstung des Longenführers: Kleidung auf die Gruppe abgestimmt, Longierpeitsche

Zusätzliche Bestimmungen:
Mindestalter des Pferdes: 6 Jahre
Gruppenstärke: 4 bis 10 Teilnehmer (evtl. Altersgrenze in Ausschreibung festlegen)
Mindestalter des Longenführers: 16 Jahre oder im Besitz des DLA Kl. IV

WB 309 Pas-de-Deux-WB mit Kostümen

Anforderungen:
2 Voltigierer zeigen eine frei zusammengestellte Vorführung im Schritt oder Galopp in Anlehnung an die Klasse A zu einem bestimmten Motto. Beide Voltigierer dürfen gleichzeitig auf dem Pferd sein. Die Kostüme und die Musik sind an das Thema angepasst. Vokalmusik ist erlaubt. Die Vorführung darf auf beliebiger Hand erfolgen.

Bewertung:
Die Vorführung wird mit 2 WN (A- und B-Note) von 10 bis 0 (eine Dezimalstelle) bewertet. A-Note für die Ausführung der Kürübungen und ihre Ausführung und B-Note für die künstlerische Gestaltung (Musik und Kostüme). Diese beiden Noten entsprechen einer Punktzahl und werden addiert. Das Paar mit der höchsten Punktzahl gewinnt.
Die Gesamtzeit der Vorführung beträgt max. 2 Minuten.

Ausrüstung:
Ausrüstung des Pferdes: Trensenzaum mit Gebiss und Reithalfter oder Kappzaum, Voltigiergurt mit 2 Griffen, 2 Fußschlaufen, einer Halteschlaufe und einer Unterlage, Gelkissen, Pad (max. 100 x 90 x 3 cm), 2 Ausbindezügel mit oder ohne Gummiringe oder Laufferzügel als seitliches Dreieck (max. 15 cm Abstand), Longe am inneren Trensenring oder am mittleren Ring des Kappzaums befestigt, Beinschutz, Fliegenschutz
Ausrüstung des Voltigierers: sportgerechte und zweckmäßige Kleidung, Kostüm
Ausrüstung des Longenführers: Kleidung auf die Gruppe abgestimmt, Longierpeitsche

Zusätzliche Bestimmungen:
Mindestalter des Pferdes: 6 Jahre
Gruppenstärke: 2 Teilnehmer (evtl. Altersgrenze in Ausschreibung festlegen)
Mindestalter des Longenführers: 16 Jahre oder im Besitz des DLA Kl. IV

WB 310 Geschicklichkeitsvoltigier-WB mit Ringen und Reifen

Anforderungen:
Es werden insgesamt 5 Aufgaben absolviert:
1. Ein Voltigierer sitzt auf dem Pferd und versucht von oben den Reifen über die aufgestellten Kegel zu werfen. Zeit: 1 Minute
2. Ein Voltigierer versucht auf dem Pferd die Ringe zu fangen, die die anderen Voltigierer, die um die Zirkellinie verteilt stehen, ihm zuwerfen. Zeit: 1 Minute
3. Ein Voltigierer versucht auf dem Pferd im Stehen den Hula-Hoop-Reifen zu schwingen. Während dieser Zeit versucht ein weiterer Voltigierer so viele Aufsprünge wie möglich auf einem Holzpferd (stellt der Veranstalter) zu absolvieren (Minitrampolin kann zugelassen werden und ist ggf. mitzubringen). Zeit: 1½ Minuten
4. Beim „Ringvoltigieren" versucht ein Voltigierer mit einer „Lanze" vom Pferd aus so viele Ringe wie möglich von den umstehenden Voltigierern zu bekommen. Zeit: 1 Minute
5. In einem 2-minütigen Abschluss-Schaubild zeigt die Gruppe ein schönes Bild der olympischen Ringe.

Bewertung:
Jede Aufgabe (1 bis 4) wird von max. 2 Voltigierern gezeigt. Die Höchstpunktzahl kommt in die Wertung. Die Punkte aus den Aufgaben 1 bis 4 werden addiert. Für das Abschluss-Schaubild wird eine WN von 10 bis 0 (eine Dezimalstelle) vergeben. Die WN wird mit 2 multipliziert und zu der Summe aus den Aufgaben von 1 bis 4 hinzuaddiert. Die Mannschaft mit der höchsten Punktzahl gewinnt.

Ausrüstung:
<u>Ausrüstung des Pferdes:</u> Trensenzaum mit Gebiss und Reithalfter oder Kappzaum, Voltigiergurt mit 2 Griffen, 2 Fußschlaufen, einer Halteschlaufe und einer Unterlage, Gelkissen, Pad (max. 100 x 90 x 3 cm), 2 Ausbindezügel mit oder ohne Gummiringe oder Laufferzügel als seitliches Dreieck (max. 15 cm Abstand), Longe am inneren Trensenring oder am mittleren Ring der Kappzaums befestigt, Beinschutz, Fliegenschutz
<u>Ausrüstung des Voltigierers:</u> sportgerechte und zweckmäßige Kleidung
<u>Ausrüstung des Longenführers:</u> Kleidung auf die Gruppe abgestimmt, Longierpeitsche

Zusätzliche Bestimmungen:
Mindestalter des Pferdes: 6 Jahre
Gruppenstärke: 5 bis 10 Teilnehmer (evtl. Altersgrenze in Ausschreibung festlegen)
Mindestalter des Longenführers: 16 Jahre oder im Besitz des DLA Kl. IV
Ringe und Reifen sowie die „Lanze" stellt der Veranstalter.

WB 311 Triathlon für Voltigierstafetten

Anforderungen:

Jede Stafette besteht aus 3 Teilnehmern: Während eines Durchlaufes sind mehrere Aufgaben zu absolvieren:

1. Der erste Teilnehmer (mindestens 14 Jahre alt) führt das Voltigierpferd durch einen Parcours (z.B. Slalom, Kehrtvolte, Bodenrick etc.).
2. Der zweite Voltigierer zeigt auf dem Holzpferd so viele Pflichtübungen wie möglich.
3. Der dritte Teilnehmer (zeitgleich mit dem zweiten Teilnehmer) versucht auf dem Pferd so viele Tennisbälle wie möglich in die um den Zirkel aufgestellten Eimer zu werfen.

Für die Aufgaben 2 und 3 beträgt die erlaubte Zeit 2 Minuten.

Bewertung:

Es werden die benötigte Zeit für den Parcours, die Anzahl der Pflichtübungen und die Anzahl der Bälle im Eimer gewertet. In der Teilprüfung 1 entspricht die Anzahl der Stafetten der höchstmöglichen Punktzahl (z.B. 10 teilnehmende Stafetten sind am Start, d.h. die schnellste erhält 10 Punkte, die zweite erhält 9 Punkte usw. Die Anzahl der Pflichtübungen aus Teilprüfung 2 und die Anzahl der Tennisbälle aus Teilprüfung 3 werden dazuaddiert. Die Stafette mit der höchsten Punktzahl gewinnt.

Ausrüstung:

Ausrüstung des Pferdes: Trensenzaum mit Gebiss und Reithalfter oder Kappzaum, Voltigiergurt mit 2 Griffen, 2 Fußschlaufen, einer Halteschlaufe und einer Unterlage, Gelkissen, Pad (max. 100 x 90 x 3 cm), 2 Ausbindezügel mit oder ohne Gummiringe oder Laufferzügel als seitliches Dreieck (max. 15 cm Abstand), Longe am inneren Trensenring oder am mittleren Ring des Kappzaums befestigt, Beinschutz, Fliegenschutz
Ausrüstung des Voltigierers: sportgerechte und zweckmäßige Kleidung
Ausrüstung des Longenführers: Kleidung auf die Gruppe abgestimmt, Longierpeitsche

Zusätzliche Bestimmungen:

Mindestalter des Pferdes: 6 Jahre
Gruppenstärke: 3 Teilnehmer, einer mindestens 14 Jahre alt (evtl. Altersgrenze in Ausschreibung festlegen)
Mindestalter des Longenführers: 16 Jahre oder im Besitz des DLA Kl. IV

WB 312 Catwalk

Anforderungen:
Dieses Spiel kann sowohl ohne als auch mit Zeitnahme erfolgen oder endet grundsätzlich nach 2 Minuten für jeden Voltigierer. Der Voltigierer sitzt auf dem Pferd. Um den Zirkel verteilt stehen Ständer. An jedem hängt ein Bekleidungsstück. Es geht immer mit der Mütze los. Diese versucht der Voltigierer – ebenso wie alle anderen Kleidungsstücke – möglichst schnell und ordentlich anzuziehen.
Es wird folgendes Material benötigt: 7 Ständer, eine Mütze, ein Schal, ein Paar Handschuhe, ein Paar Stulpen, eine Weste

Bewertung:
Die Zeitnahme erfolgt immer ab Mützenkontakt bis zum Überstreifen/Anziehen des letzten Teils oder es werden die Kleidungsstücke gezählt, die innerhalb von 2 Minuten angelegt werden konnten. Die Gruppe mit den insgesamt meisten angezogenen Kleidungsstücken oder der insgesamt niedrigsten Zeit gewinnt.

Ausrüstung:
Ausrüstung des Pferdes: Trensenzaum mit Gebiss und Reithalfter oder Kappzaum, Voltigiergurt mit 2 Griffen, 2 Fußschlaufen, einer Halteschlaufe und einer Unterlage, Gelkissen, Pad (max. 100 x 90 x 3 cm), 2 Ausbindezügel mit oder ohne Gummiringe oder Laufferzügel als seitliches Dreieck (max. 15 cm Abstand), Longe am inneren Trensenring oder am mittleren Ring des Kappzaums befestigt, Beinschutz, Fliegenschutz
Ausrüstung des Voltigierers: sportgerechte und zweckmäßige Kleidung
Ausrüstung des Longenführers: Kleidung auf die Gruppe abgestimmt, Longierpeitsche

Zusätzliche Bestimmungen:
Mindestalter des Pferdes: 6 Jahre
Gruppenstärke: 6 bis 8 Teilnehmer (evtl. Altersgrenze in Ausschreibung festlegen)
Mindestalter des Longenführers: 16 Jahre oder im Besitz des DLA Kl. IV

WB 313 Longier-WB für Longenführer

Anforderungen:
Nach Weisung der Richter longiert der Longenführer das Pferd auf beiden Händen. Die Aufgabenstellung entspricht inhaltlich etwa dem Longierabzeichen Klasse III (➔ „Leitfaden zur Longieraufgabe für das DLA Kl. III", nächste Seite).

Bewertung:
Das Longieren einschließlich des Verschnallens der Hilfszügel, der Hilfengebung und des Handwechsels wird mit einer WN von 10 bis 0 (eine Dezimalstelle) bewertet.

Ausrüstung:
<u>Ausrüstung des Pferdes:</u> Trensenzaum mit Gebiss und Reithalfter oder Kappzaum, Voltigiergurt mit 2 Griffen, 2 Fußschlaufen, einer Halteschlaufe und einer Unterlage, Gelkissen, Pad (max. 100 x 90 x 3 cm), 2 Ausbindezügel mit oder ohne Gummiringe oder Laufferzügel als seitliches Dreieck (max. 15 cm Abstand), Longe am inneren Trensenring oder am mittleren Ring des Kappzaums befestigt, Beinschutz, Fliegenschutz
<u>Ausrüstung des Longenführers:</u> funktionale, angemessene Kleidung, Longierpeitsche

Zusätzliche Bestimmungen:
Mindestalter des Pferdes: 6 Jahre
Mindestalter des Longenführers: 14 Jahre oder im Besitz des DLA Kl. IV

Leitfaden zur Longieraufgabe für das DLA Kl. III

(Ausrüstung in Anlehnung an die Richtlinien für Reiten, Fahren und Voltigieren (FN), Band 6. Longe im inneren Gebissring angebracht; Hilfszügel: einfacher Ausbindezügel, Laufferzügel, in begründeten Fällen Dreieckszügel)

Longenführer führt das Pferd in die Zirkelmitte.
Grußaufstellung.
Vorstellen des Pferdes (Alter und Ausbildungsstand).
Hinauslassen des Pferdes auf die linke Hand. (Damit wird dem Prüfling das Einstellen der Hilfszügel erleichtert. Er kommt mit für die linke Hand eingestellten Zügeln in die Bahn. Außerdem spart man Zeit in der Prüfung.)
Longieren nach Weisung der Richter:

- Hinauslongieren oder Anlongieren im Mittelschritt.
- Im Arbeitstempo antraben.
- Im Arbeitstempo angaloppieren.
- Arbeitstrab.
- Mittelschritt.
- Im Arbeitstempo angaloppieren.
- 2-mal die Galoppsprünge verlängern und verkürzen.
- Arbeitstrab.
- Den Zirkel verkleinern und vergrößern.
- Über Mittelschritt zum Halten durchparieren.
- Handwechsel (lt. Richtinien für Reiten, Fahren und Voltigieren (FN), Band 6).
  Hinauslongieren oder Anlongieren im Mittelschritt. Halten.
- Arbeitstrab.
- Arbeitsgalopp.
- Arbeitstrab.
- Den Zirkel verlagern,
  dabei die Trabtritte 2-mal verlängern und verkürzen.
- Mittelschritt.
- Halten.

Aufnehmen der Longe.
Grußaufstellung.
Verlassen des Zirkels.

Herausgeber: Deutsche Reiterliche Vereinigung e.V. (FN),
Abteilung Ausbildung, 48229 Warendorf, Stand: Januar 2010

WB 314 Voltigierpferde-Eignungs-WB

Anforderungen:
Zunächst wird das Pferd ausgebunden auf beiden Händen in den 3 Grundgangarten vorgestellt. Anschließend zeigen 3 Voltigierer je einen Pflichtblock nach Wahl im Galopp und danach 5 Partnerübungen im Schritt.

Bewertung:
Das Gehen und An-den-Hilfen-Sein des Pferdes in allen Bereichen des Wettbewerbes wird mit einer WN von 10 bis 0 (eine Dezimalstelle) bewertet.

Ausrüstung:
Ausrüstung des Pferdes: Trensenzaum mit Gebiss und Reithalfter oder Kappzaum, Voltigiergurt mit 2 Griffen, 2 Fußschlaufen, einer Halteschlaufe und einer Unterlage, Gelkissen, Pad (max. 100 x 90 x 3 cm), 2 Ausbindezügel mit oder ohne Gummiringe oder Laufferzügel als seitliches Dreieck (max. 15 cm Abstand), Longe am inneren Trensenring oder am mittleren Ring des Kappzaums befestigt, Beinschutz, Fliegenschutz
Ausrüstung des Voltigierers: sportgerechte und zweckmäßige Kleidung
Ausrüstung des Longenführers: funktionale, angemessene Kleidung, Longierpeitsche

Zusätzliche Bestimmungen:
Mindestalter des Pferdes: 5 Jahre
Gruppenstärke: 3 Teilnehmer
Mindestalter des Longenführers: 16 Jahre oder im Besitz des DLA Kl. IV

Weitere Tipps zu Voltigierspielen:
„Voltigierer und Pferde spielend motivieren" von Hildegard Rosemann/ **FN***verlag*, Warendorf.

4 Gefahrene Wettbewerbe

WB 401 Freie Präsentation und Ausschirren

Anforderungen:
Der Fahrer (und mindestens ein Begleiter) fährt sein Gespann vorschriftsmäßig und korrekt angeschirrt auf den WB-Platz ein und präsentiert sein Gespann 3 Minuten nach freiem Ermessen. Nach dem Aufmarschieren wird das Pferd ausgespannt, gehalftert (wenn das Halfter nicht untergelegt ist) und abgeschirrt. Grundkenntnisse im Achenbachsystem werden empfohlen.

Bewertung:
Bewertet werden das freie Präsentieren, das korrekte Ausspannen, Aufhalftern, das Abschirren und die korrekte Anspannung des Gespannes mit je einer WN von 10 bis 0 (eine Dezimalstelle), diese WN werden addiert.

Ausrüstung:
<u>Ausrüstung des Pferdes:</u> Achenbachgeschirre, pferdeschonende Geschirre
Gebiss: Reit- und Fahrgebisse mit Stange, einfach oder doppelt gebrochene Fahrtrensen; Fahrzaum mit Blendklappen
Einspänner mit Schlagriemen oder Hintergeschirr
Erlaubt: Beinschutz, Nasennetz (Nosecover), Hufglocken, Ohrenfliegenschutz, pferdeschonende Geschirrunterlagen
<u>Ausrüstung des Fahrers/Beifahrers:</u> festes Schuhwerk, Handschuhe, Helm und Peitsche
<u>Ausrüstung des Wagens:</u> Alle Wagen mit Fuß- und Feststellbremse und alle Arten von Rädern sind erlaubt.

Zusätzliche Bestimmungen:
Mindestalter des Pferdes: 4 Jahre
Mindestalter des Fahrers: 10 Jahre
Mindestalter des Beifahrers: mindestens 16 Jahre.
Ist der Fahrer unter 14 Jahre alt, muss ein Beifahrer mindestens 18 Jahre alt und mindestens im Besitz des DFA Kl. IV sein.

WB 402 Fahrer-WB für Ein- und Zweispänner

Anforderungen:
Prüfungsplatz 40 x 80 m mit Buchstaben
Der Fahrer bekommt eine Skizze oder die Aufgabenstellung ausgehändigt oder er fährt nach Weisung der Richter/Prüfer Breitensport (Fahren). Es kann im Schritt und Trab gefahren werden. Ebenso können kleine Bewegungsaufgaben gestellt werden. Grundkenntnisse im Achenbachsystem werden empfohlen.

Bewertung:
Beurteilt werden die Hilfengebung, Zusammenpassen von Fahrer, Pferd und Wagen sowie Haltung, Leinen und Peitschenführung, der Gesamteindruck im Sinne eines harmonischen Eindrucks von Fahrer und Pferd. Es können WN von 0 bis 10 (eine Dezimalstelle) vergeben werden. Es ist aber auch ebenso möglich, eine Rangierung ohne Vergabe von WN vorzunehmen.

Ausrüstung:
<u>Ausrüstung des Pferdes:</u> Achenbachgeschirre, pferdeschonende Geschirre
Gebiss: Reit- und Fahrgebisse mit Stange, einfach oder doppelt gebrochene Fahrtrensen; Fahrzaum mit Blendklappen
Einspänner mit Schlagriemen oder Hintergeschirr
Erlaubt: Beinschutz, Nasennetz (Nosecover), Hufglocken, Ohrenfliegenschutz, pferdeschonende Geschirrunterlagen
<u>Ausrüstung des Fahrers/Beifahrers:</u> sichere, zweckmäßige Kleidung, passende Kopfbedeckung oder Helm (bis einschließlich 18 Jahre vorgeschrieben), festes Schuhwerk, Handschuhe, Peitsche
<u>Ausrüstung des Wagens:</u> Alle Wagen mit Fuß- und Feststellbremse und alle Arten von Rädern sind erlaubt.

Zusätzliche Bestimmungen:
Mindestalter des Pferdes: 4 Jahre
Mindestalter des Fahrers: 10 Jahre
Mindestalter des Beifahrers: 16 Jahre
Ist der Fahrer unter 14 Jahre alt, muss ein Beifahrer mindestens 18 Jahre alt und mindestens im Besitz des DFA Kl. IV sein.

Weiteres Ausschreibungsbeispiel mit ergänzenden Anforderungen:
- Fahrer-WB mit Leine vermessen – Leine aufnehmen.
  Einfahren, Gruß, Halten, einfache Schlangenlinien mit Zirkel oder Acht, Kehrtwendung

Musteraufgabe
zu WB 402 „Fahrer-WB für Ein- und Zweispänner"

Aufgabe FW 1

Viereck etwa 40 x 80 oder 40 x 100 m – Dauer: etwa 7 Minuten

Leinen aufnehmen. Aufsitzen.

Rechte Hand	Auf Anweisung der Richter auf der rechten Hand bei 1 anfahren. Gebrauchstrab. Vor der ersten Ecke Schritt und nach 3 durch die ganze Bahn wechseln. Während des Wechselns in der Mitte der Bahn im Schritt eine Links-Volte um die Kegel 4 (15 m Durchmesser), dann Gebrauchstrab.
Linke Hand	Bei den Ecken 5 und 6 Linkswendungen. Nach der Ecke 6 Leinen in eine Hand nehmen und um die Kegel 7 und 8 eine Schlangenlinie fahren, danach
Rechte Hand	Leinenführung beliebig und aus dem Trab bei 1 mit der Vorderachse am Kegel halten.
	Absitzen. Leinen abhängen.

Aufgabenskizze ➧ nächste Seite

Parcoursskizze
zu WB 402 „Fahrer-WB für Ein- und Zweispänner"

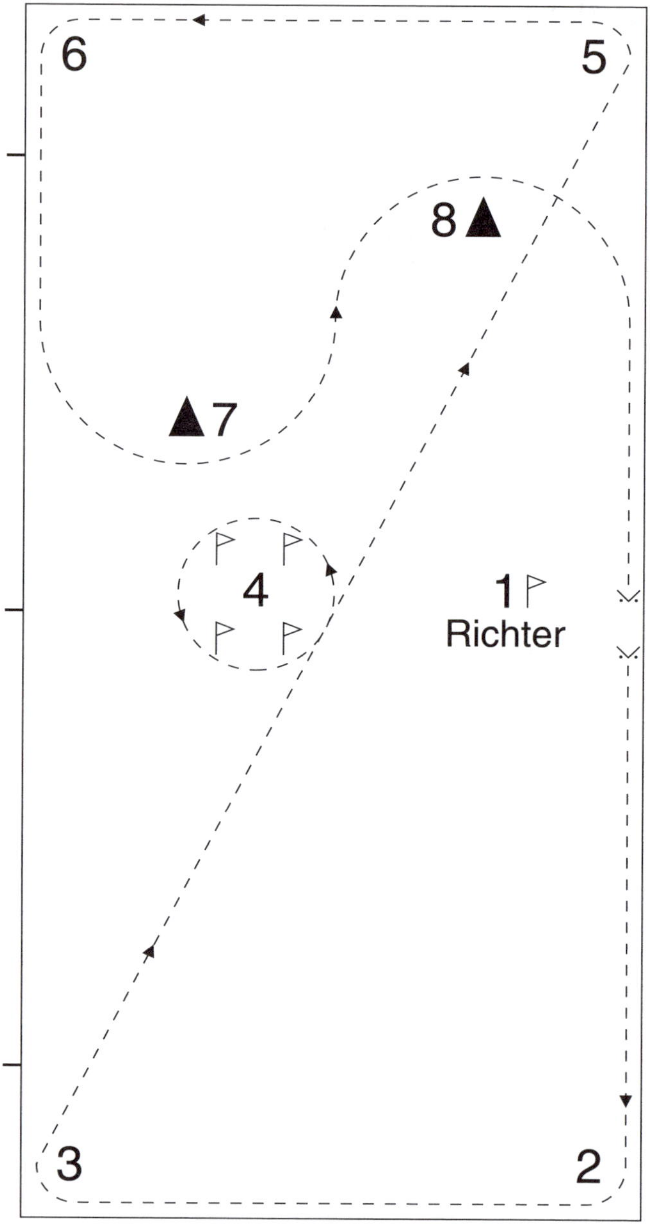

WB 403 Fahrer-WB mit Kegeldurchfahrten (max. 10 Tore/400 m Weg)

Anforderungen:
Der Fahrer bekommt eine Skizze ausgehändigt. Die Aufgabe kann im Schritt oder Trab gefahren werden. Zusätzlich können kleine Bewegungsaufgaben gestellt werden, wie z.B. Fahrergruß. Die Aufgabenstellung kann auch nach Weisung der Richter/Prüfer Breitensport (Fahren) erfolgen. Hindernisbreite: Spurbreite plus 40 bis 50 cm. Grundkenntnisse im Achenbachsystem werden empfohlen.

Bewertung:
Beurteilt werden entweder Fehler oder Fehler und Zeit oder es können WN von 10 bis 0 (eine Dezimalstelle) vergeben werden. Gegebenenfalls zuzätzliche Bewertung der Bewegungsaufgaben (➧ Ausschreibung).

Ausrüstung:
Ausrüstung des Pferdes: Achenbachgeschirre, pferdeschonende Geschirre
Gebiss: Reit- und Fahrgebisse mit Stange, einfach oder doppelt gebrochene Fahrtrensen; Fahrzaum mit Blendklappen
Einspänner mit Schlagriemen oder Hintergeschirr
Erlaubt: Beinschutz, Nasennetz (Nosecover), Hufglocken, pferdeschonende Geschirrunterlagen
Ausrüstung des Fahrers/Beifahrers: sichere, wetterfeste, zweckmäßige Kleidung, passende Kopfbedeckung oder Helm (bis einschließlich 18 Jahre vorgeschrieben), festes Schuhwerk, Peitsche und Handschuhe
Ausrüstung des Wagens: Alle Wagen mit Fuß- und Feststellbremse und alle Arten von Rädern sind erlaubt.

Zusätzliche Bestimmungen:
Mindestalter des Pferdes: 4 Jahre
Mindestalter des Fahrers: 10 Jahre
Mindestalter des Beifahrers: 16 Jahre
Ist der Fahrer unter 14 Jahre alt, muss ein Beifahrer mindestens 18 Jahre alt und mindestens im Besitz des DFA Kl. IV sein.

Weiteres Ausschreibungsbeispiel mit ergänzenden Anforderungen:
- Fahrer-WB mit einfachem Kegelparcours

WB 404 Fahrer-WB Geschicklichkeitsparcours

Anforderungen:
Der Fahrer bekommt eine Skizze oder die beschriebene Aufgabe ausgehändigt. Die Aufgabe kann im Schritt und Trab gefahren werden. Die Aufgabenstellung kann auch nach Weisung der Richter/Prüfer Breitensport (Fahren) erfolgen. Grundkenntnisse im Achenbachsystem werden empfohlen.

Bewertung:
Beurteilt werden Fehler und Zeit oder es können WN von 10 bis 0 (eine Dezimalstelle) vergeben werden. Es ist aber auch ebenso möglich, eine Rangierung ohne Vergabe von WN vorzunehmen.

Ausrüstung:
Ausrüstung des Pferdes: Achenbachgeschirre, pferdeschonende Geschirre
Gebiss: Reit- und Fahrgebisse mit Stange, einfach oder doppelt gebrochene Fahrtrensen; Fahrzaum mit Blendklappen, Hufglocken
Einspänner mit Schlagriemen oder Hintergeschirr
Erlaubt: Beinschutz, Nasennetz (Nosecover), pferdeschonende Geschirrunterlagen
Ausrüstung des Fahrers/Beifahrers: sichere, wetterfeste, zweckmäßige Kleidung, passende Kopfbedeckung oder Helm (bis einschließlich 18 Jahre vorgeschrieben), festes Schuhwerk, Peitsche und Handschuhe
Ausrüstung des Wagens: Alle Wagen mit Fuß- und Feststellbremse und alle Arten von Rädern sind erlaubt.

Zusätzliche Bestimmungen:
Mindestalter des Pferdes: 4 Jahre
Mindestalter des Fahrers: 10 Jahre
Mindestalter des Beifahrers: 16 Jahre
Ist der Fahrer unter 14 Jahre alt, muss ein Beifahrer mindestens 18 Jahre alt und mindestens im Besitz des DFA Kl. IV sein.

Beispielaufgaben zu WB 404 „Fahrer-WB Geschicklichkeitsparcours"

Gefahrene Hindernisse:

- Regenschirme die aufgespannt werden
- Mülltonne von A nach B transportieren
- Einhändiges Fahren durch Tonnen (Slalom)
- Einhändiges Fahren mit Wasserglas (Messbecher), z.B. Dreieck oder Kehrtwendung
- Einhändiges Fahren mit Eierlöffel
- Gasse mit Flaggen
- Wäscheleine (Beifahrer nimmt Wäschestück aus Korb, Vorfahren bis zur Wäscheleine und Wäschestück mit Klammern aufhängen)
- Wäscheleine (Beifahrer nimmt Wäschestück inkl. Wäscheklammer von der Leine ab und bringt möglichst viele zum Wäschekorb
- Ballgasse (Beifahrer kehrt Ball mit dem Besen durch eine gerade oder gebogene Gasse)
- Bratpfanne mit Tennisbällen von A nach B
- Überholende Fahrradfahrer
- Ruhiges Stehen, z.B. 15 Sekunden (Unbeweglichkeit)
- Vorbeifahren an einem Tierpark, z.B. Schweine
- Volte durch Kegel einhändig
- Gasse mit Bagger oder Traktor
- Gasse mit Grüßen
- Rückwärtsrichten innerhalb von Markierungen
- Plastikbecher abnehmen und auf Stangen aufstecken (4 bis 5 Stück)
- Hut ablegen, nach dem nächsten Hindernis wieder abholen

WB 405 Dressur-Fahr-WB für Ein-, Zwei-, Vierspänner, Tandemanspannung

Anforderungen:
Der Fahrer bekommt eine Skizze oder die beschriebene Aufgabe ausgehändigt. Die Aufgabe kann im Schritt und Trab gefahren werden. Zusätzlich können kleine Bewegungsaufgaben gestellt werden. Die Aufgabenstellung kann auch nach Weisung der Richter/Prüfer Breitensport (Fahren) erfolgen. Grundkenntnisse im Achenbachsystem werden empfohlen.

Bewertung:
Beurteilt werden der Sitz und die Haltung des Fahrers, Leinen und Peitschenführung, Hufschlagfiguren im Hinblick auf die bereits beginnende Einwirkung, der Ausbildungsstand sowie der Gesamteindruck im Sinne eines harmonischen Eindrucks von Fahrer und Pferd. Es werden WN von 10 bis 0 (eine Dezimalstelle) vergeben. Es ist aber auch ebenso möglich, eine Rangierung ohne Vergabe von WN vorzunehmen.

Ausrüstung:
Ausrüstung des Pferdes: Achenbachgeschirre, pferdeschonende Geschirre
Gebiss: Reit- und Fahrgebisse mit Stange, einfach oder doppelt gebrochene Fahrtrensen; Fahrzaum mit Blendklappen
Einspänner mit Schlagriemen oder Hintergeschirr
Erlaubt: Beinschutz, Nasennetz (Nosecover), Hufglocken, pferdeschonende Geschirrunterlagen
Ausrüstung des Fahrers/Beifahrers: sichere, wetterfeste, zweckmäßige Kleidung, passende Kopfbedeckung oder Helm (bis einschließlich 18 Jahre vorgeschrieben), festes Schuhwerk, Peitsche und Handschuhe
Ausrüstung des Wagens: Alle Wagen mit Fuß- und Feststellbremse und alle Arten von Rädern sind erlaubt.

Zusätzliche Bestimmungen:
Mindestalter des Pferdes: 4 Jahre
Mindestalter des Fahrers: 10 Jahre
Mindestalter des Beifahrers: 16 Jahre
Ist der Fahrer unter 14 Jahre alt, muss ein Beifahrer mindestens 18 Jahre alt und mindestens im Besitz des DFA Kl. IV sein.

Weitere Ausschreibungsbeispiele mit ergänzenden Anforderungen:
- Fahr-WB mit Theoriefrage(n)
- Fahr-WB mit Leine-Vermessen
- Fahr-WB mit Zirkelfahren

WB 406 Hindernis-Fahr-WB
(durch Kegel und/oder max. 2 natürliche Hindernisse mit max. 3 Durchfahrten, mit beweglichen Teilen)

Anforderungen:
Der Fahrer bekommt eine Skizze der Hindernisse oder die beschriebene Aufgabenstellung ausgehändigt, diese sollte vorher abgelaufen werden. Es kann im Trab gefahren werden. Hindernisbreite: Spurbreite plus 40 bis 50 cm. Die Durchfahrbreite der natürlichen Hindernisse muss mindestens 3 m betragen. Grundkenntnisse im Achenbachsystem werden empfohlen.

Bewertung:
Nach Fehlerpunkten und Zeit, eine Rangierung ist vorzunehmen.

Ausrüstung:
Ausrüstung des Pferdes: Achenbachgeschirre, pferdeschonende Geschirre
Gebiss: Reit- und Fahrgebisse mit Stange, einfach oder doppelt gebrochene Fahrtrensen; Fahrzaum mit Blendklappen
Einspänner mit Schlagriemen oder Hintergeschirr
Erlaubt: Beinschutz, Nasennetz (Nosecover), Hufglocken, pferdeschonende Geschirrunterlagen
Ausrüstung des Fahrers/Beifahrers: sichere, wetterfeste, zweckmäßige Kleidung, passende Kopfbedeckung oder Helm (bis einschließlich 18 Jahre vorgeschrieben), festes Schuhwerk, Peitsche und Handschuhe
Ausrüstung des Wagens: Alle Wagen mit Fuß- und Feststellbremse und alle Arten von Rädern sind erlaubt.

Zusätzliche Bestimmungen:
Mindestalter des Pferdes: 4 Jahre
Mindestalter des Fahrers: 10 Jahre
Mindestalter des Beifahrers: 16 Jahre
Ist der Fahrers unter 14 Jahre alt, muss ein Beifahrer mindestens 18 Jahre alt und mindestens im Besitz des DFA Kl. IV sein.

WB 407 Stilhindernis-Fahr-WB

Anforderungen:
Der Fahrer bekommt eine Skizze oder die beschriebene Aufgabe ausgehändigt. Diese Aufgabe wird im Trab gefahren. Die Aufgabenstellung kann auch nach Weisung der Richter/Prüfer Breitensport (Fahren) erfolgen. Grundkenntnisse im Achenbachsystem werden empfohlen.

Bewertung:
Beurteilt werden der Sitz und die Haltung des Fahrers, Leinenführung, Peitschenhilfen, Linienführung, Tempo und Hufschlagfiguren im Hinblick auf die beginnende Einwirkung sowie der Gesamteindruck im Sinne eines harmonischen Eindrucks von Fahrer und Pferd. Es werden WN von 10 bis 0 (eine Dezimalstelle) vergeben. Es ist aber auch ebenso möglich, eine Rangierung ohne Vergabe von WN vorzunehmen.

Ausrüstung:
<u>Ausrüstung des Pferdes:</u> Achenbachgeschirre, pferdeschonende Geschirre
Gebiss: Reit- und Fahrgebisse mit Stange, einfach oder doppelt gebrochene Fahrtrensen; Fahrzaum mit Blendklappen
Einspänner mit Schlagriemen oder Hintergeschirr
Erlaubt: Beinschutz, Nasennetz (Nosecover), Hufglocken, pferdeschonende Geschirrunterlagen
<u>Ausrüstung des Fahrers/Beifahrers:</u> sichere, wetterfeste, zweckmäßige Kleidung, passende Kopfbedeckung oder Helm (bis einschließlich 18 Jahre vorgeschrieben), festes Schuhwerk, Peitsche und Handschuhe
<u>Ausrüstung des Wagens:</u> Alle Wagen mit Fuß- und Feststellbremse und alle Arten von Rädern sind erlaubt.

Zusätzliche Bestimmungen:
Mindestalter des Pferdes: 4 Jahre
Mindestalter des Fahrers: 10 Jahre
Mindestalter des Beifahrers: 16 Jahre
Ist der Fahrer unter 14 Jahre alt, muss ein Beifahrer mindestens 18 Jahre alt und mindestens im Besitz des DFA Kl. IV sein.

WB 408 Traditions-Fahr-WB

zur Pflege und Darstellung der Traditionellen Fahrkultur (mit Original-Kutschen, Baujahr von vor 1945 gemäß Association International d'Attelage de Tradition – AIAT)

Traditions-Fahr-WB für Ein-/Zweispänner, Tandem, Vierspänner und Mehrspänner u.v.m. Informationen unter www.aiat-driving.net/de.

Anforderungen:
Gespannkontrolle, Präsentation und Fahrer-WB (z.B. Aufgabe FW 1 ➜ Seite 209)
Der Fahrer-WB kann im Schritt und/oder Trab gefahren werden. Zusätzlich können kleine Bewegungsaufgaben gestellt werden. Die Aufgabenstellung kann auch nach Weisung der Richter/Prüfer Breitensport (Fahren) erfolgen. Nachbauten, Replikationen und Brauchtumsgespanne starten ggf. in jeweils eigenen Gruppen. Grundkenntnisse im Achenbachsystem werden empfohlen.

Bewertung:
Allgemeiner Eindruck: Gesamteindruck des Gespannes (vor Einzeleindruck), Verhältnis Wagen – Pferd(e), Erscheinungsbild, Einklang zwischen den Farben des Wagens oder der Kleidung der Fahrer, der Beifahrer, der Passagiere
Pferde: Gesamteindruck, das Gebäude, die Anlehnung, die Sauberkeit, die Frisur, die Qualität des Beschlages
Geschirre: traditionsmäßig, die Beschaffenheit, die Verpassung, die Sauberkeit, die Sicherheit und der Zustand
Wagen: Authentizität, allgemeiner Zustand, Sauberkeit, Farbe, Zubehör, Laternen, Korb, Peitsche sowie Übereinstimmung und Einklang mit den Pferden
Fahrer/Beifahrer (bei Ein- und Zweispännern ein Beifahrer, bei Vier- und Mehrspännern 2 Beifahrer) und Passagiere: Mode und Stil der Kleidung zeitgemäß, Schuhe, Hut, Handschuhe, Bockdecke; Sinn für Einzelheiten, Peitsche und Leinenführung
Es können WN von 10 bis 0 (eine Dezimalstelle) vergeben werden. Es ist aber auch ebenso möglich, eine Rangierung ohne Vergabe von WN vorzunehmen.

Ausrüstung:
Präsentation: nach historischen Vorbildern
Ausrüstung der Pferde: Achenbachgeschirre, Brauchtumsgeschirre, für den öffentlichen Verkehrsraum zugelassen

Ungarische oder Englische Geschirre
Gebiss: Reit- und Fahrgebisse mit Stange, einfach oder doppelt gebrochene Fahrtrensen; Fahrzaum mit Blendklappen
Einspänner mit Schlagriemen oder Hintergeschirr
Erlaubt: Nasennetz (Nosecover), pferdeschonende Geschirrunterlagen
Ausrüstung des Fahrers/Beifahrers: Kleidung/Anzug stilgemäß zum Wagen und Geschirr passend, wetterfest, zweckmäßig, Bockdecke kann, Hut, Peitsche, Handschuhe, Kelle
Ausrüstung des Wagens: Alle Wagen mit Bremse und alle Arten von Rädern sind erlaubt.

Zusätzliche Bestimmungen:
Mindestalter der Pferde: 4 Jahre
Mindestalter des Fahrers: 10 Jahre
Mindestalter des Beifahrers: 16 Jahre
Ist der Fahrer unter 14 Jahre alt, muss ein Beifahrer mindestens 18 Jahre alt und mindestens im Besitz des DFA Kl. IV sein.

WB 409 Traditions-WB – Streckenfahrt
(mit Original-Kutschen, Baujahr von vor 1945 gemäß Association International d'Attelage de Tradition – AIAT)

Traditions-Fahr-WB für Ein-/Zweispännern, Tandem, Vierspännern und Mehrspännern. Informationen unter www.aiat-driving.net/de.

Anforderungen:
Die Fahrer fahren historische Kutschen in geeignetem Gelände/auf geeigneten Strecken. Die Streckenlänge beträgt max. 18 km. Nachbauten, Replikationen oder Brauchtumsgespanne starten ggf. in jeweils eigenen Gruppen.
Die Fahrer bekommen einen Plan/eine Beschreibung der Strecke mit der Länge, Besonderheiten (wie Steigungen und Gefälle) und Sicherheitshinweise für markante Stellen, die im Schritt und/oder Trab gefahren werden dürfen. Zusätzlich können kleine Aufgaben auf der Strecke gestellt werden. Grundkenntnisse im Achenbachsystem werden empfohlen.

Bewertung:
Allgemeiner Eindruck: Gesamteindruck des Gespannes und der Kondition (vor Einzeleindruck), Verhältnis Wagen – Pferd(e), Erscheinungsbild, Einklang zwischen den Farben des Wagens, der Kleidung des Fahrers, des Beifahrers und der Passagiere
Pferde: Gesamteindruck, das Gebäude, die Anlehnung/Beizäumung, die Sauberkeit, die Frisur, die Qualität des Beschlages
Geschirre: traditionsmäßig, die Beschaffenheit, die Verpassung, die Sauberkeit, die Sicherheit und der Zustand
Fahrer/Beifahrer (bei Ein- und Zweispännern ein Beifahrer, bei Vier- und Mehrspännern 2 Beifahrer) und Passagiere: Mode und Stil der Kleidung zeitgemäß, Schuhe, Hut, Handschuhe, Bockdecke; Sinn für Einzelheiten, Peitsche und Leinenführung
Es können WN von 10 bis 0 (eine Dezimalstelle) vergeben werden. Es ist aber auch ebenso möglich, eine Rangierung ohne Vergabe von WN vorzunehmen.
Wagen: Authentizität, allgemeiner Zustand, Sauberkeit, Farbe, Zubehör, Laternen, Korb, Peitsche sowie Übereinstimmung und Einklang mit dem Pferd

Ausrüstung:
Ausrüstung des Pferdes: Achenbachgeschirre, Brauchtumsgeschirre, Ungarische Geschirre und Englische Geschirre

Gebiss: Reit- und Fahrgebisse mit Stange, einfach oder doppelt gebrochene Fahrtrensen; Fahrzaum mit Blendklappen
Einspänner mit Schlagriemen oder Hintergeschirr
Erlaubt: Beinschutz, Nasennetz (Nosecover), pferdeschonende Geschirrunterlagen
Ausrüstung des Fahrers/Beifahrers: Kleidung stilmäßig zu Wagen und Geschirr passend, wetterfeste, zweckmäßige Kleidung, Bockdecke erlaubt, Hut, Handschuhe, Peitsche, Kelle
Ausrüstung des Wagens: Alle Wagen in verkehrssicherem Zustand mit entsprechender Ausrüstung; alle Wagen mit Bremse und alle Arten von Rädern sind erlaubt.

Zusätzliche Bestimmungen:
Mindestalter des Pferdes: 5 Jahre
Mindestalter des Fahrers: 10 Jahre
Mindestalter des Beifahrers: 16 Jahre
Ist der Fahrer unter 14 Jahre alt, muss ein Beifahrer mindestens 18 Jahre alt und mindestens im Besitz des DFA Kl. IV sein.

WB 410 Traditions-Hindernis-Fahr-WB – Kegelparcours

(mit Original-Kutschen, Baujahr von vor 1945 gemäß Association International d'Attelage de Tradition – AIAT)

Informationen unter www.aiat-driving.net/de.

Anforderungen:
Fahren eines Kegelparcours auf dem Fahrplatz (max. 12 Tore). Dieser kann im Schritt und Trab gefahren werden. Der Platz ist für historische Kutschen geeignet. Es können zusätzlich kleine Bewegungsaufgaben gestellt werden. Nachbauten, Replikationen oder Brauchtumsgespanne starten ggf. in jeweils eigenen Gruppen. Grundkenntnisse im Achenbachsystem werden empfohlen.

Bewertung:
Gewertet wird nach Fehlern und Zeit. Es können WN von 10 bis 0 (eine Dezimalstelle) vergeben werden. Es ist aber auch ebenso möglich, eine Rangierung ohne Vergabe von WN vorzunehmen.

Ausrüstung:
Ausrüstung des Pferdes: Achenbachgeschirre, Ungarische Geschirre, Englische Geschirre oder Brauchtumsgeschirre
Gebiss: Reit- und Fahrgebisse mit Stange, einfach oder doppelt gebrochene Fahrtrensen; Fahrzaum mit Blendklappen
Einspänner mit Schlagriemen oder Hintergeschirr
Erlaubt: Nasennetz (Nosecover), pferdeschonende Geschirrunterlagen
Ausrüstung des Fahrers/Beifahrers: wetterfeste, zweckmäßige Kleidung, Anzug, Handschuhe, Bockdecke, Hut, Peitsche, Handschuhe, stilmäßig alles zum Wagen passend
Ausrüstung des Wagens: Alle Wagen mit Bremse und alle Arten von Rädern sind erlaubt.

Zusätzliche Bestimmungen:
Mindestalter des Pferdes: 4 Jahre
Mindestalter des Fahrers: 10 Jahre
Mindestalter des Beifahrers: 16 Jahre
Ist der Fahrer unter 14 Jahre alt, muss ein Beifahrer mindestens 18 Jahre alt und mindestens im Besitz des DFA Kl. IV sein.

WB 411 Traditions-Fahr-WB – Kombination

(mit Original-Kutschen, Baujahr von vor 1945 gemäß Association International d'Attelage de Tradition – AIAT)

Die WB 408, 409, 410 können in verschiedenen Kombinationen und mit unterschiedlicher Gewichtung in der Bewertung ausgeschrieben werden. Informationen unter www.aiat-driving.net/de.

Wertungsbeispiel:
Dieser Kombinierte Traditions-Fahr-WB besteht aus 3 Teil-Wettbewerben. Gewertet wird mit folgender Gewichtung der Teil-WB:
1. Teil-WB 408 (Dressur) x 2
2. Teil-WB 409 (Streckenfahrt) x 1
3. Teil-WB 410 (Kegelparcours) x 1

In jedem der 3 Teil-WB bekommt
- der Sieger Punkte: Anzahl Starter plus 1,
- der Zweitplatzierte Punkte: Anzahl Starter minus 1,
- der Drittplatzierte Punkte: Anzahl Starter minus 2 usw.

Die jeweilige Punktzahl wird mit dem Koeffizienten des Teil-WB multipliziert.
Die Punkte aus den 3 Teil-WB werden addiert und ergeben das Gesamtergebnis, nach dem platziert oder rangiert wird. Gleichzeitig kann jeder Teil-WB einzeln für sich platziert/rangiert werden.

Bei Punktgleichheit entscheidet das bessere Ergebnis aus Teil-WB 1, dann aus Teil-WB 2.

WB 412 Fahr-WB „Fahren vom Boden aus" – Einspänner

Anforderungen:
Der Fahrer bekommt eine Skizze oder die beschriebene Aufgabe (diese wird evtl. vorgelesen). Die Aufgabe wird im Schritt gelaufen. Der WB findet in der Halle oder auf einem umzäunten Platz statt.
Die Aufgabenstellung kann auch mündlich nach Weisung der Richter/Prüfer Breitensport (Fahren) erfolgen. Dauer: ca. 3 bis 4 Minuten. Grundkenntnisse im Achenbachsystem werden empfohlen.

Bewertung:
Bewertet werden die korrekte Ausführung der gestellten Aufgaben, die Harmonie von Mensch und Pferd.
Es können WN von 10 bis 0 (eine Dezimalstelle) gegeben werden, die Vorstellungen sollten kommentiert werden. Es ist aber auch ebenso möglich, eine Rangierung ohne Vergabe von WN vorzunehmen.

Ausrüstung:
Ausrüstung des Pferdes: Fahrzaum mit Blendklappen, Kammdeckel oder Sellet und eingezogene Leine
Gebiss: Reit- und Fahrgebisse mit Stange, einfach oder doppelt gebrochene Fahrtrensen
Erlaubt: Nasennetz (Nosecover), pferdeschonende Geschirrunterlagen, Beinschutz, Hufglocken
Ausrüstung des Fahrers: sichere, zweckmäßige Kleidung, passende Kopfbedeckung, Peitsche, Handschuhe

Zusätzliche Bestimmungen:
Mindestalter des Pferdes: 4 Jahre
Mindestalter des Fahrers: 10 Jahre und mindestens im Besitz des DFA Kl. IV

Weitere Beispiele für zusätzliche Anforderungen:
- Lektionen wie z.B. Zirkel, Schlangenlinien, Volten, Fahren
- über am Boden liegende Stangen fahren
- Fahren einer Acht „vom Boden aus"

Beispiel:
Einfahren bei A, C rechte Hand
ab A eine Acht, der Knotenpunkt liegt bei X, das Ende liegt bei C

WB 413 Fahr-WB „Boxenstopp" – Ein- oder Zweispänner

Anforderungen:
In richtiger Reihenfolge nach Achenbach vorschriftsmäßiges Ausspannen, Aufhalftern (oder das Halfter ist unter der Trense) und Abschirren, der Fahrzaum bleibt auf dem Pferd. Wieder aufschirren, anspannen, Leinen vermessen, einfahren, dann 3 Minuten freie Präsentation des Gespannes im Schritt und Trab. Aufstellung, Gruß zu den Richtern/Prüfern Breitensport (Fahren). Es können zusätzlich kleine Bewegungsaufgaben gestellt werden wie z.B. Verkehrszeichen, Einhandfahren, Gruß.
Die Aufgabenstellung kann auch mündlich nach Weisung der Richter/Prüfer Breitensport (Fahren) erfolgen.

Bewertung:
Bewertet werden die korrekten Ausführungen der gestellten Aufgaben. Besondere Bewertungen, auch mit einer eigenen WN z.B. für das „Leine-Vermessen", sind möglich.
Es können WN von 10 bis 0 (eine Dezimalstelle) gegeben werden. Die Vorstellungen sollten kommentiert werden. Es ist aber auch ebenso möglich, eine Rangierung ohne Vergabe von WN vorzunehmen.

Ausrüstung:
<u>Ausrüstung des Pferdes:</u> Achenbachgeschirr
Gebiss: Reit- und Fahrgebisse mit Stange, einfach oder doppelt gebrochene Fahrtrensen; Fahrzaum mit Blendklappen
Erlaubt: Beinschutz, Nasennetz (Nosecover), Hufglocken, pferdeschonende Geschirrunterlage
<u>Ausrüstung des Fahrers/Beifahrers:</u> sichere, wetterfeste, zweckmäßige Kleidung, Kopfbedeckung (bis einschließlich 18 Jahre vorgeschrieben), Peitsche
<u>Ausrüstung des Wagens:</u> Alle Wagen mit Fuß- und Feststellbremse und alle Arten von Rädern sind erlaubt.

Zusätzliche Bestimmungen:
Mindestalter des Pferdes: 4 Jahre
Mindestalter des Fahrers: 10 Jahre
Mindestalter des Beifahrers: 16 Jahre
Ist der Fahrer unter 14 Jahre alt, muss ein Beifahrer mindestens 18 Jahre alt und mindestens im Besitz des DFA Kl. IV sein.

WB 414 Fahr-WB „Fahren einer Acht" – Ein- oder Zweispänner

Anforderungen:
Das Fahren einer einfachen Dressuraufgabe (➡ nächste Seite) auf einem Viereck 20 x 40 m oder eine Aufgabenstellung erfolgt nach Weisung der Richter/Prüfer Breitensport (Fahren). Grundkenntnisse im Achenbachsystem werden empfohlen.

Bewertung:
Beurteilt werden der Sitz des Fahrers, Leinen- und Peitschenführungen, Hufschlagfiguren im Hinblick auf die schon beginnende Einwirkung sowie der Gesamteindruck (harmonischer Eindruck von Fahrer und Pferd). Es können WN von 10 bis 0 (eine Dezimalstelle) vergeben werden. Es ist aber auch ebenso möglich, eine Rangierung ohne Vergabe von WN vorzunehmen.

Ausrüstung:
Ausrüstung des Pferdes: Achenbachgeschirre, pferdeschonende Geschirre
Gebiss: Reit- und Fahrgebisse mit Stange, einfach oder doppelt gebrochene Fahrtrensen; Fahrzaum mit Blendklappen
Einspänner mit Schlagriemen oder Hintergeschirr
Erlaubt: Beinschutz, Nasennetz (Nosecover), Hufglocken, pferdeschonende Geschirrunterlagen
Ausrüstung des Fahrers/Beifahrers: sichere, wetterfeste, zweckmäßige Kleidung, passende Kopfbedeckung oder Helm (bis einschließlich 18 Jahre vorgeschrieben), Peitsche, Handschuhe
Ausrüstung des Wagens: Alle Wagen mit Fuß- und Feststellbremse und alle Arten von Rädern sind erlaubt.

Zusätzliche Bestimmungen:
Mindestalter des Pferdes: 4 Jahre
Mindestalter des Fahrers: 10 Jahre
Mindestalter des Beifahrers: 16 Jahre
Ist der Fahrer unter 14 Jahre alt, muss ein Beifahrer mindestens 18 Jahre alt und mindestens im Besitz des DFA Kl. IV sein.

Weiteres Beispiel für eine zusätzliche Anforderung:
- Fahren einer Acht mit Verkehrszeichen

Beispielaufgabe
zu WB 414 „Fahr-WB „Fahren einer Acht" – Ein- oder Zweispänner"

Die Aufgabe wird im Trab gefahren.

Viereck 40 x 80 m

A	Einfahren.
A-E-C	Ganze Bahn.
C	Grußaufstellung.
C-X	Halber Zirkel rechts.
X-A-X	Ganzer Zirkel links.
X-C	Halber Zirkel rechts.
C	Grußaufstellung.
C-M–X-A	Bahn verlassen.

WB 415 Fahr-WB Fahrquadrillen (auch mit Kostüm/mit und ohne Thema)

Anforderungen:
Die Fahrer entwerfen eine eigene Aufgabe. Diese kann im Schritt und Trab gefahren werden. Grundkenntnisse im Achenbachsystem werden empfohlen. Dauer gemäß Vorgabe in der Ausschreibung.

Bewertung:
Bewertet werden der Sitz des Fahrers im Hinblick auf die bereits entwickelte Einwirkung und der Gesamteindruck (Harmonie zwischen Fahrer und Pferd).
A-Note: die Grundgangarten, die Korrektheit der Figuren, die Ausbildung, der Gehorsam, die Losgelassenheit der Pferde
B-Note: künstlerische Gestaltung, Ideenreichtum, Übereinstimmung der Bewegungsabläufe mit der Musik, der Gesamteindruck

Es können WN für A) und/oder B) von 10 bis 0 (eine Dezimalstelle) oder eine Gesamtwertnote vergeben werden. Es ist aber auch ebenso möglich, eine Rangierung ohne Vergabe von WN vorzunehmen.

Ausrüstung:
Ausrüstung des Pferdes: Achenbachgeschirre, pferdeschonende Geschirre
Gebiss: Reit- und Fahrgebisse mit Stange, einfach oder doppelt gebrochene Fahrtrensen; Fahrzaum mit Blendklappen
Einspänner mit Schlagriemen oder Hintergeschirr
Erlaubt: Beinschutz, Nasennetz (Nosecover), pferdeschonende Geschirrunterlagen
Ausrüstung des Fahrers/Beifahrers: sichere, wetterfeste, zweckmäßige Kleidung, passende Kopfbedeckung oder Helm (bis einschließlich 18 Jahre vorgeschrieben), Peitsche, Handschuhe
Ausrüstung des Wagens: Alle Wagen mit Fuß- und Feststellbremse und alle Arten von Rädern sind erlaubt.

Zusätzliche Bestimmungen:
Mindestalter des Pferdes: 4 Jahre
Mindestalter des Fahrers: 10 Jahre
Mindestalter des Beifahrers: 16 Jahre
Ist der Fahrer unter 14 Jahre alt, muss ein Beifahrer mindestens 18 Jahre alt und mindestens im Besitz des DFA Kl. IV sein.

WB 416 Fahrer-WB Holzrücken
(durch Tore und Gassen)

Anforderungen:
Der Holzrücker bekommt eine beschriebene Aufgabe. Diese wird im Schritt gelaufen. Der Teilnehmer muss mit einem Baumstamm, einer Hindernisstange oder einer Schleppe eine festgelegte Strecke in einer bestimmten Zeit vom Boden aus fahren. Die Aufgabenstellung kann auch nach Weisung der Richter/Prüfer Breitensport (Fahren) erfolgen.

Bewertung:
Bewertet werden die Zeit und die korrekte Ausführung der Aufgaben sowie der Gesamteindruck (Harmonie zwischen Holzrücker und Pferd). Es können WN von 10 bis 0 (eine Dezimalstelle) vergeben oder es kann nach Strafpunkten und benötigter Zeit gewertet werden. Es ist aber auch ebenso möglich, eine Rangierung ohne Vergabe von WN vorzunehmen.

Ausrüstung:
<u>Ausrüstung des Pferdes:</u> fachgerechte Geschirre
Gebiss: Reit- und Fahrgebisse mit Stange, einfach oder doppelt gebrochene Fahrtrensen
Empfehlung: breite Ortscheite, Schwengel mit Sicherheitsverschluss
Erlaubt: Beinschutz, Nasennetz (Nosecover), Hufglocken, pferdeschonende Geschirrunterlagen
<u>Ausrüstung des Holzrückers/Helfers:</u> sichere, wetterfeste, zweckmäßige Kleidung, passende Kopfbedeckung, Peitsche, festes Schuhwerk mit Stahlkappe, Handschuhe
<u>Ausrüstung des Wagens:</u> Holzrückewagen, Schleppschlitten oder Schleppen laut Ausschreibung

Zusätzliche Bestimmungen:
Mindestalter des Pferdes: 4 Jahre
Mindestalter des Holzrückers: 10 Jahre
Mindestalter des Helfers: mindestens 16 Jahre.
Ist der Holzrücker unter 14 Jahren alt, muss der Helfer mindestens 18 Jahre alt und im Besitz des DFA Kl. IV sein.

Weitere Ausschreibungsbeispiele:
- Holzrücke-WB mit Baumstamm, Hindernisstange oder Schleppgewicht
- Holzrücke-WB: Fahrer kegeln einen Gegenstand durch Gassen, Tore oder über Brücken
- Holzrücke-WB mit Figuren aus Sägemehl oder Sand

WB 417 Fahr-WB Wander-Streckenfahren (Fahrertreffen – Ausfahrten)

Anforderungen:
Die Fahrer bekommen einen ausführlichen Plan oder eine Streckenbeschreibung (Länge der gesamten Strecke, Einzelstrecken, Rastplätze und Besonderheiten wie Steigungen, Gefälle und andere, besonders markante Stellen). Es können Zusatzaufgaben gestellt werden.
Die Strecken können im Schritt und/oder Trab gefahren werden. Keine Kolonnenfahrt! Grundkenntnisse im Achenbachsystem werden empfohlen.
Die Fahrt findet unter fachkundiger Aufsicht eines Richters/Prüfers Breitensport (Fahren) oder eines Trainers (C, B, A) – Fahren (mit aktueller DOSB-Lizenz) statt.

Bewertung:
Allgemeiner Eindruck: Gesamteindruck des Gespannes, Kondition der Pferde und die Vollständigkeit der benötigten Ausrüstung
Zustand der Pferde, des Wagens, der Kleidung des Fahrers/Beifahrers, der Passagiere, die Sicherheit, Sauberkeit, der Beschlag
Geschirre: die Beschaffenheit, die Verpassung, die Sauberkeit, die Sicherheit und der Zustand
Wagen: Sicherheit, Bremsen, Zubehör, Beleuchtungen, Kelle und Peitsche usw.
Es können WN von 10 bis 0 (eine Dezimalstelle) vergeben werden. Es ist aber auch ebenso möglich, eine Rangierung ohne Vergabe von WN vorzunehmen.

Ausrüstung:
Ausrüstung des Pferdes: Achenbachgeschirre, pferdeschonende Geschirre
Gebiss: Reit- und Fahrgebisse mit Stange, einfach oder doppelt gebrochene Fahrtrensen; Fahrzaum mit Blendklappen
Einspänner mit Schlagriemen oder Hintergeschirr
Erlaubt: Beinschutz, Nasennetz (Nosecover), pferdeschonende Geschirrunterlagen
Ausrüstung des Fahrers/Beifahrers: Kleidung sicher, zweckmäßig, passend, wetterfest, Kopfbedeckung oder Helm (bis einschließlich 18 Jahre vorgeschrieben), Peitsche, Handschuhe
Bei Zeitwertung auf der Strecke oder auf Teilstrecken ist für alle Personen auf dem Wagen der Helm und die Schutzweste vorgeschrieben!
Ausrüstung des Wagens: Alle Wagen, die der StVZO (Straßen-Verkehrs-Zulassungs-Ordnung) entsprechen, mit Fuß- und Feststellbremse und alle Arten von Rädern sind erlaubt.

Zusätzliche Bestimmungen:
Mindestalter des Pferdes: 4 Jahre
Mindestalter des Fahrers: 10 Jahre
Mindestalter des Beifahrers: 16 Jahre
Ist der Fahrer unter 14 Jahre alt, muss ein Beifahrer mindestens 18 Jahre alt und mindestens im Besitz des DFA Kl. IV sein.

WB 418 Doppellongen-WB für Fahrer

Anforderungen:
Der Longenführer bekommt eine beschriebene Longieraufgabe mit Abfrage der Grundkenntnisse an der Doppellonge oder eine Aufgabenstellung nach Weisung der Richter/Prüfer Breitensport (Fahren). Verlangt wird das Zeigen der drei Grundgangarten, das Halten und das Handwechseln.

Bewertung:
Bewertet werden die Körperhaltung des Longenführers, seine Longenhaltung und der Gesamteindruck (Harmonie zwischen Longenführer und Pferd). Es werden WN von 10 bis 0 (eine Dezimalstelle) vergeben. Es ist aber auch ebenso möglich, eine Rangierung ohne Vergabe von WN vorzunehmen.

Ausrüstung:
Ausrüstung des Pferdes: Longiergurt, Sattel oder Fahrgeschirr, Doppellonge
Gebiss: Trense- oder Fahrtrense, Gebisse einfach oder doppelt gebrochen
Erlaubt: Beinschutz, Nasennetz (Nosecover), pferdeschonende Geschirrunterlagen
Ausrüstung des Longenführers: wetterfeste, zweckmäßige Kleidung, passende Kopfbedeckung, Handschuhe, festes Schuhwerk, Longierpeitsche

Zusätzliche Bestimmungen:
Mindestalter des Pferdes: 4 Jahre
Mindestalter des Longenführers: 10 Jahre und mindestens im Besitz des DFA Kl. IV

WB 419 Fahrer-WB – Arbeit am Langzügel neben/hinter dem Pferd

Anforderungen:
Der Fahrer zeigt am Langzügel Schritt, Trab, Schenkelweichen und Halten mit dem Pferd. Es können auch andere Bewegungsaufgaben gestellt werden. Die Aufgabenstellung erhält der Fahrer schriftlich oder sie erfolgt nach Weisung der Richter/Prüfer Breitensport (Fahren).

Bewertung:
Bewertet werden die Handhabung und die Einwirkung mit dem Langzügel, die harmonische Erfüllung der Aufgaben sowie der Gesamteindruck (Harmonie zwischen Fahrer und Pferd).
Es werden WN von 10 bis 0 (eine Dezimalstelle) vergeben. Es ist aber auch ebenso möglich, eine Rangierung ohne Vergabe von WN vorzunehmen.

Ausrüstung:
Ausrüstung des Pferdes: Longiergurt, Langzügel, Trensenzaum
Erlaubt: Beinschutz, Nasennetz (Nosecover)
Ausrüstung des Fahrers: wetterfeste, zweckmäßige Kleidung, passende Kopfbedeckung, Peitsche, Handschuhe, festes Schuhwerk

Zusätzliche Bestimmungen:
Mindestalter des Pferdes: 4 Jahre
Mindestalter des Fahrers: 10 Jahre und mindestens im Besitz des DFA Kl. IV

5 Wettbewerbe für Teams und Mannschaften

Seite

WB 237 Mannschaftsreiter-WB für 3 bis 5 Reiter 96
WB 250 Schritt-Trab-Dressur-WB für 2er-Teams 123
WB 252 Dressuraufgabe für Springreiter 127
WB 253 Kombinierter Team-Dressur-WB: Pflichtaufgabe und Kür 130
WB 255 Quadrillen-WB 133
WB 256 Kostüm-Kür für 4 Reiter 135
WB 257 Kostüm-Kür für 2 Reiter 136
WB 267 Stafetten-Spring-WB 159
WB 268 Mannschaftsspring-WB 160
WB 269 Springquadrillen-WB 161
WB 282 Gruppengeländeritt „à la Reitpass" 164
WB 284 Mini-Ride and Tie 167
WB 290 Gruppengeländeritt-WB 177

WB 302 Gruppenvoltigier-WB im Schritt 186
WB 303 Gruppenvoltigier-WB im Galopp – Schritt – Schritt 189
WB 304 Gruppenvoltigier-WB im Galopp – Galopp – Schritt 191
WB 305 Gruppenvoltigier-WB im Galopp 193
WB 307 Einsteiger-WB im Doppelvoltigieren 197
WB 308 Themenvoltigier-WB mit Kostümen 198
WB 309 Pas-de-Deux-WB mit Kostümen 199
WB 310 Geschicklichkeitsvoltigier-WB mit Ringen und Reifen 200
WB 311 Triathlon für Voltigierstafetten 202

WB 415 Fahr-WB Fahrquadrillen 227

WB 501 Jump and Run 234
WB 502 Pferdefußball 235

WB 501 Jump and Run

Anforderungen:
Das Team besteht aus 2 Teilnehmern: ein Reiter und ein Läufer. Beide befinden sich in einer „Start-Zielbox". Nach dem Startzeichen absolviert der Reiter einen Springparcours. Nach dem letzten Sprung reitet er zur „Start-Zielbox". Sobald er in der Box angekommen ist, läuft der zweite Teilnehmer des Teams eine vorgegebene Laufstrecke. Die Zeit wird gemessen vom Start des Reiters bis zum Zieleinlauf des Läufers.

Bewertung:
Es findet eine Zeitwertung statt. Je Hindernisfehler werden 4 Strafsekunden zur Zeit hinzuaddiert. Verweigerungen bestrafen sich selbst durch die gebrauchte Zeit, die dritte Verweigerung oder ein Sturz des Reiters/Pferdes führt zum Ausschluss des Teams. Es gewinnt das Team mit der schnellsten Zeit.

Ausrüstung:
<u>Ausrüstung des Pferdes:</u> Sattel mit Steigbügeln, Trensenzaum
Erlaubt: gleitendes Ringmartingal, Beinschutz
<u>Ausrüstung des Reiters:</u> angemessene Reitkleidung, Reitstiefel oder Stiefeletten, Reithelm
Erlaubt: Gerte (max. 75 cm inkl. Schlag), Sporen

Zusätzliche Bestimmungen:
Mindestalter des Pferdes: 4 Jahre
Mindestalter des Reiters: 8 Jahre

WB 502 Pferdefußball

Anzahl Teilnehmer:
2 Reiter/Pferd-Paare je Mannschaft

Regeln:
Spielfeld: ca. 56 x 28 m
Das Spielfeld wird durch Pylone markiert.
Ball: Gymnastikball Durchmesser 0,80 bis 1,20 m
Spieldauer: 5 bis max. 10 Minuten (gemäß Ausschreibung)

Ausrüstung:
Ausrüstung des Pferdes: Sattel mit Steigbügeln, Trensenzaum
Erlaubt: gleitendes Ringmartingal, Beinschutz
Ausrüstung des Reiters: angemessene Reitkleidung, Reitstiefel oder Stiefeletten, Reithelm
Nicht erlaubt: Gerte, Sporen

Anforderungen und Bewertung:
Variante I
Spiel miteinander:
Das Spielfeld wird der Länge nach in zwei Hälften aufgeteilt. Der Ball wird ab der Start-/Ziellinie durch die Pferde über die Wechsellinie getrieben. Dort wird der Ball von einem Läufer zurückgestoßen. Die Pferde treiben den Ball zurück über die Start-/Ziellinie usw. Rollt der Ball über die Seitenlinie, wird er an der Stelle von einem Läufer in das Spielfeld zurückgegeben. Das gegnerische Spielfeld darf genutzt werden. Je durchlaufener einfacher Spielfeldlänge gibt es einen Punkt. Nach jedem Punkt muss im eigenen Spielfeld gestartet werden. Sieger ist die Mannschaft mit der höchsten Punktzahl.

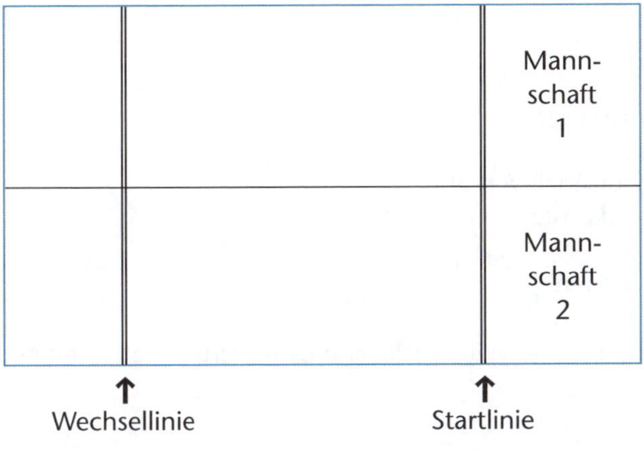

Variante II

Spiel gegeneinander:

Anstoß Mittellinie. Jedes Überrollen der gegnerischen Start-/Wechsellinie durch den Ball gibt einen Punkt. Erneuter Anstoß durch die unterlegene Mannschaft. Sieger ist die Mannschaft mit der höchsten Punktzahl.

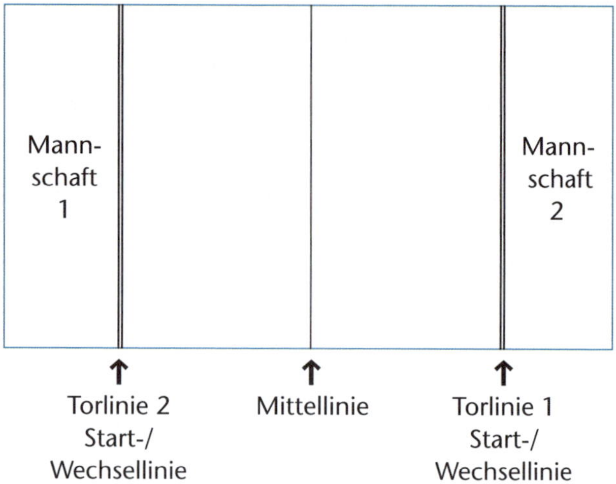

WB Horseball

Deutscher Horseball-Verband
c/o Hofgut Adamstal
Aarstraße
65195 Wiesbaden

Die WB-Beispiele und WB-Regeln sind beim Verband zu erfahren.

6 Zucht-Wettbewerbe

WB 601 Pferdebeurteilung

Anforderungen:
Die Teilnehmer, die die Beurteilung vornehmen, bekommen ein Pferd beliebiger Rasse auf Trense gezäumt analog den Anforderungen in Zuchtschauen auf der Dreiecksbahn (➔ Seite 239) vorgestellt. Jeder Teilnehmer stellt sein Pferd für die Beurteilung durch einen anderen Teilnehmer an der Hand vor. Anhand eines vom Veranstalter vorgegebenen Vordrucks mit Fragen nimmt der Teilnehmer eine Beurteilung des Pferdes vor.
Die Fragen haben das Thema: Bezeichnen bestimmter Körperteile, Lagebeschreibung der Körperteile, Farbe, Abzeichen (echte und unechte) sowie das richtige Führen.

Bewertung:
Für jede richtige Antwort erhält der Teilnehmer 5 Punkte.

Ausrüstung:
Ausrüstung des Pferdes: Trensenzaum
Nicht erlaubt: Halfter, Beinschutz
Ausrüstung des Pferdeführenden: festes Schuhwerk, Handschuhe

Zusätzliche Bestimmungen:
Mindestalter des Pferdes: 3 Jahre
Mindestalter des Pferdeführenden: 6 Jahre, sofern er sein Pferd an der Hand kontrollieren kann

WB 602 Vormustern

Anforderungen:
Jeder Teilnehmer stellt sein Pferd auf der Dreiecksbahn (➔ nächste Seite) in 2 Teil-Wettbewerben vor:

1. Aufstellung im Stand
   Aufstellung an der Markierungslinie: Der Vorführende tritt vor das Pferd, nimmt die Zügel in beide Hände. Das Pferd wird so aufgestellt, dass die Richter es von beiden Seiten begutachten können. Dabei sollen alle 4 Hufe gleichmäßig belastet und das Pferd „offen" zur Richterseite hin stehen. Bei Standortwechsel der Richter/Prüfer Breitensport auf die andere Pferdeseite wird auch die Pferdeaufstellung angepasst. Bei der Vorstellung sind Alter, Rasse, Farbe und Abzeichen anzugeben.
2. Vormustern in der Bewegung
   Der Teilnehmer tritt links neben die Schulter des Pferdes und führt es auf die Mittellinie des Dreiecks, wendet um die Markierung nach rechts und führt es wieder gerade auf die Richter/Prüfer Breitensport zu. Danach führt er das Pferd rechts herum zur ersten Seite des Dreiecks. Zu Beginn der Seite wird angetrabt, 1-mal um das Dreieck (Durchparieren zum Schritt an den Ecken des Dreiecks erlaubt). Vor den Richtern/Prüfern Breitensport ist wieder zum Schritt durchzuparieren. Das Pferd wird im Schritt gewendet und wieder vor den Richtern/Prüfern Breitensport offen aufgestellt.

Bewertung:
Beurteilt wird das korrekte Vormustern (analog der Kriterien für das Vormustern auf gerader Linie ➔ Merkblatt unter www.pferd-aktuell.de). Die Kriterien sind: das Aufnehmen der Zügel und die Zügelhaltung, die Aufstellung des Pferdes, Vorstellung des Pferdes durch die führende Person (Positionierung am Pferd, Ausführen der Wendungen, das Führen, Tempi- und Gangartenübergänge). Die Bewertung erfolgt in 2 WN von 10 bis 0 (eine Dezimalstelle), die addiert werden.

Ausrüstung:
Ausrüstung des Pferdes: Trensenzaum
Nicht erlaubt: Halfter, Beinschutz
Ausrüstung des Pferdeführenden: festes Schuhwerk, Handschuhe

Zusätzliche Bestimmungen:
Mindestalter des Pferdes: 3 Jahre
Mindestalter des Pferdeführenden: 6 Jahre, sofern er sein Pferd an der Hand kontrollieren kann

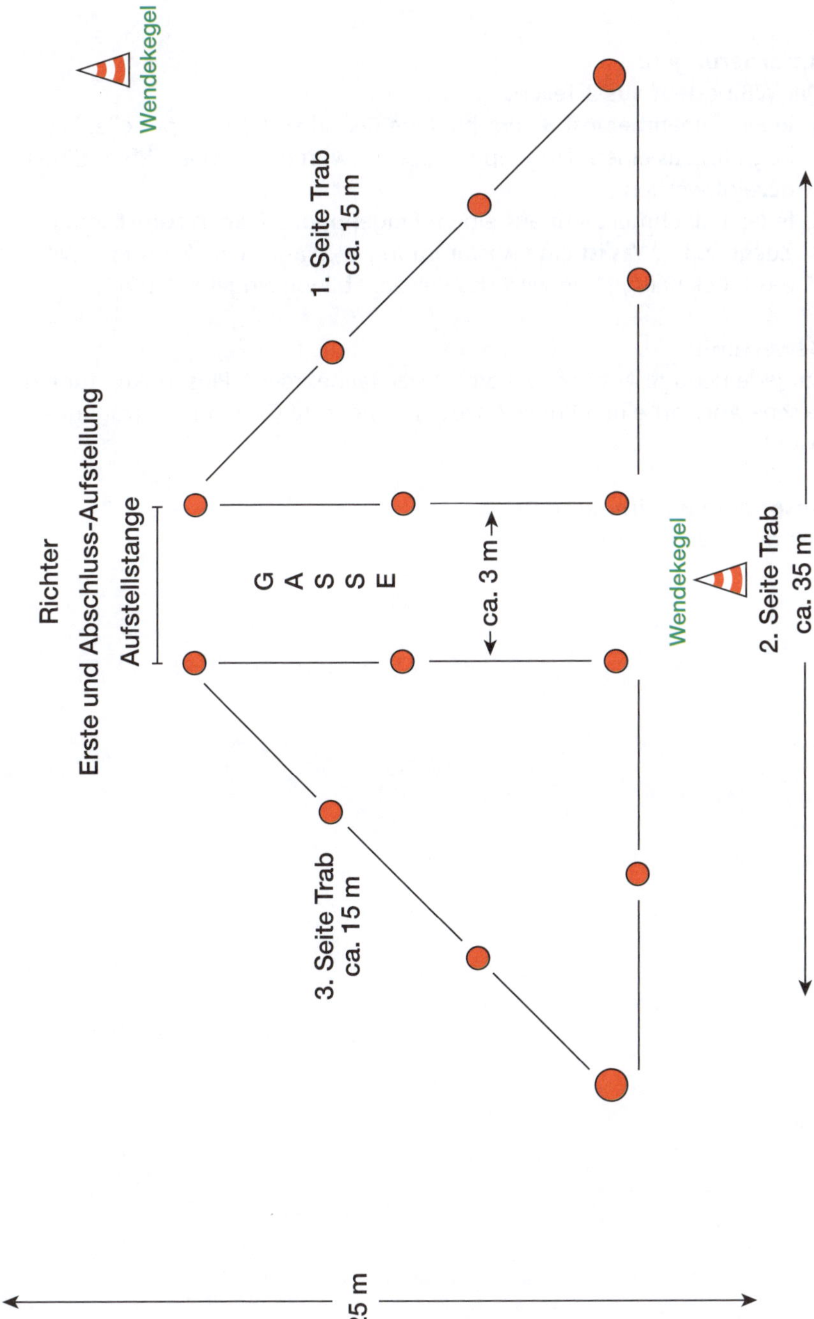
Richter
Erste und Abschluss-Aufstellung
Aufstellstange
G A S S E
ca. 3 m
Wendekegel
1. Seite Trab
ca. 15 m
Wendekegel
2. Seite Trab
ca. 35 m
3. Seite Trab
ca. 15 m
25 m

WB 603 „Wo und was ist was?"

Anforderungen:

Der WB besteht aus 2 Teilen:

1. Jeder Teilnehmer lost 3 verschiedene Begriffe (Pferdekörperteile, Fachbegriffe) aus einem Fragenpool. Die Antworten sollen am Pferd direkt gezeigt werden.
2. Jeder Teilnehmer zieht aus einem Fragenpool 3 Fragen zum Thema Zucht: z.B. „Was ist eine Abstammung", „Was ist eine Körung", „Was ist das Stockmaß", „Wie wird das Pferdegebäude eingeteilt" u.Ä.

Bewertung:

Für jede richtige Antwort bekommt der Teilnehmer 5 Pluspunkte, für jede falsche Antwort einen Punkt Abzug. Die höchste Gesamtpunktzahl gewinnt.

Besondere Bestimmungen:

Mindestalter Teilnehmer: 8 Jahre

7 Kombinierte Wettbewerbe

Alle in der WBO enthaltenen WB können beliebig miteinander kombiniert werden. Die Ausschreibung regelt den Bewertungsmodus.
Kombinierte Wertungen können sein:
- 3 Einzel-WB werden einzeln bewertet, dann die Einzelergebnisse addiert, ggf. mit Koeffizient multipliziert oder
- Für 3 Teil-WB wird nur ein Gesamtergebnis ermittelt.

WB-Kombinationsbeispiele:

WB 701 PM-Schulpferdecup

(Version 2012/2013, gültig ist die jeweils für die Saison veröffentlichte Ausschreibung, www.pferd-aktuell.de)

Kombinierter Mannschaftswettbewerb (Ehrenpreis für das Siegerteam, Schleifen für alle Teilnehmer, Stallplaketten für Teilnehmer und Teamführer, kleine finanzielle Transportkosten-Unterstützung)

Anforderungen:
a) Dressurreiter-Wettbewerb – für Mannschaften
Aufgabe **E...** (jedes Jahr durch die FN neu festgelegt) mannschaftsweise, die Aufgabe wird von der Mitte der langen Seite aus vom Mannschaftsführer vorgelesen. Der Mannschaftsführer stellt das Team in Reitkleidung (in der Optik analog zu seinem Team) vor.
Bewertung:
Jeder Teilnehmer erhält eine WN von 10 bis 0 (eine Dezimalstelle). Die 3 besten WN pro Mannschaft werden addiert und mit 3 multipliziert. Zu dieser WN wird eine WN von 10 bis 0 (eine Dezimalstelle) – einfach gewertet – für den Gesamteindruck hinzuaddiert. Gegebenenfalls werden für ein Verreiten von der Gesamteindrucksnote: 0,2 beim 1. Mal, 0,4 beim 2. Mal abgezogen. Die Verwendung von Hilfszügeln fließt nicht mit in die WN ein.
Erlaubt: Bandagen oder Gamaschen

b) Theorie-Wettbewerb (Multiple Choice)
Mannschaftsweise Beantwortung eines Fragebogens – Anforderungen gemäß Deutschem Reitabzeichen (DRA) Kl. IV – mit 20 Fragen, die in max. 20 Minuten zu beantworten sind. Pro Frage ist nur eine von 3 möglichen Antworten richtig.

Bewertung:
Alle Fragen richtig beantwortet = 10,0. Für jede nicht richtig beantwortete oder unbeantwortete Frage: 0,5 Abzug

c) Der „Leichte Sitz"
Die Reiter absolvieren als Gruppe oder einzeln nach Weisung der Richter eine oder mehrere große Runden auf einer Hand (beliebige Handwahl) um den Parcours herum im „leichten Sitz".
Bewertung:
Jeder Teilnehmer erhält eine WN von 10 bis 0 (eine Dezimalstelle) für die Ausführung des leichten Sitzes, die 3 besten WN pro Mannschaft werden addiert. Die Summe wird einfach gewertet.

d) Schulpferdeparcours für Mannschaften
Anforderungen:
Ein Parcours gemäß Vorlage (die Mannschaft erhält die Parcoursskizze bei der Startmeldung) mit mindestens 3 Hindernissen, max. 60 bis 70 cm hoch. Anforderungen ähnlich wie im Caprilli-Test, es werden sechs Aufgaben aus dem Aufgabenkatalog (➧ www.pferd-aktuell.de/PM-Schulpferdecup) gestellt und mindestens drei Gangartenwechsel an vorgegebenen, markierten Stellen verlangt.
Bewertung:
Jeder Teilnehmer erhält eine WN von 10 bis 0 (eine Dezimalstelle), die 3 besten WN der Mannschaft werden addiert. Die Summe wird mit 2 multipliziert.
Abzüge und Ausschluss:
Abzug von 0,2 für
- nicht voll erfüllte Aufgaben (z.B. im Slalom nicht alle Zwischenräume getroffen oder Einreiten in den Slalom von der falschen Seite)
- Gangartenwechsel deutlich zu früh oder zu spät (mehr als 5 m von der Markierung entfernt)

Abzug von 0,5 für
- Auslassen eines Gangartenwechsels (kein erkennbarer Versuch)
- für die zweite Verweigerung (die erste Verweigerung bleibt unbewertet)
- für das erste Verreiten (eindeutig falscher Weg)

Abzug von 1,0 für
- Auslassen einer ganzen Aufgabe nach mindestens drei- oder mehrfachem Anreiten
- für das zweite Verreiten (eindeutig 2-mal falscher Weg)

Ausschluss erfolgt:
- bei Überschreiten der festgelegten Höchstzeit (HZ)
- bei Sturz des Reiters und/oder des Pferdes
- bei 3-maligem Verreiten (eindeutig falscher Weg)

- auf Entscheidung der Richter/Prüfer Breitensport bei Gefährdung von Reiter und/oder Pferd und/oder Umfeld

Achtung! Kein Ausschluss:

- 3-maliges Verweigern führt nicht zum Ausschluss, jede Aufgabe darf mehrfach, aber muss (!) mindestens 3-mal angeritten werden, bevor der Parcours fortgesetzt wird.

Ausschluss des ganzen Teams:

- Wenn nicht alle Reiter eines Teams, die in der Dressur gestartet sind, auch in den weiteren Teil-Wettbewerben (außer beim Vormustern, hier nur ein Teilnehmer des Teams) starten.
  Nach Start, aber Nichtbeenden eines Teil-WB durch einen oder mehrere Reiter eines Teams bleibt die Mannschaftswertung erhalten, der/die ausgeschiedene(n) Reiter erhält/erhalten das schlechteste Ergebnis dieses Teil-WB abzüglich 20%. (Achtung: Es müssen mindestens 3 Reiter gestartet sein!)

e) Vormustern

Pro Team stellt ein Reiter (dieser wird durch die Richter vor Ort festgelegt) ein beliebiges Pferd seiner Pferdegruppe auf der Dreiecksbahn (➔ nächste Seite) an der Hand vor. Der Teamführer kann bei Bedarf (auf der Seite des Führenden gehend), hinter dem Pferd Peitschenhilfe geben.

Anforderungen und Ablauf:

Korrektes Aufstellen des Pferdes, „offen" zur Richter-/Prüfer-Breitensportgruppe: für die Richter/Prüfer Breitensport sind vier Pferdebeine zu sehen, dabei sollen das Vorderbein und das Hinterbein auf der Richter-/Prüfer-Breitensportseite leicht nach vorne heraus (Vorderbein) bzw. leicht nach hinten heraus (Hinterbein) gestellt sein. Verändert das Pferd die Aufstellung, soll eine Korrektur erfolgen!

Folgende Angaben werden verlangt:

- Name des Teilnehmers, Name des Vereins/Betriebs
- Pferd: Alter, Geschlecht, Farbe und Abzeichen des Pferdes (wenn bekannt: Abstammung)

Führen der ersten Seite des Dreiecks im Schritt, Antraben nach der Rechtswendung und Führen der zweiten Seite des Dreiecks im Trab, vor der Wendung zur dritten Seite durchparieren zum Schritt, Schritt an der dritten Seite des Dreiecks. Wendung nach rechts um den Kegel und erneute Aufstellung des Pferdes (mit der anderen Seite „offen" zur Richter-/Prüfer-Breitensportgruppe).

Beurteilt werden:

das Aufnehmen der Zügel und die Handhabung der Zügel, die Aufstellung des Pferdes, die Positionierung des Führenden am Pferd, das Ausführen der Wendungen, die Schlussaufstellung und die mündliche Information an die Richter/Prüfer Breitensport. Wird ein Peitschenführer eingesetzt, so wird die Korrektheit der Hilfestellung in der WN mit berücksichtigt.

Aufbaukizze „Vormustern“ zu WB 701 „PM-Schulpferdecup“

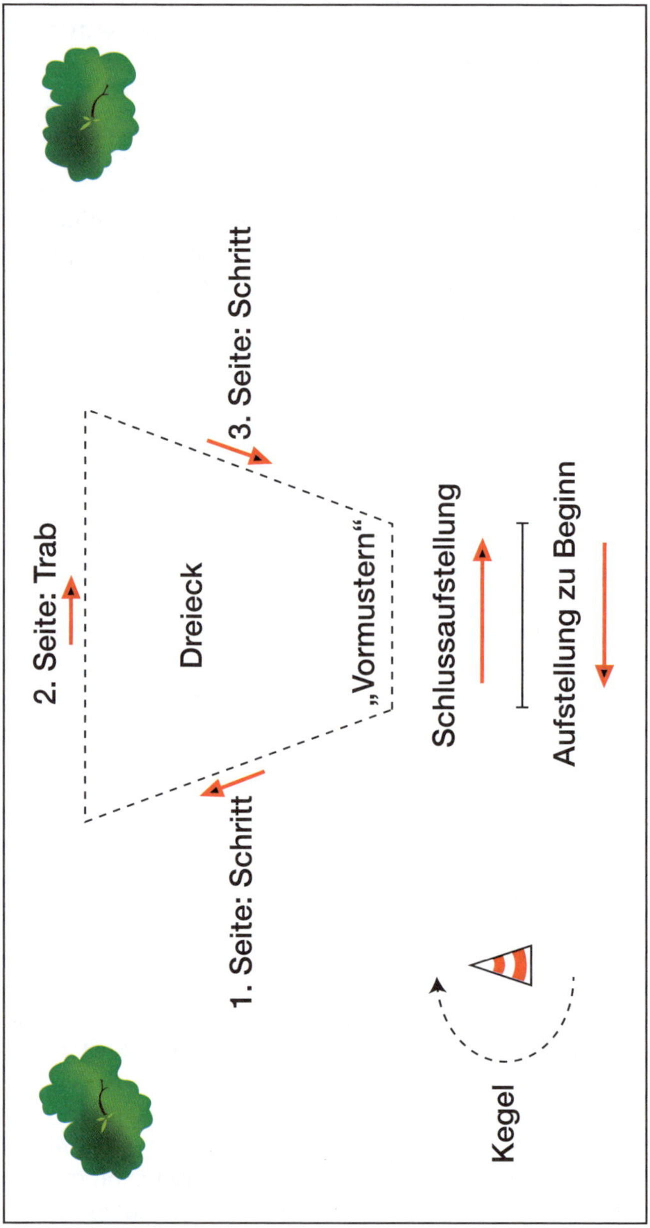

Die Bewertung erfolgt mit einer WN zwischen 10 und 0 (eine Dezimalstelle). Diese WN geht einfach gewertet in das Gesamtergebnis des Teams ein.

Bewertung der Teil-Wettbewerbe:

a) : b) : c) : d) : e) = Mannschaftsdressur : Theorie : Leichter Sitz : Parcours : Vormustern

3 : 1 : 1 : 2 : 1, bei gleicher Endpunktzahl entscheidet das bessere Ergebnis in der Mannschaftsdressur (inkl. Gesamteindruck), danach das bessere Ergebnis im Parcours.

Ausrüstung:

Ausrüstung der Pferde: Trensenzaum und Englischer Sattel; Bandagen, Gamaschen erlaubt; Hilfszügel: gemäß Abb. 29–32 ➡ Teil IV, Seite 334, im Springen nur das gleitende Ringmartingal

Ausrüstung der Reiter: zweckmäßige, anliegende Reitbekleidung („Clubdress" erwünscht!), Reithelm

Erlaubt: Sporen, Gerte (Dressur: 120 cm inkl. Schlag, Springen: 75 cm inkl. Schlag); Im Teil-WB Vormustern darf keine Gerte mitgenommen werden.

Zusätzliche Bestimmungen:

Teilnahmeberechtigte Schulpferdereiter:

- Alle **Schulpferdereiter** ohne Jahresturnierlizenz (Lkl. 0). Die Reiter dürfen keine FN-registrierten Erfolge (bis 2008 in Prüfungen der Kat. B und ab 2008 keine Erfolge in LP der Kl. E und höher) haben.
- Zugelassene Reiter: Reiter, die im laufenden Kalenderjahr mindestens 12 Jahre alt werden
- Nicht zugelassen:
  - Schulpferdereiter auf dem eigenen Pferd/auf einem Pferd im Besitz der Familie/Angehöriger des Reiters
  - Schulpferdereiter, die mehr als 2-mal pro Woche mit einem Reitbeteiligungspferd am Unterricht teilnehmen
  - Reiter, die eine Ausbilderlizenzprüfung im Reiten (Trainer-Assistent, Trainer C, B, A, Pferdewirt, Pferdewirtschaftsmeister – Reiten) abgelegt haben
  - Teilnehmer, die 3 Jahre nacheinander teilgenommen haben. Ein erneuter Start ist erst wieder nach 3 Jahren Pause möglich.
- Die Teilnahme des Reiters an mehreren Qualifikationen/in mehreren Teams innerhalb eines Jahres ist möglich! Eine Startmöglichkeit im Halbfinale erfolgt nur mit dem zuerst weiterqualifizierten Team!

Für die Wertung:

- Jeder Reiter muss jeden Teil-WB absolvieren. (Der Reiter muss Dressur und Springen nicht mit demselben Pferd/Pony reiten, es darf innerhalb der 3 bzw. 4 startenden Pferde getauscht werden. Es darf kein neues Pferd dazugenommen werden!).

- Jeder Reiter ist bei einer Veranstaltung nur innerhalb einer Mannschaft startberechtigt. Jeder Reiter darf in jedem Teil-WB nur 1-mal starten.
- Ein Team besteht aus 3 (dann gilt die Streichergebnisregelung nicht) bis 4 Reitern. Je Verein/Betrieb sind 2 Mannschaften zugelassen. Die Zusammensetzung der Mannschaft (Pferd/Reiter-Paare in den einzelnen Teil-WB) ist mit der Startbereitschaft zu erklären. Der Reiter, der das Vormustern übernimmt, wird vor Ort durch die Richter/Prüfer Breitensport festgelegt.
- Bei 10 bis 14 teilnehmenden Teams wird der WB in 2 Abteilungen, ab 15 teilnehmenden Teams in 3 Abteilungen platziert.
- Es gibt keine regionale Beschränkung für Teilnehmer, die Mannschaften dürfen an mehreren Qualifikationen teilnehmen (auch in anderen Landesverbänden).
- Die Teilnehmer bringen ihre Armnummer/Programmnummer mit, diese ist am linken Arm zu befestigen und verbleibt bei allen Teil-WB beim selben Teilnehmer!

Teilnahmeberechtigte Pferde und Ponys:

- Alle 5-jährigen und älteren Schulpferde und -ponys sowie zur Verfügung gestellte Privatpferde und -ponys, die nicht im Besitz des Reiters/der Familie des Reiters sind. Für die Privatpferde und -ponys wird eine schriftliche Bestätigung vom Ausbilder gefordert, dass sie **regelmäßig, mindestens 3-mal pro Woche unter verschiedenen Reitern im Schulbetrieb** eingesetzt werden. Reitbeteiligungen an Schul- oder Privatpferden dürfen nicht mehr als 2-mal die Woche das Reitbeteiligungspferd im Unterricht reiten, um auf diesem Pferd startberechtigt zu sein.
- Jedes Pferd eines Teams startet in der Dressur.
  Springen: Im Schulpferdeparcours können von den 3 bis 4 Team-Pferden 2 Pferde 2-mal für das Team gehen, sodass nicht unbedingt alle Pferde springen müssen.
- Eine Zusammensetzung von 3 bis 4 Pferden mit 6 bis 8 Reitern in 2 Teams ist möglich, dann aber max. 4 gerittene Starts/Pferd erlaubt.
- **Für den Schulpferdeparcours darf kein neues Pferd dazugenommen werden!**
- Die teilnehmenden Pferde dürfen während der Veranstaltung ausschließlich nur von den Reitern geritten werden, mit denen sie starten.
- Die Qualifikations-Wettbewerbe können mit oder ohne Hilfszügel geritten werden (es wird in der Bewertung nicht berücksichtigt).

Qualifikationsmodus:

Je Verein/Betrieb können sich max. 2 Teams in der PM-Cup-Saison für ein Halbfinale der Serie qualifizieren. Berücksichtigt werden die sich zuerst qualifizierten 2 Teams.

Das jeweils punktbeste Team einer Qualifikation qualifiziert sich für ein Halbfinale. Bei 10 und mehr startenden Teams in einer Qualifikation qualifizieren sich die besten 2 Teams, bei 15 und mehr Teams die besten 3 Teams weiter für ein Halbfinale.
Das Halbfinale wird mit fremden Schulpferden geritten. (Ponys können nicht fest zugesagt werden.) Gültigkeit hat die aktuelle Ausschreibung für das Halbfinale. Die möglichst gleichmäßige Verteilung der qualifizierten Teams auf die Halbfinalen nimmt die FN vor. Die jeweils beiden punktbesten Teams aus bis zu 5 Halbfinalen nehmen am Finale teil.
Startfolge:
Die Startfolge wird für jeden Teil-Wettbewerb vom Veranstalter einzeln gelost und ist mit der Zeiteinteilung den Teilnehmern/Mannschaftsführern mitzuteilen.

Weitere Kombinationsbeispiele:

- Geschicklichkeits-WB und Reiter-WB
- Dressurreiter-WB und Springreiter-WB und Geländereiter-WB
- Dressurreiter-WB und Springreiter-WB und Vormustern
- Longenreiter-WB und Vormustern

...

Kombinationen mit anderen Sportarten:

Ferner können alle WB beliebig mit anderen geeigneten Sportarten kombiniert werden:
- Reiten – Schwimmen
- Reiten – Fahrradfahren
- Reiten – Inlineskaten
- Reiten – Laufen
- Reiten – Turnen

WB 702 Wettbewerb im Orientierungsreiten – TREC – Einzel- und Mannschafts-WB

Die Abkürzung „**TREC**“ (französisch: **T**echniques de **R**andonnée **E**questre de **C**ompétition) bezeichnet Wettbewerbe in den Techniken des Wanderreitens und Wanderfahrens mit standardisierten Anforderungen.
Die Durchführung dieser TREC-Wettbewerbe und die Bewertung finden in Anlehnung an das FITE-Regelwerk statt.

Informationen: www.pferd-aktuell.de, Umwelt und Pferdehaltung, Orientierungsreiten und -fahren/TREC.

Der Wettbewerb besteht aus 3 Teil-Wettbewerben a) bis c) sowie Verfassungsprüfungen:

Verfassungsprüfungen:
Die erste Verfassungsprüfung findet vor Beginn der Wettbewerbe auf ebenem, festem Boden statt. Der Tierarzt überprüft das Pferd außerdem an bestimmten Kontrollpunkten und am Ziel. Er kann ggf. eine befristete Zwangspause oder den endgültigen Ausschluss anordnen (ein Einspruch ist nicht möglich).

a) Orientierungsritt mit Tempovorgaben
(Parcours d’Orientation et de Régularité/POR)

Anforderungen:
Auf einer vorgegebenen Route wird die exakte Einhaltung der Strecke und der Tempovorgaben gefordert. Je nach Geländeformation und vorgesehenem Schwierigkeitsgrad kann die Strecke zwischen 15 bis 40 km lang sein. Das Gleiche gilt für die vorgegebenen Geschwindigkeiten pro Abschnitt (6 bis 12 km/h). Für das Übertragen der Strecke von der offiziellen in die eigene Karte sind 20 Minuten vorgesehen, Maßstab der topografischen Karten 1:25.000. Jeder Teilnehmer erhält ein Streckenheft, in dem die Ankunfts- und Abrittzeiten von den Kontrollposten dokumentiert werden.

Bewertung:
Der TN startet mit der max. Punktzahl 240, von dieser wird bei Über- oder Unterschreiten der vorgegebenen Idealzeit je angefangene Minute ein Punkt abgezogen.

b) Rittigkeits-Wettbewerb (Maîtrise des Allures/MA)

Anforderungen:
Das Pferd wird so ruhig wie möglich im Galopp und so schnell wie möglich im Schritt auf einer markierten Bahn (150 m lang, 2,00 bis 2,20 m breit, weitgehend eben) vorgestellt.

Bewertung:
Die max. erreichbare Punktzahl ist 60 Punkte (je Gangart 30 Punkte). Die gerittenen Zeiten ergeben die erreichten Punkte (Umrechnungstabelle im FITE-Regelbuch). Der Teilnehmer erhält in der jeweiligen Teilstrecke 0 Punkte, wenn er die vorgeschriebene Gangart nicht einhält, die Bahn verlässt, sein Pferd mit einem Huf über die Bahnbegrenzung hinaustritt oder Kreuzgalopp zeigt.

c) Geländeritt (Parcours en Terrain Varié/PTV)

Anforderungen:
Der Wettbewerb findet auf einer markierten Strecke von 1,5 bis 5 km Länge statt und ist in etwa 12 km/h zu absolvieren. In der Strecke sind max. 16 natürliche oder naturnahe Hindernisse, wie sie auch im Laufe eines Wanderrittes angetroffen werden können, zu reiten. Es gibt im FITE-RG eine entsprechende Auflistung der möglichen Hindernisse: z.B. Baumstamm, Bergauf/Bergab, Furt, Graben oder Brücke, jeweils geritten oder geführt. Die Abmessungen sind detailliert unter „TREC-Hindernisse im Orientierungsreiten" beschrieben, sie können je nach Gelände und vorgesehenem Schwierigkeitsgrad variieren.

Bewertung:
Bewertet wird die harmonische und flüssige Bewältigung der gestellten Aufgaben. An jedem Hindernis sind max. 10 Punkte erreichbar. Gegebenenfalls werden Strafpunkte für Fehler, Störungen in der Vorwärtsbewegung und/oder Wechsel der Gangart angerechnet (Einzelheiten ➔ FITE-RG). Dreimaliger Ungehorsam an einem Hindernis: 0 Punkte für dieses Hindernis (kein Ausschluss) und Fortsetzung des Rittes.

Ausrüstung für die Teil-Wettbewerbe:
Ausrüstung des Pferdes: Zäumung beliebig. Als Hilfszügel ist nur das gleitende Ringmartingal zugelassen.
Ausrüstung des Reiters: beliebig, funktional und sicher. Ein bruch- und splittersicherer Reithelm mit Drei- oder Vierpunktbefestigung ist vorgeschrieben (empfohlene Europäische Norm EN 1384). Der Reithelm muss in allen Teil-

Wettbewerben auf dem Pferd getragen werden. Während des Geländerittes (PTV) ist das Tragen einer Schutzweste vorgeschrieben.

Im Orientierungsritt (POR) müssen mindestens die Ausrüstungsgegenstände (Einzelheiten ➔ FITE-RG) für einen Eintagesritt mitgeführt werden, der sich auch in die Dunkelheit hineinziehen kann. Alle Teil-Wettbewerbe sind mit derselben Ausrüstung (Sattel und Zäumung) zu absolvieren. Die während des Orientierungsrittes verwendeten Packtaschen können für den Rittigkeits-Wettbewerb und den Geländeritt abgelegt werden.

Zusätzliche Bestimungen:
Mindestalter des Pferdes: 5 Jahre
Mindestalter des Teilnehmers: 16 Jahre, im Orientierungsritt; Minderjährige nur in Begleitung eines Erwachsenen (Mindestalter 18 Jahre)

Sonstige Bestimmungen:
2 bis 4 Reiter können eine Mannschaft bilden, wobei mindestens ein Mannschaftsmitglied 18 Jahre alt sein muss.

WB 703 Wettbewerb im Orientierungsfahren – TREC – für Ein- und Mehrspänner

Der Wettbewerb besteht aus 2 Teil-Wettbewerben a) bis b) und Verfassungsprüfungen

Verfassungsprüfungen:
Die erste Verfassungsprüfung findet vor Beginn der Wettbewerbe auf ebenem, festem Boden statt. Der Tierarzt überprüft das Pferd außerdem an bestimmten Kontrollpunkten und am Ziel. Er kann ggf. eine befristete Zwangspause oder den endgültigen Ausschluss anordnen (ein Einspruch ist nicht möglich).

a) Orientierungsfahrt mit Tempovorgaben
(Parcours d'Orientation et de Régularité/POR)

Anforderungen:
Auf einer vorgegebenen Route wird die exakte Einhaltung der Strecke und der Tempovorgaben gefordert. Die Streckenlänge kann je nach Geländeformation und vorgesehenem Schwierigkeitsgrad zwischen 12 bis 20 km variieren, ebenso die vorgegebene Geschwindigkeit pro Abschnitt (5 bis 12 km/h). Für das Übertragen der Strecke von der offiziellen in die eigene Karte sind 15 Minuten vorgesehen, Maßstab der topografischen Karten 1:25.000. Jeder Teilnehmer erhält ein Streckenheft, in dem die Ankunfts- und Abfahrtzeiten von den Kontrollposten dokumentiert werden.

Bewertung:
Der TN startet mit der max. Punktzahl 240, von dieser wird bei Über- oder Unterschreiten der vorgegebenen Idealzeit je angefangene Minute ein Punkt abgezogen.

b) Geländefahrt (Parcours en Terrain Varié/PTV)

Anforderungen:
Der Wettbewerb findet auf einer markierten Strecke von 1,5 bis 2 km Länge statt und ist mit dem Tempo von etwa 10 bis 12 km/h zu absolvieren. In der Strecke sind max. 16 natürliche oder naturnahe Hindernisse zu absolvieren, wie sie auch im Laufe einer Wanderfahrt angetroffen werden können. Es gibt im FITE-RG eine entsprechende Auflistung der möglichen Hindernisse: z.B. Beispiel Furt, Anfahren am Berg, Brücke, Slalom. Die Aufgaben sind detailliert unter „TREC Hindernisse im Orientierungsfahren" beschrieben.

Bewertung:
Bewertet wird die harmonische und flüssige Bewältigung der gestellten Aufgaben. An jedem Hindernis sind max. 10 Punkte erreichbar. Gegebenenfalls werden Strafpunkte für Überschreiten der vorgegebenen Zeit, den Wechsel der Gangart und/oder das Überfahren von Markierungen angerechnet (Einzelheiten ➡ FITE-RG). Dreimaliger Ungehorsam an einem Hindernis: 0 Punkte für dieses Hindernis (kein Ausschluss), die Fahrt wird fortgesetzt.

Ausrüstung und Zubehör:
Ausrüstung des Pferdes: Verlangt wird ein gut passendes, sicheres Geschirr. Die Verwendung eines (beliebigen) Gebisses ist vorgeschrieben. Für die Orientierungsfahrt müssen mindestens die Ausrüstungsgegenstände für eine Eintagesfahrt (inkl. Beleuchtung bei Dunkelheit) sowie geeignetes Reparaturwerkzeug mitgeführt werden.
Ausrüstung des Fahrers/des Beifahrers: Das Tragen eines bruch- und splittersicheren Helms mit Drei- oder Vierpunktbefestigung ist vorgeschrieben (empfohlene Europäische Norm EN 1384).
Ausrüstung des Wagens: Der Wagen muss funktional geeignet und sicher sein.

Zusätzliche Bestimmungen:
Der Wagen muss mit mindestens einem Fahrer und einem Beifahrer besetzt sein. Der Beifahrer ist u.a. auch für das Lesen der Karte verantwortlich. Bei Mehrspännern sind mindestens ein Fahrer und 2 Beifahrer vorgeschrieben.
Der Fahrer muss beide Teil-Wettbewerbe mit demselben Beifahrer/denselben Beifahrern, demselben Pferd/denselben Pferden und mit demselben Wagen absolvieren.
Nur während der Orientierungsfahrt (POR) darf/dürfen der/die Fahrer und der/die Beifahrer ihre Aufgaben wechseln. Aus Gründen der Sicherheit darf sich der Beifahrer nie mehr als 10 m von dem Wagen entfernen.
Mindestalter des Pferdes: 4 Jahre
Mindestalter des Fahrers: 16 Jahre
Mindestalter des Beifahrers: 16 Jahre. Ist der Teilnehmer unter 18 Jahre, muss ein Beifahrer mindestens 18 Jahre alt und mindestens im Besitz des DFA Kl. IV sein.

WB 704 Vierkampf (Dressur, Springen, Schwimmen, Laufen)

1. Dressur-WB

Aufgabe ... (Beispiel-Aufgaben ➡ 110, 112)

Es wird in der Abteilung zu viert nach Kommando geritten.
Der Kommandogeber ist der Mannschaftsführer oder dessen Beauftragter.
Er muss während des Rittes außerhalb des Vierecks stehen (ausgenommen der Grußaufstellung).
Beurteilung: Sitz und Einwirkung des Reiters, die Hilfengebung sowie die Korrektheit der Hufschlagfiguren und Lektionen mit einer WN 10 bis 0 (eine Dezimalstelle)
Ausrüstung: Trensenzaum, Sattel (Dressursattel empfohlen). Wenn Hilfszügel, dann gemäß Ausschreibung.

Startfolge gemäß Auslosung „Dressur". Beginn Abreitezeit: je 2 Abteilungen vor dem eigenen Start (ca. 16 Minuten)

2. Stil-Spring-WB mit Erlaubter Zeit (EZ)

Bewertung mit einer Wertnote 10 bis 0 (eine Dezimalstelle)

<u>Gegebenenfalls Abzüge:</u>

Je Hindernisfehler	0,5
Erster Ungehorsam	0,5
Zweiter Ungehorsam	1,0
Zweiter Ungehorsam am gleichen Hindernis	2,0
Bei Überschreiten der Erlaubten Zeit (EZ)	
je angefangene Sekunde	0,1
Überschreiten Höchstzeit (HZ)	Ausschluss
Sturz des Reiters und/oder Pferdes	Ausschluss

Startfolge gemäß Auslosung Springen: beginnend mit den ersten 2 Reitern der ersten Mannschaft, dann folgen die ersten 2 Reiter der zweiten Mannschaft usw. Wenn alle Mannschaften mit ihren ersten und zweiten Reitern gestartet sind, folgen die dritten und vierten Reiter auf den zugelosten Pferden der anderen Teams in gleicher Weise. Grundsätzlich gilt, dass der erste und zweite Reiter einer Mannschaft auf den eigenen, d.h. mitgebrachten, Pferden starten. Die Pferdeübergabe ist 6 Pferde vor dem Start durchzuführen.
Ausrüstung: ➡ WB 265 „Stilspring-WB mit Erlaubter Zeit (EZ)"

3. Schwimmen

50 m Freistil

Die Länge der Wettbewerbsstrecke beträgt 50 m (Bahnlänge 25 m).

Vorgeschrieben ist Freistilschwimmen, das bedeutet: Der Schwimmer kann in beliebiger Art starten und in beliebiger Art schwimmen. Als Zielanschlag kann der Schwimmer die Wand mit jedem beliebigen Körperteil berühren. Das Startkommando nach der „Zwei-Start-Regel" lautet:

- langer Pfiff: die Schwimmer stellen sich an die hintere Kante der obersten Ebene des Startblocks
- „Auf die Plätze": die Schwimmer nehmen die Starthaltung ein
- kurzer Pfiff: die Schwimmer starten

Bei einem Fehlstart erfolgen mehrere, aufeinanderfolgende kurze Pfiffe durch den Starter. Die Fehlstartleine muss fallengelassen werden. Der Verursacher wird durch den Starter ermahnt. Verursacht ein Schwimmer zweimalig einen Fehlstart, so wird er aus der Gruppe genommen und startet separat. Das Wettkampfgericht besteht aus: 1 Wettkampfleiter, 1 Starter, 4 Zeitnehmern (je Wettbewerbsbahn einen), 2 Einlaufrichtern, 1 bis 2 Wenderichtern. Der Startraum darf nur von den Wettkampfrichtern und den Wettbewerbsteilnehmern betreten werden. Trainern, Betreuern, Zuschauern und Mannschaftsmitgliedern ist es nicht gestattet, die Schwimmer entlang der Längsseite des Schwimmbeckens zu begleiten. Einsprüche und Proteste sind direkt (über die Mannschaftsführer) an den LK-Beauftragten zu richten.
Umrechnungstabelle: www.pferd-aktuell.de/Jugend/Bundesvierkampf (Stand: 2011).

4. Laufen – 3.000 m Geländelauf
Die Länge der Wettbewerbsstrecke beträgt einheitlich für Jungen und Mädchen 3000 m. Der Wettbewerb erfolgt auf einer vorgeschriebenen Strecke im Gelände.
Umrechnungstabelle: www.pferd-aktuell.de/Jugend/Bundesvierkampf (Stand: 2011).

Bewertung:
Dressur: WN 10 bis 0 (eine Dezimalstelle), ggf. Abzüge, x 300
Springen: WN 10 bis 0 (eine Dezimalstelle), ggf. Abzüge, x 200
Schwimmen: gemäß Umrechnungstabelle
Laufen: gemäß Umrechnungstabelle
Dressur : Springen : Schwimmen : Laufen im Verhältnis 3 : 2 : 1 : 1

Weitere Kombinationsmöglichkeiten:
- Reiten und Laufen
- Reiten und Schwimmen
- Fahren und Tanzen
- Fahren und Fahrradfahren

8 Wettbewerbe der Anschlussverbände (A) und der Verbände mit besonderer Aufgabenstellung

Erster Trekkingclub Deutschland e.V. – ETCD (A)

WB Beispiel 1: Trekking – Kiddi-Trec

Aufgabe: Orientierungsritt ca. 5 bis 6 km nach „Spezialkarte" (kindgerecht aufbereitete topografische Karte). Teilnahme nur in Begleitung eines Erwachsenen (dieser zu Pferd oder zu Fuß). Im Anschluss werden verschiedene Hindernisse im Trailparcours geritten.

Ausrüstung:
Sattel, Zäumung, Halfter oder Halsriemen und Strick, Notapotheke.
Kinder und Jugendliche dürfen ohne Helm nicht teilnehmen!
Jeder erwachsene Reiter sollte eine Sturzkappe nach Europäischer Norm „EN 1384" tragen. Wer ohne Helm reitet, übernimmt die volle Verantwortung für sämtliche Folgen eines möglichen Unfalls.

Startberechtigt:
Reiter: Kinder bis zu 12 Jahren
Team: 1 bis 4 Kinder nur in Begleitung eines Erwachsenen und in zweckmäßiger Kleidung
Pferde: 4-jährige und ältere Pferde und Ponys. Die teilnehmenden Pferde/Ponys sind haftpflichtversichert, entwurmt und frei von ansteckenden Krankheiten.

WB-Beispiel 2: Orientierungsritt Klasse A

Aufgabe: Orientierungsritt ca. 30 km plus/minus 5 km in 5 Etappen, Tempo 10 bis 6; nach topografischer Karte. Zusätzlich 2 weitere Teil-WB; nach Wahl des Ausrichters.
Dabei möglich: Rittigkeits-WB, Gehorsams-WB (Trailaufgaben), Gangarten-WB oder Gelände-WB.

Bewertung:
Nach TPO 2004, Teams und Einzelreiter getrennt.

Ausrüstung:
gemäß TPO 2004. Sattel, Zäumung, Halfter oder Halsriemen und Strick, Notapotheke (mit einer Rettungsdecke, Pflaster, Mullbinde, elastischer Binde, Schere und Dreieckstüchern), ein Woilach oder eine Pferdedecke und eine Stiefelleuchte, die nach vorne weiß und nach hinten rot leuchtet. Beschlag wird empfohlen.
Bei dem Gelände-WB ist ein Reithelm nach Europäischer Norm „EN 1384" für alle Reiter Vorschrift. Bei den anderen Teil-WB sollte jeder Reiter einen Reithelm nach Europäischer DIN-Norm tragen. Wer ohne Helm reitet, übernimmt die volle Verantwortung für sämtliche Folgen eines möglichen Unfalls. Kinder und Jugendliche dürfen ohne Helm nicht teilnehmen.

Startberechtigt:
Alle Reiter, Minderjährige in Begleitung eines Erwachsenen. 2 bis max. 4 Reiter können ein Team bilden. Der Teamleiter muss volljährig sein.
Pferde: Alle 5-jährigen und älteren Pferde und Ponys. Sie müssen frei von ansteckenden Krankheiten und in entsprechender Kondition sein.

Erste Westernreiter Union Deutschland e.V. – EWU (A)

WB-Beispiel 1: Trail an der Hand

Anforderungen
(evtl. durch Aufgabe/Parcoursskizze ergänzen):
Der Trail an der Hand ist ein Wettbewerb, bei dem das Pferd geführt wird. Dabei ist ein Parcours mit mindestens 6 Hindernissen/Aufgaben zu bewältigen. Mögliche Hindernisse/Aufgaben können sein: Überqueren einer Brücke, Rückwärtsrichten, Stangen im Schritt oder Trab, Slalom, Zurücklegen einer bestimmten Strecke im Trab, Stillstehen usw. Bei der Gestaltung der Hindernisse ist darauf zu achten, dass die Anforderungen pferde- und pferdeführergerecht sind.
Eine Parcoursskizze wird erstellt und soll spätestens vor dem WB vor Ort verteilt werden.

Ablauf:
Je Aufgabe werden 30 Sekunden gerechnet. Jede Aufgabe muss mindestens 1-mal angeführt werden. Nach Überschreiten der 30 Sekunden an einem Hindernis wird geläutet und es kann das nächste Hindernis angeführt werden. Für den Parcours wird eine Höchstzeit (HZ) festgelegt.

Bewertung:
Pro Hindernis gibt es max. 10 (ausgezeichnet) bis mindestens einen (sehr schlecht) Punkt/e für die harmonische, kontrollierte, vertrauensvolle Bewältigung jeder Aufgabe. Für das sichere Einhalten der vorgegebenen Gangart werden zusätzlich 5 Punkte vergeben. Die Punkte werden addiert und die höchste Punktsumme gewinnt.

<u>Ausschluss:</u>
- Überschreiten der Höchstzeit (HZ)
- Weiterführen nach Nichtbewältigung einer Aufgabe, ohne das Klingelzeichen abzuwarten
- Nach dem dritten Abklingeln im Gesamtparcours
- Führen einer falschen Reihenfolge
- Führen eines Hindernisses in der falschen Richtung
- Auslassen eines Hindernisses ohne mindestens einen Versuch

Ausrüstung:
Ausrüstung des Pferdes: Trensenzäumung mit Zügeln oder Halfter mit Führstrick.
Erlaubt: Bandagen, Gamaschen, Springglocken
Ausrüstung des Pferdeführenden: festes Schuhwerk, Handschuhe, Helmpflicht für Kinder/Jugendliche bis 18 Jahren

Zusätzliche Bestimmungen:
Mindestalter der Pferde/Ponys: 4 Jahre
Mindestalter des Pferdeführenden: 10 Jahre, sofern er sein Pferd an der Hand kontrollieren kann

Einsatzhöhe:
keine Vorgaben

Startfolge:
keine Vorgaben

WB-Beispiel 2: Flag Race bzw. Team Flag Race

Anforderungen
(evtl. durch Aufgabe/Parcoursskizze ergänzen):
Es werden 4 Tonnen in einem Rechteck aufgestellt. Auf diese werden 4 mit Sand gefüllte Eimer gestellt. Im Eimer bei Tonne 1 und 3 steckt eine Fahne. Der Abstand zwischen den Tonnen 1 und 2 bzw. 3 und 4 beträgt mindestens 20 m (Länge des Rechtecks), der Abstand zwischen Tonne 1 und 4 bzw. 2 und 3 mindestens 10 m (Breite des Rechtecks).
Der Teilnehmer macht einen fliegenden Start. Der Kurs verläuft rechts um die Außenseite der Tonnen. Nach dem Start greift der Reiter die Fahne aus dem Eimer bei Tonne 1 und steckt sie in den Eimer bei Tonne 2. Danach nimmt er die Fahne aus dem Eimer bei Tonne 3 und steckt sie in den Eimer bei Tonne 4. Anschließend überquert er die Ziellinie. Der Reiter darf während des Rittes die Tonnen auch umrunden.
Bei einem Team Flag Race starten 2 Reiter parallel. In diesem Fall stecken die Flaggen in den Eimern bei Tonne 1 und 4. Ein Reiter benutzt Tonne 1 und 2, der andere Tonne 3 und 4. Die Flaggen sind dann jeweils in die Eimer bei Tonne 2 bzw. 3 zu stecken. Nach Wahl des Reiters kann er links oder rechts herum starten. Es werden 2 Stoppuhren benutzt.

Bewertung:
Der Wettbewerb wird auf Zeit geritten. Die Zeitmessung beginnt beim Durchreiten der Startlinie und endet beim Durchreiten der Ziellinie.

Für den Verlust einer Fahne oder das Herausfallen der Fahne aus einem Eimer erhält er 5 Strafsekunden, die auf die benötigte Zeit addiert werden. Bei Team Flag Race werden die Zeiten der beiden Reiter eines Teams addiert.
Schlägt er einen falschen Weg ein, führt dies zum Ausschluss.
Gewonnen hat der Teilnehmer, der den Wettbewerb, bzw. das Team, das den Wettbewerb mit der besten Gesamtzeit absolviert hat.

Ausrüstung:
Ausrüstung des Pferdes: Sattel mit Steigbügeln, Trensenzaum
Erlaubt: gleitendes Ringmartingal, Bandagen und Gamaschen
Ausrüstung des Teilnehmers: angemessene Reitkleidung, Reitstiefel oder Stiefeletten, Reithelm
Erlaubt: Sporen

Zusätzliche Bestimmungen:
Mindestalter des Pferdes: 4 Jahre
Mindestalter des Teilnehmers: 6 Jahre

Einsatzhöhe:
keine Vorgaben

Startfolge:
keine Vorgaben

WB-Beispiel 3: Ribbon Race

Anforderungen
(evtl. durch Aufgabe/Parcoursskizze ergänzen):
Der Wettbewerb wird paarweise geritten. Die Teilnehmer halten zwischen sich ein ca. 50 cm langes Kreppband, das sie während der zu bewältigenden Strecke nicht zerreißen oder loslassen dürfen. Ein fliegender Start ist zulässig.
Auf der dem Start gegenüberliegenden Bahnseite wird eine Tonne (Entfernung zwischen Startlinie und Tonne sollte mindestens 30 m betragen) aufgestellt. Die Teilnehmer müssen die Tonne von links oder rechts umreiten und anschließend die Ziellinie überqueren.
Je nach gewünschtem Schwierigkeitsgrad kann die zu absolvierende Strecke einfach oder anspruchsvoller gestaltet werden. Das Ribbon Race aus dem Westernreitsport sieht eine Strecke mit einer Tonne vor.

Bewertung:
Der Wettbewerb wird auf Zeit geritten. Die Zeitmessung beginnt beim Durchreiten der Startlinie und endet beim Durchreiten der Ziellinie. Gewonnen hat das Paar, das die zu absolvierende Strecke ohne Zerreißen oder Loslassen des Kreppbandes am schnellsten absolviert hat. Zerreißen oder Loslassen des Kreppbandes während des Rennens führt zum Ausschluss.

Ausrüstung:
Ausrüstung des Pferdes: Sattel mit Steigbügeln, Trensenzaum
Erlaubt: gleitendes Ringmartingal, Bandagen und Gamaschen
Ausrüstung des Reiters: angemessene Reitkleidung, Reitstiefel oder Stiefeletten, Reithelm
Erlaubt: Sporen

Zusätzliche Bestimmungen:
Mindestalter der Pferde/Ponys: 4 Jahre
Mindestalter des Reiters: 6 Jahre

Einsatzhöhe:
keine Vorgaben

Startfolge:
keine Vorgaben

Reiten im Damensattel e.V. – RID

Anforderungen:
Wettbewerbe, die für den Damensattel geeignet sind, können Dressur-WB, Dressurreiter-WB, Stilspring-WB, Caprilli-Tests, Gelände-WB, Geschicklichkeits-WB oder Kostüm-WB sein ➸ RID-Merkblatt*: „Geeignete Wettbewerbe für den Damensattel" und „Musterausschreibungen".
Den technischen Besonderheiten des Damensattels, besonders für Anfänger, kommt der nachfolgende Wettbewerb entgegen.

Informationen: www.rid-download.de

WB-Beispiel: Dressur-WB im Damensattel

(Nur einzeln)

Viereck 20 x 40 m – Dauer: 3½ Minuten

(A-X)	Einreiten im Arbeitstrab.
X	Im Mittelpunkt halten. Grüßen.
(X-G)	Im Mittelschritt anreiten.
(G)	Vor der kurzen Seite im Arbeitstempo antraben.
(C)	Linke Hand.
(H-X-F)	Durch die ganze Bahn wechseln.
(A-X-A)	Auf den Zirkel geritten (1-mal herum).
(A)	Im Arbeitstempo rechts angaloppieren, ganze Bahn.
(C-X-C)	Auf den Zirkel geritten (1-mal herum).
(C)	Arbeitstrab, ganze Bahn.
(M)	Mittelschritt.
(B)	Mitte der langen Seite rechts um.
(E)	Mitte der langen Seite links um.
(K)	Arbeitstrab.
(A-X-A)	Auf den Zirkel geritten (1-mal herum).
(A)	Im Arbeitstempo links angaloppieren, ganze Bahn.
(C-X-C)	Auf den Zirkel geritten (1-mal herum).
(C)	Arbeitstrab, ganze Bahn.
(H-B)	Durch die halbe Bahn wechseln.
(A)	Auf die Mittellinie abwenden.
(X)	Im Mittelpunkt halten. Grüßen. Im Mittelschritt am langen Zügel die Bahn verlassen.

Bewertung:
Gemeinsames Richten. Die Bewertungskriterien entsprechen denen eines Dressur-WB. Der Gesamteindruck soll harmonisch sein ➠ RID-Merkblatt*: „Bewertungskriterien für Damensattel-WB“.

Ausrüstung:
Ausrüstung des Pferdes: Zäumung gemäß Ausrüstungsempfehlung RID-ABT
Sattel: Nur Damensättel gemäß Ausrüstungsempfehlung RID-ABT mit gesichertem Balancegurt und Sicherheits-Steigbügelmechanik.
Nicht erlaubt: Hilfszügel
Ausrüstung des Reiters: gemäß Ausrüstungsempfehlung

Zusätzliche Bestimmungen:
Mindestalter des Pferdes: 5 Jahre
Mindestalter des Reiters: keine Beschränkung

*** Ergänzende Merkblätter des RID:**
- RID-Geeignete WB für den Damensattel
- RID-ABT (Ausrüstungsbestimmungen Turnier) für Dressur- und Spring-WB
- RID-ABK (Ausrüstungsbestimmungen für Kostüm-WB)
- RID-Der Damensattel moderner Bauart
- RID-Hinweise für Parcourschefs
- RID-Musterausschreibungen
- RID-Bewertungskriterien für Damensattel-WB
- RID-Durchführungsbestimmungen für Damensattel-WB

* www. www.rid-download.de

Verband der Reiterspiele Mounted Games Deutschland e.V. – VRMGD

WB-Beispiel 1: Mounted-Games-Mannschaftsspiele – offene Klasse

Anforderungen:
Jedes Team besteht aus mindestens 4 Reitern und Ponys/Pferden und höchstens 5 Reitern und Ponys/Pferden, von denen jeweils 4 in den einzelnen Spielen starten. Geritten werden 2 Qualifikationsrunden zu je 8 Spielen und dann eine Finalrunde zu 8 Spielen.

Erste Qualifikation:
Slalom, 2-Flaggen-Rennen, Flinke Füße, Hochstaplerspiel, Flaschenpendelverkehr, Hula-Hoop, Becher versetzen, Kartonrennen

Zweite Qualifikation:
Windsor-Castle, Pony-Paare, Werkzeugkastenrennen, Becherspiel, Abfall sammeln, Ponyexpress, 4-Flaggen-Rennen, Luftballonstechen

Finale:
Hoch und Tief, Ringestechen, Flaggenrennen, Socken in den Eimer, Pony-Express, Gründerrennen, Reiten und Führen, Lanzenstechen
Die Spielregeln sind im Internet unter www.vrmgd.de einzusehen oder werden auf Wunsch übersandt.

WB-Beispiele aus den 24 Spielen

Flinke Füße

An der Mittellinie stehen – in Bahnrichtung zwischen den Stangenreihen – 6 umgestülpte Eimer („Stepping Stones") in kurzen Abständen. Je 2 Reiter starten im Wechsel von den entgegengesetzten Enden der Bahn. Der erste Reiter reitet an die Eimer heran, sitzt ab, führt sein Pony/Pferd am Zügel und überquert – zu Fuß und Eimer nach Eimer – die Eimerreihe. Der Reiter muss, ohne zwischendurch den Boden zu berühren, nacheinander auf alle 6 Eimer treten. Gelingt das nicht, muss er den Versuch wiederholen. Dann sitzt er, nach mindestens einem Schritt auf den Boden, wieder auf und reitet zur Wechsellinie. Alle Reiter absolvieren den Parcours in gleicher Weise. Stößt der Reiter oder sein Pony/Pferd einen Eimer um, muss er ihn wieder aufstellen und noch 1-mal über die gesamte Eimerreihe laufen.

Hochstaplerspiel

Auf der Bahn stehen – zwischen den Stangenreihen – 2 Tonnen: die eine auf der Mittel- und die andere 2 m hinter der Wechsellinie. Es gilt, 5 verschiedenfarbige Plastikbehälter mit einer Buchstabenfolge (z.B. V (grün) R (gelb) M (blau) G (rot) D (weiß) für „Verband für Reiterspiele Mounted Games Deutschland") in der richtigen Reihenfolge zu einem Turm zu stapeln. Die Behälter mit den ersten 4 Buchstaben sind in umgekehrter Reihenfolge (G (rot) M (blau) R (gelb) V (grün)) auf der Tonne an der Wechsellinie gestapelt. Reiter 1 reitet vom Start mit dem letzten Buchstaben (D) zur Tonne auf der Mittellinie und setzt ihn dort ab. Danach reitet er zur Tonne an der Wechsellinie, ergreift dort den obersten Behälter (G) und setzt ihn auf der Tonne auf der Mittellinie ab. Bei „Start und Ziel" übernimmt dann der nächste Reiter. Die anderen Reiter komplettieren auf der Tonne auf der Mittellinie den Begriff in der richtigen Buchstabenreihenfolge; der Turm aus den Plastikbehältern muss dabei aufrecht stehen bleiben.

Hoch und Tief (Hilo)

Auf der Bahn steht 2 m hinter der Wechsellinie ein Korbballständer. Auf 4 Straßenkegeln, in regelmäßigen Abständen in Bahnrichtung zwischen den Stangenreihen aufgestellt, liegen 4 Tennisbälle. Der erste Reiter erhält einen fünften Tennisball, reitet zur Wechsellinie und befördert ihn dort – high/hoch – in das Korbnetz. Auf dem Rückweg nimmt er einen Tennisball – low/tief – von einem der Straßenkegel auf und übergibt ihn bei „Start und Ziel" dem nächsten Reiter. Alle Reiter absolvieren den Parcours in gleicher Weise. Verfehlt der Ball das Netz, kann der Reiter ihn abgesessen aufheben, muss ihn jedoch im Sattel sitzend einwerfen. Alle Straßenkegel und der Korbballständer müssen während des gesamten Spiels aufrecht stehen.

Ringestechen

Auf 4 Stangen in der Bahn sind 5 Ringe mit Elastikbändern befestigt. Die Halterungen an den ersten 2 Stangen zeigen in Richtung Wechsellinie, die auf der dritten und vierten Stange in Richtung Start- und Ziellinie. Je 2 Reiter starten im Wechsel von den entgegengesetzten Enden der Bahn. Der Reiter sticht mit einem „Degen" einen Ring von einer Stange und übergibt Degen und Ring dem nächsten Reiter. Der Reiter darf den Degen nur am Griff und die Ringe nicht mit der Hand festhalten. Lässt er hingegen Degen und/oder Ringe fallen, kann er vom Boden oder vom Sattel aus die

Gegenstände mit der Hand aufheben und festhalten, bis er seinen Fehler berichtigt hat. Beim Überqueren der Ziellinie muss er jedoch im Sattel sitzen, den „Degen" am Griff haltend und die Ringe nicht berührend. Alle Reiter absolvieren den Parcours in der gleichen Weise. Beim Stechen umgerissene Stangen gelten nicht als Fehler.

Bewertung:
Beobachtendes Richtverfahren gemäß Regeln und Bestimmungen des Verbandes für Reiterspiele Mounted Games Deutschland e.V.
In jedem Spiel bekommt die siegende Mannschaft so viele Punkte, wie Mannschaften an dem Spiel teilnehmen. Die zweite Mannschaft bekommt einen Punkt weniger usw. Falls die an einem Wettbewerb teilnehmenden Mannschaften in Gruppen mit ungleicher Anzahl eingeteilt werden müssen, richtet sich die Höchstzahl der Punkte nach der/den Gruppe(n) mit den meisten Mannschaften. Sind im Ziel 2 oder mehr Mannschaften gleichauf, werden die Punkte geteilt. Wenn eine Mannschaft von einem Spiel disqualifiziert wird, erhält sie keine Punkte.
Die addierten Ergebnisse der Qualifikationsrunden bestimmen die Zusammensetzung der Finalrunden, in denen die Teams wieder bei null beginnen. Die Wertung der Spiele erfolgt wie zuvor; das Team mit der höchsten Punktzahl gewinnt das Turnier, weitere Platzierung entsprechend der erreichten Punkte.

Ausrüstung Pferd:
Vorgeschrieben ist ein Sattel ohne Horn aus Leder oder Kunststoff mit Sattelbaum, Bügelriemen mit Sturzfedern und Bügeln. Die Ponys sind auf Trense mit Reithalfter zu zäumen. Die zugelassenen Gebisse: laut Regelwerk Mounted Games (VRMGD). Gleitendes Ringmartingal und Halsriemen sind erlaubt. Ausbindezügel und ähnliche Hilfszügel dagegen verboten.

Ausrüstung Reiter:
Aus Sicherheitsgründen trägt der Reiter Jodhpurhosen und Jodhpurstiefel. Der Reithelm muss ständig getragen werden und korrekt mit Drei- oder Vierpunktbefestigung verschnallt sein.
Solange der Teilnehmer im Sattel sitzt oder an einem laufenden Spiel teilnimmt, muss der Reithelm der Europäischen Norm „EN 1384" entsprechen. Persönlicher Schmuck wie Ringe, Ketten o.Ä. ist vor Spielbeginn abzunehmen; ist dies nicht möglich, ist er abzudecken.

Zusätzliche Bestimmungen:
Mindestalter Reiter: Keine Altersbeschränkung
Mindestalter der Ponys/Pferde: 4 Jahre

Es sind nur Ponys mit Equidenpass und ausreichendem Impfschutz zugelassen.
Die folgenden Gewichtsbeschränkungen gelten für den Reiter in voller Mounted-Games-Ausrüstung, jedoch ohne Sattel (Pony-/Pferdegröße). Für Ponys/Pferde mit nachstehendem Stockmaß ist das angegebene Maximalgewicht zulässig:

K-Ponys	bis 127 cm	50 kg
M-Ponys	128 bis 137 cm	65 kg
G-Ponys	138 bis 148 cm	75 kg
Pferde	über 148 cm	keine Gewichtsbeschränkung

Eine Reiter-Pony-/Reiter-Pferdekombination, die dieser Regel nicht entspricht, ist vom Wettbewerb ausgeschlossen.

Einsatzhöhe:
je Team (➔ Ausschreibung)

Startfolge:
Die Teams starten im direkten Wettkampf gegeneinander. Haben mehr Teams genannt als Spielbahnen zur Verfügung stehen, wird die Zusammensetzung der ersten Qualifikation gelost, die der zweiten richtet sich nach den Ergebnissen der ersten Qualifikation.

WB-Beispiel 2: Mounted-Games-Paarwettkampf für Anfänger

Anforderungen:
Jedes Team besteht aus 2 Reitern mit jeweils einem Pony/Pferd. Es werden folgende Spiele gespielt: Slalom, Becher versetzen, Socken in den Eimer.

Bewertung:
Beobachtendes Richtverfahren gemäß Regeln und Bestimmungen des Verbandes für Reiterspiele Mounted Games Deutschland e.V.
In jedem Spiel bekommt das siegende Team so viele Punkte, wie Mannschaften an dem Spiel teilnehmen. Die zweite Mannschaft bekommt einen Punkt weniger usw. Falls die an einem Wettbewerb teilnehmenden Mannschaften in Gruppen mit ungleicher Anzahl eingeteilt werden müssen, richtet sich die Höchstzahl der Punkte nach der/den Gruppe(n) mit den meisten Mannschaften. Sind im Ziel 2 oder mehr Mannschaften gleich, werden die Punkte geteilt. Wenn eine Mannschaft von einem Spiel disqualifiziert wird, erhält sie keine Punkte.

Ausrüstung Pferd:
Vorgeschrieben ist ein Sattel ohne Horn aus Leder oder Kunststoff mit Sattelbaum, Bügelriemen mit Sturzfedern und Bügeln. Die Ponys sind auf Trense mit Reithalfter zu zäumen. Die zugelassenen Gebisse gemäß Regelwerk Mounted Games (VRMGD). Gleitendes Ringmartingal und Halsriemen sind erlaubt.

Ausrüstung Reiter:
Beliebige Reitkleidung mit festem Schuhwerk mit Absatz, Jodhpurstiefeletten oder Reitstiefel; korrekt verschnallter splittersicherer Reithelm

Zusätzliche Bestimmungen:
Hier kann das Alter der Teilnehmer eingegrenzt werden (z.B. bis 14 Jahre) oder – als Führzügelklasse – z.B. vorgesehen werden: Die Ponys/Pferde werden von einem Helfer geführt. Die Spielaufgabe muss der Reiter selbstständig und ohne Hilfe des Führenden erledigen. Hilfe beim Auf- und Absitzen ist erlaubt.

Einsatzhöhe:
➡ Ausschreibung

Startfolge:
nach Los

Slalom

Der erste Reiter erhält einen Staffelstab und reitet im Slalom durch eine Reihe von 5 Stangen hin und zurück und übergibt den Staffelstab an den zweiten Reiter, der den Parcours in der gleichen Weise absolviert.

Becher versetzen

Auf die erste und dritte Slalomstange sind Becher gestülpt. Die beiden Reiter starten von den gegenüberliegenden Enden der Bahn.
Der erste Reiter reitet zur ersten Stange, ergreift den Becher und stülpt ihn über die zweite Stange, anschließend nimmt er den Becher von der dritten Stange und stülpt ihn über die vierte, bevor er die Wechsellinie überquert. Anschließend bewegt der zweite Reiter die Becher wieder zurück von der vierten auf die dritte und von der zweiten auf die erste, bevor er die Ziellinie überquert.
Fallengelassene Becher müssen vor dem Weitermachen über die richtige Stange gestülpt werden; umgeworfene Stangen müssen vor dem Weitermachen wieder aufgerichtet werden. Es muss auf jeden Fall versucht werden, den Becher aufgesessen auf die Stange zu stülpen.

Socken in den Eimer

2 „Socken" liegen 2 m hinter der Wechsellinie. Der erste Reiter startet mit einer Socke und wirft sie im Vorbeireiten in den Eimer auf der Mittellinie. Er sitzt ab und hebt eine Socke hinter der Wechsellinie auf, sitzt wieder auf, reitet zurück und übergibt die Socke seinem Partner. Der zweite Reiter absolviert den Parcours in derselben Weise und wirft die letzte Socke auf dem Rückweg in den Eimer.

* Die Spielregeln aller Mounted-Games-Spiele sind im Internet unter www.vrmgd.de einzusehen oder werden auf Wunsch übersandt.

Teil III
Tipps und Hinweise

1 Tipps und Hinweise für Veranstalter, Teilnehmer und Richter/Prüfer

1.1 Tipps und Hinweise für Veranstalter

1.2 Tipps und Hinweise für Teilnehmer

1.3 Tipps und Hinweise für Richter/Prüfer

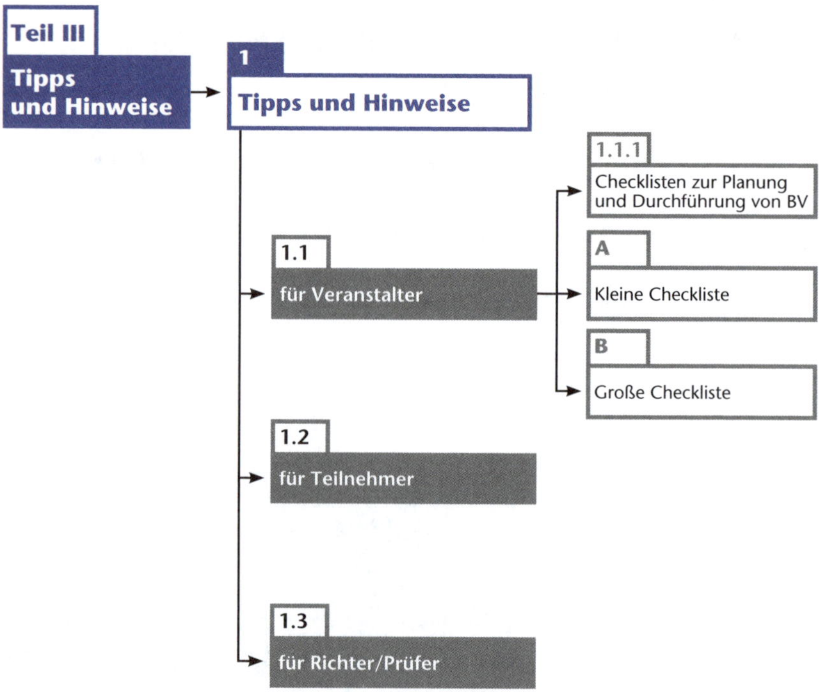
Teil III
Tipps
und Hinweise
1
Tipps und Hinweise
1.1.1
Checklisten zur Planung
und Durchführung von BV
1.1
für Veranstalter
A
Kleine Checkliste
B
Große Checkliste
1.2
für Teilnehmer
1.3
für Richter/Prüfer

Teil III
Tipps und Hinweise

1 Tipps und Hinweise für Veranstalter, Teilnehmer und Richter/Prüfer

1.1 Tipps und Hinweise für Veranstalter

Veranstalter, Teilnehmer und Richter/Prüfer sorgen gemeinsam für den harmonischen Ablauf der Veranstaltung.

? Wer darf Veranstalter sein?

Breitensportliche Veranstaltungen mit ihren Wettbewerben dürfen von der FN, von den Landes-, Bezirks- oder Kreisverbänden, von den (dem jeweiligen Landesverband angeschlossenen) Vereinen oder Mitgliedsbetrieben sowie von den Anschlussverbänden der FN angeboten und organisiert werden.

Neben den **WBO-Regelungen** sind dabei die jeweiligen **„Besonderen Bestimmungen"/„LK-Bestimmungen"** des Landesverbandes/der Landeskommission zu beachten. Für den Veranstalter, alle organisatorisch Beteiligten und für die Teilnehmer ist nur die vom Landesverband/von der Landeskommission genehmigte **Ausschreibung** gültig!

Zu beachtende Regelwerke:

- Wettbewerbsordnung für den Breitensport (WBO)
- „Besondere Bestimmungen"/„LK-Bestimmungen" des jeweiligen Landesverbandes/der jeweiligen Landeskommission
- Regelwerke der Anschlussverbände (für deren WB)

? Wer erstellt die Ausschreibung, wer genehmigt sie, wie erhält der Reiter die Informationen?

Inhalt der Ausschreibung:

Der Veranstalter formuliert die Ausschreibung mit seinen Wunsch-Wettbewerben und den entsprechenden Regelungen für die Teilnahme und Durchführung.

Er orientiert sich dabei an den Wünschen der Teilnehmer und am zu erwartenden Ausbildungsstand der Pferde und Teilnehmer.

Gewünscht ist die vielseitige Ausbildung, dementsprechend soll das Angebot breit gefächert sein und auch Neulingen oder Teilnehmern aus anderen Reitweisen und Disziplinen Schnuppermöglichkeiten bieten.
Die Anzahl der WB pro Tag muss passend gewählt werden, die gut zu bewältigende Anzahl macht die Zufriedenheit und die Atmosphäre der Veranstaltung aus. Auf der Anlage muss in Bezug auf die Fläche und Helfer die Umsetzung der WB möglich sein. Zu viele WB bedeuten Zeitdruck und Hektik, zu wenig Angebote heißt, dass einige Teilnehmer nur für einen WB gar nicht erst kommen oder sie haben längere Wartezeiten.

Erste Überlegungen:
Kapazitäten und Möglichkeiten der Anlage:
Der Veranstalter muss anhand der örtlichen Gegebenheiten überlegen, wie viele Reiter und Pferde gleichzeitig seine Anlage (Plätze, Hallen, Parkplätze, Helfer; Material) nutzen können. Die meisten Teilnehmer kommen erfahrungsgemäß aus dem näheren Umfeld (ca. Radius: bis zu 100 bis 150 km um den Veranstaltungsort).

Für die Wettbewerbsauswahl gilt es zu beachten:
- Interessen der Teilnehmer? Gibt es Wünsche nach bestimmten WB?
- WB für bestimmte Altersgruppen gewünscht?
- WB mit bestimmten Diziplinschwerpunkten gewünscht?
- WB für bestimmte Pferderassen gewünscht?
- WB für spezielle Reitweisen gewünscht?
- WB mit Teamwertung, Familienwertung o.Ä. gewünscht?

...

Formulierung des einzelnen WB:
Der Veranstalter beschreibt alle gewünschten WB. Er wählt sie aus Teil II der WBO aus oder entwirft abgewandelte Varianten oder er erfindet selber WB für die „Ausschreibung". Jede WB-Beschreibung sollte nach dem Raster (➔ nächste Seite) erfolgen.

Raster für die Wettbewerbsformulierung

- **Laufende Nummer des WB/Bezeichnung/Name des WB**
- **Anforderungen:** Kurzbeschreibung der Aufgabe
  mit Dauer der Aufgabe/der Anforderungen
- **Bewertung** der Anforderungen: Modus, ggf. Abzüge
- **Ausrüstung:**
  Ausrüstung des Pferdes: die allgemein zugelassene Ausrüstung, Extraausrüstung, gegebenenfalls nicht erlaubte Ausrüstung
  Ausrüstung des Teilnehmers: die allgemein zugelassene Ausrüstung, Extraausrüstung, gegebenenfalls nicht erlaubte Ausrüstung
- **Zusätzliche Bestimmungen:**
  Mindestalter des Pferdes
  Mindestealter des Teilnehmers oder zugelassene Teilnehmer
- **Einsatzhöhe**
- **Startfolge**

Tipps und Hinweise zu den einzelnen o.g. Punkten des Rasters

Laufende Nummer des WB/Bezeichnung/Name des WB:

Die WB der Ausschreibung werden durchnummeriert. Name: Entweder wird ein WB mit seinem Namen aus Teil II der WBO verwendet oder es ist aber auch möglich, Varianten dieser WB mit eigenem Namen oder auch ganz neu erfundene Wettbewerbsnamen zu benutzen.
Wie soll der Name sein? Kurz, kreativ und informativ, der Name soll Interesse wecken. LPO-Namen dürfen nicht verwendet werden
(➔ WBO-Regeln).

Anforderungen:

Im Fließtext so kurz wie möglich über die Aufgabenstellung, den Ablauf des WB und die Regeln informieren. Der interessierte Teilnehmer muss einschätzen können, ob er und sein Pferd den Anforderungen gewachsen sind bzw. ob er die Aufgabenstellung als so interessant empfindet, dass er sie üben will. Der Text muss für alle Altersgruppen gut verständlich formuliert sein!

Dauer der Aufgabe (im Viereck, Parcours oder Gelände) je Teilnehmer:
Für jeden WB sollte eine Höchstzeit (HZ)/Teilnehmer festgelegt und mitgeteilt werden (auch wenn die Zeit kein Bewertungskriterium des WB ist, ist es als Planungsgrundlage dringend zu empfehlen):

- Der Teilnehmer kann so die zeitliche Anforderung an sich und sein Pferd einschätzen.
- Der Teilnehmer kann seine Vorbereitungszeit und seinen Start zeitlich planen.

- Der Veranstalter kann anhand dieser Zeiten und des Nennungsergebnisses einen Zeitplan kalkulieren.
- Die Richter/Prüfer Breitensport haben innerhalb eines freizügigen Bewertungsspielraumes als Ausschlusskriterium das Überschreiten der Höchstzeit (HZ).

Welche Zeiten können in etwa als Kalkulationsgrundlage angenommen werden?

Strecken-/Parcourslänge:

Zeit ermitteln: Entweder mit einem Messrad die Ideallinie abmessen und anhand des gewünschten zu reitenden Tempos (in m/Minute) die Erlaubte Zeit (EZ)/Bestzeit (BZ)/Höchstzeit (HZ) ermitteln oder die Zeit eines neutralen Vorreiters stoppen.

Zeitvorgaben können, falls sie zu knapp oder zu großzügig gewählt wurden, bis nach dem dritten strafpunktfreien Ritt noch korrigiert werden. Den bereits gestarteten Reitern dürfen durch die Festlegung einer neuen Zeit keine Strafpunkte entstehen!

Errechnung der möglichen Dauer anhand der Streckenlänge und des Durchschnittstempos im Parcours/im Gelände

Anhaltswerte:

Im Gelände:	
zügiger Trab:	220 m/Minute
zügiger Galopp:	450 m/Minute
Renngalopp:	600 m/Minute

Im Spring-Parcours:	
Außenplatz:	ca. 350 m/Minute
Halle:	300 m/Minute

Ermittlung der Erlaubten Zeit (EZ) (im Parcours/Strecke)

$$\frac{\text{(Streckenlänge in Metern) x 60}}{\text{Tempo in Metern/Minute}} = \text{Zeit in Sekunden}$$

Überschreiten der Erlaubten Zeit (EZ) kann mit Strafpunkten/Strafsekunden bewertet werden.

Bestzeit (BZ) im Gelände = Erlaubte Zeit (EZ)

Ermittlung der Höchstzeit (HZ)

Anhand der möglichen Dauer eines durchschnittlich schnellen Rittes wird die Erlaubte Zeit (EZ) ermittelt. Diese Zeit kann je nach Anforderung z.B. mit 1,5 oder 2 multipliziert werden und ergibt die Höchstzeit (HZ).

Dressur:

Dressuraufgabenlänge plus ca. 1½ bis 2 Minuten Ein- und Ausrittzeit plus 2 Minuten Kommentierungszeit

Quadrillen:
Ca. 6 bis 8 Minuten (kürzer ist spannender)

Bewertung

- durch Richter/Prüfer Breitensport
- Modus/System/Art der Bewertung

• Richter/Prüfer

Die Anerkennung der Turnierfachleute (Richter/Prüfer Breitensport etc.) sowie die Führung der entsprechenden aktuellen Listen erfolgt durch den jeweiligen Landesverband/die jeweilige Landeskommission/den jeweiligen Anschlussverband. Die Bewertung darf nur durch diese Personen vorgenommen werden.
Zusätzlich möglich: In z.B. Vielseitigkeits-WB und Fahr-WB im Gelände können weitere Hilfsrichter eingesetzt werden, die von einem Fachmann eingewiesen werden müssen.
WB anderer Reitweisen sollen von mindestens einem Richter/Prüfer dieser Reitweise bewertet werden.

• Modus/System/Art der Bewertung

Das System richtet sich nach der Art des WB und nach der Ausschreibung.

Wie können z.B. Fehler im WB bewertet werden oder wie wird ein Sturz bewertet?

Die folgenden Beispiele sind erprobte Varianten, es können aber auch ebenso andere Varianten gewählt werden.

Die Ausschreibung legt das für den Wettbewerb vorgesehene Bewertungsverfahren fest:

- **Beobachtendes Richtverfahren**
  Mit dem „beobachtenden" Richtverfahren wird die Leistung nach Anzahl der Fehlerpunkte/Strafpunkte und der benötigten Zeit bewertet, d.h. Fehler und Zeit gezählt. Das Überschreiten der festgelegten Höchstzeit (HZ) führt zum Ausschluss.
- **Beurteilendes Richtverfahren**
  Mit dem „beurteilenden" Richtverfahren wird die Leistung nach freiem Ermessen nach den in den Richtlinien für Reiten und Fahren (FN), Band 1 bis 6 festgelegten Grundsätzen der klassischen Reitlehre bzw. den Grundsätzen anderer Reitweisen beurteilt. Für die Leistungen werden Wertnoten von 10 bis 0 (eine Dezimalstelle) vergeben. (Mit jeder Note sind gestaffelt feste Bewertungskriterien verbunden, wie z.B. geringfügige Fehler, einmalig aufgetretener Fehler bis schwerwiegende, häufig

auftretende Fehler usw.). Von der Wertnote können Abzüge für Verreiten, Auslassen von Teilaufgaben und Fehler festgelegt werden.
In der Ausschreibung ist festzulegen:
- Bei Überschreiten einer festgelegten Aufgaben-/Kür-/Parcoursdauer (ggf. plus xy Minuten Kulanz) werden Abzüge pro angefangener Sekunde von der Wertnote vorgenommen.

Sturzdefinition
1. Ein Sturz des Teilnehmers liegt vor, wenn er sich ohne Sturz des Pferdes von diesem trennt und erneut aufsitzen oder aufspringen muss, um in den Sattel zu gelangen.
   Achtung: Je nach Ausschreibung/WB ist das freiwillige Verlassen des Pferdes evtl. Bestandteil der WB-Anforderungen und gilt dann natürlich nicht als Sturz.
2. Ein Sturz des Pferdes liegt vor, wenn Schulter- und Hüftpartie gleichzeitig den Boden oder das Hindernis und den Boden berühren.

Bewertungs-Beispiele/Anrechnungsmöglichkeiten

Dressur-WB

Vergabe von Wertnoten 10 bis 0 (eine Dezimalstelle)
Entweder fließen Fehler in die WN ein oder es werden in der Ausschreibung Abzüge festgelegt, z.B.

– Erstes Verreiten	0,2
Zweites Verreiten	0,4
Drittes Verreiten	Ausschluss
– Auslassen einer Lektion/von Lektionen	0,2 je Lektion oder einmalig
– Verlassen des Vierecks mit 4 Hufen	Ausschluss
– Andauernde Widersetzlichkeit/Ungehorsam (45 Sekunden ununterbrochen im WB)	Auschluss
– Sturz	Ausschluss

Kür-WB	
Fehler	**Abzüge von der B-Note**
a) Auslassen einer Pflichtlektion	0,5
b) Zeigen einer Lektion einer höheren Klasse	0,5
c) Über-/oder Unterschreiten des jeweiligen Zeitlimits um 20 Sekunden	0,5

Spring-WB

Beurteilt wird die Leistung von TN und Pferd zwischen Start- und Ziellinie, ausgedrückt in Strafpunkten, Sekunden und/oder WN:
- Vergabe von WN (ggf. Abzüge) in Stilspringprüfungen
- Bewertung nach Strafpunken und Zeit (ggf. weitere Abzüge) in Spring-WB

Mögliche Bewertung

	Richtverfahren Fehler/Zeit	**Richtverfahren Zeit**
– Erster Ungehorsam	4 Strafpunkte	–
– Je Hindernisfehler	4 Strafpunkte	4 Strafsekunden
– Zweiter Ungehorsam	8 Strafpunkte	–
– Sturz des Teilnehmers und/oder Pferdes	Ausschluss	Ausschluss
– Dritter Ungehorsam	Ausschluss	Ausschluss
– Überschreiten der EZ je angefangene Sekunde	¼ Strafpunkt	–
– Überschreiten der HZ	Ausschluss	Ausschluss
– Umwerfen einer Flagge	–	–
– Überschreiten von 45 Sekunden nach Passieren der Startlinie oder dem Beginn der Zeitmessung bis zum Überwinden des ersten Hindernisses	Ausschluss	Ausschluss

Definitionen/Erklärungen:

Ungehorsam
Hierzu gehören:

a) Stehenbleiben

1. Ein Stehenbleiben liegt vor, wenn ein Pferd vor einem zu überwindenden Hindernis stehen bleibt, gleichgültig, ob dieses dabei durch Berühren, Verschieben oder Umwerfen verändert wird. (Stehenbleiben ohne Veränderung des Hindernisses ohne Rückwärtstreten oder Seitwärtstreten des Pferdes mit unmittelbar folgendem Springen aus dem Stand gilt nicht als Ungehorsam.)
2. Bei Stehenbleiben mit Veränderung des Hindernisses und folgendem Überwinden oder Durchgleiten eines Hindernisses entscheiden die Richter/Prüfer Breitensport unverzüglich, ob ein Ungehorsam oder ein Hindernisfehler anzurechnen ist. Bei Entscheidung auf Ungehorsam ist der Teilnehmer sofort anzuhalten.

b) Ausbrechen

Ein Ausbrechen liegt vor, wenn das Pferd sich vor dem zu überwindenden Hindernis der Einwirkung des Teilnehmers entzieht und/oder nicht springt.

c) Widersetzlichkeit

1. Eine Widersetzlichkeit liegt vor, wenn sich das Pferd an irgendeiner Stelle des Parcours durch Stehenbleiben, Rückwärtsbewegung, Kehrtwendung, Steigen usw. der Vorwärtsbewegung entzieht.
2. Bei grober und/oder längerer Widersetzlichkeit entscheiden die Richter/Prüfer, ob ein- oder mehrfacher Ungehorsam anzurechnen ist.

d) Volte

Eine Volte liegt vor, wenn das Pferd zwischen 2 aufeinanderfolgenden Hindernissen, Punkten oder Linien seinen Weg kreuzt, ohne dass eine besondere Erlaubnis vorliegt. Volten im Zusammenhang mit Stehenbleiben, Ausbrechen oder Widersetzlichkeit zum erneuten Anreiten eines Hindernisses gelten nicht als Ungehorsam.

e) Korrigiertes Verreiten

Ein korrigiertes Verreiten liegt vor, wenn der Teilnehmer

1. nach Verreiten den Parcours dort wieder aufnimmt, wo der Fehler begangen wurde, ohne vorher ein falsches Hindernis überwunden zu haben, oder
2. während seines Parcours deutlich vom Normalweg abweicht und infolgedessen nur durch Wenden oder Rückwärtsrichten das Hindernis, den Wendepunkt oder das Ziel ordnungsgemäß zwischen den Flaggen passieren kann.

Verreiten

Als Verreiten gilt das Nichteinhalten des der Skizze entsprechenden Parcours:

a) durch Nichtbeachten der eingetragenen Richtungszeichen und Flaggen,
b) durch Nichteinhalten der vorgeschriebenen Reihenfolge der Hindernisse,
c) durch Springen eines nicht zum Parcours gehörenden Hindernisses oder Auslassen eines Hindernisses.

Korrekturmöglichkeit nach Ausschluss

Ein Teilnehmer, der ausscheidet (Ausnahme: nach Sturz von Teilnehmer und/oder Pferd) oder aufgibt, hat vor Verlassen des WB-Platzes die Möglichkeit eines Korrektursprunges. Dieser kann nur über ein Hindernis desselben Parcours – niemals eine Kombination – vorgenommen werden. Anschließend hat der Teilnehmer den WB-Platz schnellstmöglich zu verlassen.

Fehler an Kombinationen

Alle Hindernisfehler und Fälle von Ungehorsam werden bei jedem einzelnen Sprung und bei jedem Versuch gesondert bewertet.

a) Offene Kombinationen
Bei Ungehorsam ist der Teilnehmer verpflichtet, alle Sprünge der Kombination zu wiederholen.

b) Geschlossene Kombinationen und geschlossene Kombinationsteile
1. Bei Ungehorsam ist der Teilnehmer verpflichtet, den Parcours durch Springen der noch nicht überwundenen Sprünge der Kombination fortzusetzen.
2. Springt ein Teilnehmer auf einer anderen Seite als der vorgeschriebenen heraus, wird dies als Springen eines nicht zum Parcours gehörenden Hindernisses gewertet.

c) Teils offene, teils geschlossene Kombination
Bei Ungehorsam innerhalb des offenen Teils der Kombination ist auch der ggf. bereits überwundene geschlossene Teil zu wiederholen.

Fremde Hilfe

Als verbotene „Fremde Hilfe" wird jede Einmischung eines Dritten mit der Absicht, die Aufgabe des Teilnehmers während des WB zu erleichtern oder seinem Pferd zu helfen, angesehen. Auch wenn der Dritte dazu aufgefordert wird. In Zweifelsfällen entscheiden die Richter/Prüfer endgültig. Die Rückgabe von Brille und/oder Helm ist immer gestattet.

Voltigier-WB

Ausschlüsse

- Bei Verwendung nicht erlaubter Ausrüstung.
- Bei unsportlichem Verhalten während der Vorbereitung oder im Verlauf der Voltigier-WB sowie auf dem gesamten, dem Turnierablauf dienenden Gelände sowie in dessen Umgebung. Einem Ausschluss aus diesem Grunde kann eine Rüge vorausgehen.
- Bei verbotener „Fremder Hilfe".
- Wenn sich mehr als 3 Voltigierer auf dem Pferd befinden.
- Wenn bei Dreierübungen 2 Voltigierer keinen Kontakt mehr zum Pferd haben.
- Bei unerlaubtem Einsatz des Ersatzvoltigierers.
- Wenn die Vorführung von EV/DV nach einem Sturz nicht innerhalb einer Minute fortgesetzt wird.
- Beim dritten Sturz mit Aufgabe der Verbindung zum Pferd von EV/DV (eines oder beider Voltigierer) während eines WB.
- Bei Verlassen des Prüfungszirkels während der Vorführung.

Vielseitigkeits-/Gelände-WB

Zu bewertende Kriterien bei Vielseitigkeits-/Gelände-WB
Ein Hindernis gilt als überwunden, wenn der Teilnehmer es zu Pferde zwischen den Begrenzungsflaggen (mindestens Kopf, Hals und Schultern des Pferdes sowie Kopf des Teilnehmers) passiert hat.

1. Sturz im Verlauf der Strecke

a) Ein Sturz des Teilnehmers liegt vor, wenn er sich ohne Sturz des Pferdes von diesem trennt und erneut aufsitzen oder aufspringen muss, um in den Sattel zu gelangen. Ein freiwilliges Absteigen des Teilnehmers zum Richten der Ausrüstung gilt nicht als Sturz.

b) Ein Sturz des Pferdes liegt vor, wenn Schulter- und Hüftpartie gleichzeitig den Boden oder das Hindernis und den Boden berühren. Als Sturz des Pferdes gilt auch, wenn das Pferd nicht ohne fremde Hilfe ein Hindernis verlassen kann. Ein Sturz des Pferdes, bei dem auch der Teilnehmer zu Fall kommt, wird als ein Sturz des Pferdes aufgezeichnet.

2. Ungehorsam

Ein Ungehorsam wird nur bestraft, wenn er sich im Zusammenhang mit dem versuchten oder tatsächlichen Überwinden eines nummerierten Hindernisses ereignet.

a) Verweigern

Bei Hindernissen oder Sprüngen über 30 cm Höhe gilt als Verweigern, wenn das Pferd nach dem Anreiten vor dem zu überwindenden Hindernis/Sprung stehen bleibt. Bei allen anderen Hindernissen (30 cm Höhe und niedriger) gilt das Anhalten, dem unverzügliches Springen aus dem Stand folgt, nicht als Verweigern. Ist das Anhalten allerdings nachhaltig oder länger andauernd, gilt dies als Verweigern. Das Pferd darf seitwärtstreten, tritt das Pferd jedoch zurück, ist dies als Verweigern zu bewerten.

b) Ausbrechen

Es gilt als Ausbrechen, wenn das Pferd nach dem Anreiten nicht springt, nach der einen oder anderen Seite ausbricht und erneut vor das Hindernis/den Sprung geritten werden muss. Es gilt nicht als Ausbrechen, wenn der Teilnehmer seine ursprüngliche Absicht, ein Hindernis/einen Sprung an einer bestimmten Stelle anzureiten, bewusst ändert, und zwar auch dann, wenn die Absichtsänderung des Teilnehmers erst nach Überwinden des vorhergehenden Hindernisses/Sprunges erfolgt ist. (Ausnahme: In-and-Out-Kombinationen, hier gilt: Hat ein Paar das vordere Element einer Kombination von max. 5 m Abstand (In-and-Out) überwunden, so gilt das folgende Element als automatisch angeritten, auch wenn sich der Teilnehmer danach für einen anderen, längeren Weg entscheidet.)

c) **Volte**

Als Volte wird bestraft, wenn das Pferd in Zusammenhang mit dem Anreiten eines Hindernisses seinen Weg kreuzt. Das Kreuzen einer Spur zwischen den Sprüngen einer Kombination wird in jedem Fall bestraft, es sei denn, eines der Elemente ist als Alternativ-Element gekennzeichnet. In diesem Fall darf das letzte anzureitende Element der Kombination in eine Volte eingeschlossen werden, sofern alle anderen Elemente bereits passiert wurden.

Außerdem darf der Teilnehmer beliebig zwischen den jeweils mit dem gleichen Buchstaben versehenen Alternativ-Elementen auswählen (z.B. 6a auf dem linken Weg, 6b auf dem rechten Weg), sofern er nicht bereits das nächste Element auf dem anderen Weg angeritten hat.

Volten nach einem Verweigern oder Ausbrechen gelten bis zum erneuten Anreiten nicht als Ungehorsam.

Handelt es sich um einzeln nummerierte Hindernisse, darf der Teilnehmer vor dem Sprung eine Volte bzw. um den Sprung herumreiten, sofern er das Hindernis noch nicht angeritten hat.

Fehler an Kombinationen

Ein Teilnehmer darf nach dem Verweigern oder Ausbrechen Elemente einer Kombination erneut überwinden, die er bereits überwunden hat. Er wird jedoch für jeden weiteren Fehler bestraft, selbst wenn er zuvor bereits fehlerfrei blieb.

Ergebnisrelevante Vorkommnisse und Bewertung

– Erster/Zweiter Ungehorsam im Verlauf der Geländestrecke je	20 Strafpunkte
– Zweiter Ungehorsam am selben Sprung/Hindernis	40 Strafpunkte
– Dritter Ungehorsam am selben Sprung/Hindernis oder im Verlauf der Geländestrecke	Ausschluss
– Sturz des Teilnehmers und/oder Pferdes im Verlauf der Strecke	Ausschluss
– Auslassen eines Hindernisses/Sprunges, Pflichttores	Ausschluss
– Springen eines bereits überwundenen Hindernisses	Ausschluss
– Springen eines Hindernisses/Sprunges in falscher Reihenfolge oder von der falschen Seite	Ausschluss
– Gefährliches Reiten Definition (➡ nächste Seite) Ausschlüsse und „Fremde Hilfe“ 1.g)	25 Strafpunkte oder Ausschluss

Ausschlüsse und „Fremde Hilfe"

Bei Ausschluss darf der Teilnehmer die LP nicht fortsetzen.

1. In allen nachfolgenden Fällen kann die Richtergruppe auf Ausschluss entscheiden:
   a) Bei nachhaltig verspätetem Start sowie bei deutlich vorsätzlichem Frühstart.
   b) Wenn ein Teilnehmer vor dem WB die Geländestrecke ganz oder teilweise bereitet.
   c) Bei Besichtigung der Geländestrecke vor der offiziellen Freigabe.
   d) Wenn nach Anhalten des Teilnehmers durch den Veranstalter der Ritt nicht dort wieder aufgenommen wird, wo er unterbrochen wurde.
   e) Bei unsportlichem Verhalten bei der Vorbereitung oder im Verlauf des WB sowie auf dem gesamten, den Turnierablauf dienenden Gelände sowie in dessen Umgebung oder bei übermäßigem Vorwärtstreiben oder übertriebener Anwendung von Gerte und/oder Sporen. Einem Ausschluss aus diesem Grunde kann eine Rüge vorausgehen.
   f) Bei Erschöpfung des Pferdes oder bei offensichtlicher Beeinträchtigung der Leistungsfähigkeit von Teilnehmer und/oder Pferd.
   g) Bei „gefährlichem Reiten" bei der Vorbereitung oder im Verlauf des Wettbewerbes, z.B. wenn
      - vom Teilnehmer Gefahr für sich, sein Pferd und/oder Dritte ausgeht,
      - der Teilnehmer mangelnde Kontrolle über sein Pferd hat,
      - Teilnehmer und/oder Pferd den Anforderungen offensichtlich nicht gewachsen sind,
      - in minder schweren Fällen kann anstelle von Ausschluss auf 25 Strafpunkte entschieden werden.
   h) Bei vorsätzlichem Verändern eines Hindernisses oder der Strecke (z.B. Flaggen, Trassierung, Dekoration etc.) durch den Teilnehmer, unerheblich ob dauerhaft oder vorübergehend.
   i) Bei verbotener „Fremder Hilfe".
2. In allen nachfolgenden Fällen erfolgt Ausschluss:
   a) Wenn Start- und/oder Ziellinie und/oder Pflichttore/obligatorisch zu passierende Stellen in der Geländestrecke nicht zu Pferde passiert werden.
   b) Bei unkorrigiertem Durchreiten obligatorisch zu passierender Stellen der Geländestrecke von der falschen Seite.
   c) Bei Reiten ohne vorgeschriebene Kopfbedeckung bzw. Schutzweste oder Verwendung nicht erlaubter Ausrüstung.
3. Verbotene „Fremde Hilfe":
   Als verbotene „Fremde Hilfe" wird jede Einmischung eines Dritten mit der Absicht, die Aufgabe des Teilnehmers während des Rittes zu erleichtern, angesehen. Unerheblich ist, ob der Dritte dazu aufgefordert wurde oder nicht.

Es ist insbesondere verboten:

- absichtlich einen anderen Teilnehmer abzuwarten und gemeinsam den Ritt fortzusetzen;
- das Folgen, Vorwegfahren oder die Begleitung eines Teilnehmers auf irgendeinem Teil der Strecke mit dem Ziel, seine Aufgabe zu erleichtern, in Zweifelsfällen entscheiden die Richter endgültig;
- das vorsätzliche Verändern eines Hindernisses oder der Strecke (z.B. Flaggen, Trassierung, Dekoration etc.) durch den Teilnehmer, unerheblich ob dauerhaft oder vorübergehend;
- der Gebrauch jeglicher Art von elektronischen Kommunikationsmitteln während eines WB.

4. Erlaubte „Fremde Hilfe":
   - jede Hilfeleistung bei Unfällen,
   - Anreichen von Gerte, Kopfbedeckung, Brille etc.,
   - Unterstützung des Teilnehmers und Versorgung des Pferdes an jedem vom Veranstalter bekannt gegebenen Ort,
   - Information des TN über ergebnisrelevante Vorkommnisse (bzw. des Nicht-Passierens zwischen den Flaggen) durch den Hindernisrichter.

Fahr-WB

Bewertung **Folgende Abzüge sind möglich:**	**Richten mit einer WN:** **Abzüge**
1. Vom Fahrer verschuldetes Verfahren	
das 1. Mal	0,5
das 2. Mal	1,0
das 3. Mal	Ausschluss
2. Absteigen des/der Beifahrer/s	
das 1. Mal	0,5
das 2. Mal	1,0
das 3. Mal	Ausschluss
3. Absteigen des Fahrers	2,0
4. Einfahren ohne Peitsche bzw. Verlieren oder Niederlegen der Peitsche, je Vorfall	0,5
5. Ungehorsam im Verlauf des WB: Ein Ungehorsam liegt vor, wenn sich das Gespann an irgendeiner Stelle des Vierecks durch Stehenbleiben, Rückwärtsbewegung, Kehrtwendung, Steigen usw. der Vorwärtsbewegung entzieht.	
Erster Ungehorsam	0,5
Zweiter Ungehorsam	1,0
Dritter Ungehorsam	Ausschluss

	Abzüge
6. Unvollständige/unkorrekte Ausrüstung, je Vorfall z.B. – Fahrer ohne Bockdecke, Kopfbedeckung, Handschuhe, – Beifahrer ohne Handschuhe, Kopfbedeckung, – Gamaschen/Bandagen o.Ä. an den Pferdebeinen und/oder ähnliche Verstöße gegen die Ausrüstungsvorschriften	0,5
7. Bei Handhabung der Leinen (zwischen Leinenende und jeweiligem Kammdeckel), Bremse oder Peitsche durch einen Beifahrer vor Beendigung des Wettbewerbes, je Vorfall	2,0
8. Deutliche Nichtanwendung des Achenbach'schen Fahrsystems, einmalig	0,5
9. Bei Ansprechen bzw. Zeigen des Weges durch den Beifahrer, einmalig	0,5

Bei gerissenen oder gelösten Leinen, Strängen, Aufhalteriemen oder -ketten, falls ein Pferd über die Deichsel, die Vorderbracke oder den Strang getreten ist, hat der Beifahrer nach Abläuten abzusteigen und den Fehler zu beheben. Eventuell Strafpunkte für das Absteigen (s.o.) des Beifahrers. Zur Fortsetzung der Aufgabe erfolgt erneutes Glockenzeichen.

■ Ausrüstung

Ausrüstung des Pferdes und des Teilnehmers:

Die allgemein zugelassene, geforderte Ausrüstung und Extra-Ausrüstung wird in der Ausschreibung in jedem WB einzeln geregelt. Dabei wird auch die Ausrüstung anderer Reitweisen aufgeführt, wenn der WB für mehrere Reitweisen geeignet ist. Zusätzlich müssen die erlaubten Hilfsmittel, wie auch nicht gewünschte Ausrüstung ausdrücklich aufgeführt werden.

■ Zusätzliche Bestimmungen

Zugelassene Pferde:

Grundsätzlich unterliegen alle Pferde der festgelegten Influenza-Impfbestimmung (Ausführliche Informationen dazu ➡ Teil IV, Seite 363).
Die WB-Anforderungen geben vor, für welche Pferde der WB geeignet ist. Wichtigstes Kriterium ist, auch unter Tierschutzaspekt (keine Überforderung des Pferdes), das Alter.
Mit dem Alter verbunden:
- der mögliche Ausbildungsstand des Pferdes
- das Pferd in Verbindung mit dem Ausbildungsstand des zugelassenen Teilnehmers
- die altersgemäße Belastbarkeit (körperlich und psychisch)

Weitere Begrenzungsmöglichkeiten:
Die Startanzahl des Pferdes einschränken
- „Pferde, die nicht an WB ..., WB ..., teilnehmen ..."
- „Pferde, die an keinem weiteren WB der BV teilnehmen"
- „Pferde, die nur in WB, WB ... starten"

Nicht gewünschte Pferde ausdrücklich nennen: Hengste, tragende Stuten, Stuten mit Fohlen bei Fuß/milchführende Stuten, Ponys, Equiden

Zugelassene Teilnehmer:
Für die Auswahl der zugelassenen Teilnehmer sind die Anforderungen des Wettbewerbes und eine mögliche, dem Alter- und Entwicklungsstand entsprechende, körperliche und psychische Belastbarkeit ausschlaggebend (Überforderungen oder Unterforderungen vermeiden). Es muss beachtet werden, dass die Wettbewerbssituation selbst noch zusätzlich Einfluss auf die zu erwartende Leistung nimmt.
Die Überlegungen müssen sein:
Welche Voraussetzungen müssen vom Teilnehmer für welche Anforderungen erfüllt werden?

- Für welches Alter (Kleinkinder ab 4 Jahren, Jugendliche, Erwachsene, ältere Pferdesportler) ist der Wettbewerb mit seinen Anforderungen geeignet.
- Ist es eventuell sinnvoll das Deutsche Fahrabzeichen (DFA), Deutsche Longierabzeichen (DLA), Deutsche Reitabzeichen (DRA) vorauszusetzen?

Für eine sinnvolle, realistische Planung der Teilnehmerzahl ist es wichtig, in etwa die Größe der Teilnehmerfelder in den einzelnen Wettbewerben einschätzen oder auch lenken zu können. Das erfordert ggf. entsprechende begrenzende Ausschreibungskriterien bei zu erwartendem hohem Interesse für bestimmte Wettbewerbe.

Als begrenzende Kriterien können sich als sinnvoll erweisen:

- das Alter der teilnahmeberechtigten Teilnehmer: nur bestimmte Jahrgänge zulassen;
- das Alter der teilnahmeberechtigten Pferde: nur bestimmte Altersgruppen zulassen;
- mit oder ohne Jahresturnierlizenz der FN ausschreiben: aus WB-Fairnessgründen Teilnehmer mit Jahresturnierlizenz in einem eigenen WB starten lassen oder sich die Option offenhalten, bei hohem Nennungsergebnis entsprechend in Abteilungen aufzuteilen; nur für bestimmte Leistungsklassen;
- die regionale Begrenzung (z.B.: Pferdesportler der PLZ-Bereiche ..., der Vereine ..., der Betriebe ...);
- die Abgrenzung der Teilnahmeberechtigung in mehreren Wettbewerben (z.B. teilnahmeberechtigt in WB 1, 2, 3, die nicht in WB 6, 8, 9 starten, oder „nur die, die auch in WB xy starten).

■ Einsatzhöhe

gemäß Vorgabe des LV/der LK

■ Startfolge

entsprechend der allgemeinen, zu Jahresbeginn von dem LV/der LK festgelegten Buchstaben-Startfolge für WB. Das heißt, der WB beginnt mit dem Teilnehmer, dessen Nachname mit diesem Buchstaben beginnt (z.B.: für WB 3 = „N“ heißt Marie Nahreiter = erster Starter) oder 2. Variante: beginnt mit dem Pferd, dessen Name mit dem Buchstaben beginnt.
Die Festlegung von festen Startzeiten für Teilnehmer innerhalb des WB ist nicht zu empfehlen, wenn mehrere WB für den gleichen Teilnehmerkreis parallel laufen! Stattdessen sollte ein Gesamtzeitrahmen für jeden WB festgelegt und mit der Zeiteinteilung mitgeteilt werden. Innerhalb dieser Zeit kann flexibel auf Überschneidungen von WB für den Teilnehmer reagiert werden.
Als ein weiteres Instrument kann die Erstellung von Startblöcken (TN 1 bis 10, 10 Minuten Pause, Beginn 2. Block um ... Uhr usw.) eine Hilfe bei sehr großen Starterfeldern sein.

Genehmigung der Ausschreibung:
Der Veranstalter reicht seine Ausschreibung fristgerecht (die Fristen sind durch den LV/die LK festgelegt) zur Genehmigung beim jeweiligen LV/der LK ein.
Nach der Genehmigung kann sie über den LV/die LK in der Landesverbandszeitschrift (Gebühren regelt der LV/die LK) und/oder über sonstige Medien veröffentlicht und an interessierte Teilnehmer und Vereine versandt oder ins Internet, z.B. auf der Homepage des Vereins eingestellt werden.
Nachträgliche Änderungen dürfen nur mit Genehmigung des zuständigen LV/der LK vorgenommen werden und müssen den Teilnehmern über die Zeiteinteilung oder spätestens rechtzeitig vor Ort an der Meldestelle mitgeteilt werden.

Planungsphase:
Sobald der Ausschreibungsinhalt festgelegt und von dem LV/der LK genehmigt ist, beginnt die Planungsphase. Der Veranstalter legt (für die eigene Organisationssicherheit) eine Zeitschiene/einen Ablaufplan für alle anstehenden Aufgaben fest.

- Welche Aufgaben müssen bis wann durch wen erledigt sein?
- Gegebenenfalls delegieren von Aufgaben und Verantwortungen.
- Regelmäßige Treffen zur Überprüfung, ggf. Ergänzung oder Änderung des Ablaufplanes.

1.1.1 Kleine und große Checkliste zur Planung und Durchführung von Breitensportlichen Veranstaltungen (BV)

Nachfolgende Checklisten sind als Hilfestellungen für den Veranstalter gedacht. Sie sind als Auflistung der evtl. anfallenden Aufgaben eine Planungsgrundlage und Hilfe. Der Veranstalter sucht sich die Punkte heraus, die für ihn relevant sind. Eine Beratung kann auf Wunsch durch den jeweiligen LV/ die jeweilige LK erfolgen.

Nachfolgend sind 2 Checklisten aufgeführt:

A. Kleine Checkliste – Checkliste mit einer Auflistung der notwendigen Aufgaben

B. Große Checkliste – Checkliste mit einer Auflistung zahlreicher detaillierter Aufgaben

A. Kleine Checkliste

Empfehlungen und Hinweise für die Durchführung einer Breitensportlichen Veranstaltung:

Wer/Was	Details:
Organisationsteam	Eckpunkte: • Ausschreibungserstellung • Helferbedarf ermitteln • Anlagenaufplanung • Ablaufplanung (wann, was...) • Materialplanung • Finanzplan Dabei u.a.: • Einteilung von Aufgabenfeldern, Delegation der Aufgaben und Verantwortungen • Kommunikation sicherstellen durch regelmäßigen Informationsaustausch, Sachstandsabgleich (innerhalb des Organisationsteams, nach außen zu Helfern, „Bereichsleitern", Meldestelle, Richter/Prüfer Breitensport, Landeskommission, Kommune, Presse ...) • Koordination der Einzelabläufe, Informationstreffen • Finanzrahmen grob kalkulieren (Einnahmen, Ausgaben, Finanzquellen)

Wer/Was	Details:
Terminwahl	Suche nach „bestem“ Termin für alle Beteiligten Termindoppelung mit anderen Pferdesport- und auch Nicht-Pferdesportveranstaltungen im Einzugsbereich beachten! • Ferienzeiten/Feiertage beachten • Terminplanung Pferdesportverband (PSV) beachten
Einzugsbereich Teilnehmer	Die Teilnehmer und ihre Begleiter kommen erfahrungsgemäß aus dem näheren Umfeld (bis ca. 100 km) des Veranstaltungsortes, aus den Vereinen, FN-Mitgliedsbetrieben und auch aus nicht angeschlossenen Betrieben.
Größe Standort/ Größe Plätze, Anzahl Plätze/ Anzahl Vorbereitungsplätze, Lage	• Flächenbedarf für Plätze: je nach angebotenen WB (z.B. Fahren) unterschiedlich. WB entsprechend der vorhandenen Plätze planen. • mindestens ein großer Außenplatz • genügend Vorbereitungsplatz/-plätze in der Nähe der WB-Plätze • Frühjahr/Herbst/Winter: 2 Hallen empfohlen
dabei beachten: Bodenanforderungen	Bestimmte WB erfordern aus Sicherheitsgründen besondere Bodengegebenheiten (Voltigieren im Galopp z.B.).
Infrastruktur	• gut geplante, genehmigte Zufahrtmöglichkeit/ Abfahrtmöglichkeiten, um Wartezeiten/Stau zu vermeiden • Befahrbarkeit der Flächen für Autos mit Anhänger, LKWs bedenken • ggf. Einbahnstraßen-System planen
Ausschreibung	die Ausschreibung entsprechend der vor Ort vorhandenen Platz-, Material- und Helfermöglichkeiten planen. WB-Muster ➔ Teil II der WBO
Einbeziehung anderer Reitweisen/der Anschlussverbände	• mit ihren WB • mit Schauvorführungen • mit Informationsveranstaltungen

Wer/Was	Details:
Verbindung mit der Zucht	Kombination mit Zuchtveranstaltungen, mit Zucht-WB, mit Zucht-Schauvorführungen
Zugelassene Teilnehmer	• alle organisierten (in FN-Vereinen/Anschlussverbänden/FN-Betrieben) und nicht organisierten Pferdesportler mit und ohne Leistungsklassen • evtl. eine Altersvorgabe machen (z.B. Ü40, Führzügel-Gelände-WB: Mindestalter 5 Jahre usw.)
Teilnehmerzahl	Die Anzahl TN anhand der vorhandenen Plätze/der WB/Dauer der Veranstaltung kalkulieren. Der Nennungsschluss kann, sollte das Nennungsergebnis bei NS zu gering sein, verlängert werden, sodass erneute Werbemaßnahmen möglich sind. (Achtung: Erfahrungsgemäß geht ein Großteil der Nennungen nach NS ein!) Der Veranstalter entscheidet dann über eine Annahme der Nennung.
Anzahl der WB je Tag (Vorl. ZE)	je nach Art des WB: ca. 2 bis 4 WB je Platz und Tag planen. Erfahrungswerte einbeziehen, Konkurrenzveranstaltungen mitbedenken.
Art der WB	Die Themenvielfalt des Pferdesports und damit der WB-Möglichkeiten sind dargestellt in den WB-Beschreibungen in Teil II/WBO, in „365 Ideen für den Breitensport" (FN*verlag*) und z.B. in den Ausschreibungen der Landesbreitensportfestivals. Für frei erfundene WB bietet sich jedes kleine Ausbildungsziel, entsprechend interessant verpackt, an.
Team-Wertungen	Möglich sind z.B. Vereinswertungen, Mannschaftswertungen oder Wertungen für frei zusammengestellte Teams. Organisatorisch sind sie unaufwendig, da sie reine Zählergebnisse sind. In der Ausschreibung die mindeste/maximale Teamgröße angeben (z.B. „3 von max. 5 TN werden gewertet"). Festlegen, wie viele Ergebnisse und/oder welche WB-Ergebnisse in die Wertung eingehen. Die notwendige Zeit zum Ausrechnen berücksichtigen! Das Wertungssystem/den Modus beschreiben. Gegebenenfalls Streichergebnisse oder TN-/Pferd-Auswahlregelungen treffen.

Wer/Was	Details:
Material	• komplette Viereckbegrenzungen (Rails o.ä. sicheres Material, Buchstaben, Zirkelpunkte) für 20 x 40 m, 20 x 60 m. • korrektes und sicheres Hindernismaterial in ausreichender Anzahl bereithalten (dabei an Überschneidungen von WB denken), Parcourschef hinzuziehen • Zeitnahmegeräte (Stoppuhren oder elektronisch), Ausflaggung von Hindernissen, Sicherheitsauflagen, Aufgaben-/Hindernisnummernschilder, Start- und Zielschilder und Markierungen (Kegel oder einlaminierte Schilder) • Material und Ausstattung der Vorbereitungsplätze bedenken (Hindernisse, Abgrenzungen, Startertafel, Wetterschutz Helfer) • Protokoll-/Ergebnisvordrucke Technik (Zeitmessanlage EDV-Technik) bestellen
Nennungsschluss	Der NS sollte so gelegt werden, dass alle organisatorischen Schritte problemlos durchgeführt werden können bzw. eine Veranstaltung ohne zu große Verluste notfalls noch abgesagt werden kann. Ggf. die Vorgabe/die Fristen des LV/der LK beachten.
Genehmigungen	• Termin-Anmeldung beim Landespferdesportverband bzw. bei der Landeskommission (ggf. Frist beachten) • ggf. Genehmigungen für zusätzlich benötigte Flächen (Kommune, Eigentümer) einholen • Genehmigungen für die Gastronomie (Ordnungsamt) einholen • GEMA-Gebühr („Urheberschutz für musikalische Tonträger") bedenken: Anmeldeformular und weitere Information unter www.gema.de
Pressearbeit/ Öffentlichkeitsarbeit	Vorankündigungen – Ausschreibung – Ergebnisse/ Veranstaltungsnachbericht: • in der regionalen Presse • in der Landespferdesportverbands-Zeitschrift • in der Terminliste des regionalen Veranstaltungskalenders • im Internet

Wer/Was	Details:
Sponsoren-betreuung	z.B. • Frühstück • Empfang • besonderer Zuschauerbereich • besondere Betreuung • Versorgung mit Informationen (Starterlisten, Ergebnislisten, Ausschreibung usw.)
Werbung	über z.B. Handzettel/Poster (DIN-A4)/Flyer/Aktionen, Verteilung organisieren im: • örtlicher Einzelhandel (z.B. Bäcker, Tankstellen, Einkaufsmärkte) • bei Veranstaltungen mit gleichem Klientel (Pferdesport-/Sport- und Touristikveranstaltungen) • Nachbarvereine, Nachbarkreise • im Internet
Gastronomie	Je vielfältiger das Angebot, umso attraktiver. Zielgruppen beachten. Gegebenenfalls fremd vergeben (ganz oder teilweise)
Ansage	Eine gute Ansage/Moderation durch Ansager sowie Kommentierung der Ergebnisse durch die Richter und Prüfer und Zwischenmoderation der WB als Information an Zuschauer, Teilnehmer und Eltern hat wesentlichen Anteil am Erfolg der Veranstaltung.
Ausstattung der Plätze	• „Flüstertüte" bereithalten (besser noch: Beschallungsanlage mit Mikrofon) • Abspielgeräte, CDs für z.B. Quadrillen-WB, Voltigier-WB • Dekoration • wetterfeste Richter-/Prüferhäuschen, Pferdeanhänger oder kleine Pavillons • Stühle/Tische für mindestens 3 Personen pro WB-Platz • WB-Beschreibungen/Starterlisten mit Zeitplan (ggf. an mehreren Stellen) für Zuschauer und Teilnehmer bereithalten • Startertafeln an den Vorbereitungsplätzen platzieren • wetterfeste Infotafeln bzw. Infotexte an den WB-Plätzen für nicht so bekannte WB erstellen

Wer/Was	Details:
Platz-/ Anlagenpflege	• Geräte (z.B. Wasserfass, Harken, Schaufeln und weitere Bodenbearbeitungsgeräte) • ggf. Zugmaschine und Geräte sowie Helfer, die mit der Technik vertraut sind und berechtigt sind, diese zu bedienen, einplanen
Parkplätze	• Parkplatzfläche möglichst in der Nähe planen • Parkplatzeinweisung durch Helfer. Flächen ggf. markieren/abtrassieren • Parkangebot nach Zielgruppen trennen: Teilnehmer, Zuschauer, Sponsoren, Behinderte • Flächenbedarf: für Auto, Auto mit Anhänger, Lkw, evtl. Paddocks kalkulieren
Beschallung und Hintergrundmusik	• wetterfeste Lautsprecher, fachkundige Betreuung der Beschallung, thematisch und zielgruppenausgerichtete Musik
Strom	für Beschallung, Gastronomie, Beleuchtung
Allgemeine Wasserversorgung	für Platzpflege, Pferdetränken, Gastronomie, sanitäre Anlagen in erreichbarer Nähe
Sanitäre Anlagen	• ausreichende Anzahl sanitärer Einrichtungen (an eine evtl. Entleerung der Behälter während der Veranstaltung denken) kalkulieren • Reinigung während der Veranstaltung einplanen
Meldestelle (festen Raum, Container, Turm)	• zentral erreichbar • ganztägig anwesende Besetzung mit möglichst breitensporterfahrenen Personen • Läufer zwischen Meldestelle und WB-Platz einplanen • WBO, ggf. „Besondere Bestimmungen"/„LK-Bestimmungen" des Landespferdesportverbandes/der Landeskommission, Info-Tafel o.Ä. für Bekanntmachungen, Telefon (ggf. Laptop/PC, Drucker), Ablagekästen, Schreibutensilien

Wer/Was	Details:
	Aufgaben der Meldestelle: Beantwortung und Regelung organisatorischer Fragen, Annahme der Nennungen, Nachnennungen/Startmeldungen, die Überprüfung der Teilnahmeberechtigung, die Erstellung der Starterlisten (hat ein TN mehrere Pferde in einem WB: möglichst mindestens 8 Plätze dazwischenlegen oder eine kurze Pause planen) Wenn auf mehreren Plätzen WB parallel laufen, ggf. den Teilnehmer in einer Starterliste nach vorne oder hinten setzen. Erstellen und verteilen der Richterunterlagen, Ergebnisse einsammeln, erfassen, veröffentlichen.
Schleifen und Ehrenpreise	Nach NS die Schleifen anhand der Nennungszahlen bestellen. Achtung: Bei hohen Nennungszahlen wird in mehreren Abteilungen platziert, d.h., auch die Anzahl der Schleifen in Platzierungsfarben (Gold bis Rot) erhöht sich! Ergänzend zu Platzierungsschleifen können als Motivation für alle weiteren Teilnehmer Urkunden gegeben werden. Ein festes Helferteam nur für die Siegerehrungen/Ehrenpreise planen. Die Siegerehrungen können anhand der Starterlisten vorbereitet werden, vielleicht Ehrenpreiskarten erstellen (die bekommt der Reiter, um seinen Ehrenpreis später abholen zu können). Schleifenkörbe o.Ä. bereithalten. Nach dem WB-Ende diesen dann noch mit der Ergebnisliste der Meldestelle für die Platzierung ergänzen.
Richter/Prüfer	Rechtzeitig Richter/Prüfer einladen (mit Rückmeldeumschlag). Vor der Veranstaltung unbedingt die Ausschreibung an die Richter/Prüfer weiterleiten. Richter/Prüfer für Außenstehende erkennbar machen (z.B. Namensschilder). Gegebenenfalls Qualifikation der Richter beachten (Gelände-WB: z.B. VL-Qualifikation).

Wer/Was	Details:
Sanitätsdienst, Ärzte, Tierarzt, Schmied	rechtzeitig beauftragen, Rückmeldung geben lassen. „Besondere Bestimmungen" des LV/der LK berücksichtigen. Zentrale Standorte wählen, Notfallwege bedenken, ggf. Stromversorgung planen.
Helfer	Anzahl der Helfer kalkulieren (auch an Ablösungen denken!), Aufgaben fest verteilen, Bereiche eigenständig organisieren lassen, ggf. Hilfestellung geben. Termin für Helfereinweisung festlegen.
Richter- und Helferversorgung	Eventuell separat planen: einen festen Bereich mit Selbstversorgung nur für Helfer, zusätzlich Helfer für die Versorgung der WB-Plätze (Richter/Prüfer/Ansager/Tafeldienst etc.).
Aufbau Vierecke und Parcours	Eine feste Helfergruppe für den Aufbau, den Umbau vor und nach dem WB und für Reparaturarbeiten vorsehen (mobile Einsatzgruppe), wenn nötig Parcourschef einladen. Transportfahrtzeug, Werkzeug.
Zentrales Materiallager	Transportfahrzeuge für Material, Werkzeug
Ausschilderung Zufahrtswege/ Beschilderung auf der Anlage	• Beschilderung der Anfahrtswege außerhalb des Geländes • Beschilderung der Wege auf der Anlage: – Hinweisschilder WB- und Vorbereitungsplätze – Parkplätze (entsprechend der unterschiedlichen Zielgruppen) ausschildern – Sanitäranlagen – Gastronomie – Erste Hilfe, Schmied – Informations-/Treffpunkt
Vorab-/Vorort-informationen	• <u>Informationen für Pferdesportler:</u> – Ausschreibung, WB-Beschreibung, Aufgaben, Skizzen – Zeiteinteilung, Informationen – Lageplan, Anfahrtsbeschreibung

Wer/Was	Details:
	• Informationen für Richter/Prüfer: – Ausschreibung, WB-Beschreibung, Aufgaben, Skizzen – Anfahrtsbeschreibung, Navi-Adresse • Informationen für Helfer: – Interne Informationswege (Treffen, Mobilfunk, Funk) – Treffen vor der Veranstaltung (Helfereinweisung) – Mobiltelefonnummern-Liste Helfer und Organisatoren – Funkkreise (Liste, wer in welchem Funkkreis) – Helferfragen beantworten • Informationen für Zuschauer: – Ansage – Beschilderung – Infostand
Notfallvorsorge	• Helferinformation, wie zu reagieren ist (feste Absprachen treffen!) • Informationswege (ohne Zuschauerkontakt) sicherstellen • Notfalltransportfahrzeug für Pferde und Sichtschutz bereithalten, Fahrer für das Verladen und das Transportfahrzeug bereithalten • Telefonnummern-Liste

B. Große Checkliste

Empfehlungen und Hinweise für die Durchführung z.B. einer überregionalen Breitensportlichen Veranstaltung

Wer/Was	Details:
Organisations-team	Bildung eines Organisationsteams, das folgende Bereiche sicherstellen und Zuständigkeiten festlegen muss: • Finanzen • Sportlicher Bereich: inkl. Richter-/Prüfer-/Helfer-/Flächenbedarf, Technik und Material • Schaubereich • Stall-, Boxen- und Paddockbereich • Kommunikationswege • Helferkoordination vor, während und nach der Veranstaltung • Presse- und Öffentlichkeitsarbeit • Ehrengastbereich • Parken und Eintrittsbereiche • Gastronomie • Notfallversorgung
Terminwahl	Suche nach „bestem Termin" für Teilnehmer/Zuschauer/Funktionäre. Eine Termindoppelung mit anderen Pferdesport- und Nichtpferdesport-Veranstaltungen beachten!
Infrastruktur	Gute Anbindung an größere Straßen: schnelle, bequeme Anreise der Zuschauer und Teilnehmer, geringe Wartezeiten bei Zufahrt zum/Abfahrt vom Gelände, Anbindung an Bahn und Bus/Straßenbahn, Shuttle-Service.
Ausschreibung	erstellt durch den Veranstalter entsprechend seiner vor Ort gegebenen Platz-, Material- und Helfermöglichkeiten. Raster: • Ort, Termin • Allgemeine Bestimmungen • Zugelassene TN/Pferde • Aufzählung der WB • ggf. Schauprogramm

Wer/Was	Details:
Einbeziehung der Anschlussverbände/ anderer Reitweisen	• mit ihren WB • ggf. mit ihrem Schauprogramm • mit Informationsveranstaltungen Die Organisatoren in die Planungstreffen vor der Veranstaltung mit einbeziehen, eigene WB selber organisieren lassen.
Verbindung zur Zucht	Kombination mit Zuchtveranstaltungen, mit Zucht-WB und/oder Zucht-Schauvorführungen
Zugelassene Teilnehmer	• alle (organisierte und nicht organisierte) Pferdesportler mit und ohne Jahresturnierlizenz/Leistungsklassen • wenn sinnvoll, evtl. eine Altersbegrenzung vorgeben (z.B. Ü40 oder Führzügel-Gelände-WB: mindestens 5 Jahre) • die Vorgaben in den „Besonderen Bestimmungen"/ „LK-Bestimmungen" des LV/der LK berücksichtigen.
Teilnehmeranzahl	Anhand der zur Verfügung stehenden Möglichkeiten kalkulieren. (Der Nennungsschluss kann, sollte das Nennungsergebnis bei NS zu gering sein, verlängert werden, sodass erneute Werbemaßnahmen möglich sind. Achtung: Erfahrungsgemäß geht ein Großteil der Nennungen nach NS ein! Die Ablehnung oder Annahme von Nennungen entscheidet der Veranstalter. Nachnennungen kann der Veranstalter jederzeit annehmen.)
Anzahl der WB	ca. 2 bis 4 WB je Platz und Tag rechnen
Art der WB	Die Themenvielfalt des Pferdesports soll vermittelt werden: WB in Teil II/WBO, weitere Ideen in „365 Ideen für den Breitensport", FN*verlag*, Warendorf, oder z.B. in den Ausschreibungen der Landesbreitensportfestivals. Für frei erfundene WB eignen sich alle Ausbildungsziele, -schritte in interessanter Verpackung und Bewertung.

Wer/Was	Details:
Nennungsschluss	Der Nennungsschluss sollte so gelegt werden, dass alle organisatorischen Schritte problemlos durchgeführt werden können bzw. notfalls eine Veranstaltung ohne große Verluste noch abgesagt werden kann. Bezüglich Fristen ggf. die Vorgabe des LV/der LK beachten.
Genehmigungen	• Termin-Anmeldung beim LV/bei der LK • Gegebenenfalls Genehmigungen bei der Kommune oder dem Eigentümer für zusätzlich benötigte Flächen einholen! • Befahren durch Fahrzeuge Pkw, Pkw-Anhänger, Lkw usw. gestattet? • Betreten der Fläche für Pferde gestattet und sicher? Bepflanzung? • für die Gastronomie (Ordnungsamt) einholen • GEMA-Gebühr („Urheberschutz für musikalische Tonträger“) bedenken: Anmeldeformular und weitere Information unter www.gema.de
Zusätzliche Auflagen der Stadt/ Auflagen des Grundstückseigentümers abklären	• für die Gastronomie • Ordnungsamt, Gesundheitsamt, Polizei, Feuerwehr • Müllbeseitigung bei größeren Veranstaltungen • Lärmschutzvereinbarung • Parkverbot in angrenzenden Wohnsiedlungen • Straßenreinigung • Verkehrsführung
Verbindung mit anderen Veranstaltungen	Es haben sich Kombinationen u.a. mit Landwirtschaftsschauen, Bauernmärkten usw. bewährt. Die Veranstaltung gewinnt an Zuschauern. Zu beachten ist das Gleichgewicht in der Berichterstattung (vor Ort, in der Presse- und Werbearbeit und in der Zeiteinteilung), wenn mehrere Verbände beteiligt sind.
Einzugsbereich Teilnehmer und Zuschauer	Die Teilnehmer, ihre zahlreichen Begleiter und Zuschauer kommen erfahrungsgemäß aus dem Umfeld im Radius von 100 bis 150 km um den Veranstaltungsort. Nichtorganisierte Pferdesportler einbeziehen! Sind andere Bundesländer eingeladen, Ferienzeiten, Feiertage, Besonderheiten beachten.

Wer/Was	Details:
Größe des Standortes/ Anzahl Plätze/ Anzahl Vorbereitungsplätze, weitere Plätze	• zentral gelegene Anlage/Standort suchen • mindestens ein großer Außenplatz • ein großer Vorbereitungsplatz in der Nähe des WB-Platzes • ein zusätzlicher Schauplatz • Tribünen (ggf. überdacht) • Platzgrößen je nach WB-Art (z.B. Fahren!) beachten • Frühjahr/Herbst/Winter: ausreichend Hallen zur Verfügung haben
Lage	zentral, arrondiert
Bodenanforderungen an die WB-Plätze	Für alle WB passende Böden bieten können. Quadrillen-, Voltigier-, Western-WB und Schaunummern: nicht zu tiefer, aber rutschsicherer Sandboden. Vorab klären, was benötigt wird und was möglich ist.
Pressearbeit/ Öffentlichkeitsarbeit	Artikel und Termin veröffentlichen in • der regionalen Presse • der Landesverbandszeitschrift • der Terminliste des regionalen Veranstaltungskalenders veröffentlichen. • ggf. Spots über das lokale Radio oder Fernsehen • Internet
Sponsorenbetreuung	z.B. • Frühstück • Empfang • besonderer Zuschauerbereich • besondere Betreuung • Versorgung mit Informationen (Starterlisten, Ergebnislisten, Ausschreibung usw.), Dankschreiben gesonderte Einladung
Werbung	• Zeitschriften (Artikel) • Plakatierung/Banden, Fahnen, Banner/Handzettel Flyer/Poster/bedruckte Brötchentüten o.Ä. • Mailings an Vereine/Internet • bei Großveranstaltungen mit gleichem Klientel (Pferdesport-/Sport- und Touristikveranstaltungen)

Wer/Was	Details:
Team-Wertungen	Möglich sind: Vereinswertungen, Mannschaftswertungen oder Wertungen für frei zusammengestellte Teams. Sie verursachen organisatorisch geringen Aufwand, da sie reine Zählergebnisse sind. In der Ausschreibung die mindeste/maximale Teamgröße (z.B. „3 von max. 5 TN werden gewertet") angeben. Festlegen, wie viele Ergebnisse und/oder welche WB-Ergebnisse in die Wertung eingehen. In der Zeiteinteilung Zeit zum Ausrechnen berücksichtigen! Wertungssystem genau beschreiben. Ggf. Umrechnungstabellen zu Hilfe nehmen/zur Verfügung stellen.
Material	• komplette Vierecke (mit Begrenzung, Buchstaben, Zirkelpunkten) je nach Anzahl der Plätze (20 x 40 m/20 x 60 m) • gutes und sicheres Hindernismaterial in ausreichender Anzahl mit Reserven für alle Plätze/inkl. Vorbereitungsplätze einplanen, dabei an Überschneidungen von WB denken (Stangen, Ständer, Auflagen, Unterbauten etc.) • Zeitnahmegeräte (Stoppuhren oder elektronisch) • Ausflaggung von Hindernissen, Sicherheitsauflagen, Aufgaben-/Hindernisnummernschilder, Start- und Zielschilder und Markierungen (Kegel oder einlaminierte Schilder) • entsprechendes Material und Ausstattung für Vorbereitungsplätze (einschl. Startertafeln) einrechnen • Abgrenzungsmaterial für Plätze
Gastronomie	Vielfältiges Angebot! Gegebenenfalls an Catering (ganz oder zum Teil) vergeben. Wenn Übernachtungsgäste bleiben: Weiteren Standort in der Nähe der Paddock-/Campingfläche, evtl. Pauschalangebote (Frühstück, Mittagessen, Abendessen) anbieten.
Quartiere	• Hotelliste • Ferienwohnungen • Jugendherbergen • Gastfamilien • Turnhallen/Sportlerheime

Wer/Was	Details:
Schauprogramm	• professionelle oder sehr erfahrene Moderation des Schauprogrammes sicherstellen • professionellen oder sehr erfahrenen Beschallungstechniker vor Ort haben • sehr genaue zeitliche Planung • separater Helferstab, erfahrene Helfer für den Einlass und die Organisation auf dem Vorbereitungsplatz • Schaumodule nicht länger als 8 bis 10 Minuten planen • fließende Übergänge der Schaunummern (Sprechertexte, Ablaufbeschreibungen und Musik vorher anfordern) sicherstellen • Ausbildungs-/Zuchtvorführungen einbeziehen
Ansage WB/ Schauprogramm	Professionelle Ansage und Informationen über WB-Inhalte und Bewertungen sowie Kommentierung von WB (durch Richter/Prüfer) technisch und zeitlich ermöglichen.
Aussteller/ Verkaufsstände	Interessante Auswahl ausgerichtet auf die Teilnehmer/ Zuschauer treffen. Möglichst professionelle Aufplanung der Verkaufsfläche vorsehen. Standgebühren und Verträge vorab klären. Verkaufsverordnungen der Kommunen beachten (Anmeldung notwendig).
Abendveranstaltung	Grillfete oder Party für die Teilnehmer, Organisatoren, Sponsoren und Helfer anbieten. Wenn durch Gastronomie/Sponsoren machbar: Zuschauer mit einbeziehen.
Abschlussparade	Alle Teilnehmer des letzten Veranstaltungstages nachmittags (Heimreisewege der Teilnehmer beachten) zur gemeinsamen Abschlussparade einladen.

Wer/Was	Details:
Ausstattung der Plätze	• Beschallungsanlagen mit einem/oder mehreren Mikrofon(en) (möglichst mobil) • Abspielgeräte für CDs für z.B. Quadrillen-WB, Voltigier-WB • Dekoration für die Plätze • wetterfeste Richterhäuschen, Pferdeanhänger, Zelte/Pavillons • bequemes Mobiliar für die Richter/Prüfer, Protokoll-Schreiber, Zeitnehmer • Infotafeln, Infotexte (ggf. einlaminiert), das Programm, Zeitplan für Zuschauer- und Teilnehmerinformation an mehreren Stellen platzieren • wettergeschützte Startertafeln an den Vorbereitungsplätzen planen, Reinigungsmaterial, Schreibutensilien
Platz-/ Anlagenpflege	• Geräte (z.B. Walze, Planer, Wasserfass, Harken, Schaufeln, Besen), Bodenbearbeitungsgeräte • Zugmaschinen, Geräte. Helfer, die technisch damit umgehen können/befugt sind (Führerschein)
Paddockfläche	bei Übernachtungsangebot entsprechend der Bestellung: • Entsprechend große Fläche vorab abtrassieren (Flatterband). • Auto mit Anhänger neben/im Paddock einplanen! (Pferdeaufsicht!) Ca. 10 x 6 m (Auto mit Anhänger und Paddock/ Pferd) rechnen. • Paddockbelegungsplan vor der Veranstaltung erstellen, Information/Berechtigungsnachweis mit der Zeiteinteilung an den Teilnehmer versenden. • wasserfeste Blanko-Paddockbeschilderung mit Pferdename/Reiter- oder Besitzername und Handynummer des Ansprechpartners (Befestigung am Paddock mit Kabelbinder) • Helfer zum Einweisen • Wegesystem für An- und Abfahrt (Tagesgäste, Dauergäste) • Nachtbeleuchtung der Fluchtwege

Wer/Was	Details:
Stallbereich	• Bestellformular für Box der Ausschreibung beifügen (Bestellung bis NS) • Boxenbelegungsplan vorher erstellen • Beschilderung der Boxen (Pferdenamen, Reiter/Besitzer vor Ort, Handynummer) • Helfer zum Einweisen • Uhrzeiten/Öffnungszeiten • Aufsichtspersonen (Tag und Nacht) • Bezahlung mit der Ausschreibung regeln
Futter-/Wasser-versorgung	In der Nähe der Paddockflächen/des Stallbereiches zum Kauf anbieten: Futter/Heu/Einstreu. Tränke- und Abspritzmöglichkeit anbieten. Helfer für den Verkauf einplanen (ggf. „Öffnungszeiten“ des Verkaufs aushängen oder Handynummer des Helfers angeben).
Mist-/Müll-entsorgung/ Anlagenpflege	Mülleimer und Container bestellen und regelmäßig entleeren lassen, ggf. Anlage während der Veranstaltung (abends/frühmorgens) säubern.
Parkplätze	• Parkplatzfläche in der Nähe bereithalten. • Parkplatzeinweisung sicherstellen. • Stellplätze sicher markieren/abtrassieren. • Parkangebot nach Aufenthaltsdauer und Zielgruppen trennen (1- und 2-Tagesteilnehmer, Richter-/Prüfer, Schauprogrammteilnehmer, Zuschauer, Aussteller, Ehrengäste). • Flächenbedarf für: Auto, Auto mit Anhänger, Lkw, Wohnmobil, Zelt (Zeltgröße abfragen) kalkulieren. • Einbahnstraßensystem für An- und Abreise
Beschallung und Untermalungs-musik	• Der Techniker und Ersatzgeräte müssen während der Veranstaltung vor Ort sein, bei der Musikauswahl Zielgruppen berücksichtigen. • Professionelle Ausrichtung der Lautsprecher • passende Musikauswahl
Strom	Für Beschallung, Gastronomie, Beleuchtung, Versorgung der Wohnmobile

Wer/Was	Details:
Wasser-versorgung	in der Nähe: für die Platzpflege, Wassertränken Pferde, Gastronomie, sanitäre Anlagen, Reinigung
Sanitäre Anlagen	• Genügend sanitäre Einrichtungen (und Duschmöglichkeiten, wenn gezeltet wird) planen. • Für Entleerung der sanitären Anlagen während der Veranstaltung sorgen. • Reinigung während der Veranstaltung planen.
Kassen	• Eintrittspreis kalkulieren (bei Kombiveranstaltung den Preis mit dem Co-Veranstalter abstimmen), Infomaterial bereithalten. • Kassenbesetzung • Wechselgeld • Wetterschutz • Infomaterial (Anlagenplan, Zeiteinteilung)
Meldestelle	professionelle, ganztägig anwesende Besetzung mit breitensporterfahrenen Personen • mehrere Läufer einplanen • Material: WBO, „Besondere Bestimmungen der Landeskommission", Infotafel für offizielle Bekanntmachungen, Telefon, PC, Drucker, Kopierer, Faxgerät, Ablagekästen Schreibutensilien Aufgaben der Meldestelle: Im Vorfeld: Annahme der Nennungen mit Nenngeld, Verarbeitung der Nennungen, die Überprüfung der Teilnahmeberechtigung Während der Veranstaltung: Beantwortung und Regelung organisatorischer Fragen, Annahme der Startmeldungen/Nachnennungen, Erstellung der Starterlisten, Erstellen und Verteilen der Richterunterlagen, Ergebnisse einsammeln, erfassen, veröffentlichen; Abrechnung Richter/Prüfer; Sanitäter etc. Gesamtabrechnung Veranstaltung
Informations-bereich	Separater Informationsbereich für Teilnehmer und Zuschauer in Nähe der Meldestelle für alle aktuellen Fragen, die nicht direkt mit dem Melden und der Meldestelle zu tun haben

Wer/Was	Details:
	Infobereich für die beteiligten Vereine/Verbände: Infostände/Infomöglichkeit als Werbeplattform
Separate Rechenstelle	getrennt von der Meldestellen in geschlossenem Raum ohne Publikumszutritt; technische Einrichtungen bestellen.
Separater Bereich für Schleifen, Ehrenpreise und Ausgabe der Stallplaketten	Ein festes Team für die Siegerehrungen beauftragen. Die Siegerehrungen können anhand der Starterlisten bereits vor dem WB-Beginn vorbereitet werden. Pro WB einen Tragekorb mit Schleifen, Ehrenpreis, Ehrenpreiskarte (Ehrenpreisgutschein) bestücken. Nach dem Ende des WB dann noch mit dem Ergebnis aus der Meldestelle ergänzen für die Platzierung.
Schleifen- und Stallplaketten	Schleifen nach NS (bzw. so kurzfristig, wie geliefert werden kann) anhand der Nennungszahlen bestellen. Achtung: Bei hohen Nennungszahlen wird in mehreren Abteilungen platziert, d.h., auch die Anzahl der Schleifen in Platzierungsfarben (Gold bis Rot) erhöht sich! Ergänzend zu Platzierungsschleifen können als Motivation für alle weiteren Teilnehmer Urkunden gegeben werden. Gegebenenfalls je Teilnehmer eine Stallplakette kalkulieren (von der Papp- bis zur Metallausführung erhältlich). Die Ausgabe kann über eine Gesamtteilnehmerliste kontrolliert werden.
Richter/Prüfer	Richter/Prüfer rechtzeitig einladen (mit Rückmeldeumschlag). Vor der Veranstaltung die Ausschreibung an die Richter/Prüfer weiterleiten. Ansprechpartner für inhaltliche Fragen zu den WB nennen. Informationstreffen vor Veranstaltungsbeginn einplanen. • Richter/Prüfer und Offizielle für Außenstehende erkennbar machen (z.B. Namensschilder). Richter/Prüfer auch nach der Bereitschaft, zu kommentieren, auswählen.

Wer/Was	Details:
Sanitätsdienst, Arzt, Tierarzt, Schmied	Rechtzeitig beauftragen, Rückmeldung geben lassen. Besondere Bestimmungen des LV/der LK berücksichtigen. Gegebenenfalls Stromversorgung.
Notfallvorsorge	Notfallwege planen, zusammen mit Feuerwehr und Sanitätsdienst (muss evtl. abgenommen werden).
Helfer	Veranstaltung in Bereiche aufgliedern: einen Bereichsleiter je Bereich einsetzen. Jedem Bereich genügend Helfer (auch an Ablösungen denken!) zuordnen. Wenn möglich, Helferwünsche berücksichtigen. Die Bereichsleiter machen vor der Veranstaltung eine Helfereinweisung für ihren Bereich. Ca. eine Woche vor der Veranstaltung ein Treffen aller Helfer organisieren: Allgemeininformationen geben (Abläufe, Verpflegung/Essenmarken, Kleidung, etc.). Helfer mit Namensschild, Cap, T-Shirt o.Ä. erkennbar machen.
Richter- und Helferversorgung	Separate Helferversorgung einplanen. Separate Helfer einteilen für die Richter-/Prüfer und Helferversorgung an den Plätzen (Protokollschreiber, Hindernisdienst, Startertafeldienst), die meistens ihren Standort lange nicht verlassen können.
Aufbau Vierecke und Parcours	Eine feste Helfergruppe nur für den Aufbau, den Umbau vor und nach dem WB und für Reparaturarbeiten vorsehen (mobile Einsatzgruppe mit Geräten und Ersatzmaterial). Zentrales Material-/Werkzeuglager planen. Transportfahrzeuge für Material bedenken.
Ausschilderung Zufahrtswege/ Beschilderung auf der Anlage	• Beschilderung der Anfahrtswege außerhalb des Geländes (ggf. Genehmigung einholen) • Beschilderung der Wege auf der Anlage: – Hinweisschilder Prüfungs- und Vorbereitungsplätze, Infobereich – Paddockplätze – Parkplätze (entsprechend der unterschiedlichen Zielgruppen ausweisen)

Wer/Was	Details:
	– Sanitäranlagen – Gastronomie – Erste Hilfe, Schmied – Teilnehmerführung und Zuschauerführung
Informations-wege Kommuni-kationswege	Informationen für Teilnehmer: • Ausschreibung, WB-Beschreibung, Aufgaben, Skizzen • Zeiteinteilung, Informationen • Lageplan (Anfahrtsbeschreibung und Navi-Adresse) Informationen für Richter/Prüfer: • Ausschreibung, WB-Beschreibung, Aufgaben, Skizzen • Anfahrtsbeschreibung, Navi-Adresse Interne Informationswege für Helfer: • Treffen vor der Veranstaltung • Mobiltelefonnummern-Liste aller Helfer und Organisatoren • evtl. Funk während der Veranstaltung (ggf. verschiedene Funkkreise erklären) • Funkkreisliste mit zugeordneten Funktionen/ Personen Informationen für Zuschauer: • Ansage • Beschilderung • Infostand
Notfallvorsorge	Helferinformation, wie bei welchem Notfall zu reagieren ist (feste Absprachen treffen) Wenn Funkgeräte im Einsatz sind: feste Codierungen für bestimmte Fälle vereinbaren. • Notfalltransportfahrzeug und Sichtschutz für Pferde bereithalten • Sanitäter, Tierarzt, Arzt, Abstimmung (Positionierung, Abläufe) • Telefonnummern-Liste

1.2 Tipps und Hinweise für Teilnehmer

Teilnehmer, Veranstalter und Richter/Prüfer sorgen gemeinsam für den guten Verlauf der Veranstaltung.

Von der Ausschreibung bis zum Start:

- **Wo findet der Teilnehmer die genehmigte/gültige Ausschreibung?**
  Über den nächsten Pferdesportverein, den LV/die LK, die Landesverbandszeitschrift, den Kreisverband, das Internet (in gekürzter Form unter **www.pferd-aktuell.de** NeOn oder in der Originalversion über den LV/die LK, die Veranstalterhomepage)

- **Zum Nennen: Wo ist das WBO-Nennungsformular zu finden?**
  Auf der Internet-Seite des LV/der LK, der FN: (**www.pferd-aktuell.de**), WBO Teil IV ➧ Seite 323

- **Online-Nennen:**
  Wenn der Veranstalter es vorsieht (➧ Ausschreibung), NennungOnline (NeOn): **www.pferd-aktuell.de**. Teilnehmer/Pferd müssen registriert werden um online genannt werden zu können.

- **Wie wird das Nennungsformular ausgefüllt?**
  ➧ ausgefülltes Musterformular Seite 324

- **Wer bekommt die Nennung? Annahme, Ablehnung, Bezahlung der Nennung**
  Spätestens bis zum Nennungsschluss/NS (➧ Ausschreibung) entweder online nennen oder das Formular mit dem Nenngeld/Gesamteinsatz für alle genannten WB sowie die LK-Gebühr in bar oder mit Scheck (lt. Ausschreibung) an die Nennungsadresse (➧ Ausschreibung) senden. Bei Nennung online wird die Nennungsgebühr abgebucht. Nennungen, die nach NS beim Veranstalter ankommen, können vom Veranstalter abgelehnt werden. Der Veranstalter hat aber auch die Möglichkeit, nach Nennungsschluss noch WB-Nennungen (Reiter und Pferd sind neu) anzunehmen oder nach Nennung sogar noch vor Ort zu akzeptieren, wenn der Zeitplan es zulässt. Er kann den Nennungsschluss auch noch nach hinten verlegen (bei zu geringer Nennungszahl), die Information ist dann in der Landesverbandszeitschrift oder auch im Internet zu finden.

- **Was ist, wenn das Pferd/der Teilnehmer nach NS krank wird?**
  Der Teilnehmer hat die Möglichkeit, nach NS ein anderes Pferd „nach-

zunennen". Ein Teilnehmerwechsel (ein anderer Teilnehmer stellt das genannte Pferd in dem genannten WB vor) ist ebenfalls jederzeit möglich. Das neue Pferd bzw. der eingewechselte Teilnehmer müssen natürlich den Teilnahmebedingungen der Ausschreibung entsprechen!

- **Wie geht es nach dem Nennen weiter? Zeiteinteilung für die Veranstaltung**
  Der Veransalter verschickt ca. eine Woche vor der Veranstaltung die Zeiteinteilung (oder stellt sie im Internet bereit).
  Die Zeiteinteilung enthält folgenden Informationen für den Teilnehmer:
  - welcher WB an welchem Tag stattfindet
  - wann jeder einzelne WB beginnt, evtl. auch mit dem Endzeitpunkt, bis wann der WB offengehalten wird
  - Zahl der (genannten!) Teilnehmer in jedem WB. **Achtung:** Die Starterzahl kann natürlich vor Ort geringer oder bei Nachnennungen gering höher ausfallen! Die Starterlisten werden anhand der Startmeldungen vor Ort von der Meldestelle erstellt und ausgehängt!
  - Startfolge: mit welchem Anfangsbuchstaben (Reitername oder Pferdename) oder anderen Kriterien der WB beginnt (das Kriterium muss in der Ausschreibung/Zeiteinteilung angegeben werden)
  - Meldeschluss für den WB ist normalerweise bis eine Stunde vor dem WB-Beginn
  - welche Richter/Prüfer den WB richten/wer Aufsicht auf dem Vorbereitungsplatz führt
  - auf welchem Platz/in welcher Halle der WB stattfindet
  - welche Programmnummer das Pferd für die Veranstaltung zugeteilt bekommt (Die variable Stecknummer muss selber mitgebracht werden. Sie ist in jedem Pferdesport-Fachhandel erhältlich.)
  - Telefonnummer und Erreichbarkeit/Öffnungszeiten der Meldestelle
  - die Information, ob und wann telefonisch „gemeldet" werden kann (Telefonnummer und Zeiten angeben)
  - zusätzliche Informationen: Parcours-/Geländeskizzen
  - Anfahrtsskizze, Wegbeschreibung

Achtung: Wenn der Teilnehmer keine Zeiteinteilung erhalten hat, sollte er beim Veranstalter oder unter der Nennungsadresse nachfragen!

- **Am Tag des Wettbewerbes**
  Wichtig: Unbedingt rechtzeitig eintreffen. Nur auf ausgewiesenen Transporterparkplätzen parken. Bis zu einer festgelegten Frist (➔ Zeiteinteilung) muss der Teilnehmer seine „Startbereitschaft" in der Meldestelle „melden" („abhaken lassen"). Mit den tatsächlich anwesend gemeldeten Teilnehmern/Pferden wird die Starterliste erstellt! Hat der

Teilnehmer 2, maximal 3 Pferde in einem WB am Start, so regelt die Meldestelle, dass nach Möglichkeit mindestens 8 Pferde jeweils dazwischenliegen oder eine kleine Pause gemacht wird.

- **Der Wettbewerb**
  Der Teilnehmer kann sich nach Meldeschluss an der Informationstafel der Meldestelle informieren, an wievielter Stelle er in dem WB startet. So kann er sich zeitgerecht vorbereiten. Der vorgegebene Startplatz kann nur mit triftigem Grund und nur in Absprache mit den Richtern/Prüfern nach hinten/vorne verschoben werden!
  Der Teilnehmer ist verpflichtet, das Pferd während der gesamten Veranstaltung, auf dem Vorbereitungsplatz und im WB etc. mit der zugeteilten Programmnummer erkennbar zu machen.
  Der Teilnehmer trägt selber dafür Sorge, dass er zeitgerecht sein Pferd auf dem Vorbereitungsplatz vorbereitet hat und pünktlich startet. Am Vorbereitungsplatz hängt eine Startertafel mit der Startfolge nach Programmnummern. Der Teilnehmer sollte sich davon überzeugen, dass die Programmnummer seines Pferdes dort notiert ist. Wenn nicht: Rücksprache mit der Meldestelle halten. Verspätet sich der Teilnehmer, so hat er keinen Anspruch mehr auf einen Start, lediglich mit Zustimmung der Richter/Prüfer kann bei triftigem Grund ein verspäteter Start erfolgen. Nachdem der letzte Starter laut Starterliste seine Vorstellung beendet hat, wird der WB geschlossen. Die Platzierung erfolgt entweder direkt im Anschluss oder zur angekündigten Zeit auch evtl. auf einem anderen Platz. Ist es aus triftigem Grund nicht möglich an der Platzierung teilzunehmen, muss sich der TN „Dispens" vorher bei den Richtern/Prüfern holen (z.B. wenn ein von ihm gemeldeter WB zeitgleich beginnt). Der TN kann sich selber anhand der Starterzahl und der Ausschreibung ausrechnen ob eine Chance auf Platzierung besteht (Starterzahl : 4 bzw. 3 je nach Ausschreibung = Anzahl der Platzierten). Nimmt er ohne Kontaktaufnahme zu den Richtern/Prüfern des WB nicht an der Platzierung teil, so wird ihm seine Platzierung aberkannt und der Nächstplatzierte rückt nach.
  Haben Richter/Prüfer/Helfer sich verrechnet, kann der Teilnehmer sein Ergebnis bis zu 30 Minuten nach WB-Ende bei den Richtern/Prüfern des Wettbewerbs beanstanden.

  Protokolle (wenn kein mündlicher Kommentar gemacht wird) können an der Meldestelle abgeholt werden.

  Laufen mehrere WB gleichzeitig auf mehreren Plätzen, ist zu bedenken, dass der Veranstalter für die WB außer der Beginnzeit auch eine Endzeit plant. Bis zu diesem Zeitpunkt warten die Richter/Prüfer, auch wenn zwischendurch kein Starter kommt. Jeder Teilnehmer hat in diesem Fall die Verpflichtung, so bald wie möglich zu starten.

1.3 Tipps und Hinweise für Richter/Prüfer

Teilnehmer, Veranstalter und Richter/Prüfer sorgen gemeinsam für den guten Verlauf der Veranstaltung.

- Im Vorfeld der Veranstaltung soll die Ausschreibung sorgfältig gelesen werden, um u.a. bei Unklarheiten noch Kontakt mit dem Veranstalter aufnehmen zu können.

- Vor dem Beginn des WB: Erläuterung der Zielsetzung des WB, der Anforderungen und der Bewertung für die Teilnehmer und Zuschauer. Es muss die Möglichkeit geboten werden, noch offene Fragen der Teilnehmer zu beantworten.

- Grundsätzlich: Bewertet wird die erbrachte Leistung auf dem WB-Platz/auf der Strecke, im Viereck vom Einreiten auf die Mittellinie in der vorgegebenen Gangart bis zur zweiten Grußaufstellung, bei Start- und Ziellinie zwischen diesen Punkten oder so, wie es im WB beschrieben ist (z.B. Hunterprüfung: einschließlich Einreiten und Ausreiten)

Mögliche Richtverfahren

Zwei Verfahren werden hier beschrieben:

- **Beobachtendes Richtverfahren**
  Beim „beobachtenden" Richtverfahren sind vorwiegend Kriterien wie u.a. „Hindernisfehler", „Ungehorsam des Pferdes", „Überschreiten der Höchstzeit (HZ)/der vorgegebenen Erlaubten Zeit (EZ)" u.a. maßgebend und werden gewertet bzw. gezählt.
  Zum Beispiel können Strafpunkte für Hindernisfehler von einer zu erreichenden Höchstpunktzahl abgezogen werden. Hindernisfehler können sein: abgeworfene Hindernisteile, heruntergefallene Bälle oder Gegenstände, die lt. Ausschreibung oder Parcoursskizze an ihrem Platz verbleiben müssen bzw. an anderer festgelegter Stelle neu positioniert werden sollen.
  Ungehorsam des Pferdes kann mit Abzügen, die vom Veranstalter in der Ausschreibung festgelegt werden, bewertet werden.
  Empfohlene Formulierung: „Nach mindestens 3-maligem Anreiten einer Aufgabe kann der Parcours bei der nächsten Aufgabe fortgesetzt werden. Für eine Bewertung sind alle Aufgaben eines WB anzureiten."
  Zeitvorgaben können bis nach dem dritten strafpunktfreien Ritt noch korrigiert werden, aber ohne dass den bereits gestarteten Teilnehmern hierdurch Strafpunkte entstehen dürfen.
  Für das Über- und/oder Unterschreiten einer festgelegten Zeit einer Gesamt- oder Einzelaufgabe können Abzüge festgelegt werden.
  Bei Überschreiten der Höchstzeit (HZ) erfolgt Ausschluss erfolgen.

- **Beurteilendes Richtverfahren**
  Beim „beurteilenden" Richtverfahren wird nach freiem, fachlichem Ermessen nach den in den Richtlinien für Reiten und Fahren (FN), Band 1 bis 6, FN*verlag*, Warendorf, festgelegten Grundsätzen entschieden. Hierbei finden die folgenden Wertnoten Anwendung:

  a) **Standard-Richtverfahren**

10 = ausgezeichnet	4 = mangelhaft
9 = sehr gut	3 = ziemlich schlecht
8 = gut	2 = schlecht
7 = ziemlich gut	1 = sehr schlecht
6 = befriedigend	0 = nicht ausgeführt
5 = genügend	

  Die Wertnotenvergabe erfolgt für die Korrektheit und Harmonie in der Ausführung anhand der Wertnotenskala von 10 bis 0 (üblicherweise eine Dezimalstelle). Abzüge für Fehler/Ungehorsam können festgelegt werden, ebenso für das Über-/Unterschreiten einer festgelegten Zeit, z.B. bei Kür-/Quadrillen-WB.

  b) **Besondere Richtverfahren**
  Zum Beispiel entsprechend Schulnotensystem mit den Noten von
  1 = sehr gut
  2 = gut
  3 = befriedigend
  4 = ausreichend
  5 = mangelhaft
  6 = ungenügend

- **Kombiniertes Richtverfahren**
  Es ist möglich, WB nach o.g. Verfahren gemischt zu bewerten. Der Bewertungsmodus muss in der Ausschreibung veröffentlicht sein. Gegebenenfalls sind Umrechnungstabellen (Fehlerpunkte in Zeit, Zeit in Wertnoten/Noten) vom Veranstalter zu erstellen.

Siehe auch unter „Tipps und Hinweise für Veranstalter". Ausschreibungsmöglichkeiten für weitere detaillierte Bewertungsverfahren in den Disziplinen Dressur, Springen, Voltigieren, Vielseitigkeit und Fahren ➜ Seite 276–284

Bewertungskriterien-/Beschreibungen für Dressur-Wettbewerbe

- **Anforderungen an das Reiten in Dressur-WB**
  Die Anforderungen an das Reiten in Dressur-WB werden in den Richtlinien für Reiten und Fahren (FN), Band 1 und 2 beschrieben.

- **Anforderungen an den Reiter**
  Der Reiter sitzt ausbalanciert und losgelassen, in aufrechter Haltung im tiefsten Punkt des Sattels. Er geht weich und geschmeidig in die Bewegungen des Pferdes ein. Ziel ist die harmonische Übereinstimmung von Reiter und Pferd. Beim Leichttraben nimmt der Reiter im Moment des Auffußens des inneren Hinterbeines im Sattel Platz und steht entsprechend auf, wenn die äußere Schulter des Pferdes vorschwingt. Das Umsitzen erfolgt an einer kommandierten Stelle oder beim Handwechsel. Nur aus einem korrekten Sitz heraus können richtige Hilfen gegeben werden. Der Reiter wirkt mit Gefühl, überlegt und eindeutig, jedoch möglichst unauffällig ein. Die Einwirkung des Reiters erfolgt durch Gewichts-, Schenkel- und Zügelhilfen.
  Eine sinnvoll dosierte Anwendung (ergänzend zu den genannten Reiterhilfen) von Gerte und Sporen ist erlaubt, sofern die Ausschreibung ihre Benutzung nicht untersagt. Stimmhilfen sind nicht erwünscht.
  Während des Wettbewerbes ist das Zügelmaß der Lektionen-/Übungsfolge/Richtungswechsel entsprechend ständig anzupassen.
  Zu Beginn und am Schluss einer jeden klassischen Aufgabe/Kür erfolgt der Gruß auf der Mittellinie und bei Abteilungs- bzw. Mannschaftsaufgaben auch auf den Parallellinien.
  Das Pferd steht geschlossen und unbeweglich auf allen 4 Hufen mit möglichst guter Selbsthaltung.

- **Aussehen und Eigenschaften des gerittenen Pferdes**
  Das gerittene Pferd soll den Grundkriterien der Ausbildungsskala entsprechen, nach diesen Kriterien wird es bewertet:
  - Takt
  - Losgelassenheit
  - Anlehnung
  - Schwung
  - Geraderichtung
  - Versammlung

  Die Durchlässigkeit ist das Ergebnis einer systematischen, gymnastizierenden Ausbildung. Das Pferd lässt den Reiter angenehm sitzen und folgt gehorsam und vertrauensvoll dessen Hilfen. Es bewegt sich im Gleichgewicht. Sein Rahmen (die Hand lässt das Genick weiter vor, die Tritte und Sprünge werden größer und weiter) und seine Haltung verän-

dern sich in den Verstärkungen im Trab und Galopp. Das Genick ist stets der höchste Punkt und die Stirn-Nasenlinie bleibt etwas vor oder höchstens an der Senkrechten.
Eine deutliche Vorwärtstendenz ist in allen Gangarten erkennbar. Mit zunehmendem Ausbildungsstand werden die Anforderungen an die Durchlässigkeit des Pferdes erhöht (in den halben und ganzen Paraden, im Halten, in den präzisen Übergängen, beim Durchreiten der Ecken, in der Geschmeidigkeit beim Umstellen bzw. Richtungswechsel). Das Einhalten der Hufschlagfiguren wird in allen Klassen gleichermaßen verlangt.

- **Grundgangarten und Tempi**

  - **Schritt**
    Kriterien für alle Schritttempi sind das Schreiten im klaren, geregelten Viertakt, der Fleiß und der vom Gangmaß abhängige Raumgriff.

    Mittelschritt
    Die Hinterhufe fußen über die Spur der Vorderhufe hinaus. Das Pferd schreitet mit stetiger und weicher Anlehnung, wobei der Reiter die natürliche Nickbewegung des Pferdes mit verlängertem Zügelmaß zulässt, ohne die Anlehnung aufzugeben.

  - **Trab**
    Kriterien für alle Trabtempi sind der klare Zweitakt und eine gute Schwungentfaltung mit einem erkennbaren Moment der freien Schwebe.

    Arbeitstrab
    Die Hinterhufe fußen mindestens in die Spur der Vorderhufe. Das Pferd bewegt sich taktmäßig und schwungvoll.
    Das „Tritte-Verlängern" ist als Vorstufe des Mitteltrabes zu verstehen.

    Mitteltrab
    Im Mitteltrab gewinnt das Pferd durch größeren Raumgriff mehr Boden, ohne in der Trittfolge eiliger zu werden. Der kräftige Schub der Hinterbeine veranlasst das Pferd zum leichten Abfedern und zum vermehrten Vortritt. Eine Erweiterung des Rahmens wird deutlich erkennbar.

  - **Galopp**
    Kriterien für alle Galopptempi sind der klare Dreitakt mit einem Moment der freien Schwebe. Das Pferd springt in Bergauftendenz mit den Hinterbeinen möglichst weit in Richtung unter den Körper-

schwerpunkt. Im Galopp darf das Pferd auch auf gerader Linie geringfügig gestellt sein.

Arbeitsgalopp
Der Arbeitsgalopp ist geregelt, fleißig und schwungvoll.
Das „Galoppsprünge-Verlängern" ist eine Vorstufe zum Mittelgalopp.

Mittelgalopp
Im Mittelgalopp werden raumgreifendere Sprünge mit entsprechender Rahmenerweiterung verlangt.

- **Übergänge**
  Die Übergänge von einer Gangart in eine andere oder von einem Tempo in ein anderes erfolgen klar erkennbar, durchlässig und ohne Störung des Bewegungsflusses.
  Mit dem Übergang in eine Trab- oder Galoppverstärkung erfolgt eine Rahmenerweiterung, die den vermehrten Raumgewinn der Schritte, Tritte und Sprünge ermöglicht. Die Rückführung in ein niedrigeres Gangmaß ist geschmeidig und durchlässig.
  Beim einfachen Galoppwechsel ist der Übergang zum Schritt unmittelbar, geschmeidig und durchlässig. Nach 3 bis 5 klaren Schritten wird entschlossen wieder angaloppiert.
  Wird der einfache Galoppwechsel an einem vorgeschriebenen Bahnpunkt verlangt, sind die jeweiligen Übergänge vor bzw. nach diesem Punkt.
  Beim Übergang zum Halten wird die Vorwärtsbewegung des Pferdes geschmeidig aufgefangen. Die Hinterbeine fußen gleichmäßig in Richtung unter den Körperschwerpunkt bei erhöhter Lastaufnahme, bis das Pferd zum Halten kommt. Sofern gesondert gefordert, kann der Übergang vom Trab zum Halten über 3 bis 4 Schritte erfolgen.
  Im Halten steht das Pferd geradegerichtet, unbeweglich, ausbalanciert und geschlossen auf 4 Hufen. Der Übergang zum Halten ist dann „am Punkt", wenn sich der Schenkel des Reiters an dem vorgegebenen Bahnpunkt befindet.

- **„Zügel-aus-der-Hand-kauen-Lassen"**
  Das Zügelmaß wird bis zum „langen Zügel" allmählich verlängert. Die elastische, stete Verbindung zum Pferdemaul bleibt erhalten. Das Pferd behält Gangart, Takt und Tempo bei. Der Hals des Pferdes dehnt sich vorwärts-abwärts, bis sich das Maul mindestens auf Höhe der Buggelenke befindet, aber höchstens so weit, wie es das Gleichgewicht des Pferdes zulässt. Die Stirn-Nasenlinie bleibt vor der Senkrechten. Das Genick ist aufgrund der Dehnungshaltung nicht mehr der höchste Punkt.

- **Überstreichen**
  Der Reiter geht für 2 bis 3 Pferdelängen mit den Zügelfäusten entlang des Mähnenkammes etwa 2 Handbreit vor. Im Einzelfall kann das Überstreichen nur mit der inneren Hand verlangt werden. Die Selbsthaltung des Pferdes bleibt erhalten, wobei die Stirn-Nasenlinie etwas deutlicher vor die Senkrechte kommen darf. Das Tempo bleibt unverändert.

- **Reiten auf gebogenen Linien**
  Verlangt werden die gleichmäßige Stellung und Biegung entsprechend der Wendung. Bei jedem Richtungs- oder Handwechsel wird das Pferd geschmeidig in die neue Bewegungsrichtung gestellt und gebogen. Das Pferd ist jederzeit mit der Vorhand vor die Hinterhand ausgerichtet. Bei Verstärkungen werden die Ecken abgerundet.

- **Zirkel**
  Der Zirkel ist ein Kreisbogen von 20 m Durchmesser. Bei einem Wechsel durch den Zirkel oder einem Wechsel aus dem Zirkel wird das Pferd beim Richtungswechsel kurzfristig in Form eines flachen „S" geradeaus gerichtet, bevor es anschließend in die neue Bewegungsrichtung gestellt und gebogen wird.

- **Volte**
  Die Volte wird als ein Kreis mit einem vorgeschriebenen Durchmesser (10 m im Basisbereich) geritten. Der vom Pferd beschriebene Kreisbogen weist nur eine Hufschlaglinie auf.

- **Kehrtvolte**
  Die Kehrtvolte entspricht in ihrem ersten Teil einer halben Volte. Danach wird das Pferd auf gerader Linie (➧ Skizze Seite 354) zum Hufschlag zurückgeführt.

- **Aus der Ecke kehrt**
  Die Lektion „Aus der Ecke kehrt" (in der Regel aus der zweiten Ecke der langen Seite) ist in ihrem ersten Teil wie eine Volte zu reiten. Sie muss den Hufschlag an der kurzen Seite berühren. Vom Punkt des Bogens, der am weitesten vom Hufschlag entfernt ist, führt der Reiter das Pferd in schräger Richtung auf gerader Linie zum Hufschlag zurück und befindet sich dann auf der anderen Hand.

- **Schlangenlinie durch die Bahn, an der langen Seite**
  Die Schlangenlinie durch die ganze Bahn beginnt und endet jeweils Mitte der kurzen Seite bei A oder C. Das Durchreiten der Mittellinie erfolgt stets senkrecht auf die lange Seite zu. Die Schlangenlinie ist je nach

Anzahl der geforderten Bögen gleichmäßig einzuteilen. Der Fußwechsel beim Leichttraben, der Gangartwechsel und der einfache Wechsel sind beim Durchreiten der Mittellinie auszuführen. Der jeweils nächste Bogen beginnt mit Überreiten der Mittellinie (➜ Skizze Seite 352).
Die Schlangenlinie an der langen Seite wird (➜ Skizze Seite 353) geritten. Bei der einfachen Schlangenlinie ist die weiteste Entfernung vom Hufschlag auf Höhe von E oder B (Mitte der langen Seite) 5 m.

- **Vorhandwendung**
  Die Vorhandwendung wird aus dem Halten ausgeführt. Vor Beginn der Wendung wird das Pferd zur Seite des seitwärtstreibenden Schenkels gestellt. Die Hinterhand des Pferdes beschreibt einen Halbkreis um die Vorhand. Der innere Hinterfuß tritt vor und über den äußeren. Der Wendepunkt liegt dicht am inneren Vorderfuß. Nach Vollendung der Wendung um 180° wird das Pferd wieder geradeaus gestellt.
  In einer Reitbahn, in der sich der Hufschlag direkt an der Bande befindet, wird diese Lektion auf dem zweiten Hufschlag ausgeführt.

- **Viereck verkleinern, Viereck vergrößern**
  Viereck verkleinern bzw. Viereck vergrößern wird als eine Vorwärts-seitwärts-Bewegung entlang einer gedachten diagonalen Linie geritten (➜ Seite 355). Beim Viereck-Verkleinern wird das Pferd z.B. vom HB-Punkt aus vorwärts-seitwärts bis zur Viertellinie in die Bahn geritten. Beim Viereck-Vergrößern wird das Pferd von der Viertellinie aus ab Höhe HB-Punkt vorwärts-seitwärts zum Wechselpunkt geritten.
  Das Pferd ist jeweils zur Seite des vorwärts-seitwärtstreibenden Schenkels gestellt, aber nicht gebogen. Das innere Hinterbein tritt in Richtung des Körperschwerpunktes vor. Das Pferd bewegt sich dabei annähernd parallel zur langen Seite.

- **Rückwärtsrichten**
  Das Pferd tritt bei deutlichem Abfußen in diagonaler Fußfolge (Zweitakt) zurück. Es bleibt dabei in sich geradegerichtet. Das Rückwärtsrichten erfolgt durchlässig und mit gleichbleibender Länge der Tritte.
  Wird nach dem Rückwärtsrichten das Halten verlangt, so ist der letzte Tritt ein halber Tritt, der als ganzer gezählt wird, damit das Pferd wieder geschlossen steht. Eine Pferdelänge rückwärtsrichten entspricht 3 bis 4 Tritten.
  Wird nach dem Rückwärtsrichten ein sofortiges Anreiten verlangt, darf das Pferd nicht zum Halten kommen.

- **Ausschlussformulierungen**

Ein Ausschluss erfolgt:

- Bei mehrfachem „nicht korrigiertem Verreiten/Verfahren“ (der Teilnehmer kennt den Parcours/die Aufgabe nicht) oder reitet/fährt eine falsche Reihenfolge.
- Bei Überschreiten der festgelegten Höchstzeit (HZ).
- Bei Gefahr:
  Sofortiger Ausschluss des Teilnehmers, wenn während eines WB eine Situation entsteht, die Menschen und/oder Tier und/oder Sachgegenstände in nicht zu vertretende Gefahr bringt, dann kann der Teilnehmer sofort durch den Richter/Prüfer Breitensport von dem WB/von der Veranstaltung ausgeschlossen werden. Ein Einspruch ist nicht möglich.

- **Kommentar/Protokoll/Ergebnisse**
  Grundsätzlich soll jede Leistung mündlich oder schriftlich (Kurzprotokoll) für den Teilnehmer (und als Zuschauerinformation) kommentiert werden. Leistungen sind schriftlich über einen Auswertungsbogen oder über ein Protokoll zu erfassen und schnellstmöglich im Anschluss an den WB dem Teilnehmer zur Verfügung zu stellen. Die Auswertungsbögen, Protokolle und Ergebnisbögen müssen von den Richtern/Prüfern unterschrieben werden. Die Meldestelle setzt die Namen der Richter/Prüfer gut leserlich in die Ergebnisvordrucke ein; sollte ein Wechsel während der Veranstaltung stattfinden, muss der Vordruck entsprechend angepasst werden.

- **Platzierung**
  In Absprache mit dem Veranstalter (da ggf. mehr Schleifen benötigt werden!) wird eine Platzierung vom Richter/Prüfer entsprechend der Leistung entschieden. Motivierende Erinnerungsschleifen bzw. Urkunden sind für alle Teilnehmer wünschenswert.

- **Einspruchmöglichkeiten**
  Vom Veranstalter/Richter/Prüfer zu vertretende falsche z.B. falsch erfasste, falsch errechnete Ergebnisse oder Zahlendreher, können bis ½ Stunde nach WB-Ende beanstandet werden.

- **Aufgaben des Richters und Prüfers**
  Grundsätzlich:
  Aufgaben und Verpflichtungen in seiner Funktion als unabhängiger, unbefangener, qualifizierter, geprüfter Sachverständiger und als Beauftragter des LV/der LK, auf deren aktueller Richterliste/Prüfer-Breitensportliste er geführt wird:
  - Es dürfen nur WB/Veranstaltungen gerichtet werden, die von dem/der

zuständigen LV/LK geprüft und genehmigt sind (Genehmigungsvermerk in der Ausschreibung).

- Er muss sich im Voraus über die Ausschreibung/den WB informieren. Wenn nötig beim Veranstalter rückfragen.
- Der zuständige Richter/Prüfer gibt Auskunft über WB-Bedingungen.
- Abnahme der technischen Voraussetzungen auf dem WB-Platz, der WB-Strecke, dem Vorbereitungsplatz (Parcours, Hindernismaterial, Zeitnahme) und der Notfall-Vorsorgemaßnahmen
- Aufsicht auf dem Vorbereitungsplatz
- Überprüfung der Einhaltung der Ausschreibung und der WB-Regeln
- Gemeinsames Abgehen des Parcours/der Anforderungen mit den Teilnehmern
- Beurteilung und Bewertung der Leistungen während des WB gemäß Ausschreibung
- Mündliches, motivierendes Kommentieren mit kurzem Ausbildungshinweis (möglichst auch für Zuschauer hörbar)
- Falls vom LV/der LK benannt, zuständig als Vertreter des LV/der LK
- Zuständig bei Verstößen (Rüge oder Ausschluss vom WB oder der gesamten Veranstaltung)
- Sachliche Vermittlung/Schlichtung und Lösung von Konfliktsituationen
- Kontrolle und wenn notwendig Berichtigung von Ergebnissen seiner WB
- Durchführung der Siegerehrung

Teil IV Anhang

1 **Muster-Nennungsvordrucke**

2 **Ausrüstung**

3 **Markierung der Plätze/ Abmessungen der Plätze**
Aufbau Dressurviereck, Springplatz, Fahrplatz, Longier- und Voltigierzirkel

4 **Hufschlagfiguren** (Abbildungen)

5 **Erlaubte und nicht erlaubte Aufbauarten auf dem Vorbereitungsplatz** (Abbildungen)

6 **Empfehlungen zur Beschaffenheit von Hinderismaterial**

7 **Hindernisfehler bei Gelände-Wettbewerben** (Abbildungen)

8 **Durchführungsbestimmungen „Impfschutz"**

9 **Transport verletzter Pferde**

10 **Wettbewerbsstatistik**

11 **Adressen der Ansprechpartner auf Bundes- und Landesebene**

12 **Abkürzungen der regionalen Bereiche: LV-/LK-Bereiche**

Teil IV

Anhang

- **1** Muster-Nennungsvordrucke
  - 1.1 Reiten – WBO
  - 1.2 Voltigieren – WBO
  - 1.3 Teams
  - 1.4 Quadrillen
- **2** Ausrüstung
  - 2.1 Ausrüstung des Reitpferdes
  - 2.2 Ausrüstung des Voltigierers und des Voltigierpferdes
  - 2.3 Ausrüstung des Fahrpferdes sowie des Gespannes
- **3** Markierung/Abmessungen der Plätze
- **4** Hufschlagfiguren
- **5** Erlaubte und nicht erlaubte Aufbauarten/auf dem Vorbereitungsplatz
  - 5.1 Beispiele für erlaubte Aufbauarten
  - 5.2 Beispiele für nicht erlaubte Aufbauarten
- **6** Empfehlungen zur Beschaffenheit von Hindernismaterial
  - 6.1 Für Spring-WB einschl. Vorbereitungsplatz
  - 6.2 Für Fahr-WB einschl. Vorbereitungsplatz
- **7** Hindernisfehler bei Gelände-WB
- **8** Durchführungsbestimmungen „Impfschutz“
  - 8.1 Medikations-, Pferde- und Fitnesskontrollen und Verfassungsprüfungen
- **9** Transport verletzter Pferde
- **10** Wettbewerbsstatistik
- **11** Adressen der Ansprechpartner auf Bundes- und Landesebene
  - 11.1 Deutsche Reiterliche Vereinigung e.V. (FN)
  - 11.2 Mitgliedsverbände
  - 11.3 Anschlussverbände (A) und Verbände mit besonderer Aufgabenstellung
- **12** Abkürzungen der regionalen Bereiche: LV-/LK-Bereiche

1 Muster-Nennungsvordrucke

1.1 Nennungsformular Reiten – WBO

Nennungsformular WBO **Zur Breitensportveranstaltung (BV) am:** ________ **in:** ____________

Angaben zum Teilnehmer *Pro Reiter/Fahrer je ein Formular ausfüllen !!!*

Mitglieds-Nr: _ _ _ _ _ _ _ (hier eintragen, falls vorhanden)

Name: ______ Vorname: ______

Straße: ______

PLZ: ______ Wohnort: ______

Geburtsdatum: _ _ . _ _ . _ _ _ _

Anrede: [ ] Frau [ ] Herr Wenn RV-Mitglied, dann RV-Name angeben: ______

Telefon/Mobil: ______ E-Mail: ______

Hier bitte in den jeweiligen Wettbewerben die Anzahl Pferde, die in diesem WB starten, eintragen! (bitte keine Kreuze machen)

1	2	3	4	5	6	7	8	9	10
11	12	13	14	15	16	17	18	19	20
21	22	23	24	25	26	27	28	29	30
31	32	33	34	35	36	37	38	39	40
41	42	43	44	45	46	47	48	49	50
51	52	53	54	55	56	57	58	59	60

Hier die Gesamtanzahl der Starts eintragen : [ ][ ]

V-Scheck für Einsatz liegt bei in Höhe von ______ EUR

WICHTIG !!

Alle Pferde/Ponys müssen bei LPO-/WBO-Veranstaltungen gegen Influenza-Viren geimpft sein (vgl. WBO).
Die Kontrolle des Impfschutzes durch den Tierarzt kann während der PLS/BV jederzeit erfolgen. Dafür ist der Pferdepass mitzuführen.

Angaben zum 1. Pferd *(oder Aufkleber bei FN - eingetragenen Pferden / Ponys)*

Name d. Pferdes/Ponys: ______

Iso-Nr. (falls bekannt): _ _ _ _ _ _ _ _ _ _ _ _ _ _ _ Geburtsjahr / Alter: ______

Geschlecht: ______ Zuchtgebiet: ______ Stockmaß: ______

Farbe: ______ Vater: ______

Besitzer: ______

Adresse: ______

(Nur zur Information: Dieses Pferd/Pony startet hier noch zusätzlich mit ______ (Teilnehmer) **- bitte neues Formular ausfüllen!**

Angaben zum 2. Pferd *(oder Aufkleber bei FN - eingetragenen Pferden / Ponys)*

Name d. Pferdes/Ponys: ______

Iso-Nr. (falls bekannt): _ _ _ _ _ _ _ _ _ _ _ _ _ _ _ Geburtsjahr / Alter: ______

Geschlecht: ______ Zuchtgebiet: ______ Stockmaß: ______

Farbe: ______ Vater: ______

Besitzer: ______

Adresse: ______

(Nur zur Information: Dieses Pferd/Pony startet hier noch zusätzlich mit ______ (Teilnehmer) **- bitte neues Formular ausfüllen!**

Mit der Abgabe der Nennung werden zugleich von allen an der Turnierteilnahme der Pferde/Ponys beteiligen Personen (z.B. Besitzer, Ausbilder, Reiter/Fahrer) die WBO und die LPO, die Besonderen Bestimmungen der Landeskommission, die Ausschreibung sowie die für diese Veranstaltung gültigen Allgemeinen und Besonderen Bestimmungen als verbindlich anerkannt.

Die Richtigkeit der Angaben wird hier mit der Unterschrift versichert :

______
Tag / Unterschrift des Nenners / gesetzlichen Vertreters bei Minderjährigen

Formular zum Download unter www.pferd-aktuell.de

Ausgefüllte Muster-Nennung

Nennungsformular WBO

Zur Breitensportveranstaltung (BV) am: 01.01.2013 in: Pferdehof

Angaben zum Teilnehmer — *Pro Reiter/Fahrer je ein Formular ausfüllen !!!*

Mitglieds-Nr: 123456 (hier eintragen, falls vorhanden)

Name: Reitermann Vorname: Sophie

Straße: Stallgassenweg 11

PLZ: 98765 Wohnort: Ponystadt

Geburtsdatum: __ . __ . ____

Anrede: [X] Frau [ ] Herr

Wenn RV-Mitglied, dann RV-Name angeben: RV Das Glück der Pferde

Telefon/Mobil: 06611 1111 E-Mail:

Hier bitte in den jeweiligen Wettbewerben die Anzahl Pferde, die in diesem WB starten, eintragen! (bitte keine Kreuze machen)

1	2	3: 2	4	5	6	7	8	9: 1	10
11	12	13	14	15	16	17	18	19	20
21: 2	22	23	24	25	26: 1	27	28: 1	29	30: 1
31	32	33	34	35	36	37	38	39	40
41	42	43	44	45	46	47	48	49	50
51	52	53	54	55	56	57	58	59	60

Hier die Gesamtanzahl der Starts eintragen : 0 8

V-Scheck für Einsatz liegt bei in Höhe von ....,..... EUR

WICHTIG !!

Alle Pferde/Ponys müssen bei LPO-/WBO-Veranstaltungen gegen Influenza-Viren geimpft sein (vgl. WBO).
Die Kontrolle des Impfschutzes durch den Tierarzt kann während der PLS/BV jederzeit erfolgen. Dafür ist der Pferdepass mitzuführen.

Angaben zum 1. Pferd *(oder Aufkleber bei FN - eingetragenen Pferden / Ponys)*

Name d. Pferdes/Ponys: Rosalie III

Iso-Nr. (falls bekannt): __ __________ Geburtsjahr / Alter: 5 J.

Geschlecht: Stute Zuchtgebiet: unbek. Stockmaß: 1,63

Farbe: Schecke Vater: unbek.

Besitzer: Hans Reitermann

Adresse: Stallgassenweg 11, 98765 Ponystadt

(Nur zur Information: Dieses Pferd/Pony startet hier noch zusätzlich mit ____________ (Teilnehmer) **- bitte neues Formular ausfüllen!**

Angaben zum 2. Pferd *(oder Aufkleber bei FN - eingetragenen Pferden / Ponys)*

Name d. Pferdes/Ponys: Karl der Kleine

Iso-Nr. (falls bekannt): – Geburtsjahr / Alter: 15 J.

Geschlecht: Wallach Zuchtgebiet: – Stockmaß: 1,48

Farbe: Vater: Karl der Große

Besitzer: Ina Reitermann

Adresse: Stallgassenweg 11, 98765 Ponystadt

(Nur zur Information: Dieses Pferd/Pony startet hier noch zusätzlich mit Anita Fuchs (Teilnehmer) **- bitte neues Formular ausfüllen!**

Mit der Abgabe der Nennung werden zugleich von allen an der Turnierteilnahme der Pferde/Ponys beteiligen Personen (z.B. Besitzer, Ausbilder, Reiter/Fahrer) die WBO und die LPO, die Besonderen Bestimmungen der Landeskommission, die Ausschreibung sowie die für diese Veranstaltung gültigen Allgemeinen und Besonderen Bestimmungen als verbindlich anerkannt.

Die Richtigkeit der Angaben wird hier mit der Unterschrift versichert :

01.01.2013 H. Reitermann

Tag / Unterschrift des Nenners / gesetzlichen Vertreters bei Minderjährigen

1.2 Nennungsformular Voltigieren – WBO

NENNUNGSFORMULAR VOLTIGIEREN

Verein ______

Mannschaft ______

Name, Vorname (Voltigierer) Geb- Jahr

1. ______
2. ______
3. ______
4. ______
5. ______
6. ______
7. ______
8. ______
9. ______
10. ______
11. ______
12. ______
13. ______
14. ______

Einzelvoltigierer / 1. Doppelvoltigierer

______
Name, Vorname

______
Verein Geb.-Jahr

2. Doppelvoltigierer

______
Name; Vorname

Breitensportveranstaltung (BV) – Voltigieren
am: **in:**

Für nebenstehende Voltigiergruppe bzw. Einzel- oder Doppelvoltigierer wird je ein Startplatz reserviert in dem / den Wettbewerb/en:

☐ ☐ ☐ ☐ ☐

Bitte WB-Nummer/n eintragen

Ein Scheck in Höhe von

Euro ______ für Einsätze

und ggf. Stallgeld liegt dieser

Nennung bei.

Pferdename ______ Geschlecht ______ Farbe ______

Geb.-Jahr ______ Lebens (ISO)-Nr. im Equidenpass DE ______

Ersatzpferd

Pferdename ______ Geschlecht ______ Farbe ______

Geb.-Jahr ______ Lebens (ISO)-Nr. im Equidenpass DE ______

Besitzer ______

Straße ______ PLZ, Ort ______

Longenführer *	**Ersatzlongenführer**
Name, Vorname	Name, Vorname
Straße	Straße
PLZ., Ort	PLZ., Ort
ggf. Jahresturnierlizenz-Nummer	ggf. Jahresturnierlizenz-Nummer
Telefon	Telefon

* Ist der Longenführer nicht Adressat der Zeiteinteilung, Adresse auf der Rückseite aufführen.

Die Richtigkeit der Angaben wird versichert.

______
Datum, **Unterschrift** des Nenners / gesetzlichen Vertreters bei Minderjährigen

______
Sichtvermerk und Unterschrift des Pferdesportvereins

1.3 Nennungsformular Teams

Nennungsformular TEAM

LÄNDERTEAM: **KREISREITERBUND:** **FREIES TEAM:** (bitte ankreuzen!)

Name Team: ______________________ **Anreisetag:** **Abreisetag:**

Wichtig!

Angaben zum Team: *max. 5 gerittene, gefahrene, longierte Starts pro Tag möglich!*

Vor-/Nachname Teilnehmer	Geb.-Jahr	Pferdename/n	Stkm.	Geb.-Jahr	WB-NR. Samstag					WB-NR. Sonntag					Paddock	E gesamt
BITTE IN DRUCKBUCHSTABEN AUSFÜLLEN					E	E	E	E	E	E	E	E	E	E		

Das Nenngeld in Höhe von .... liegt dieser Nennung als Verrechnungsscheck bei.
(Nennungen ohne Bezahlung werden nicht bearbeitet!)

Teamführer

Vor-/Nachname ______________________

Anschrift ______________________

Tel., Mobil, Fax, E-Mail ______________________

____
Unterschrift Teamführer

____
Unterschrift & Stempel Landes- oder Kreisreiterbund

Mit der Abgabe der Nennung erkennen der Teamführer und die Mitglieder des Teams die Ausschreibung, die Regelwerke (LPO, WBO) sowie die für diese Veranstaltung gültigen Allgemeinen und Besonderen Bestimmungen als verbindlich an.

Paddocks: nur für 2-Tagesgäste, die im Paddock übernachten!

Formular zum Download unter www.pferd-aktuell.de

1.4 Nennungsformular Quadrillen

Nennung Quadrillen-WB

Veranstalter: ______________________ am: ______________

Gruppe/Verein: ______________________

Quadrillenleiter: ______________________

Anschrift: ______________________

Thema: ______________________

Reiter/innen:

Nr.	Name	Vorname	Geb.-Dat.	Pferd	Geb.-Dat.
1					
2					
3					
4					
5					
6					
7					
8					
E					
E					
E					
E					

Der Einsatz/das Nenngeld in Höhe von .... liegt bei/wird überwiesen.

Mit Abgabe der Nennung unterwerfen wir uns den Bestimmungen der WBO, LPO, der LK sowie des Veranstalters.

Nenner: ______________________
(Name, Vorname, Tel.-Nr.)

____
(PLZ, Ort, Straße, Nr.)

____
(Mitglied im Reit-/Fahr-/Voltigierverein)

____
(Ort, Datum, Unterschrift des Nenners)

Formular zum Download unter **www.pferd-aktuell.de**

2 Ausrüstung

2.1 Ausrüstung des Reitpferdes

2.1.1 Erlaubte Gebisse und Ausrüstungsgegenstände (Abbildungsbeispiele)

Erlaubte Gebisse

I. In allen Wettbewerbsarten bei Zäumung auf Trense:
(jeweils nur ein Zügelpaar zulässig)

Mindestdicke der Gebisse, im Maulwinkel gemessen
(➧ Abb. nächste Seite):

Ponys:	10 mm
Pferde:	14 mm

1. Material
- Materialien, die angemessenen Zugbelastungen standhalten und durch das Kauen der Pferde nicht in ihren Konturen zerstört werden können und die für Pferde nicht gesundheitsschädigend sind.
- Grundsätzlich abgerundete Konturen und glatte Oberflächen, um Verletzungen an den Maulwinkeln, den Laden, dem Gaumen und der Zunge der Pferde zu vermeiden.

2. Gebisslänge
Gebisse dürfen die Maulwinkel nicht einklemmen und zwischen Maulwinkel und Gebissring nicht mehr als 0,5 cm herausragen, wenn das Gebiss gerade im Maul liegt.

3. Gebissstärke
- zwischen 14 und 21 mm am Maulwinkel gemessen (Pferde) [1]
- nicht weniger als 8 mm an der dünnsten Stelle (Pferde) [2]
- zwischen 10 und 18 mm am Maulwinkel gemessen (Ponys) [1]
- nicht weniger als 8 mm an der dünnsten Stelle (Ponys) [2]
- Die Stärke der Gelenke bzw. das Mittelstück bei doppelt gebrochenen Gebissen liegt zwischen 14 und 21 mm [3].

4. Form
Gebrochene Gebisse
- einfach gebrochen
- doppelt gebrochen
- mit geraden Mundstücken
- mit der Anatomie angepassten, gebogenen Mundstücken
- mit geradem Mundstück
- mit der Anatomie angepasstem, gebogenem Mundstück (Zungenfreiheit: 0 bis 30 mm gemäß Kandaren-Abbildung)

5. **Verbindungen bei gebrochenen Gebissen**
   - Gelenk in der Mitte des Gebisses
   - bei doppelt gebrochenen Gebissen: Mittelstück mittig
   - in allen Bereichen abgerundete Kanten und Übergänge
   - einzelne Teile von Verbindungsgliedern nicht dünner als 5 mm im Bereich der Auflagefläche [4] (➧ Abb. unten)
   - nicht arretierend (gilt nicht für Spring- und Gelände-WB)
6. **Mittelstück bei doppelt gebrochenen Gebissen**
   - Mittelstück vergleichbar mit Abb. 4 (➧ nächste Seite)
   - runde Konturen in allen Dimensionen
   - glatte Oberfläche
   - Stärke zwischen 14 und 21 mm bzw. 10 und 18 mm für Ponys
   - Länge: max. 4 cm [5] (➧ Abb. unten)
7. **Gebissringe und Verbindungen zu den Ringen**
   - Durchmesser zwischen 55 und 90 mm für Pferde
   - Durchmesser zwischen 45 und 70 mm für Ponys
   - durchlaufend mit kreisrunden Ringen, rund und abgerundete Konturen
   - Olivenkopf
   - Olivenkopf mit durchlaufenden Trensenringen
   - Renn-D-Trense
   - auch Schenkeltrense Abb. 7 (➧ nächste Seite)
   - Der Zügel muss frei durch die Ringe gleiten können.

Wie ein Gebiss gemessen wird

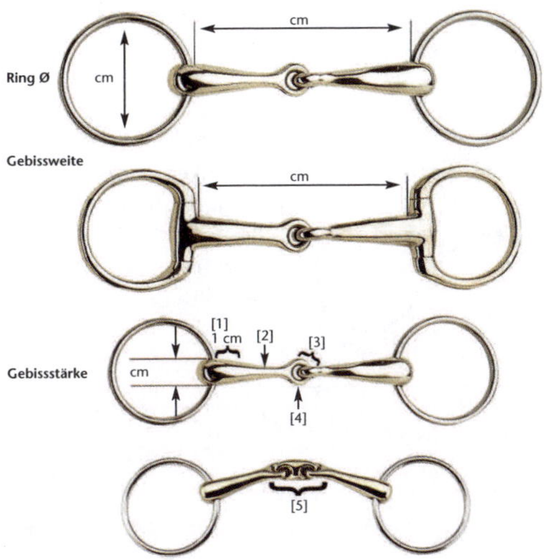

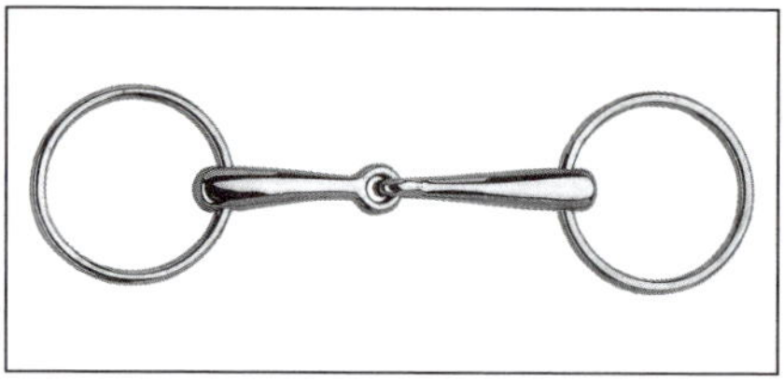

Abb. 1:
Wassertrense (einfach gebrochen)

Abb. 2:
Wassertrense (einfach gebrochen)

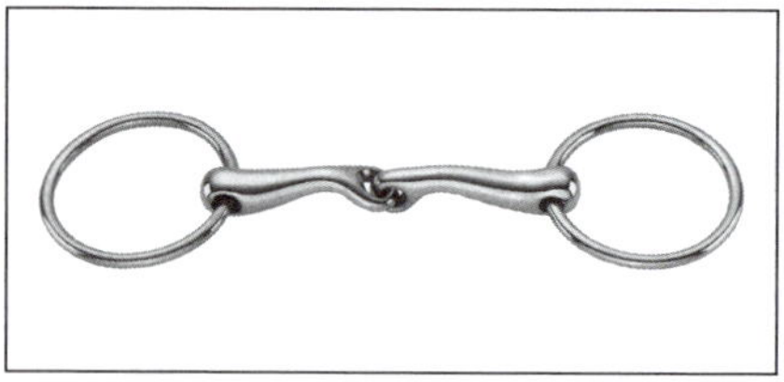

Abb. 3:
Gebogene Wassertrense mit Zungenwölbung („Conrad-Trense") (einfach gebrochen)

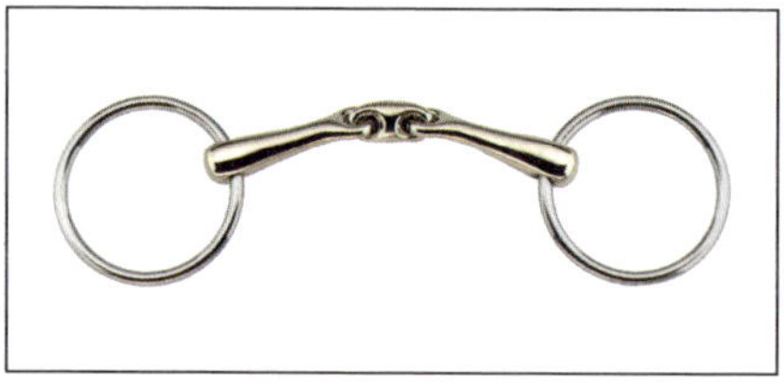

Abb. 4:
Doppelt gebrochene Wassertrense

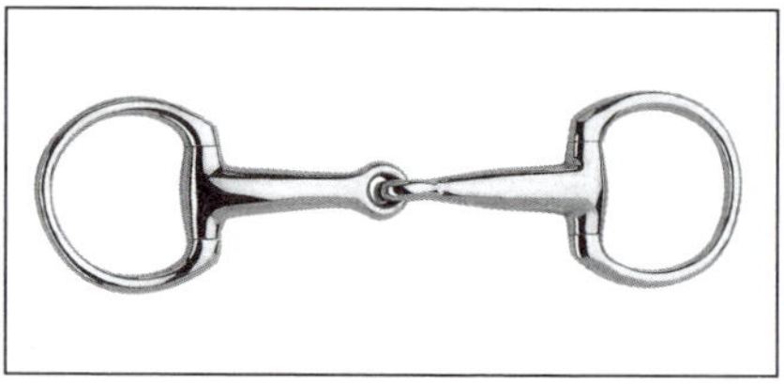

Abb. 5:
Olivenkopftrense, auch mit durchlaufenden Trensenringen und in doppelt gebrochener Form (vgl. Abb. 4) oder gebogen mit Zungenwölbung (vgl. Abb. 3) zulässig.

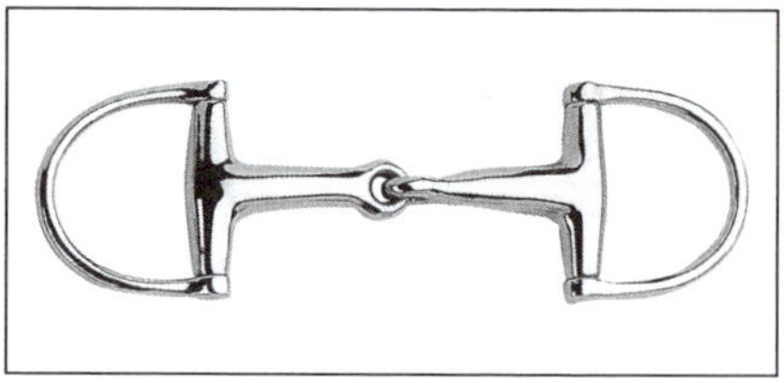

Abb. 6:
Renn-(D-)Trense, auch in doppelt gebrochener Form (vgl. Abb. 4) oder gebogen mit Zungenwölbung (vgl. Abb. 3) zulässig.

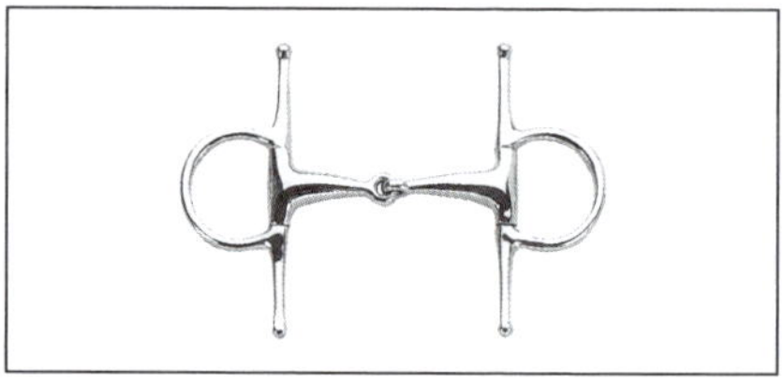

Abb. 7:
Schenkeltrense (in Dressur-WB nur ohne Stegbefestigung zulässig), auch in doppelt gebrochener Form (vgl. Abb. 4) oder gebogen mit Zungenwölbung (vgl. Abb. 3) zulässig.

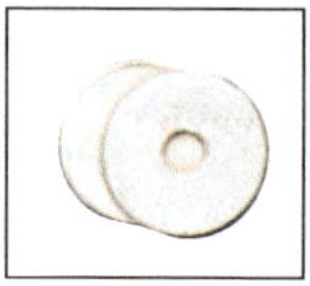

Abb. 8:
Gummischeiben

II. Dressur-WB mit Zäumung auf Kandare

Mindestdicke der Kandarengebisse, im Maulwinkel gemessen:

Ponys:	10 mm
Pferde:	14 mm
Unterlegtrense:	Mindeststärke 10 mm
Länge der Kandarenanzüge:	gemäß Abb. 9–12, 5–10 cm; nur feststehende, nicht drehbare Anzüge zugelassen. Kinnkettenhaken müssen frei beweglich sein.
Zungenfreiheit:	0 bis 30 mm (➔ Abb. nächste Seite, oben)

Kandare für die Dressur

1. **Materialien**
   Metalle oder Kunststoffe, die für Pferde nicht gesundheitsschädigend sind.
2. **Gebissstärke**
   - zwischen 14 und 21 mm am Maulwinkel gemessen (Pferde)
   - nicht weniger als 8 mm an der dünnsten Stelle (Pferde)
   - zwischen 10 und 18 mm am Maulwinkel gemessen (Ponys)
   - nicht weniger als 8 mm an der dünnsten Stelle (Ponys)
   - Stange starr, mit abgerundeten Konturen mit Zungenfreiheit bis max. 40 mm gemäß Abb. (➔ nächste Seite, oben)
3. **Anzüge**
   feststehend, nicht drehbar
   Oberbaum max. 5 cm
   Unterbaum max. 10 cm
   Verhältnis von Oberbaum zu Unterbaum: 1 : 1,5 bis 1 : 2
   Definition der einzelnen Teile gemäß Abb. (➔ nächste Seite, oben)
4. **Unterlegtrense**
   grundsätzlich wie „Erlaubte Gebisse" siehe 2.1.1
   Gebissstärke: mindestens 10 mm, an der dünnen Stelle: 8 mm, max. 14 mm.
   Durchmesser der Gebissringe zwischen 45 und 55 mm.
5. **Kinnkette**
   gemäß Abb. 14 (➔ nächste Seite)
   Eine Kinnkettenunterlage zur Schonung ist zulässig.

Länge der Seitenteile bei Kandaren oder Pelhams

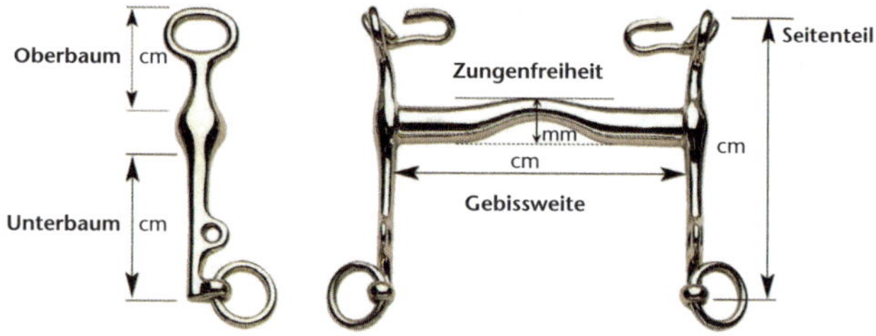

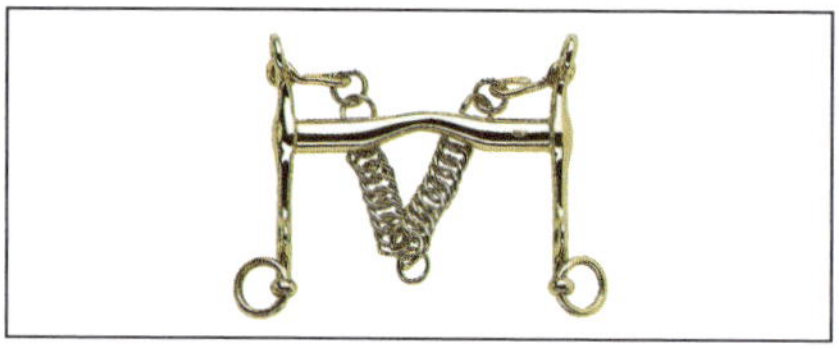

Abb. 9: Kandare

Abb. 10: S-Kandare

Abb. 11: Französische Kandare
www.busse-reitsport.de

Abb. 12: Conrad-Kandare

Abb. 9–12: Material: Metall oder Kunststoff, unterschiedliche Metalle und Kunststoffe sind grundsätzlich kombinierbar. Ausnahme: nachweislich gesundheitsschädigende Kombinationen. Scherriemen zulässig.

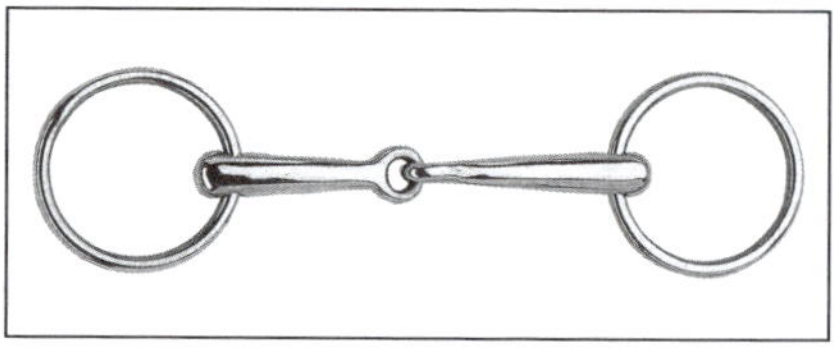

Abb. 13:
Unterlegtrense (Material: Metall oder Kunststoff, unterschiedliche Metalle und Kunststoffe sind grundsätzlich kombinierbar.
Ausnahme: nachweislich gesundheitsschädigende Kombinationen). Nur in Verbindung mit Kandare oder S-Kandare, auch in gebogener Form mit Zungenwölbung (vgl. Abb. 3), in doppelt gebrochener Form (vgl. Abb. 4) oder als Olivenkopftrense (vgl. Abb. 5) zulässig.

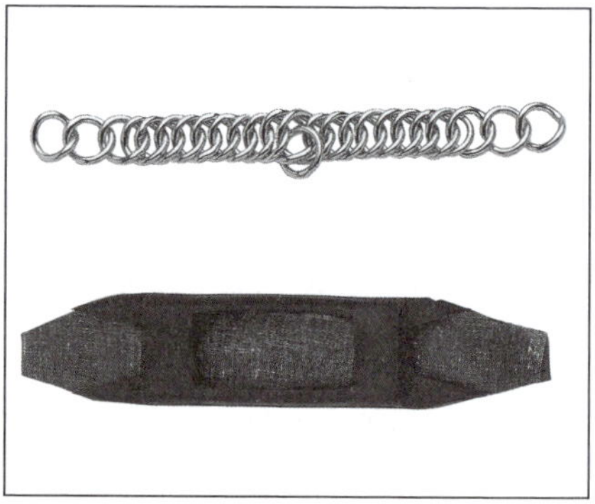

Abb. 14:
Kinnkette. Für Kandarenzäumung vorgeschrieben.
Mit Kinnkettenunterlage aus Leder oder weichem Gummi/Plastik zulässig.

2.1.2 Erlaubte Reithalfter (Abbildungsbeispiele)

I. In allen Wettbewerbsarten mit Zäumung auf Trense (Material Leder)

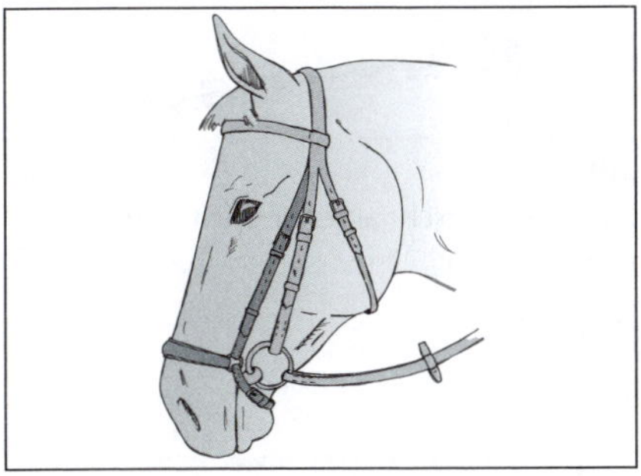

Abb. 21:
Hannoversches Reithalfter

Abb. 23:
Kombiniertes Reithalfter

Abb. 22:
Englisches Reithalfter

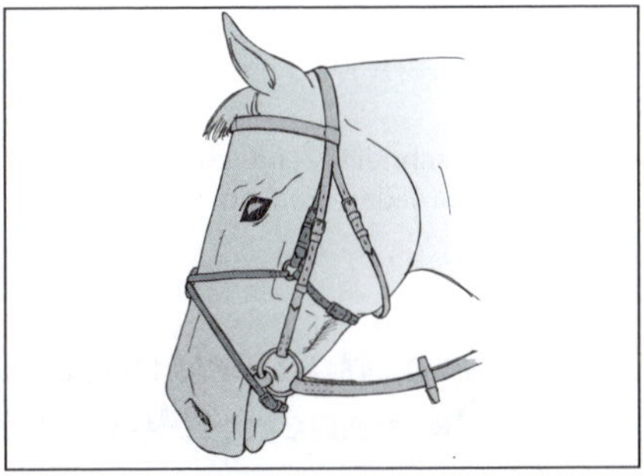

Abb. 24:
Mexikanisches Reithalfter

II. Dressur-WB (gemäß Ausschreibung) mit Zäumung auf Kandare (Material Leder)
Englisches Reithalfter gemäß Abb. 22 vorgeschrieben.

III. Spring- und Gelände-WB (Material Leder)
Erlaubte Reithalfter gemäß Abb. 21–24 zugelassen.

Eine Kontrolle des korrekt verschnallten Reithalfters erfolgt, indem zwei Finger (eines durchschnittlichen Erwachsenen) zwischen Nasenrücken und Reithalfter Platz finden!

2.1.3 Erlaubte Hilfszügel (und Verschnallungen)

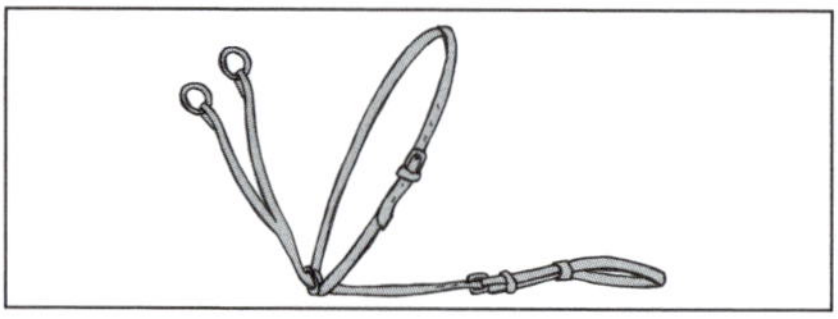

Abb. 29:
Gleitendes Ringmartingal (auch Rennmartingal/mit Lederdreieck und in Kombination mit Vorderzeug zulässig)

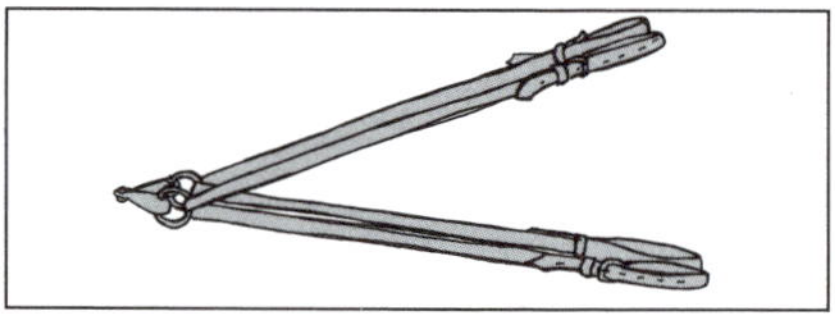

Abb. 31:
Beidseitig verschnallte, doppelte Ausbinde-(Lauffer-)zügel

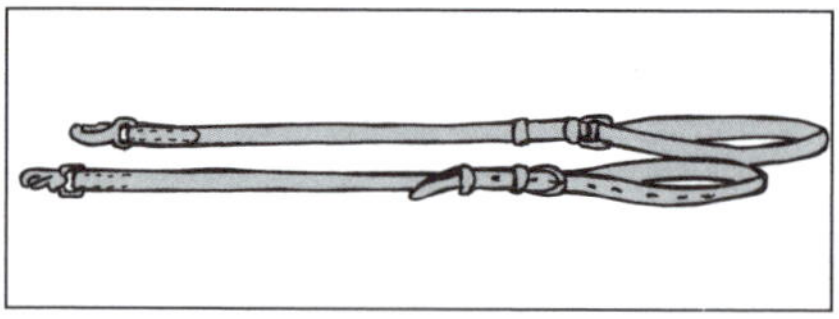

Abb. 30:
Beidseitig verschnallte, einfache Ausbindezügel, ggf. mit fixiertem Gummiring

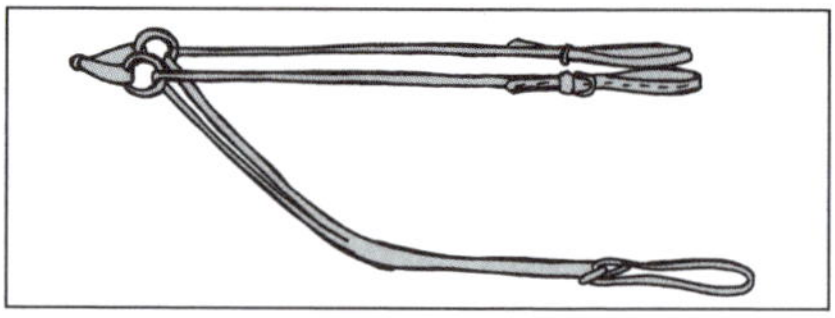

Abb. 32:
Beidseitig verschnallte, doppelte Dreieckszügel

2.1.4 Sonstige erlaubte Ausrüstung: Nasennetz (Nosecover)/Ohrenfliegenschutz

Abb. 27: Ohrenfliegenschutz
Ohrenfliegenschutz darf das Ohrenspiel des Pferdes nicht beeinträchtigen

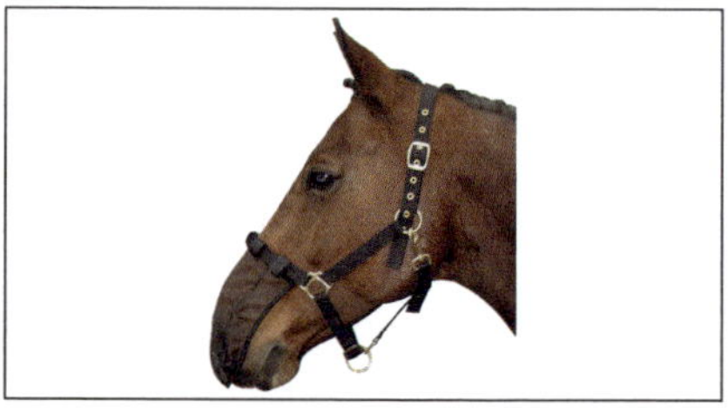

Abb. 28: Nasennetz (Nosecover)
Die Maulspalte muss frei bleiben; jegliche Formen eines Netzes, die die Atmung des Pferdes beeinträchtigen können, sind nicht zugelassen. Zu befestigen am Reithalfter gemäß Abb. „Erlaubte Reithalfter", Abb. 21–24.

2.2 Ausrüstung des Voltigierers und des Voltigierpferdes

2.2.1 Ausrüstung des Voltigierpferdes

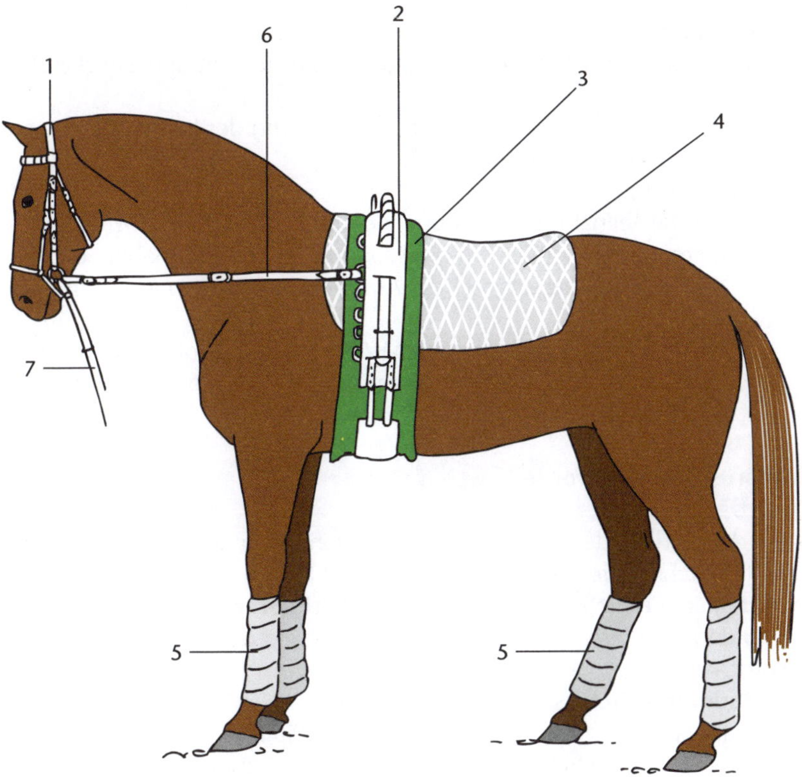

1 Zaumzeug, Trense
2 Voltigiergurt
3 Gurtunterlage
4 Decke (Pad)
5 Bandagen (oder Gamaschen)
6 Ausbindezügel
7 Longe

2.2.2 Ausrüstung des Voltigierers und des Voltigierpferdes

1. Ausrüstung der Teilnehmer

Vorbemerkung:

Die Ausrüstung der Voltigierer muss den Regeln der Reit- und Voltigierlehre **(Richtlinien für Reiten, Fahren und Voltigieren (FN), Band 3)** und den Grundsätzen der Unfallverhütung und des Tierschutzes entsprechen.

I. Kleidung:

1. Die Kleidung der Teilnehmer muss sportgerecht und zweckmäßig sein.
2. In Gruppenvoltigier-WB sollte die Kleidung des Longenführers auf die Gruppe abgestimmt sein.

II. Nummern:

1. Für die Teilnahme an Gruppenvoltigier-WB ist für jeden Voltigierer eine 10 bis 12 cm große Nummer vorgeschrieben, die deutlich sichtbar am rechten Arm oder am Rücken anzubringen ist.
2. In Einzel- und Doppelvoltigier-WB müssen die Voltigierer die vom Veranstalter ausgegebenen Startnummern am rechten Arm oder am rechten Bein sichtbar anbringen.

2. Ausrüstung der Pferde

Vorbemerkung:

Die Ausrüstung der Pferde muss den allgemeinen Regeln der Reit- und Voltigierlehre **(Richtlinien für Reiten und Fahren (FN), Band 1, 2 und 6, sowie für Reiten, Fahren und Voltigieren (FN), Band 3)** und den Grundsätzen der Unfallverhütung und des Tierschutzes entsprechen.

A. Zäumung, Gebisse und Reithalfter

Maßgeblich ist grundsätzlich die Art der Zäumung, des Gebisses bzw. des Reithalfters gemäß den Abbildungsbeispielen sowie den Richtlinien für Reiten und Fahren (FN), Band 1 und 6.

Trensenzaum mit

I. Gebiss gemäß Abb. 1–5 (➜ Seite 330)

II. Reithalfter gemäß Abb. 21–24 (➜ Seite 333) und/oder Kappzaum

B. Voltigiergurt

mit 2 Griffen, 2 Fußschlaufen, einer Halteschlaufe und einer Unterlage. Zusätzlich zur Gurtunterlage kann ein Gelkissen verwendet werden.

C. Weiteres Zubehör

I. Pad:

Erlaubte Maße, am Pferd gemessen:

Gesamtlänge: max. 100 cm, davon max. 70 cm nach hinten, vom hinteren Gurtrand, und max. 25 cm nach vorne, vom vorderen Gurtrand gemessen

Breite: max. 90 cm vom tiefsten Punkt gemessen

Dicke: max. 3 cm einschließlich Bezug

Bei getrennter Durchführung von Pflicht und Kür ist das Auswechseln von Gurt und Pad erlaubt.

II. Beidseitig verschnallte einfache Ausbindezügel gemäß Abb. 30 (➜ Seite 334) oder alternativ beidseitig verschnallte doppelte Ausbinde-(Lauffer-)zügel gemäß Abb. 31 (➜ Seite 334) erlaubt. Abstand der Befestigungspunkte am Gurt: max. 15 cm.

III. Longe (Befestigung nur am inneren Trensenring erlaubt bzw. am mittleren Ring des Kappzaums)

IV. Longierpeitsche

D. Sonstige erlaubte Ausrüstung

Zugelassen in allen Voltigier-WB

I. Bandagen, Gamaschen und Springglocken

II. Fell- oder sonstige schonende Unterlagen an Gurt und/oder Trense

III. Fliegenschutz an den Ohren, inkl. Ohrenfliegenschutz gemäß Abb. 27 (➜ Seite 334)

IV. Gummischeiben am Gebiss gemäß Abb. 8 (➜ Seite 330)

E. Jede andere, nicht ausdrücklich erwähnte Ausrüstung ist nicht zugelassen.

F. Bestimmungen für den Vorbereitungsplatz

➜ Vorbemerkung unter 1. und 2.

Ein Nasennetz (Nosecover) gemäß Abb. 28 (➜ Seite 334) ist zugelassen.

2.3 Ausrüstung des Fahrpferdes sowie des Gespannes

Vorbemerkung:
Die Ausrüstung der Fahrpferde und der Gespanne sowie die Wagenbesetzung müssen den Regeln der Fahrlehre (Richtlinien für Reiten und Fahren (FN), Band 5) und den Grundsätzen der Unfallverhütung und des Tierschutzes entsprechen. Im Einzelnen gelten die folgenden Bestimmungen:

2.3.1 Anspannung und Geschirr

Die Anspannung muss gepflegt, zweckmäßig, passend und verkehrssicher sein. Einheit des Gesamtbildes und reiner Stil sind anzustreben. Das Festbinden des Schweifes eines Pferdes an Teilen des Wagens oder Geschirres ist verboten. Nicht zugelassen sind jegliche Veränderungen am Geschirr, die eine Hebelwirkung auf Leinen oder Gebisse haben. Die Verwendung zusätzlicher Schlaufen auf den Leinen ist nur in Hindernisfahr-WB und Gelände-WB zugelassen.
In Dressur-WB mit Gespannkontrolle muss in der Gespannkontrolle und im Dressur-WB dasselbe Geschirr verwendet werden.
Bei Gelände-WB kann Geschirr (inkl. Leinen) jeden Stils gemäß Vorbemerkung verwendet werden.
Hintergeschirr bzw. Hintergeschirr kombiniert mit Schlagriemen sind in Fahr-WB bei Einspännern sowie beim Tandem- und Randomgabelpferd vorgeschrieben. Blendkappen sind bei allen WB vorgeschrieben.

2.3.2 Zäumung

I. **Erlaubte Gebisse:**
Maßgeblich ist grundsätzlich die Form des Gebisses gemäß den nachfolgenden Abbildungen (vgl. auch Richtlinien für Reiten und Fahren (FN), Band 1 und 5).
   1. Alle Wettbewerbsarten: gemäß Abb. 33–40 (➧ Seite 341), Abb. 1–5 (➧ Seite 330), sowie gemäß Abb. 46–49 (➧ Seite 342). Der Sperrriemen gemäß Abb. 48 (➧ Seite 342) ist bei gebrochenen Trensengebissen (Abb. 45 ➧ Seite 342) und Abb. 1–5 (➧ Seite 330) generell zugelassen, nicht jedoch bei Kandarengebissen (gebrochen oder starr).

II. Erlaubtes Zubehör:

1. Gummischeiben gemäß Abb. 49 (➧ Seite 342) sind in allen WB Fahren zugelassen.
2. Zungenstrecker gemäß Abb. 51 (➧ Seite 342) ist nur in Gelände-WB und Hindernisfahr-WB zugelassen.
3. Fliegenschutz gemäß Abb. 27 (➧ Seite 334) an den Ohren: Zugelassen in allen WB.
4. Beinschutz ist bei Gelände-WB, Hindernisfahr-WB und auf dem Vorbereitungsplatz zulässig.

2.3.3 Wagen

Dressur- und Hindernisfahr-WB
Es sind zweirädrige und vierrädrige Wagen zulässig. Die Wagen müssen gemäß StVZO mit Betriebs- und Feststellbremse, Rückstrahlern und Seitenreflektoren ausgerüstet sein. Zugelassen ist jede Art von Rädern. Drehkranzbremse und Lenkverzögerung sind zulässig.
Die Docken müssen am äußersten seitlichen Ende der Bracke angebracht sein und dürfen nicht verändert werden; die Stränge müssen an den jeweiligen Ortscheiten oder an den Docken befestigt sein. Bracke und Ortscheit dürfen nicht schmaler sein als die äußere Spurbreite.
Die Deichsel muss im Zug bis zur Mitte der Pferdehälse reichen. Bei Jochanspannung kann die Deichsel kürzer sein; Mindestjochbreite bei Pferden 45 cm, bei Ponys 40 cm. Das Joch muss horizontal und vertikal beweglich sein.

2.3.4 Besetzung des Wagens

I. **WB Vierspänner:**
Fahrer und 2 Beifahrer; zusätzlich ggf. Bockrichter bei Gelände-WB

II. **WB Zweispänner sowie Tandem und Random:**
Fahrer und ein Beifahrer; zusätzlich ggf. Bockrichter bei Gelände-WB

III. Bei einer gesonderten Gespannkontrolle bzw. der Platzierung/Siegerehrung sind weitere Passagiere erlaubt.

IV. **WB Einspänner:**
Fahrer und ein Beifahrer

V. Während eines WB darf die Wagenbesetzung (Ausnahme: Bockrichter) nicht gewechselt werden.

VI. In den Teil-WB eines Vielseitigkeits-WB oder Kombinierten WB sind unterschiedliche Wagenbesetzungen zulässig.

VII. Der Bockrichter hat neben dem Fahrer zu sitzen.
Der Beifahrer hat je nach vorhandener Sitzgelegenheit neben oder hinter dem Fahrer zu sitzen.

2.3.5 Vorbereitungsplatz

Die Ausrüstungsbestimmungen sind in allen WB auch für den Vorbereitungsplatz bindend. Das Mitführen eines nicht ordnungsgemäß angespannten Pferdes vom Wagen aus ist auf dem gesamten Turniergelände verboten.

2.3.6 Erlaubte Fahrgebisse und Zubehör (Abbildungsbeispiele)

I. In allen Wettbewerbsarten

Für alle abgebildeten Fahrkandaren-Gebisse gilt:
Zungenfreiheit 0 bis 30 mm
Das Kürzen der Kandarenanzüge ist zulässig. Schaumbügel erlaubt.

Mindestdicke aller Gebisse, im Maulwinkel gemessen:
Ponys: 10 mm
Pferde: 14 mm

Abb. 33: Liverpool-Kandare mit festem Gebiss

Abb. 34: Liverpool-Kandare mit starrem Gebiss

Abb. 35:
Liverpool-Kandare mit starrem Gebiss und Zungenfreiheit

Abb. 33–35:
Liverpool-Kandare mit festem, starrem Gebiss und Zungenfreiheit, auch um 90° nach vorn gekippt; mit festen oder beweglichen Seitenteilen und als Pumpgebiss zulässig.

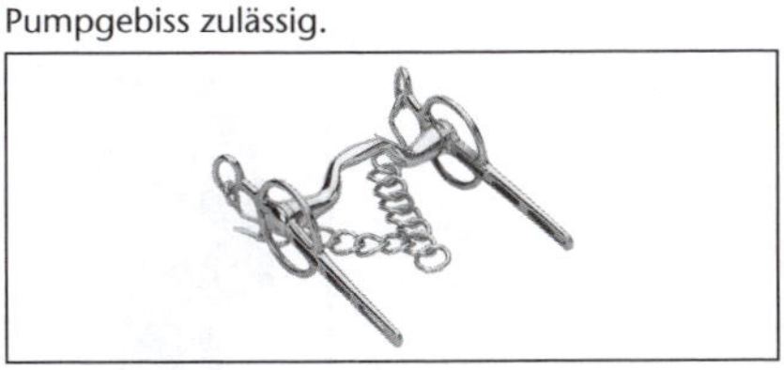

Abb. 36:
Liverpool-Kandare mit KK-Conrad-Zungenfreiheit. (Achtung: Muss so angepasst sein, dass die Seitenteile leicht am Maulwinkel anliegen!)

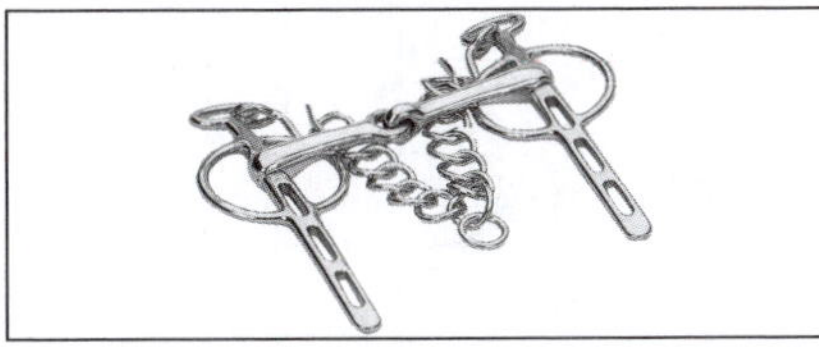

Abb. 37:
Liverpool-Kandare einfach gebrochen; auch in doppelt gebrochener Form (vgl. Abb. 4) oder gebogen mit Zungenwölbung (vgl. Abb. 3) zulässig.

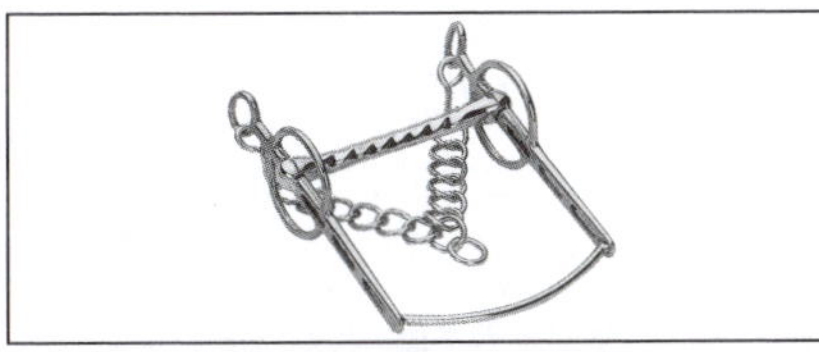

Abb. 38: Liverpool-Kandare mit Schaumbügel

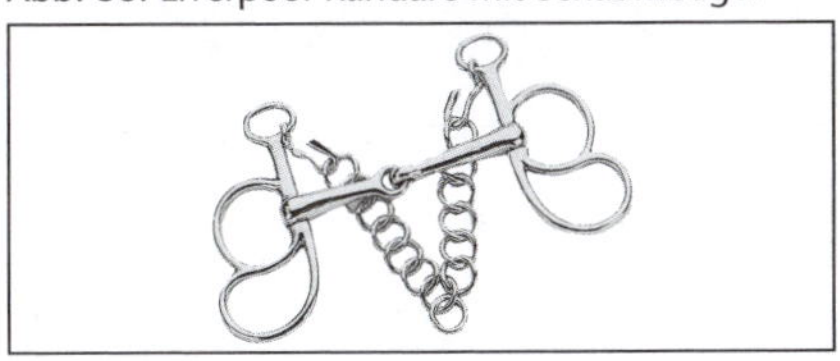

Abb. 39:
Postkandare, Außenanzüge mit zwei Ringen; auch mit Mundstück gemäß Abbildungstext 33–37 zulässig.

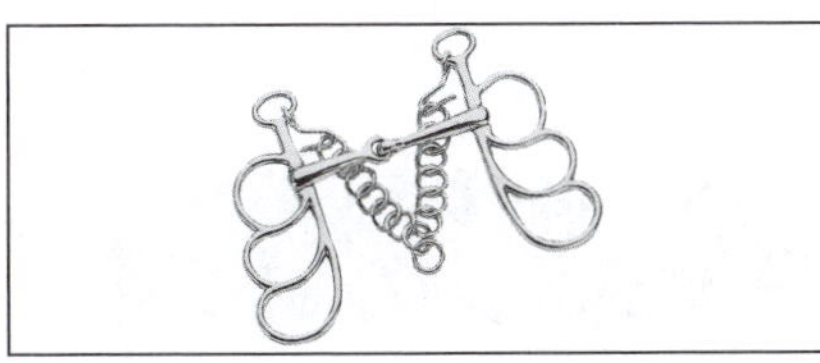

Abb. 40:
Postkandare, Außenanzüge mit drei Ringen; auch mit Mundstück gemäß Abbildungstext 33–37 zulässig.

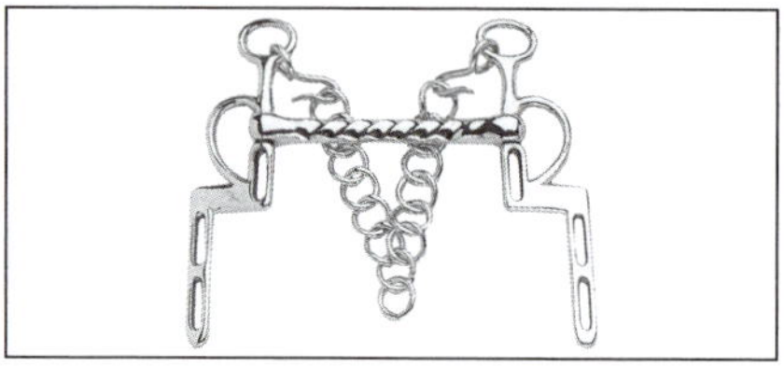

Abb. 41:
Ellbogen-Kandare; auch mit Mundstück gemäß Abbildungstext 33–38 zulässig.

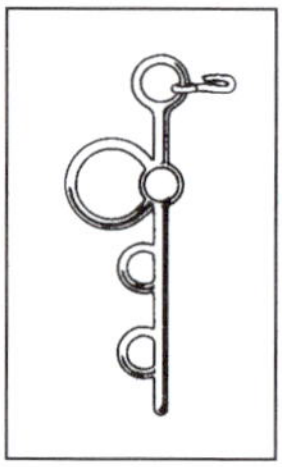

Abb. 42:
Buxton-Kandare

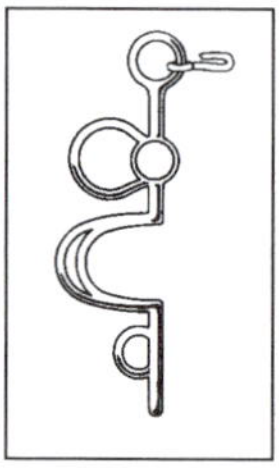

Abb. 43:
Tillbury-Kandare

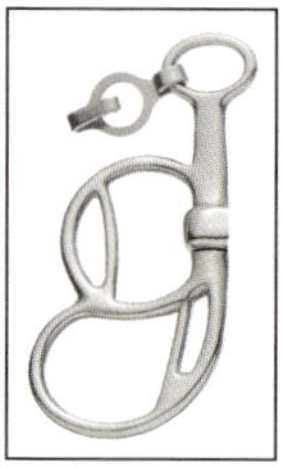

Abb. 44:
Postkandare mit Leinensteg

Abb. 42–44:
Auch mit Mundstück gemäß Abbildungstext 33–38 zulässig.

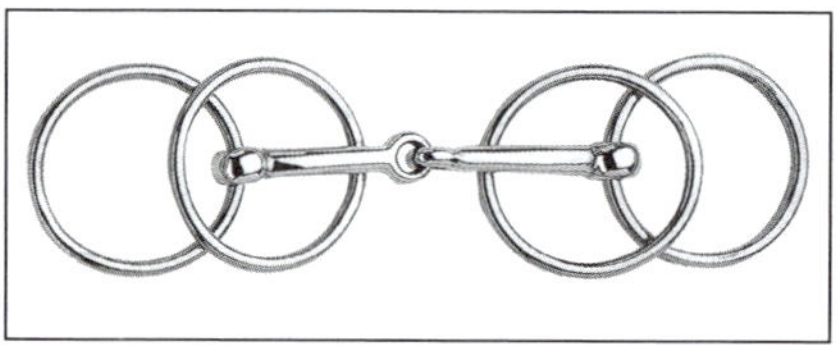

Abb. 45:
Doppelringtrense (auch mit gezacktem Außenring – Esterhazy – Juckertrense – oder mit ungebrochenem Gummimundstück) oder Trense (gemäß Abb. 1–6) zulässig.

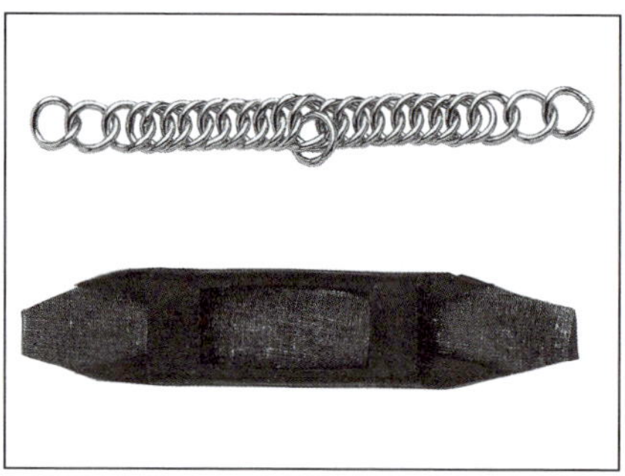

Abb. 46:
Kinnkette, auch mit Kinnkettenunterlage zulässig

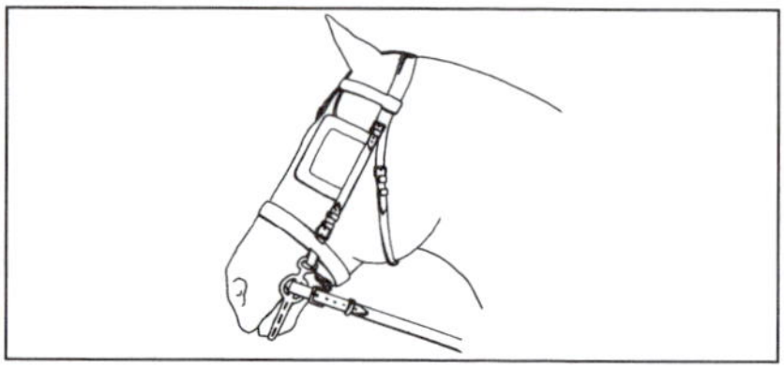

Abb. 47:
Fahrkopfstück mit Blendklappen (auch mit englischem Reithalfter zulässig).

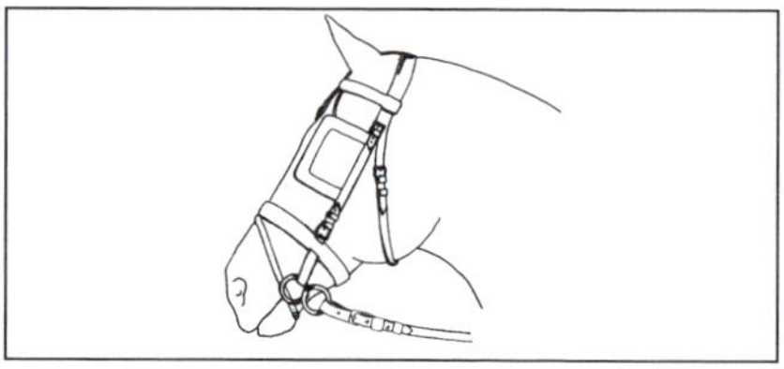

Abb. 48:
Fahrkopfstück mit Sperrriemen

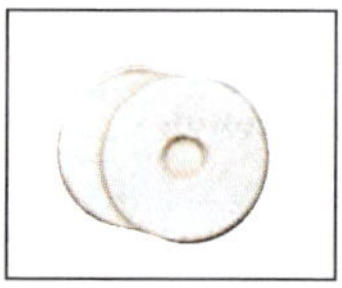

Abb. 49:
Gummischeiben

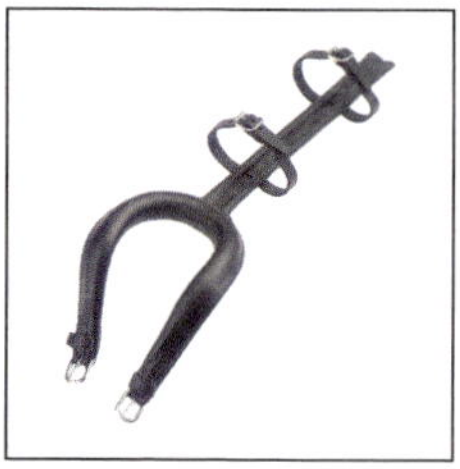

Abb. 50:
Schweifriemen

II. Gelände-WB und Hindernisfahr-WB (zusätzlich zu I.)

Abb. 51:
Gummi-Zungenstrecker (aufsteckbar)

2.3.7 Achenbachleine

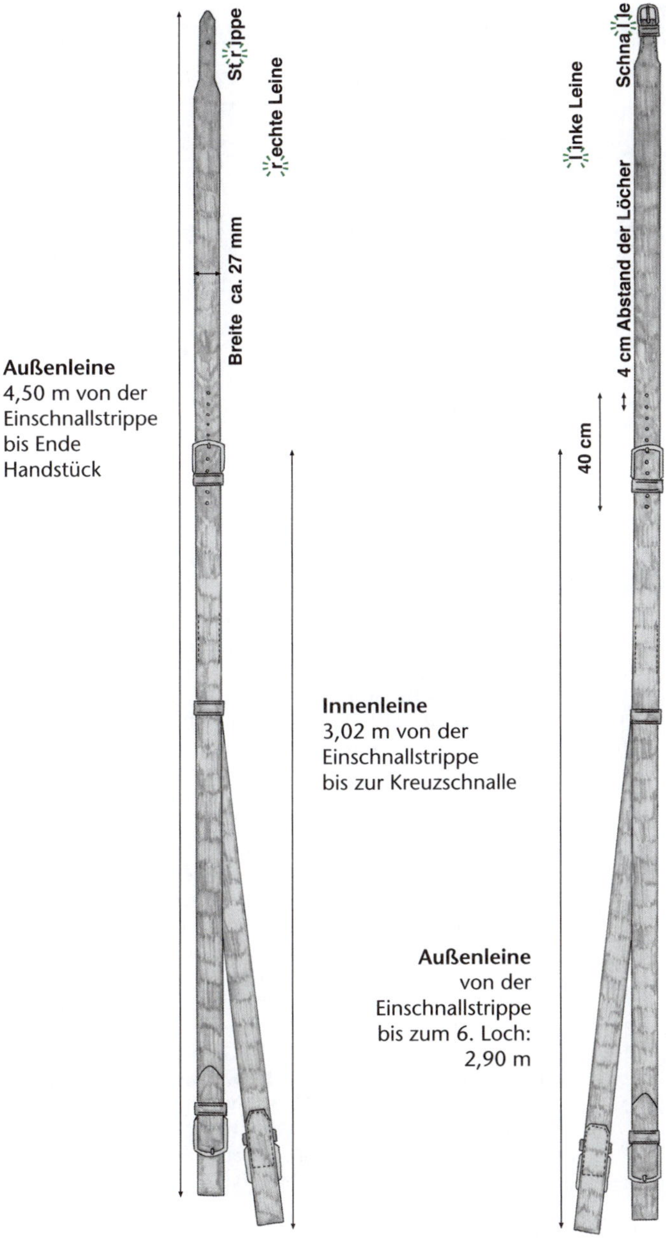

Grundschnallung 10

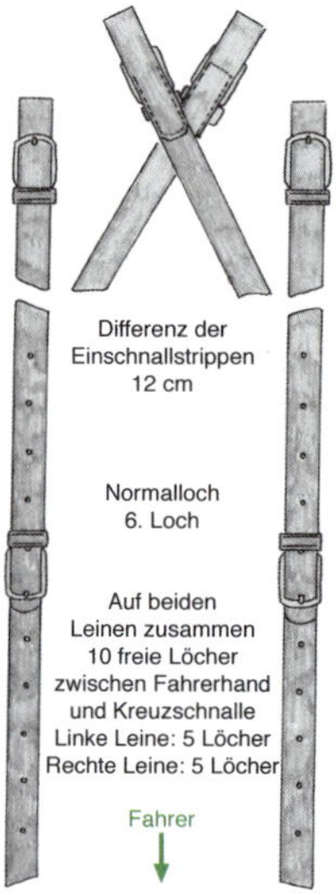

Grundschnallung 8

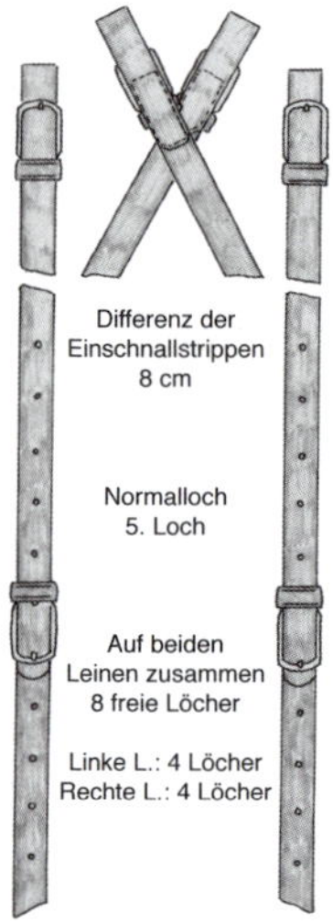

Grundschnallung 12

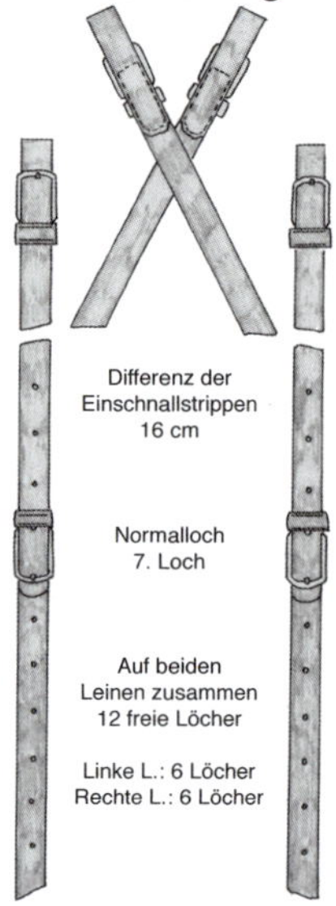

Die Ausgleichsschnallungen:

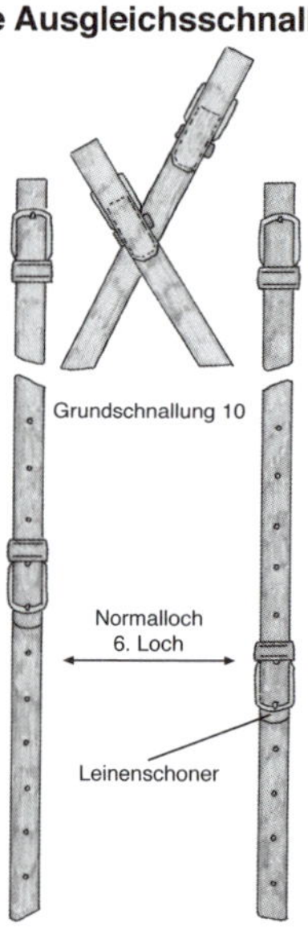

Der Gebäudeausgleich
Der Temperamentsausgleich
Der Arbeitsausgleich

Vorhandene Grundschnallung: 10
Auf beiden Leinen zusammen 10 freie Löcher zwischen Fahrerhand und Kreuzschnalle mit Gebäude-, Arbeits- oder Temperamentsausgleich

Zum Beispiel Gebäudeausgleich: In der Abbildung links wäre das rechte Pferd wesentlich größer (länger und breiter) als das linke. Deswegen wurde die linke Innenleine nach vorne geschnallt und die rechte Innenleine zurück. Somit müssten beide Pferde geradeaus schauen. Sollte diese Ausgleichsschnallung nicht ausreichen, müsste man die linke Innenleine nochmals um 1 Loch vorschnallen und die rechte 1 Loch zurück.
Wichtig: Es muss immer die Grundschnallung vorhanden bleiben, von der wir ausgegangen sind. In unserem Beispiel Grundschnallung 10.
Merke: Zum Beispiel: Will ich das rechte Pferd zurücknehmen, schnalle ich auf der linken Leine zurück und auf der rechten das gleiche Stück nach vorne.

3 Markierung der Plätze/ Abmessungen der Plätze

Aufbau Dressurviereck, Springplatz, Fahrplatz, Longier- und Voltigierzirkel

Wettbewerbs- und Vorbereitungsplätze

Vorbemerkung:
Die Wettbewerbsplätze müssen für die Anforderungen und Durchführung des betreffenden WB geeignet sein. Der Veranstalter hat für eine den Erfordernissen entsprechende Pflege Sorge zu tragen. Eine geeignete Umgrenzung ist sicherzustellen.

A. Dressur-WB, Teil-WB Dressur- und Dressurreiter-WB

1. Markierungen

Für die Durchführung von Dressur-WB eines Teil-WB Dressur oder einem Dressurreiter-WB ist ein Viereck erforderlich. Dieses ist deutlich zu markieren, mindestens durch:

- Kennzeichnung der Ecken mit bis zu 40 cm hohen Begrenzungen, sofern nicht durch Hallenbande oder ortsfeste Viereck-Umzäunung vorgegeben,
- Kennzeichnung der Mittelpunkte der langen und kurzen Seiten mit bis zu 40 cm hohen Begrenzungen und Kegeln,
- Kennzeichnung der Zirkel- und Wechselpunkte mit Kegeln und ggf. der Bahnpunkte durch Anbringung der Buchstaben (→ Seite 348).

2. Größe des Platzes

Der Platz für die Durchführung von Dressur-WB oder eines Teil-WB Dressur (Reiten) muss mindestens das Maß 20 x 40 m haben.

B. Spring-WB bzw. Teil-WB Springen

Der Platz für die Durchführung von Spring-WB oder eines Teil-WB Springen muss folgende Mindestmaße aufweisen:

In der Halle: 800 m² (Mindestbreite 20 m)
Im Freien: ca. 2800 m² (durchschnittlich Mindestbreite 40 m)

Eine eventuelle Unterschreitung ist in der Ausschreibung bekannt zu geben.

C. Fahr-WB

1. Dressur-WB Fahren

Für die Durchführung von Dressur-WB Fahren ist ein Viereck erforderlich. Dieses ist deutlich zu markieren, mindestens durch

a) Kennzeichnung der Ecken mit bis zu 40 cm hohen Begrenzungen,
b) Kennzeichnung der Mittelpunkte der langen und kurzen Seiten mit bis zu 40 cm hohen Begrenzungen und Kegeln,
c) Kennzeichnung der Zirkel- und Wechselpunkte mit Kegeln und ggf. der Bahnpunkte durch Anbringung der Buchstaben.

Der Platz für die Durchführung von Dressur-WB für Fahrpferde oder einem Teil-WB Dressur (Fahren) muss je nach Ausschreibung folgende Maße aufweisen:

a) Dressur-WB für Einspänner:
40 x 80 m, bei Hallen-WB mindestens 20 x 40 m
b) Dressur-WB für Zweispänner:
je nach Ausschreibung 40 x 80 m oder 40 x 100 m, bei Hallen-WB mindestens 20 x 40 m
c) Dressur-WB für Vier- und Mehrspänner:
40 x 100 m, bei Hallen-WB mindestens 30 x 60 m

2. Hindernisfahr-WB

Der Platz für die Durchführung von Hindernisfahr-WB muss folgende Mindestmaße aufweisen:

In der Halle:	800 m²	(Mindestbreite 20 m)
Im Freien:	4000 m²	(Mindestbreite 50 m)

D. Voltigier-WB

Der Prüfungsplatz muss mindestens einen Durchmesser von 20 m haben. Bei überdachten Prüfungsplätzen sollte die lichte Höhe mindestens 5 m betragen. Der Abstand zwischen Zirkel und Umgrenzung sollte mindestens 2 m betragen.

E. Vorbereitungsplatz

1. Bei jeder BV/PLS muss mindestens ein Vorbereitungsplatz vorhanden sein. Der Vorbereitungsplatz muss in der Nähe des Wettbewerbs-/Prüfungsplatzes liegen und als solcher ausgewiesen sein. Seine Größe muss in angemessenem Verhältnis zum Wettbewerbs-/Prüfungsplatz stehen und im Regelfall mindestens 20 x 60 m – Vorbereitungshallen mindestens 20 x 40 m – betragen. Evtentuelle Abweichungen nach unten sind in der Ausschreibung zu veröffentlichen. Er ist in geeigneter Form abzugrenzen.
2. Die Bodenverhältnisse auf dem Vorbereitungsplatz sind ebenso sorgfältig zu beachten und in Ordnung zu halten wie auf dem Wettbewerbsplatz.

3. Werden mehrere Disziplinen/Wettbewerbe gleichzeitig ausgetragen, sind für jede Disziplin gesonderte Vorbereitungsplätze bereitzustellen.
4. Für das Longieren von Pferden ist nach Möglichkeit ein gesonderter Platz bereitzustellen.
5. Auf dem Vorbereitungsplatz ist grundsätzlich nur das vom Veranstalter bereitgestellte Hindernismaterial zugelassen. Das Hindernismaterial muss in einwandfreiem Zustand sein und ist in Sprung- bzw. Fahrrichtung dauerhaft auszuflaggen oder zu markieren. Der Veranstalter hat mindestens bereitzustellen:
   - für Spring-WB: mindestens je einen Steilsprung (2 Ständer und mindestens 3 Stangen) und einen Hochweitsprung (4 Ständer und mindestens 4 Stangen) sowie nach Möglichkeit einen Trabsprung, maximale Höhe 1,00 m,
   - für Hindernisfahren: mindestens 4 Kegelpaare.
6. Für Geländeritte und den Teil-WB Gelände bei Vielseitigkeits-WB etc. sind zum Galoppieren im Wettbewerbsstempo geeignete Vorbereitungsmöglichkeiten mit mindestens 3 Übungshindernissen bereitzustellen.
7. Für Gelände-WB (Fahren) ohne Wege- und Schrittstrecke sind ausreichende Aufwärmmöglichkeiten (außerhalb der Streckenführung) für die teilnehmenden Gespanne sicherzustellen, z.B. entsprechend große Plätze, Rundkurse o.Ä.
8. Für Voltigier-WB muss mindestens ein Vorbereitungsplatz, der wie der Wettbewerbsplatz beschaffen sein soll, zur Verfügung stehen.
9. Für die Aufsicht auf dem Vorbereitungsplatz ist ein ausgewiesener, angemessener Arbeitsplatz mit Verbindungsmöglichkeiten zu den übrigen Richtern/Prüfern des betreffenden WB bereitzustellen.

Dressurviereck 20 x 40 m (mit Buchstaben und Punkten)

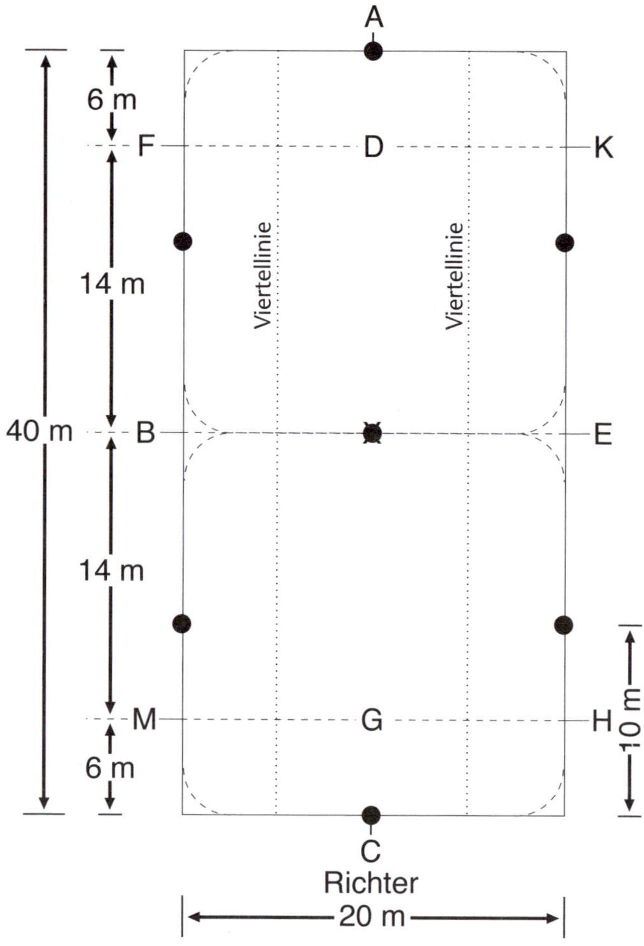

________ ganze Bahn (20 x 40 m)
- - - - - - - halbe Bahn (20 x 20 m)
.... Viertellinien
• Zirkelpunkte

4 Hufschlagfiguren

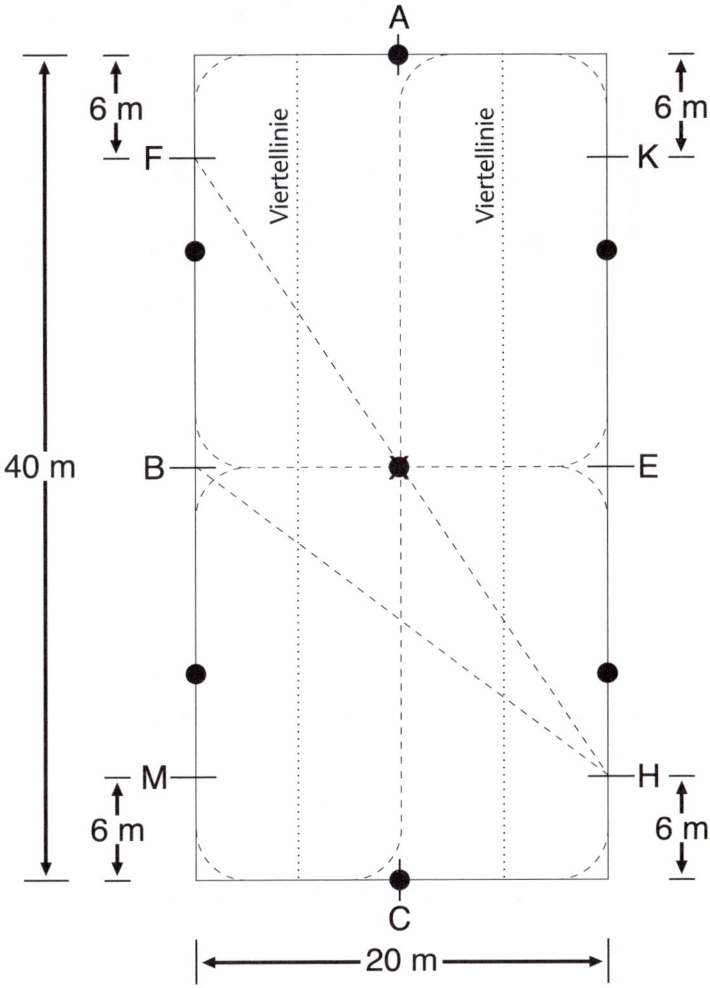

– – – – (H-B) oder (B-H) durch die halbe Bahn wechseln
– – – – (H-F) oder (F-H) durch die ganze Bahn wechseln
– – – – (A-C) oder (C-A) durch die Länge der Bahn wechseln
– – – – (B-E) oder (E-B) halbe Bahn

Die Wechsellinien sind von allen Wechselpunkten (M, F, A, K, H, C) aus möglich.

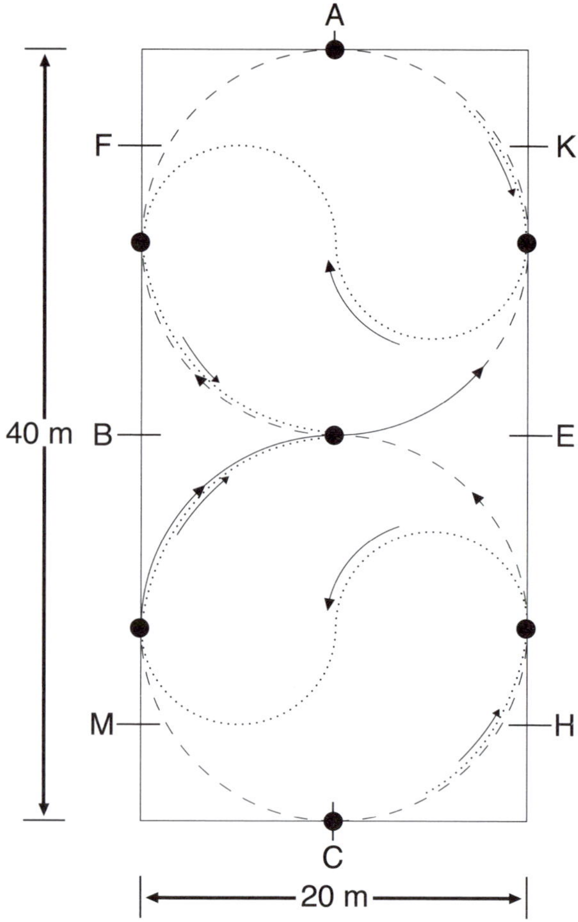

- - - - aus dem Zirkel wechseln
. . . . . . durch den Zirkel wechseln

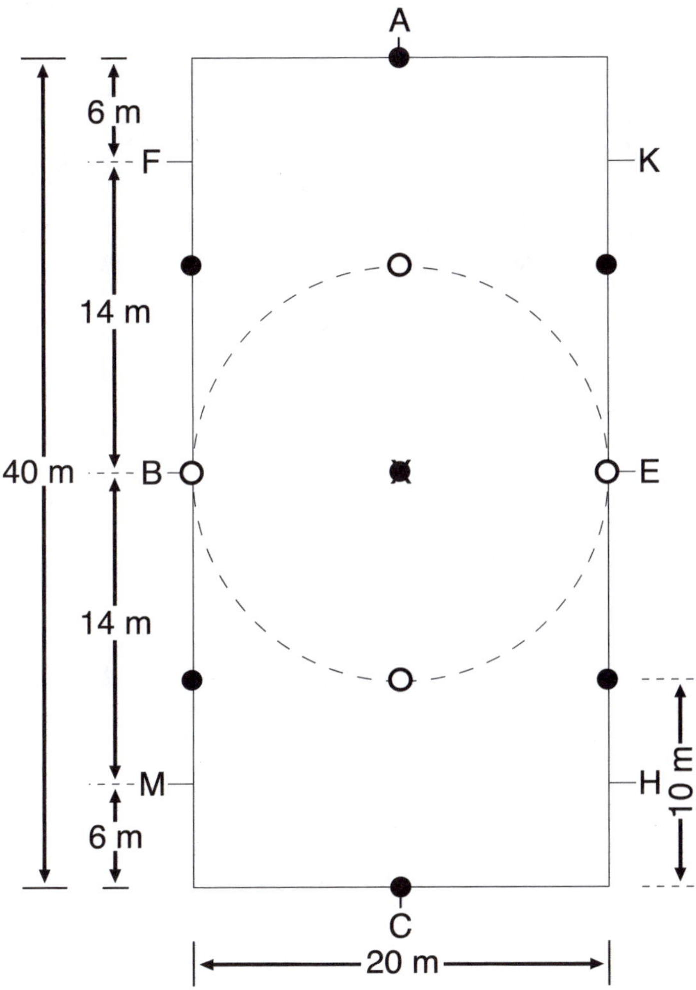

– – – – B-E-B bzw. E-B-E auf dem Mittelzirkel geritten

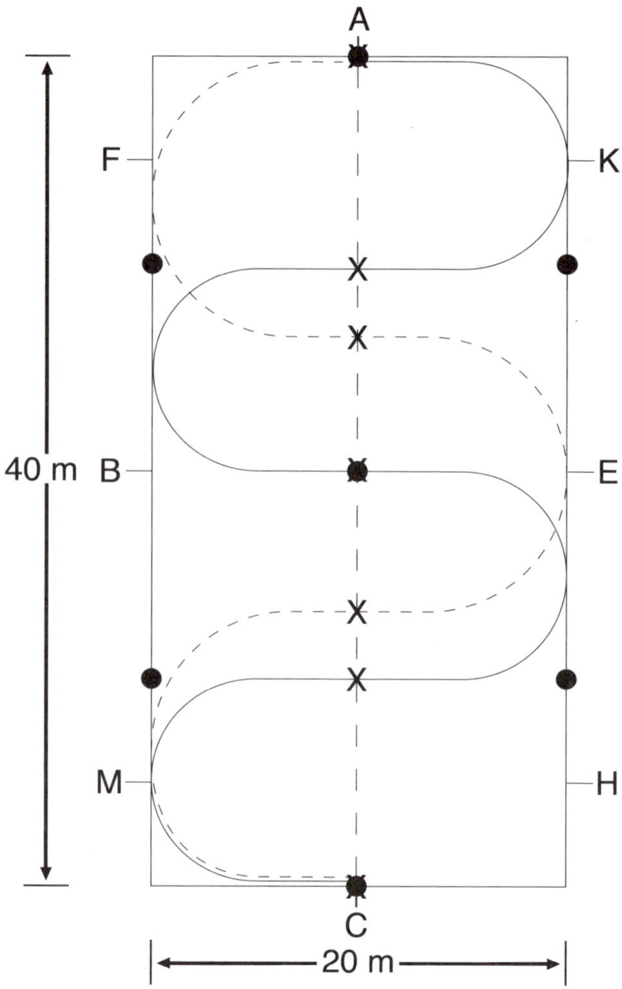

- - - - Schlangenlinien durch die ganze Bahn, 3 Bögen
——— Schlangenlinien durch die ganze Bahn, 4 Bögen

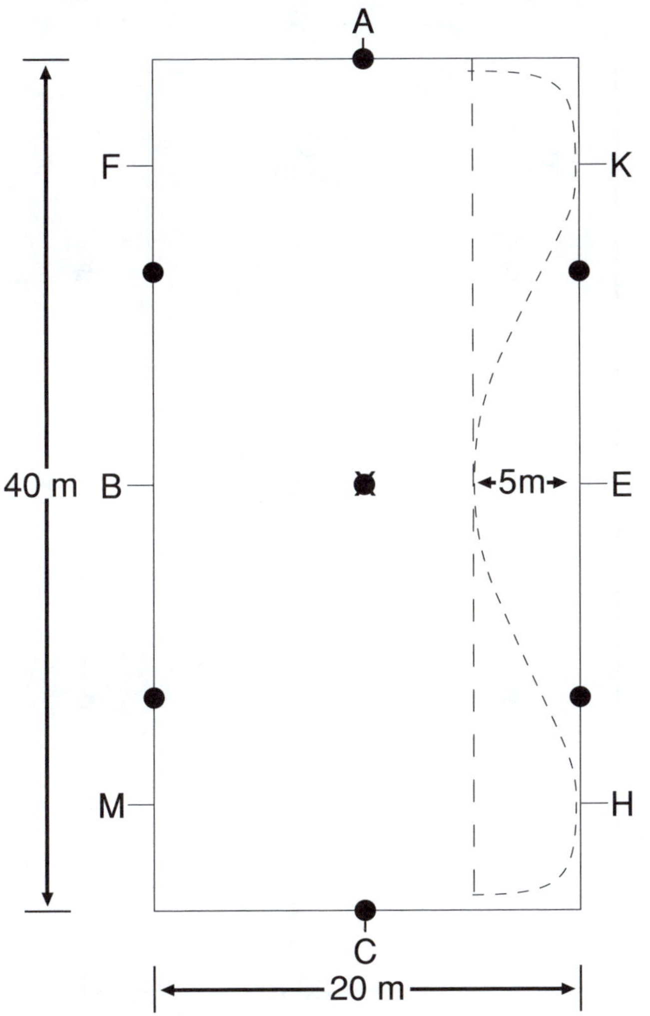

---- einfache Schlangenlinie an einer langen Seite

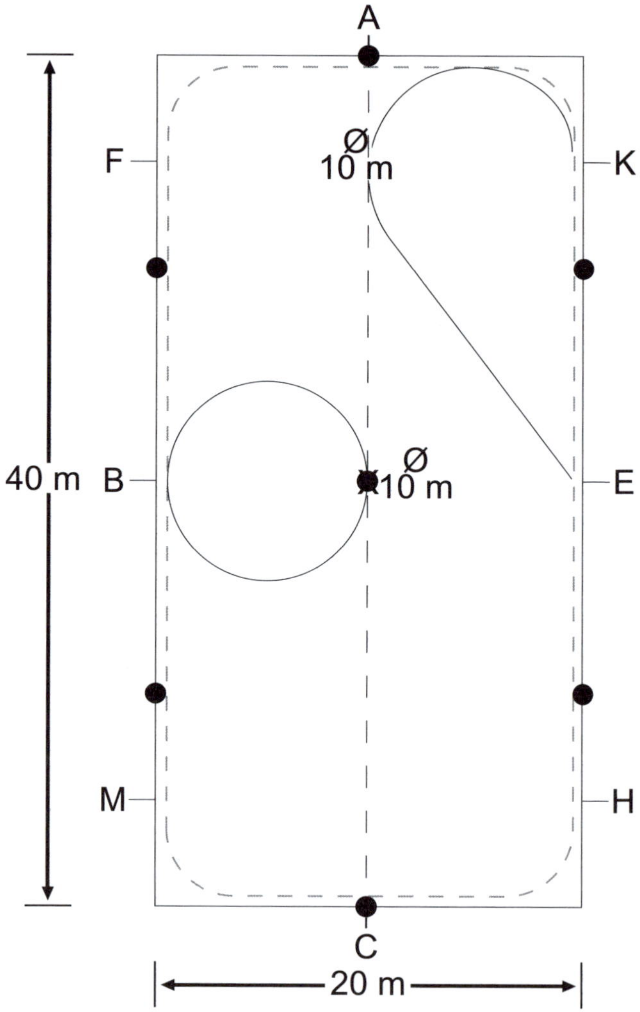

——— aus der Ecke kehrt 10 m
——— Mitte der langen Seite eine Volte (10 m)

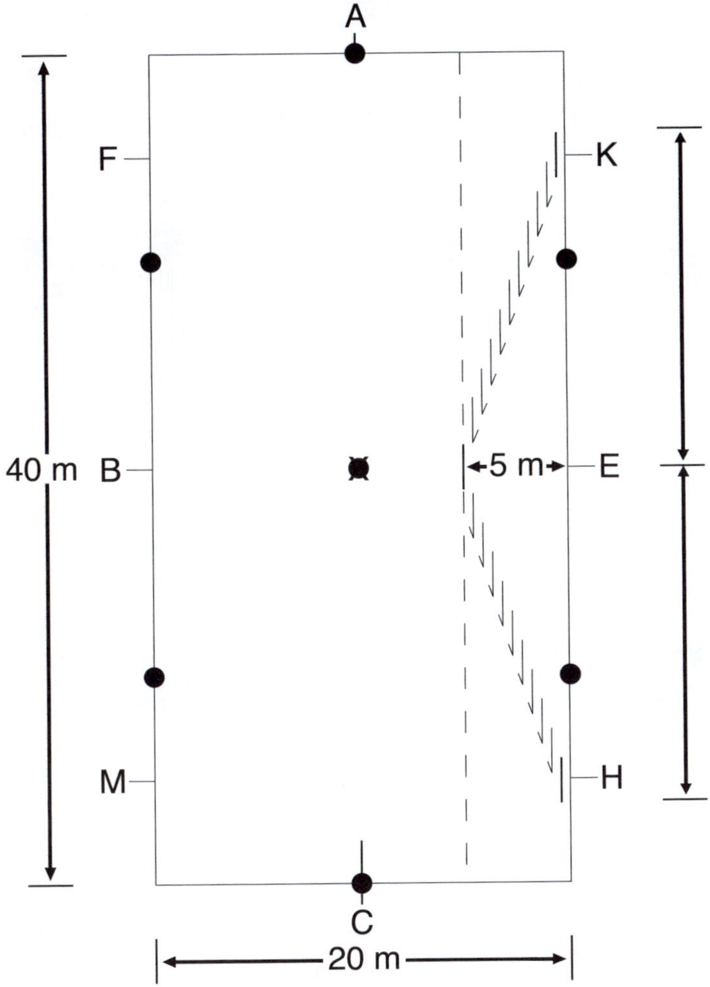

Viereck verkleinern und vergrößern

5 Erlaubte und nicht erlaubte Aufbauarten auf dem Vorbereitungsplatz

5.1 Beispiele für erlaubte Aufbauarten

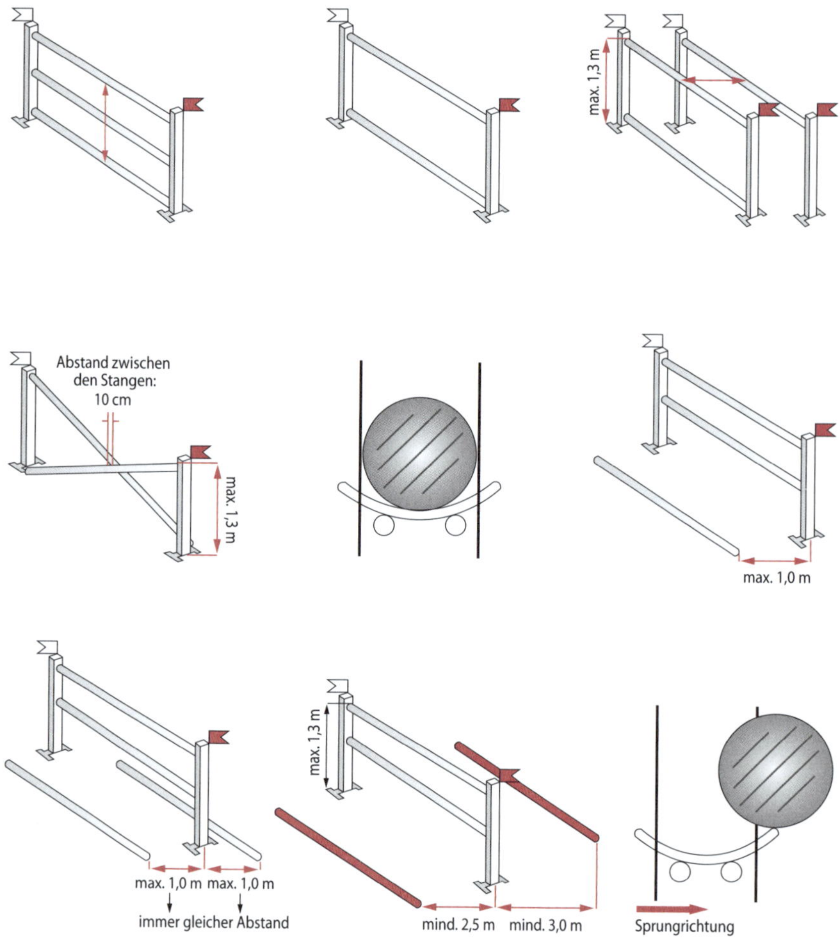

Max. Hindernishöhe: Prüfungsanforderungen + 10 cm

5.2 Beispiele für <u>nicht</u> erlaubte Aufbauarten

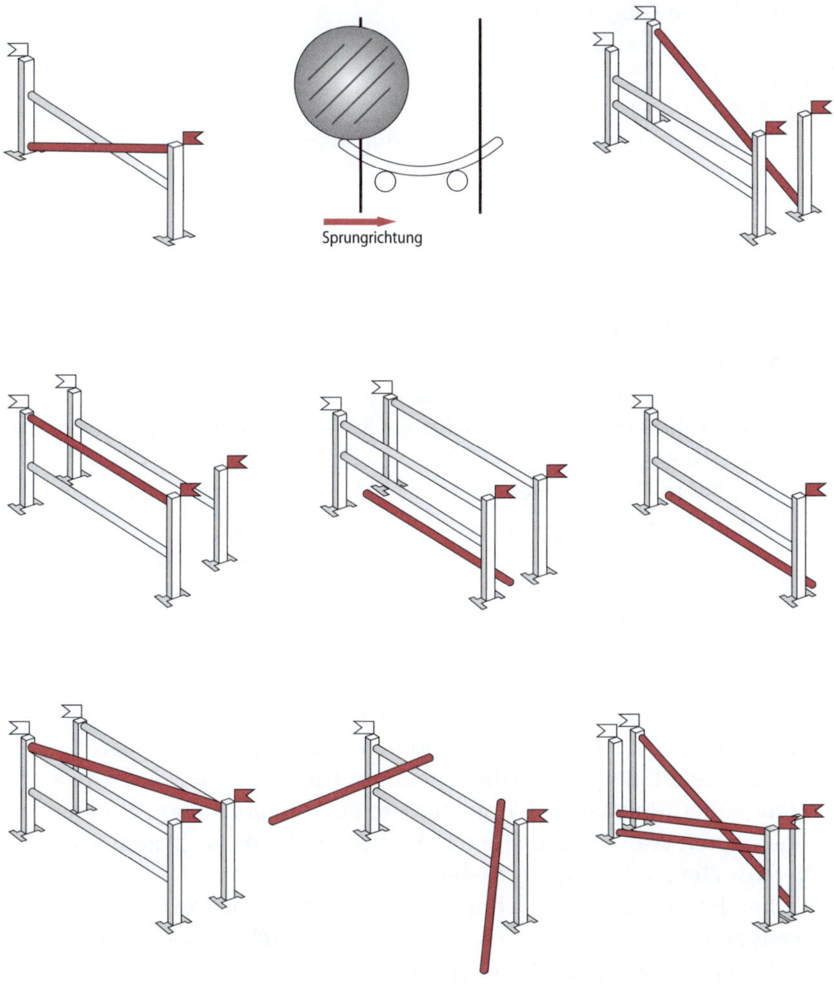

6 Empfehlungen zur Beschaffenheit von Hindernismaterial

6.1 Für Spring-Wettbewerbe einschließlich Vorbereitungsplatz
(Stangen, Auflagen, Ständer, weiteres Material)

Zusammengestellt vom Fachbeirat Parcoursaufbau der Deutschen Richtervereinigung und vom FN-Ausschuss Turniersport, Stand: 21. Juni 1996, überarbeitet im Februar 2004

1. Stangen

a) Stangenlänge

- Hallen mit nur Mindestbreite: maximal 3,50 m
- kleine Plätze: 3,00 bis 4,00 m
- mittlere Plätze: 3,50 bis 4,00 m
- große Plätze: maximal 4,00 m

Als Regel gilt: Je kürzer die Stangen, desto wichtiger sind breite Seitenteile.

b) Stangendurchmesser

Massive Stangen:

- bis 4,00 m Länge: Durchmesser ca. 10 cm
- über 4,00 m Länge (Ausnahme z.B. Naturhindernisse): nicht mehr als 10 cm
- größere Durchmesser sind nur bei Hohlstangen zu verwenden

Naturgewachsene Stangen:
Hier sind die Durchmesser so zu wählen, dass sich das Abwurfverhalten der naturgewachsenen Stangen von dem der massiven Stangen nicht unterscheidet.

2. Auflagen

Schalenauflagen mit einer Mindesttiefe von 1,8 cm, bei Vielseitigkeits-Spring-WB ca. 2,5 cm Tiefe (Innendurchmesser 18 cm, ➜ Skizze nächste Seite). Bei Hochweitsprüngen müssen jeweils für die hintere Stange, bei Triplebarren für die mittlere und hintere Stange und bei überbauten Wassergräben für alle Stangen Sicherheitsauflagen vom Veranstalter zur Verfügung gestellt werden.
Sollten Planken oder Ähnliches als oberstes abwerfbares Element verwendet werden, sind flache Auflagen mit einer schräg nach außen verlaufenden Nase (Höhe ca. 3 mm) zu verwenden.

Durchmesser der Stangenauflage

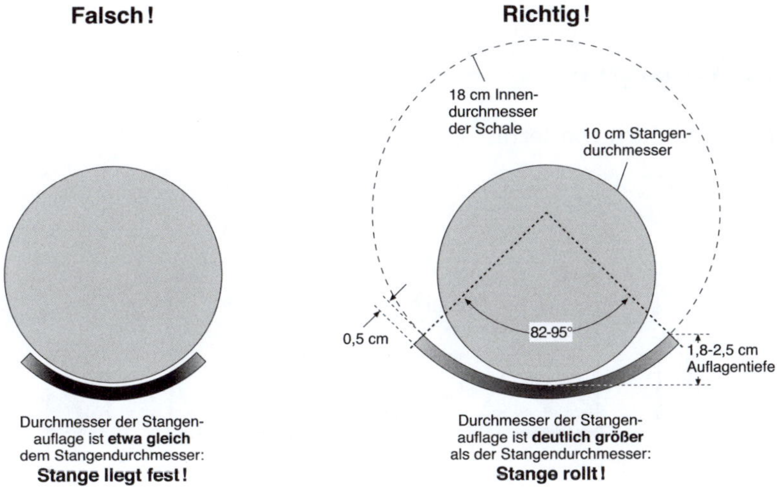

Für alle übrigen Arten von Sprüngen wird die Verwendung von Sicherheitsauflagen empfohlen. Für die hinteren Stangen von Hochweitsprüngen werden FEI-getestete/freigegebene Sicherheitsauflagen empfohlen (Liste von Herstellern: ➜ www.horsesport.org/s/PDFS/SafetyCups Manufacturers_000.pdf).

3. Ständer

Es werden Ständer mit 5 cm Höhenverstellung empfohlen. Die Zahl der für eine BV/PLS notwendigen Ständer bzw. tragenden Seitenteile ist gleich Mindestzahl der Hindernisse des schwersten Spring-WB der BV x 4 Ständer, zuzüglich der vorgeschriebenen Ständer für den Vorbereitungsplatz.

4. Weiteres Material

Die Anschaffung und Verwendung von Fangständern wird dringend empfohlen. Für mindestens ein Drittel aller Hindernisse eines Parcours sollen Unterbauten wie Buschhürden, Gatter, Unterstellteile, kleine Mauern usw. vorhanden sein (leichte, mehrteilige Bauweise, aus Sicherheitsgründen leicht umwerfbar).

Neben den unter Ziffer 1 beschriebenen runden Stangen können auch eckige Stangen (mit abgerundeten Kanten), wellenförmige Planken, verschiedenartige Planken, Gatter oder Gatterteile in dafür geeigneten Auflagen sowie Mauerkästen als abwerfbare Topelemete Verwendung finden.

6.2 Für Fahr-Wettbewerbe einschließlich Vorbereitungsplatz

Empfehlungen

Beispiel „Einfach-Hindernis" (Kegelpaar)

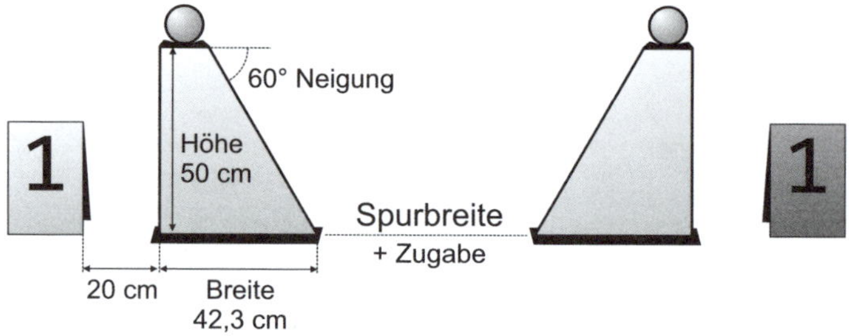

Beispiel „Abwerfbares Teil" im Mehrfachhindernis

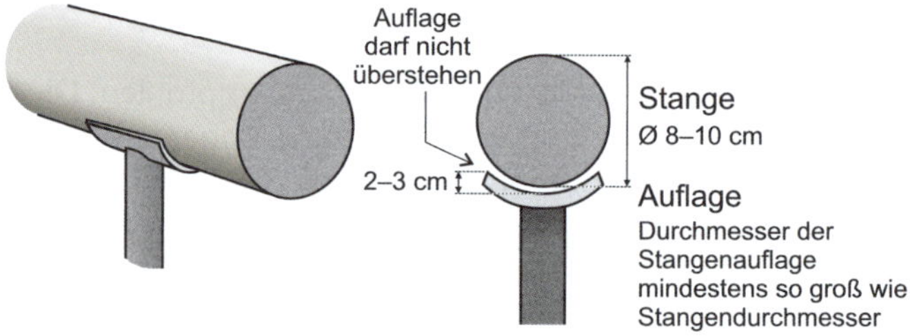

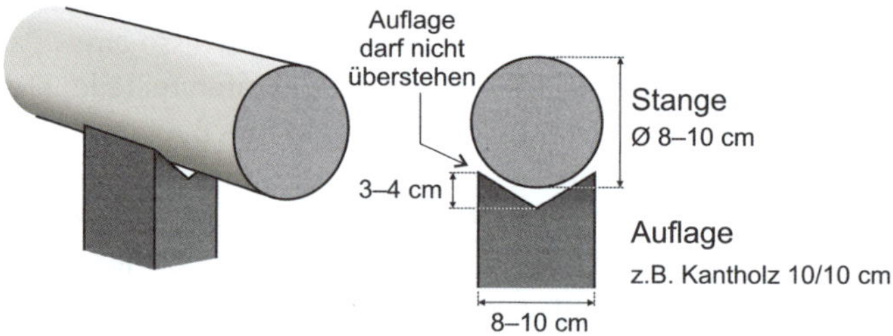

Beispiel „Abwerfbares Teil“ im Geländehindernis

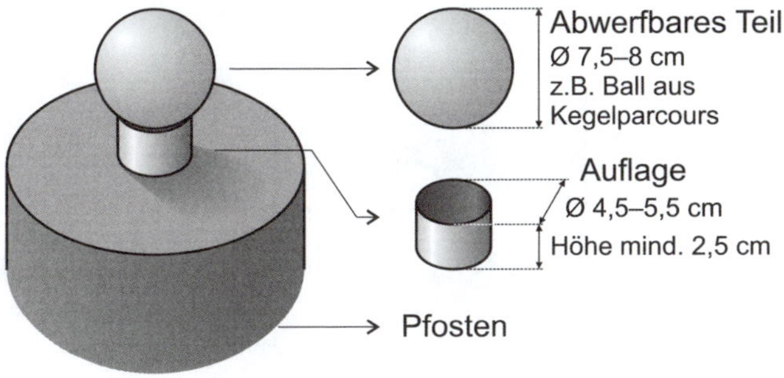

Beispiel „Abwerfbares Teil (Klette)“ im Geländehindernis

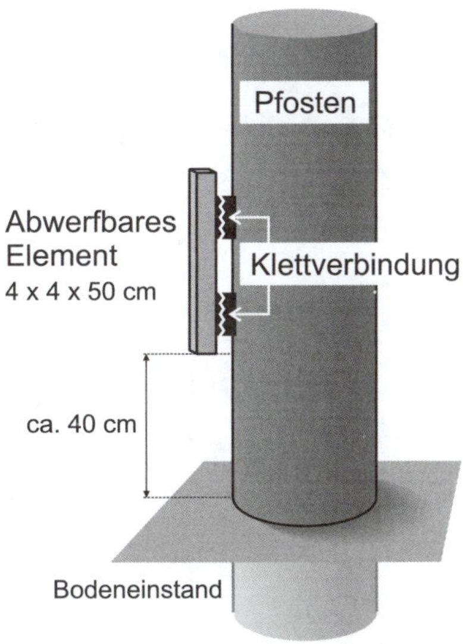

7 Hindernisfehler bei Gelände-Wettbewerben

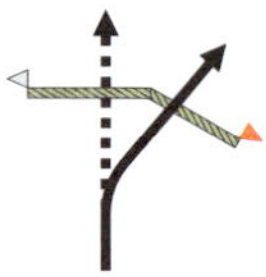

Absichtsänderung des Teilnehmers: 0 Strafpunkte, falls linkes Element nicht bereits angeritten wurde

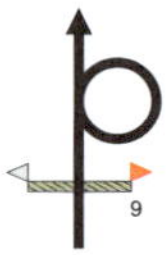

0 Strafpunkte

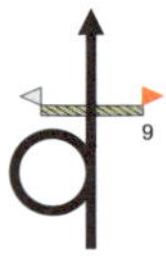

Falls angeritten, 20 Strafpunkte

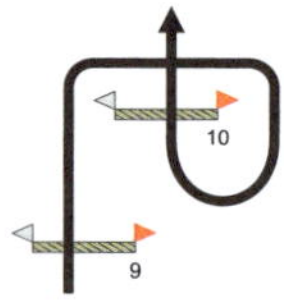

0 Strafpunkte, wenn Hindernis 10 nicht direkt angeritten wurde

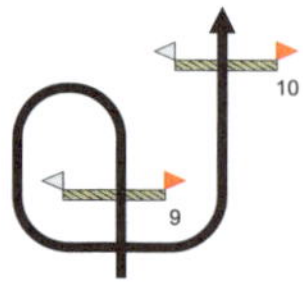

0 Strafpunkte

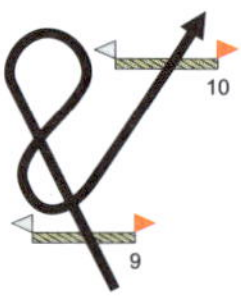

0 Strafpunkte

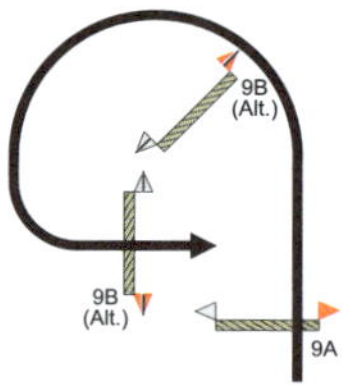

0 Strafpunkte bei Überwinden der Alternative (9B Alt.), ohne das Hindernis 9B auf dem direkten Weg angeritten zu haben

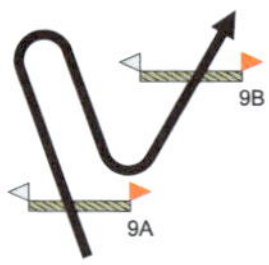

0 Strafpunkte

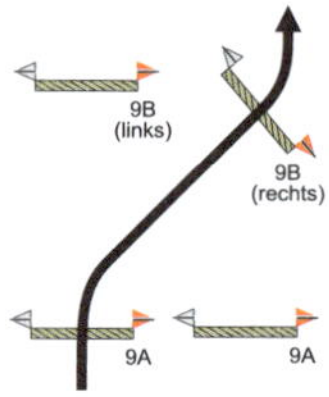

0 Strafpunkte

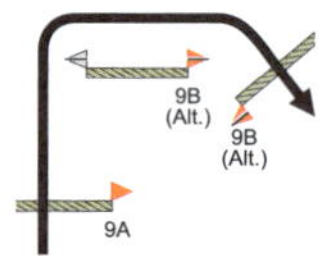

0 Strafpunkte, wenn andere Alternative nicht angeritten wurde

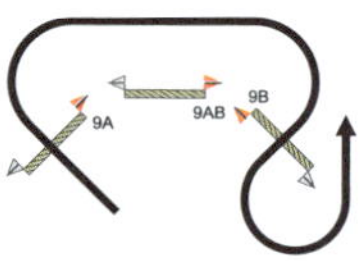

0 Strafpunkte

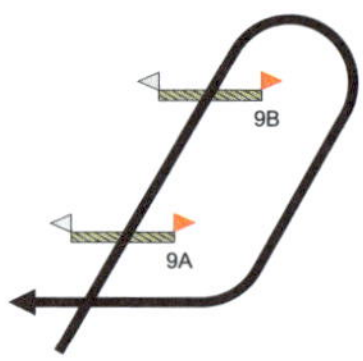

0 Strafpunkte

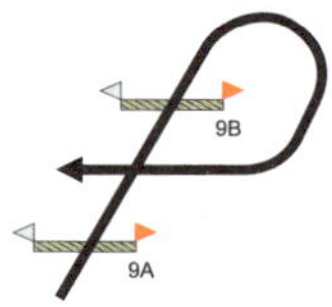

0 Strafpunkte

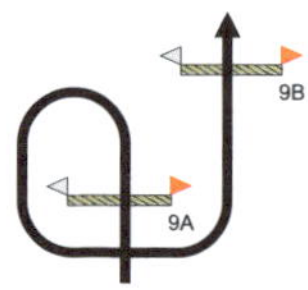

20 Strafpunkte

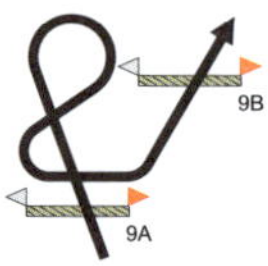

20 Strafpunkte

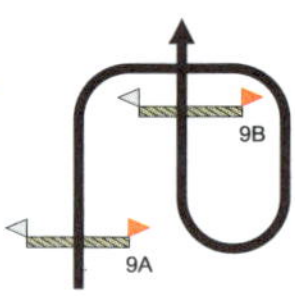

20 Strafpunkte – das Hindernis besteht aus mehreren Elementen

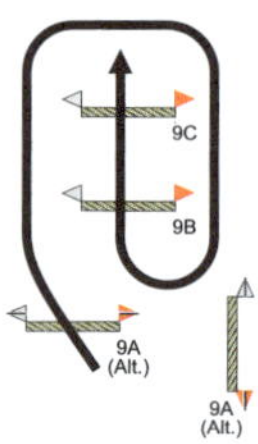

Einschließen des zweitletzten gemeinsam mit dem letzten Element in eine Volte – 20 Strafpunkte

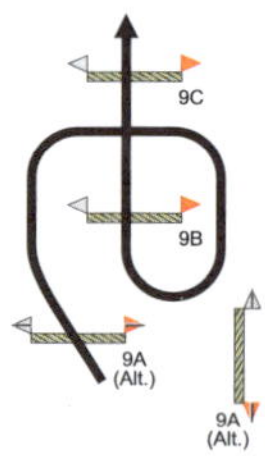

Einschließen des zweitletzten Elements in eine Volte – 20 Strafpunkte

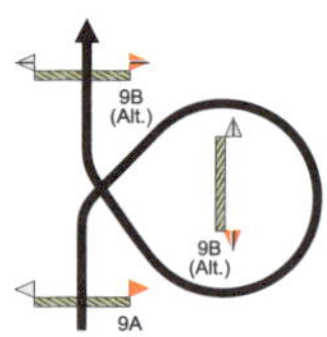

Volte vor B – 20 Strafpunkte Das Alternativ-Element das nicht gesprungen wurde, darf nicht berücksichtigt werden.

8 Durchführungsbestimmungen „Impfschutz"

Impfschutz gegen Influenzavirusinfektionen
Impfungen gegen Influenzavirusinfektionen sind von einem Tierarzt wie folgt durchzuführen und von diesem entsprechend, einschließlich Unterschrift und Stempel, im Equidenpass zu dokumentieren:

A) Grundimmunisierung
Die Grundimmunisierung besteht aus 3 Impfungen. Bei den ersten 2 Impfungen ist ein Abstand von mindestens 28 Tagen bis höchstens 70 Tagen einzuhalten.
Die dritte Impfung ist im Abstand von maximal 6 Monaten + 21 Tagen nach der zweiten Impfung durchzuführen.

B) Wiederholungsimpfungen
Wiederholungsimpfungen sind im Abstand von maximal 6 Monaten + 21 Tagen (bis einschließlich 31.12.2012 im Abstand von 7 Monaten + 21 Tagen) durchzuführen.

Zusätzlich wird eine Impfung gegen Herpesvirusinfektionen empfohlen. Ordnungsgemäß durchgeführte Impfungen gegen Tetanus werden als selbstverständlich erachtet.

Eine Teilnahme an einer PLS/BV ist möglich, wenn:
a) bei der Grundimmunisierung die ersten 2 Impfungen erfolgt sind und nach der zweiten Impfung 14 Tage vergangen sind,
b) bei Wiederholungsimpfungen und der dritten Impfung der Grundimmunisierung 7 Tage nach der letzten Impfung vergangen sind,
c) bei fehlender Information über die Grundimmunisierung das Pferd in den letzten 3 Jahren regelmäßig, das heißt im Abstand von maximal 6 Monaten + 21 Tagen (bis einschließlich 31.12.2012 im Abstand von 7 Monaten + 21 Tagen), nachweislich geimpft wurde.

Die Kontrolle des Impfschutzes gegen Influenzavirusinfektionen erfolgt durch den Turniertierarzt anhand der Eintragungen im Equidenpass; diese Kontrolle kann bei der Anreise zur PLS/BV sowie jederzeit während der PLS/BV erfolgen. Zusätzlich können aus wissenschaftlichen Gründen Blutproben genommen werden.
Eintragungen über Verstöße sind im Equidenpass in den Seiten zur Impfung vom kontrollierenden Tierarzt entsprechend vorzunehmen.

8.1 Medikations-, Pferde- und Fitnesskontrollen und Verfassungsprüfungen

1. Die FN/LK bzw. die zuständigen Richter/Prüfer Breitensport können jederzeit im Rahmen einer PLS/BV Pferde bestimmen, an denen Medikations-, Pferde- und Fitnesskontrollen und Verfassungsprüfungen vorzunehmen sind.

2. Verfassungsprüfungen/Pferdekontrollen/Fitnesskontrollen sind von einem vom Veranstalter bestellten Tierarzt gemeinsam mit dem FN-/LK-Beauftragten und/oder einem Richter/Prüfer Breitensport des WB vorzunehmen. Die Fitnesskontrolle kann auch allein von einem vom Veranstalter bestellten Tierarzt und/oder Richter/Prüfer Breitensport durchgeführt werden.

3. Die aufgrund des Ergebnisses einer Verfassungsprüfung/Pferdekontrolle/Fitnesskontrolle erforderliche Entscheidung wird bei Verfassungsprüfungen durch die Richter/Prüfer Breitensport des WB in Abstimmung mit dem untersuchenden Tierarzt getroffen. Gegen diese Entscheidung ist ein Einspruch nicht zulässig.

4. Medikationskontrollen sind durch einen vom Veranstalter bestellten oder von der FN beauftragten Tierarzt zu entnehmen und an das von der FN bestimmte Untersuchungsinstitut einzusenden. In besonderen Ausnahmesituationen werden für eine spätere Klärung Medikationskontrollen empfohlen.

5. Einzelheiten zu Medikationskontrollen sind in den Anti-Doping- und Medikamentenkontroll-Regeln – ADMR – festgelegt (siehe jeweils aktuell gültige LPO). Einzelheiten zu Pferde- und Fitnesskontrollen siehe Durchfungsbestimmungen ➔ nächste Seite.

Durchführungsbestimmungen: Durchführung von Verfassungsprüfungen, Pferde- und Fitnesskontrollen

1. Verfassungsprüfungen und Fitnesskontrollen sind gemäß Merkblatt für Turniertierärzte durchzuführen. Einzelheiten zu Pferdekontrollen enthält das nachfolgende Untersuchungsprotokoll.

2. Pferdekontrollen sind gemäß dem folgenden Untersuchungsprotokoll durchzuführen. Nur bei von der Norm abweichenden Befunden ist das Protokoll auszufüllen.

Betr.: PLS/BV ______________________ am ____________________ 20 ____

Auf Veranlassung der FN/LK/Richtergruppe/Prüfer wurde folgendes Pferd untersucht:

Name: ____________________________ Programm-/Eintragungs-/ Lebensnummer: ______________

Farbe/Abzeichen: ____

Besitzer: ____________________________ Wohnort: ______________

Teilnehmer: ____________________________ Wohnort: ______________

Untersuchender Tierarzt: ____________________________ Wohnort: ______________

Telefon: ____________________________ Anwesender Richter: ______________

Die Untersuchung erfolgte in Gegenwart des Teilnehmers/Besitzers/dessen Beauftragten. (Nichtzutreffendes streichen)

Die Überprüfung des Pferdes bzw. der Ausrüstung hat Folgendes ergeben:

Haltungs- und Pflegezustand: ____

Zustand der Extremitäten: ____

Bandagen: ____________________________ Springglocken: ______________

Gamaschen: ____________________________ Flanken/Sporen: ______________

Gurt/Sattellage: ____________________________ Maul/Zäumung/Gebiss: ______________

Anspannung: ____________________________ Verpassen Geschirr: ______________

❑ Es wurde eine Verfassungsprüfung angeordnet.

❑ Es wurde eine Medikationskontrolle angeordnet.

❑ Es wurde eine weitergehende Untersuchung (z.B. des Maules, der Kronränder etc. oder spezieller Ausrüstungsgegenstände) angeordnet.

____

Ergebnis der Verfassungsprüfung

____

Ort und Tag | Unterschrift des Richters/Prüfers

____

Unterschrift des Teilnehmers, Besitzers oder dessen Beauftragten | Unterschrift des Tierarztes

9 Transport verletzter Pferde

Tritt der Fall „schwer verletztes Pferd“ ein, der den Transport des Pferdes erforderlich macht, gewährleistet nur das Vorhandensein von notwendigem und vorgeschriebenem Equipment sowie entsprechend eingewiesenem Hilfspersonal die entscheidend schnelle Hilfe.

Kommunikationswege:
Im Vorfeld abklären, wie Mitteilungen beim Unfall weitergegeben werden, ohne dass Zuschauer einbezogen sind (um Spekulationen und Panikmache zu vermeiden).
Geeignete Mittel: Eigener Funkkreis/Code-Wörter/SMS/Mobilfunk

Unmittelbar am Unfallort werden nur die unbedingt notwendigen Maßnahmen durchgeführt (Blutstillung, Schmerzlinderung, Ruhigstellung, Notverband, gegebenenfalls Narkose). Es ist immer günstig, eine Sichtblende aufzustellen, insbesondere wenn die Vorbereitung für den Abtransport einige Zeit in Anspruch nimmt.

Eine Weiterbehandlung kann nach Abtransport an einen vorbereiteten Behandlungsort oder in der nächstgelegenen Überweisungsklinik erfolgen. Ein solcher Transport, wie auch die Handhabung der Unfallschleppe und des Sichtschutzes, sollte mit der Helfermannschaft besprochen und geübt werden.

Auch in ungünstigen Fällen sollte immer erst ein Abtransport des Pferdes (unter Umständen in Narkose) erfolgen (Wettbewerbsplatz freimachen, Ausschluss der Öffentlichkeit anstreben).

Presse-Statement:
Mit den Verantwortlichen des Veranstalters einheitlich absprechen und im Vorfeld klären, wer und wann Informationen an die Öffentlichkeit weitergibt und in welcher Form dies geschieht (Lautsprecheransage, Zuschauerinformation, Presseinformation).

Zeichnung entnommen aus „FN-Handbuch Turniersport“, Teil B.I
www.pferd-aktuell.de/Handbuch Turniersport

Zeichnung entnommen aus „FN-Handbuch Turniersport", Teil B.I
www.pferd-aktuell.de/Handbuch Turniersport

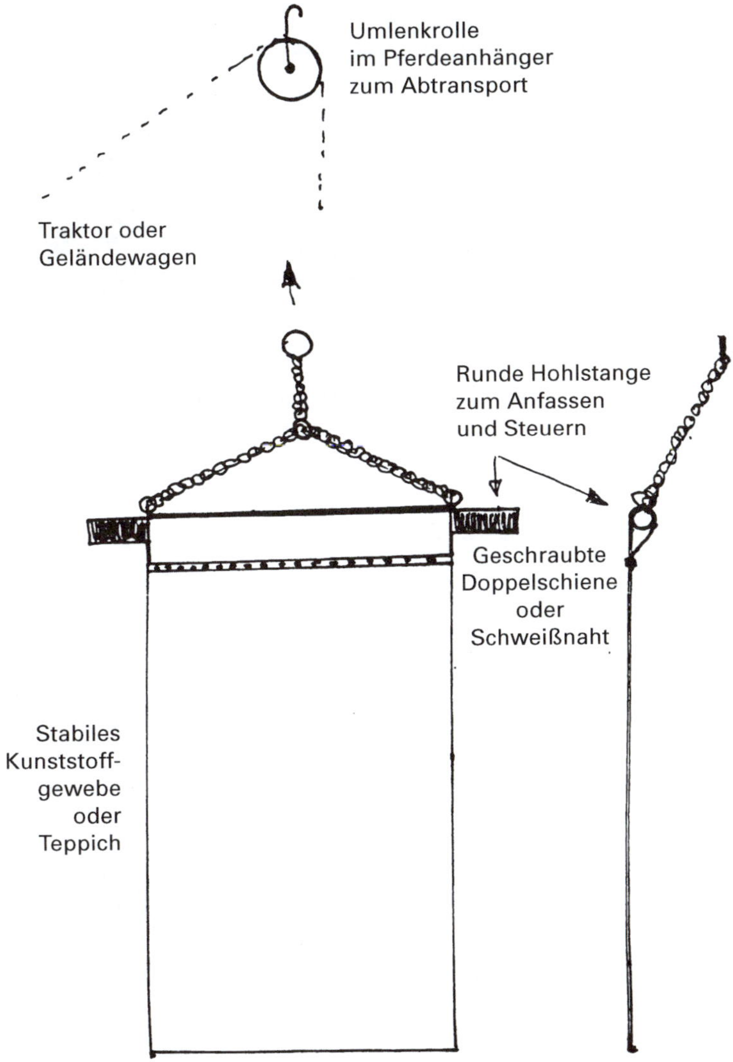

Zeichnung entnommen aus „FN-Handbuch Turniersport“, Teil B.I
www.pferd-aktuell.de/Handbuch Turniersport

10 Wettbewerbsstatistik

Wettbewerbsstatistik für die Veranstaltung

am: ______________ in: ______________________________

Im Landespferdesportverband: ________________________

Wie viele Richter wurden eingesetzt?	
Wie viele Prüfer Breitensport wurden eingesetzt?	

Art der Veranstaltung (ankreuzen):	WBO:	☐	WBO und LPO	☐
	* WB ausschließlich		☐	
	* WB für eine besonders definierte Zielgruppe		☐	

WB-Nr.:	Anzahl Abt.	Wettbewerbs-Name:	aus WBO-Bereich 1-8 * :	Zahl der genannten Teilnehmer**:	Zahl der gestarteten Teilnehmer**:	Zahl der genannten Pferde**:	Zahl der gestarteten Pferde**:
1							
2							
3							
4							
5							
6							
7							
8							
9							
10							
11							
12							
13							
14							
15							
16							
17							
18							
19							
20							
		Gesamtzahl der genannten Teilnehmer:					
		Gesamtzahl der gestarteten Teilnehmer:					
		Gesamtzahl der genannten Pferde:					
		Gesamtzahl der gestarteten Pferde:					

* Legende: WBO-Bereiche:

1 = WB im Umgang mit dem Pferd
2.1 = Geschicklichkeits-WB
2.2 = Gerittene erste Einsteiger-WB
2.3 = Einsteiger-WB - Dressur
2.4 = Einsteiger-WB - Springen
2.5 = Einsteiger-WB - Gelände
3 = Voltigier-WB
4 = Gefahrene WB
5 = WB für Teams und Mannschaften
6 = Zucht-WB
7 = Kombinierte WB
8 = WB der Anschlussverbände und der Verbände mit besonderer Aufgabenstellung

** Wenn mehrere Abt., dann entsprechend aufführen: Gesamtzahl......(..../..../..../....)

11 Adressen der Ansprechpartner auf Bundes- und Landesebene

11.1 Deutsche Reiterliche Vereinigung e.V. (FN)

Deutsche Reiterliche Vereinigung e.V.
Bundesverband für Pferdesport und Pferdezucht
(Fédération Equestre Nationale, FN)
Freiherr-von-Langen-Str. 13, 48231 Warendorf
Tel.: 02581 6362-0, Fax: 02581 62144
E-Mail: fn@fn-dokr.de, Internet: www.pferd-aktuell.de

11.2 Mitgliedsverbände

Pferdesportverband Baden-Württemberg e.V.
Murrstr. 1/2, 70806 Kornwestheim, Tel.: 07154 8328-0
E-Mail: info@pferdesport-bw.de
Internet: www.pferdesport-bw.de

Bayerischer Reit- und Fahrverband e.V.
Landshamer Str. 11, 81929 München, Tel.: 089 926967250
E-Mail: office@brfv.de
Internet: www.brfv.de

Landesverband Pferdesport Berlin-Brandenburg e.V.
Passenheimer Str. 30, 14053 Berlin, Tel.: 030 30092210
E-Mail: info@lpbb.de
Internet: www.lpbb.de

Pferdesportverband Bremen e.V.
Klattenweg 78, 28213 Bremen, Tel.: 0421 6368960
E-Mail: info@pferdesportverband-bremen.de
Internet: www.pferdesportverband-bremen.de

Landesverband der Reit- u. Fahrvereine Hamburg e.V.
Glashütter Landstr. 111, 22417 Hamburg, Tel.: 040 8503006
E-Mail: info@pferdesport-hamburg.de
Internet: www.pferdesport-hamburg.de

Pferdesportverband Hannover e.V.
Hans-Böckler-Allee 20, 30173 Hannover, Tel.: 0511 325768
E-Mail: info@psvhan.de
Internet: www.psvhan.de

Pferdesportverband Hessen e.V.
Wilhelmstr. 24, 35683 Dillenburg, Tel.: 02771 8034-0
E-Mail: Info@psv-hessen.de
Internet: www.psv-hessen.de

Landesverband Mecklenburg-Vorpommern für Reiten, Fahren und Voltigieren e.V.
Charles-Darwin-Ring 4, 18059 Rostock, Tel.: 0381 3778735
E-Mail: pferdesportverband-mv@t-online.de
Internet: www.pferde-in-mv.de

Pferdesportverband Rheinland e.V.
Weißenstein 52, 40764 Langenfeld, Tel.: 02173 1011-100
E-Mail: info@PSVR.de
Internet: www.pferdesport-rheinland.de

Pferdesportverband Rheinland-Pfalz e.V.
Riegelgrube 13, 55543 Bad Kreuznach, Tel.: 0671 894030
E-Mail: info@psvrp.de
Internet: www.psvrp.de

Pferdesportverband Saar e.V.
Herm.-Neub. Sportschule
Gebäude 54
66123 Saarbrücken, Tel.: 0681 3879-240
E-Mail: psv-saar@lsvs.de
Internet: www.pferdesportverband-saar.de

Landesverband Pferdesport Sachsen e.V.
Käthe-Kollwitz-Platz 2, 01468 Moritzburg, Tel.: 035207 89610
E-Mail: Pferdesport@sachsens-pferde.de
Internet: www.pferdesport-sachsen.de

Landesverband der Reit- und Fahrvereine Sachsen-Anhalt e.V.
Parkstr. 13, 06780 Zörbig OT Prussendorf, Tel.: 034956 229-65
E-Mail: LV-RFVSachsenAnhalt@online.de
Internet: www.pferde-sachsen-anhalt.de

Pferdesportverband Schleswig-Holstein e.V.
Marienstr. 15, 23795 Bad Segeberg, Tel.: 04551 8892-0
E-Mail: info@pferdesportverband-sh.de
Internet: www.pferdesportverband-sh.de

Thüringer Reit- und Fahrverband e.V.
Alfred-Hess-Str.8, 99094 Erfurt, Tel.: 0361 3460742
E-Mail: info@trfv.de
Internet: www.trfv.de

Pferdesportverband Weser-Ems e.V.
Heidewinkel 8, 49377 Vechta, Tel.: 04441 9140-0
E-Mail: info@psvwe.de
Internet: www.psvwe.de

Pferdesportverband Westfalen e.V.
Sudmühlenstr. 33, 48157 Münster-Handorf,
Tel.: 0251 32809-30
E-Mail: zentrale@pv-muenster.de
Internet: www.pferdesportwestfalen.de

11.3 Anschlussverbände (A) und Verbände mit besonderer Aufgabenstellung

Bundesverband für klassisch-barocke Reiterei Deutschland e.V. (A)
Dorfstraße 46, 30938 Burgwedel, Tel.: 05135 9249236
E-Mail: richardhinrichs@hotmail.com
Internet: www.bfkbr.de

Deutscher Akademischer Reiterverband e.V. – DAR (A)
Buschortstr. 17, 33775 Versmold
Tel.: 05423 49371, Fax: 05423 49373
E-Mail: info@servicebuero-jennissen.de
Internet: www.deutscher-akademischer-reiterverband.de

Erster Trekkingclub Deutschland e.V. – ETCD (A)
Liebfrauenhöhe 2, 72108 Rottenburg-Ergenzingen,
Tel.: 07457 5838,
E-Mail: office@trekkingclub.de
Internet: www.trekkingclub.de

Erste Westernreiter Union Deutschland e.V. – EWU (A)
Freiherr-von-Langen-Str. 8a, 48231 Warendorf
Tel.: 02581 92846-0, Fax: 02581 92846-25
E-Mail: info@ewu-bund.de
Internet: www.westernreiter.com

Internationale Gangpferdevereinigung e.V. – IGV (A)
Frankenstraße 37, 48734 Reken
Tel.: 02864 2434, Fax: 02864 5860
E-Mail: info@igv-online.de
Internet: www.igv-online.de

Islandpferde-, Reiter- und Züchterverband e.V. – IPZV (A)
Astrid Holz, Muhliusstr. 70, 24103 Kiel
Tel.: 0431 5555-28, Fax: 0431 5555-38
E-Mail: freizeit@ipzv.de
Internet: www.ipzv.de

Reiten im Damensattel e.V. – RID
Jakob-Krebs-Str. 153, 47877 Willich
Tel.: 02156 109112, Fax: 02156 109113
E-Mail: kontakt@damensattel-deutschland.de
Internet: www.damensattel-deutschland.de

Verband der Reiterspiele Mounted Games Deutschland e.V. – VRMGD
Landhausstraße 6, 15746 Groß Köris, Tel.: 03376 663281
E-Mail: preugel@t-online.de
Internet: www.vrmgd.de

Verein Deutscher Distanzreiter und -fahrer e.V. – VDD (A)
Schustehrusstr. 16, 10585 Berlin
Tel.: 030 30649851, Fax: 0321 21142876
E-Mail: geschaeftsstelle@vdd-aktuell.de
Internet: www.vdd-aktuell.de

12 Abkürzungen der regionalen Bereiche: LV-/LK-Bereiche

BAW	Baden-Württemberg
BAY	Bayern
BBG	Berlin-Brandenburg
BRE	Bremen
HAM	Hamburg
HAN	Hannover
HES	Hessen
MEV	Mecklenburg-Vorpommern
RHL	Rheinland
RPF	Rheinland-Pfalz
SAL	Saarland
SAC	Sachsen
SAN	Sachsen-Anhalt
SHO	Schleswig-Holstein
THR	Thüringen
WES	Weser-Ems
WEF	Westfalen

Nur Inhalt (ohne Ordner)

ISBN 978-3-88542-775-9